우리 글 바로 쓰기 2

우리 글 바로 쓰기 2

이오덕

한길사

글을 쓰는 사람의 책임
• 머리글

이 책은 『우리 글 바로 쓰기』(1989. 10)가 처음 나가고부터 2년 남짓 동안에 몇몇 잡지에 연재하거나 발표했던 글과 써두었던 글을 모은 것이다. 글의 내용은 지난번 책과 많이 다르지만, 우리 말과 글에 대한 생각의 바탕은 그때나 시금이나 조금도 다름이 없고 책의 성격도 비슷하기에 이름을 같이 붙여서 지난번 것을 1)이라 하고, 이번 것을 2)라 하였다.

모두 4부로 나누었는데, 제1부는 월간 『말』과 『주간조선』에 연재했던 글이 대부분이고, 제2부는 역시 여러 잡지에 실었던 좀 짧은 글들과 우리 말 살리기 운동에 관한 글, 방송말과 웅변말에 대한 생각을 쓴 글들이다.

제3부는 일본말 찌꺼기 문제를 살핀 글 한 편과, 우리 말을 살려야 한다는 내 주장을 비판한 어느 젊은이의 의견을 반박한 글, 그리고 이 글에 관련된 문제를 밝힌 글에다가, 대학신문과 교지의 문장을 살핀 글까지 모아놓았다.

제4부는 우리 소설의 문장이 우리 말로 되어 있는가 하는 점을 살핀 글이다. 일제강점기 작가들의 작품을 다룬 까닭은, 지금 우리가 쓰고 있는 모든 글에서 우리 말이라고 알고 있는 일본말이나 일본말법, 그지없이 귀한 우리 말은 버리고 유식해 보이는 중국글자말을 즐겨 쓰고 있는 글 버릇이 죄다 일제강점기에 비롯된 것이라 보았기 때문이고, 모든 글

가운데서도 더구나 소설이 그릇된 말을 퍼뜨리고 병든 글의 형태를 만드는 데 앞장서는 노릇을 하였다고 생각했기 때문이다. 일제강점기 소설 문장을 살펴보면 오늘날의 소설은 말할 것도 없고 그밖에 모든 글에 나타난 외국말병 증세를 거울을 들여다보듯이 환히 진단할 수 있다고 믿는다.

  잘못된 글 버릇이 잘못된 말버릇으로 되어가는 이 거꾸로 돌아가는 역사의 수레바퀴 앞에서 글을 쓰는 사람의 책임을 생각해본다. 그리고 '무엇을 해야 할 것인가' 나 자신에게 물어본다. 내 주장에 편드는 사람, 나와 같은 생각을 가진 사람이 1만 명만 된다면 거꾸로 굴러가는 수레바퀴를 되돌려서 제 길로 가도록 할 수 있을 것인데, 하는 꿈을 가져본다. 결코 헛된 꿈만은 아닐 것이다. 글을 읽지 않고 살아가는 모든 백성들은 우리들의 편일 테니까.

  첫 번째 책과 마찬가지로 이 책에서도 읽는 분들이 잘못된 곳을 많이 잡아내어준다면 얼마나 좋겠나 생각한다.

1992년 1월
이오덕

우리글 바로쓰기 2

머리글·글을 쓰는 사람의 책임   5

제1부 우리 말 살려 쓰기

제1장 우리 말 살리기)

1. 우리 말이 없는 독립선언문   17
2. 우리 글자로 써서 알 수 없는 말은 우리 말이 아니다   19
3. '미소'는 일본말이다   21
4. '통석의 염'에 숨어 있는 일본 군국주의   23
5. 일본식·중국글자 말투 '에 의해'   24
6. '큰비'와 '호우'   27
7. 밥이 하늘이면   29
8. 북경아시아경기와 우리 말   32
9. 우리 말을 버리는 교육   34
10. 중국글자말의 뼈대를 이루는 '-적'   36
11. 서양말법을 따라 써도 좋은가   39
12. 전쟁이 터졌는가, 반발했는가   41
13. 말은 누가 만드는가—'모람과 먹거리'   43
14. '백성'인가, '민중'인가, '민초'인가   45
15. 한 시인의 글에 나타난 일본말   48
16. '분신자살 기도'란 말에 대하여   50
17. 뿌리가 있는 말, 뿌리가 없는 말   52

18. 남의 말을 글로 적을 때 … 55
19. '입장'(立場)이란 일본말 … 57
20. 몰아내어야 할 일본말 … 59
21. 일본말 따라 쓰는 '불리다' … 62
22. 귀에 거슬리는 '먹거리' … 65
23. 다시 '-적'에 대하여 … 67
24. 우리 말을 쓰면 제목이 길어지는가 … 69
25. 입말과 글말 … 73

제2장 우리 말 살리기 2)

1. '株價' '油價'는 '줏값' '기름값'으로 … 77
2. 중국글자말을 즐겨 쓰는 슬픈 버릇 … 79
3. 민주사회와 우리 말 쓰기 … 81
4. 인사말에 대하여 … 82
5. 탁구선수들이 통일한 팀의 이름 … 84
6. 하늘은 파랗고 산은 푸르고 … 85
7. 우리 말 토 '의'와 일본말 'の' … 87
8. 일본말 닮아버린 우리 글 … 89
9. '……등'(等)을 쓰지 말자 … 90
10. 우리 말과 중국글자말, 느낌이 왜 다른가 … 92
11. 체육 소식을 알리는 신문기사 … 94
12. 쓰지 않아도 되는 '시도하다' … 95
13. '수순'은 '절차'라고 써야 … 97
14. '내달' '매달'과 '매년' '매일' … 99
15. '수백여 명'은 '수백 명'으로 써야 … 101
16. 쓰레기 공해와 중국글자말 공해 … 104
17. '먹거리' '입거리' '읽거리' … 105

18. '중국인' '일본인'보다 '중국사람' '일본사람'으로　　107
19. '레미콘'과 '옥탑'과 '하치장'　　110
20. '노견'(路肩)은 '길어깨'인가?　　112
21. '연패'는 내리 졌다는 말인가, 이겼다는 말인가　　114
22. '및'은 '와'(과)로 쓰는 것이 좋다　　116
23. '내지'(乃至)를 쓰지 말자　　118
24. '종용'은 우리 말이 될 수 없다　　121
25. 귀에 거슬리는 말 '접한다'　　122
26. '가시화'(可視化)를 쓰지 말자　　124
27. '그때 이래'는 '그때부터'라고 써야　　127
28. '처한다'는 '놓인다' '빠진다'로　　129
29. '그러나'를 쓰는 자리　　130
30. 일본말을 직역해놓은 '-에 다름 아니다'　　132
31. 신문 제목 견주어 보기　　134
32. 토 '의'를 줄여야 우리 말이 산다　　136
33. '에서의'가 나오는 글　　138
34. 우리 말일 수 없는 '에의'　　140
35. 잘못 쓰인 '로의'(으로의)　　142
36. '에로' '에로의'와 '으로서의'　　144
37. '-에 있어서'는 우리 말이 아니다　　147
38. '조기등산'은 '새벽등산'으로　　149
39. '秋'와 '가을'　　151
40. '촌지수수'라는 말　　152
41. 『우리말 사전』이 왜 이 모양인가　　154
42. 사전에 나오는 일본말법　　156
43. 서양말법 '었었다'를 몰아내자　　158
44. '……한 일이 있다'와 '하였었다'　　160

45. 우리 말의 때매김(時制)에 대하여   162
46. '해프닝'이란 말을 써야 하는가   164
47. '조깅'은 (천천히) '달린다'로 쓰자   166
48. 쓰지 말아야 할 서양말   168

제2부 겨레를 살리는 우리 말

제1장 말이 살아야 겨레가 산다

1. 말과 글의 뿌리   173
2. 전문가들이 다 망친다   175
3. '옷'과 '의상'   178
4. '돌아가셨다'라는 말   180
5. 남의 글 고치기   182
6. 우리 말 좀 씁시다   184
7. 과학전람회와 어린이 말   185
8. 유식한 말 쓰는 버릇부터 고쳐야   187
9. 엄마, 아빠와 어머니, 아버지   189
10. 광고문일수록 쉽게 써야   192
11. 알 수 없는 광고문   194
12. '미아 찾기'는 '잃은 아이 찾기'로 해야   196
13. 쓰레기통에 적힌 중국글자말   198
14. 일본말 따라가는 우리 말과 글   200
15. 방 안에 날아든 광고문   202
16. 외국 이야깃거리 기사1)   203
17. 외국 이야깃거리 기사2)   204
18. 신문기사의 글1)   206

19. 신문기사의 글 2)	208
20. 우리 말이 병들어간다	210
21. 아직도 중국글자 망령에 사로잡힌 사람들	214
22. 우리 말이 숨 쉬는 마지막 자리	216
23. 신문과 방송의 말	220
24. 우리 말 살리는 운동을 어떻게 해야 할까	228

제2장 듣는 말, 들려주는 말

1. 말을 어떻게 살리나	239
2. 말은 주고받는 것이다	242
3. 주기만 하는 말에 듣기만 하는 말	245
4. 방송말, 어떻게 살릴까	249
5. 함정에 빠진 말의 세계	257

제3부 지식인의 말과 백성의 말

제1장 지식인의 글과 백성의 말

1. 일본말 찌꺼기 왜 못 버리나	273
2. 지식인의 글과 백성의 말	286
3. '나'와 '필자'에 대하여	306
4. 잡지를 만드는 사람의 횡포	309

제2장 대학신문과 교지의 글

1. 대학신문의 글	319
2. 대학교지의 글	330

제4부 소설로 본 우리 문장

제1장 옛소설과 신소설, 이광수·김동인의 소설 문장

1. 거꾸로 된 '문언일치' — 359
2. 옛소설에 나타난 중국글투 — 361
3. 이인직·이해조의 신소설 — 366
4. 이광수의 『무정』 — 370
5. 김동인의 문장론과 문장 — 376

제2장 1920년대 대표 작가들의 소설 문장

1. 전영택의 「화수분」 — 386
2. 현진건의 「빈처」 「운수 좋은 날」 — 387
3. 염상섭의 「표본실의 청개구리」 「두 파산」 — 390
4. 나도향의 「물레방아」 「벙어리 삼룡이」 — 391
5. 주요섭의 「인력거꾼」 「사랑손님과 어머니」 그밖 — 392

제3장 카프 작가들의 소설 문장

1. 최서해(1901~32) — 398
2. 이기영(1896~1984) — 402
3. 조명희(1894~1942) — 407
4. 한설야(1900~?) — 409
5. 송영(1903~?) — 411
6. 김남천(1911~53년경) — 414
7. 이북명(1910~?) — 418
8. 박승극(1909~?) — 420
9. 백신애(1908~39) — 426
10. 강경애(1907~43) — 428

제4장 1930년대 작가들의 소설 문장

1. 박태원(1909~?)   434
2. 박화성(1904~88)   440
3. 김유정(1908~37)   441
4. 채만식(1904~50)   446
5. 이효석(1907~42)   452
6. 이태준(1904~?)   454
7. 이상(1910~37)   462
8. 이선희(1911~?)   464
9. 홍명희(1888~?)   466
10. 김정한(1908~96)   468
11. 김동리(1913~95)   470
12. 이무영(1908~60)   474
13. 안회남(1909~?)   478

제1부 우리 말 살려 쓰기

제1장 우리 말 살리기1)

1. 우리 말이 없는 독립선언문

어느 잡지에 '석탄절 특집'이란 제목이 있었다. '석탄절' 하면 무슨 말이라고 사람들은 알아보겠는가? 석가탄생일(석가님 나신 날, 부처님 오신 날)로 금방 이해하는 사람이 얼마나 될까? 아이들이나 시골 할머니들은 땔감으로 쓰는 석탄을 생각할 것이다. 그러니까 '석탄절'이란 말에서 석가님 나신 날을 생각하는 사람보다 시커먼 석탄을 머리에 떠올리는 사람들이 갖는 우리 말에 대한 느낌이 더 깨끗하고 순수한 것이고, 이것이 바로 우리 민중(백성)들의 흐리지 않은 '말에 대한 감각'이다. '불탄절'도 마찬가지다. 이건 불이 나서 타버린 절이 되어버린다.

'귀거래'

어느 골목을 지나다가 우연히 본 다방 이름이다. 이 다방 간판을 보고 도연명의 시를 생각하는 사람도 있겠지만, 여자들의 귀에 달려 있는 귀걸이를 연상하는 이들도 적지 않을 것이다. 이 경우에도 도연명의 시를 생각하는 지식인들보다는 귀에 달려 있는 귀걸이를 연상하는 아이들이나 무식한 사람들이 갖는 말에 대한 느낌이 더 순수하며, 이것이 바로 우리 겨레가 갖는 마음바탕이다.

지금 우리 말은 어떻게 되어 있는가? 백성들의 말은 아주 죽은 듯이 찍소리도 못 하고 있는데, 지식인들이나 관리들이 쓰고 퍼뜨리는 말은 우리들 삶 전체를 제멋대로 움직이고 지배하고 있다. 우선 사람들이 나날이 들여다보는 신문만 해도 도무지 우리 말이 될 수 없는 어설픈 중국 글자말들이 너무 많다. 발발, 수순, 수수, 의의, 고조, 무산, 파고, 해후, 조우, 호도, 박차……. 신문들은 이런 말들을 함부로 쓰면서 조금도 반성하지 않고 있다. 대체 이런 말들이 우리 말이 되어야 한다고 생각하는가? 자기를 길러준 조국의 말을 짓밟고 남의 나라 글말을 쓰고 퍼뜨리는 짓은 용서할 수 없는 범죄행위라고 나는 생각한다.

3·1절이 며칠 전이었다. 누구든지 독립선언서 첫머리를 대충 알고 있을 것이다.

오등은 자에 아조선의 독립국임과 조선인의 자주민임을 선언하노라. 차로써 세계만방에 고하야 인류평등의 대의를 극명하며 차로써…….
희라, 구래의 억울을 선창하려 하면 시하의 고통을 파탈하려 하면 장래의 협위를 삼제하려 하면…….
오등은 자에 분기하도다…….

이게 어찌 우리 말이고 우리 글이라 하겠는가? 순수한 우리 말은 겨우 토밖에 없다. 우리 말이 중국글의 토로 떨어져버린 글, 심지어 느낌씨(감탄사)조차 "희라"고 해놓았다. 이게 독립선언문이라니!

3·1 독립싸움은 민중이 한 것이다. 그런데 이 독립선언서를 읽고 민중들이 일어난 것은 결코 아니다. 민중들이 일어나도록 한 말은 그와는 아주 다른 그야말로 살아 있는 우리 말이었을 것이다. 여기에 독립선언서를 만들었던 그 당시 이른바 지도자란 사람들이 얼마나 답답한 노릇을 하였던가. 싸움의 불을 붙이는 일을 그 이상 더 졸렬할 수 없을 만큼 졸

렬하게 했다는 것을 알 수 있다. 만약 그때 누구든지 알 수 있는 쉬운 우리 말로 선언문을 써서 온 나라에 뿌렸더라면 그 싸움은 얼마나 더 뜨겁게 방방곡곡으로 불탔을 것인가?

"오등은 자에…… 선언하노라"

이건 정말 방 안에만 앉아 글을 읽는 양반들의 풍류밖에 될 것이 없다.

'우리는 여기서 우리 조선이 독립국임과 조선사람이 스스로 주인 된 백성임을 선언한다.'

이렇게 썼더라면 우리 역사가 크게 달라졌을 것이 아닌가 생각해본다.

2. 우리 글자로 써서 알 수 없는 말은 우리 말이 아니다

얼마 전 신문을 읽는데 이런 글이 나왔다.

"시각을 서대한 우주에서 미소의 세계로 옮겨보자."

여기 나오는 "미소"란 말이 '미국과 소련'인가 '웃음'인가 알 수 없어서 앞뒤를 몇 번이나 되풀이해 읽고서야 비로소 이 말이 '미국과 소련'도 아니고 '웃음'도 아니고 '아주 작다'〔微小〕는 뜻임을 깨달았다. '아주 작은' 이렇게 쓰면 무식한 사람이 되는가?

'미소'뿐 아니다. 위의 글 전체를 쉬운 우리 말로 써본다.

'눈길을 커다란 우주에서 아주 작은 세계로 옮겨보자.'

이렇게 쓰면 얼마나 좋은가.

또 어느 신문에 "일용노동자"란 말이 나왔기에 무슨 말인가 싶어 읽어 보았다. '날품팔이꾼', 곧 '날품노동자'란 말이었다. '일용'이라면 일본말 '히야도이'(日傭)다. "일용노동자"라 할 때 어떤 일을 하는 사람을 가리키는 말인가 대강 짐작하는 사람도 거의 모두 '품팔이'〔傭〕란 뜻으로는 알지 못하고 '날마다 쓰인다'는 '일용'(日用)이란 뜻으로 알고 있을 것 같다. 날마다 쓰이는 노동자? 아무래도 좀 이상한 말이다. 이렇게 말하면 중국글자 쓰기를 주장하는 이들이 당장 나설 것 같다.

"그것 봐라! 그러니까 한문을 가르쳐야 한다구. 한자를 쓰게 되면 그 말뜻을 대번에 알 수 있지. 그리고 글자 한 자를 익혀놓으면 많은 말을 알게 된단 말이야."

여기서 새삼스럽게 중국글자를 쓰지 말아야 하는 까닭을 말하려니 쑥스럽다. "'일용'이라 쓰지 않고 '日傭'으로 쓰면 뜻이 분명하다"는 말은 옳다. '세입' '결식'도 '貰入' '缺食'으로 쓰면 중국글자를 아는 사람은 읽기가 좋다. '과시' '아동'도 '誇示' '兒童'으로 쓰면 발음까지 틀리지 않게 된다. 그러나 이렇게 되면 언제까지나 중국글자말을 쓰게 되고 우리 말은 버리게 된다.

중국글자를 몰라도 중국글자말을 쓰고 싶어하는 병에 모조리 걸려 있는데, 중국글자 익혀놓고 중국글자말 안 쓰고 순수한 우리 말 찾아쓰는 사람이 어디 있겠는가. 절대로, 한 사람도 없을 것이다. 지금까지 우리가 수백 년 동안 중국글을 높이 받들고 중국글자에 기대다가 말이고 글이고 정신들이 이 꼴로 되었는데, 이제 얼마 남지 않은 우리 말조차 모조리 버리고 짓밟아도 좋다면 중국글자를 쓸 일이다. 그러나 그것은 분명히 나라가 망하는 지름길이다.

중국글자를 쓰지 말아야 한다는 것은 단지 글자만 안 써야 한다는 것이 아니라 중국글자로 된 어설픈 말을 안 써야 한다는 말이고, 우리 말을 찾아써야 한다는 말이다. "미소"를 '아주 작음'으로, "일용노동자"를 '날품노동자'로, "세입자" "과시" "결식아동"을 '세든이' '자랑' '굶는 어린이'로 써야 한다는 말이다.

글자는 눈으로 보고 그 뜻을 알 수 있어야 하겠지만 귀로 듣고도 알 수 있어야 한다. 해후, 조우, 무산, 관건, 종용—신문에 흔히 나오는 이런 말들을 한문글자로 邂逅, 遭遇, 霧散, 關鍵, 慫慂—이렇게 쓴다면 읽는 사람이 얼마나 될까? 그렇다고 한글로 쓰면 읽기야 하겠지만 그 뜻을 아는 사람 역시 적을 것이다. 또 뜻을 안다고 하더라도 우리 말을 두고 하필 남의 나라 글자로 된 말을 써야 할 까닭이 어디 있는가? 만나다

(해후·조우), 깨지다, 흩어지다, 못 열다(무산), 열쇠(관건), 권하다(종용)──이렇게 쉬운 우리 말을 두고 괴상한 소리로 읽는 중국글자말을 쓰는 노릇은 백 번을 생각해도 병신 짓밖에 아무것도 아니다.

3. '미소'는 일본말이다

지난번 어느 신문에서 "미소의"란 말을 '아주 작은'이란 뜻으로 알아보지 못하고 애를 먹었다고 했는데, 보통 이 미소는 '웃음'이란 뜻으로 많이 써서 우리 말을 아주 파괴하는 잘못된 말이다.

첫째, 미소는 '아주 작다' '미국과 소련' '웃음'의 세 가지 뜻으로 쓰여서 섞갈리기 쉽다.

둘째, 이 말은 일본에서 들어왔다. 일본의 『영화(英和)사전』을 보면 영어 smile을 "ほおえむ" "微笑む"라고 옮겨놓았다. 일본사람들은 "微笑む"라고 써놓고 "호오에무"라고 읽는다. 곧 '방긋(빙긋) 웃는다'는 말이다. 그런데 우리는 일본사람들이 쓰는 한문글자를 그대로 적고는 중국식으로 미소라고 읽으니 그 말소리에서 아무 뜻도 느낄 수 없고, '웃는다'는 우리 말도 버림받아 죽게 된다. 주체성을 잃은, 부끄럽기 짝이 없는 말이라 아니 할 수 없다.

셋째, 흔히 이 말은 분명하지 않거나 틀리게 쓰인다.

"거인 안방서 2연승 미소"

한 열흘 전 『ㅎ신문』에 난 제목이다. 프로야구 경기에서 롯데가 두 번이나 연달아 이겨서 웃었다는 말인데, 이 경우 소리를 내지 않고 "빙긋 웃었다"는 것이 맞는 말일까?

"대우 4시간 熱戰 끝 미소"

이것은 지난 2월 10일에 나온 『ㄷ일보』 기사 제목인데, 이 경우는 분명히 소리를 지르면서 웃었을 것 같다. '웃음'이라면 모조리 미소로 쓰는 버릇이 들어버렸다.

넷째, 이 미소는 우리 말을 아주 크게 파괴한다. 앞에서 든 두 보기글과 같이 미소 하면 이름씨가 된다. 우리 말에서 가장 두드러진 특징이 움직씨를 많이 쓰는 것이다. 우리 말에서 움직씨가 얼마나 많이 쓰이고 있는가를 문법에서 일본말과 비교해보면, 일본말 동사는 그 활용이 기껏 많아봐야 다섯 단밖에 안 된다(그러니까 일본말에서는 명사를 많이 쓰고, 이 명사들을 이어주는 '노'〔の〕를 수없이 많이 쓴다). 그런데 우리 말 움직씨는 보통 그 끝바꿈이 백서른 가지쯤 된다. 이것 한 가지만 보아도 우리 말과 일본말이 얼마나 다른가를 잘 알 수 있다. 그래서 '웃는다'란 움직씨를 버리고 이름씨를 쓰면 우리 말의 바탕이 아주 파괴된다. "두 정상의 미소" "미소의 표정" 따위에서 보듯이 앞뒤에 매김자리토를 붙여 줄줄이 중국글자말을 꿰달아놓은 어설픈 일본말 번역체 문장을 우리는 얼마나 즐겨 써왔던가!

우리 말에서 미소 따위 바탕이 다른 말이 일으키는 우리 말 연쇄파괴 현상은 이에 그치지 않는다. 우리는 '웃는다'란 움직씨 앞에 온갖 모양과 소리를 나타내는 어찌씨를 써서 그 웃음의 모양이며 바탕이며 뜻을 나타낸다. 이 어찌씨가 풍부하다는 것이 또 우리 말의 특징이고 자랑거리다. 그런데 움직씨를 안 쓰게 되면 어찌씨도 저절로 죽어버린다. 지식인들이 남의 나라 말을 따라 쓰는 짓이 모국어를 학살하는 엄청난 범죄행위가 되는 까닭이 이러하다.

그런데 언제부턴가 이 미소는 신문기자고 소설가고 동화작가고 할 것 없이 마구잡이로 쓰고 있고, 거의 대부분의 글에서 '웃는다'는 안 쓰고 미소만을 쓰고 있으니 참으로 한심한 일이다.

더러 어떤 이는 "미소와 웃음은 그 뜻이 다르지 않아요?"라고 반문한다. 이게 바로 병신 같은 소리다. 이런 사람은 글을 쓸 때 먼저 머릿속에 영어나 일본글 체계의 말을 떠올린다. 그래서 '거기 맞는 우리 말이 어디 있나' 하는 태도다. 마치 '조우' '해후' 같은 말이 '만남'과 다르다고 하듯이. 대답할 필요도 없는 말이다.

4. '통석의 염'에 숨어 있는 일본 군국주의

며칠 전 일본왕의 인사말에 나온 **통석(痛惜)**을 두고 신문들이 한 차례 떠들썩했다. 그 말이 일본에서도 안 쓰는 죽은 말이라고도 했다. 내가 알기로는 중국글자말을 즐겨 쓰는 일본인들이 더러 쓴다. 다만 우리 나라에서는 안 쓴다. 안 쓰지만 중국글자를 아는 사람이라면, 사전을 찾아볼 것까지도 없다. "통"(痛)은 '매우'란 뜻이고 "석"(惜)은 '아깝다'란 말이다. 이걸 두고 우리 정부에서(일본인들도 그렇게 해석하지는 않는데) "마음 아프게 뉘우친다"고 해석해서 보도하게 했다니 참 너무너무 한심하다.

일본인들이 통석을 실제 말에서 어떻게 쓰고 있는가 알아보자. 어느 나라 말이든지 그 말이 살아 있는 말로 쓰이는 모양을 알려면 문학작품에 어떻게 나타나 있는가를 보면 된다. 다음은 소설가 시시 분로쿠(獅子文六)의 작품 「덴야완야」(てんやわんや)에 나오는 대문인데, 『學硏國語大辭典』에서 痛惜이란 말이 쓰이는 보기로 들어놓은 글이다.

'전쟁이 우리들로부터 빼앗아간 것들 가운데서 호떡(만주)과 단팥묵(요오캉)만큼 통석(痛惜)하게 여겼던 것은 없었다.'

여기 나오는 痛惜을 우리 말로 옮기면 '(몹시) 아깝게'다. 그러니까 일본왕의 인사말 "痛惜의 念"은 '한국민의 고통이 너무 아깝다는 생각'으로 된다. 참으로 괴상한 말이지만 바로 여기에 일본인들의 교활한 속셈이 들어 있다. 겉으로는 우리가 쓰지 않는 중국글자말로 어리둥절하게 해서 적당히 (한국의 집권자들이 멋대로) 해석하도록 해놓고 속으로는 자기들의 음흉한 뜻을 그대로 담아놓았으니 말이다. 그 속뜻이 뭔가?

'한국민들의 고통이 우리로서는 참 아깝다. 호떡이나 단팥묵 같은 한국을 끝내 다 잡아먹지 못하고 말았으니 말이다.'

일본의 집권자들, 더구나 극우 미치광이 군국주의자들은 그 인사말을 틀림없이 이렇게 해석하고는 좋아서 술잔을 들고 환호성을 올렸을 것이다. 그런데 뭐, 뼈아프게 사과한 말이라고? 기가 찰 노릇이다.

일본왕의 인사말이 어떻게 나오나 하고 매스컴이 관심을 모으고 있을 때 신문에서는 일제강점기 징용으로 끌려갔던 우리 동포들이 기후 현 마쓰이 광산에서만 해도 어른 아이 할 것 없이 130명이나 굶어죽고, 맞아죽고, 견디다 못해 자살했다는 보도가 나왔다. 그보다 한 달 전 신문에는 마쓰시로 대본영(大本營) 땅 밑 사령부를 극비밀로 만드는 공사에 조선인 노무자를 강제 동원해서 1천여 명을 참살했다는 사실이 일본인 탐사대의 조사로 밝혀졌다.

징용과 징병과 정신대와 생체실험에서 억울하게 죽은 수많은 혼들, 그리고 아직도 살아 있는 사람들이 일본 땅, 중국 땅, 사할린, 태평양 곳곳의 섬들에서 돌아오지 못하고 있다. 돌아오도록 하는 일조차 전혀 하지 않는 정부가 일본왕 앞에 사과문이란 것을 구걸하는 숨은 뜻이 무엇인가? 그런 사과를 받은들 어디에다 쓰겠다는 것인가? 사과도 아닌 속임수의 말을 사과문이라 속여서 알리는 뜻은 무엇인가?

"痛惜의 念"이란 말에서 우리가 깨달아야 할 것은 구제받을 수 없는 일본군국주의 미치광이들의 국제범죄 책동이 아직도 엄연하게 진행 중이란 사실이다. 그리고 일본이고 우리고 할 것 없이 민중들이 쓰지 않는 중국글자말을 즐겨 쓰는 것이 집권자들의 생리요 반민중의 생태란 것이다. 이 기회에 우리는 이 따위 "통석의 염" 같은 꼴의 중국글자말을, 관리들은 물론이고 지식인들이 또 얼마나 많이 자랑스럽게 쓰고 있는지 한번 모두 생각해봐야 하겠다.

5. 일본식·중국글자 말투 '에 의해'

일본왕의 인사말에서 "통석의 염"을 따지는 것만으로 끝날 수 없다. 그 글을 다시 살펴보자.

우리 나라(일본)에 의해 초래된 이 불행했던 시기에 귀국(貴國) 국민들이 겪었던 고통을 생각하고 본인은 통석(痛惜)의 염(念)을 금할 수 없습니다.

이것을 겉스쳐 읽으면 우리가 당했던 그 식민지 시대의 고통이 일본 때문에 온 것이라고 씌어 있는 것처럼 느낀다. 그러나 문맥을 조금이라도 주의해서 살피면 "우리가 당한 고통과 일본이 한 짓과는 상관이 없다. 다만 '귀국(한국)민들이 겪었던 고통'은 '일본에 의해 초래된 이 불행했던 시기'에 일어났을 뿐"으로 되어 있다. 그러니까 이것이 사기꾼들의 글장난이라는 것이다. 이 글을 정확하게 (알기 쉽게) 풀면 다음과 같다.

일본 때문에 일어났던 그 불행했던 시기에 (전쟁을 일으킨 것이 일본이라는 사실만은 시인한 것이겠지) 재수 없는 당신늘 한국민이 겪었던 고통(우리 일본이 아니었다면 더 크게 겪었을지도 모를 그 고통)을 생각하니 본인은 참으로 아깝다는 느낌이 든다.

이렇게밖에 그 글뜻을 어떻게 풀 수 있겠는가? 한마디로 말해서 그 글에는 일본과 한국이 가해자와 피해자의 관계로는 전혀 나타나 있지 않다.
다음은 "–에 의해 초래된" 하는 말에 대해서다. 이것이 바로 우리 나라 지식인들이 모두 쓰고 있는 일본식 중국글자말투다. 이 –에 의해는 다음과 같이 적어도 열 가지 이상 다르게 써야 할 우리 말을 모조리 내버린다. 그래서 겨레말을 죽이고, 표현을 모호하게 하고, 한 가지 틀로만 생각하도록 길들인다. 일본이고 한국이고 권력을 잡은 사람들이 중국글자말을 즐겨 쓰는 까닭이 이러하다.
여기 든 보기글은 모두 신문에 나온 글이다.

1) '따라서'로 써야 할 경우

- 학원과 사적인 관계에 <u>의하여</u> 좌우되고…… (→따라서)
2) '때문에'로 써야 할 경우
    - 서 사장은 <u>사원들에 의해</u> 출근을 저지당했다. (→사원들 때문에)
3) '에서'로 써야 할 자리
    - 소설『동의보감』이 내년 봄 <u>MBC에 의해</u> 전파를 타게 된다. (→MBC에서)
4) '으로'를 써야 할 자리
    - 3당 <u>합당에 의해</u> 탄생한 민자당의 온갖 모순이…… (→합당으로)
5) '의해'를 안 써야 할 자리
    - 여운형은 누구의 <u>손에 의해서인지</u> 모르게 암살당했다. (→손에서인지)
6) '-가 -했다'로 써야 할 자리
    - 불은 소방차 <u>3대에 의해</u> 진화됐다. (→3대가 진화했다, 3대가 껐다.)
7) 그밖의 여러 가지 말로 써야 할 자리
    - 이 만화들은 <u>전문가에 의한</u> 것은 아니지만…… (→전문가가 그린)
    - 투표일을 앞둔 2일 <u>경찰에 의한</u> 야당운동원 폭행사태까지……
      (→경찰이 야당 운동원을 폭행하는)
    - <u>폭력적 강제에 의한</u> 정치봉쇄국가의 대명사로…… (→폭력이 강제하는, 폭력으로 강제하는)
    - X선 <u>회절법에 의한</u> 생체물질의 분자구조 연구로…… (→회절법을 이용한)
    - 동아일보 <u>기사에 의하면</u> 이들 사망자들은…… (→기사를 보면)

일본왕의 인사말에 나오는 -에 의해는 위의 보기 가운데서 6)에 들어간다.

- 우리 <u>나라에 의해</u> 초래된 이 불행했던 시기에…… (→나라가 일으

켰던)

우리 말에서 어떤 경우에도 -에 의해를 쓰지 않으면 안 되는 경우는 절대로 없다.

6. '큰비'와 '호우'

1991년 여름에는 비가 참 지긋지긋하게 와서 신문에는 거의 날마다 비에 관한 기사가 나왔다.

비의 뜻을 나타낸 말을 사전에서 찾아보면 가랑비, 이슬비, 보슬비, 여우비, 단비, 모종비, 목비, 못비, 발비, 밤비, 장맛비, 소나기, 큰비, 궂은비, 작달비, 찬비, 빗발, 빗날, 비바람, 비빌이, 빗줄기, 빗방울, 빗소리, 빗밑, 빗낯, 장마, 건들장마…… 이렇게 나오는데, 또 더 있을 것이다.

'장대비'란 말도 썼다는 생각이 난다. 임화의 시 「바다의 찬가」에도 나온다.

장대 같은 빗줄기가
야……
두 발을 구르며
동동걸음을 치고

이렇게 풍부하고 아름다운 우리 말은 이제 다 어디로 갔는가. 지식인들이 쓰는 글에서 그 대부분을 찾아볼 수 없다. 신문에는 날씨를 알리는 자리에서 "소나기"란 말이 나올 뿐 일반 기사에는 어느 신문이고 호우만 쓰고 있다. 호우, 이게 무슨 말인가? 옛날 중국글을 쓰던 왕조시대라면 차라리 중국글자로 쓸 것이지. 호우로 써서는 우리 말, 우리 글이 될 수 없다.

- 中部 돌풍 동반 豪雨 『ㅈ일보』, 1991. 7. 17.
- 中部 호우 6명 死亡 『ㄷ일보』, 7. 18.

이게 모두 신문 제목들이다.

중부지방, 갑작바람에 큰비
중부지방 큰비 6명 죽어

이렇게 쓰면 얼마나 좋은가.
기사에도 "호우주의보가 내려지고" "집중호우가 쏟아졌다"와 같은 말만 나오는데, 이런 말도 '큰비 주의 알림이 있고' '큰비가 쏟아졌다'로 쓰면 될 것이다.

- 호우로 길이 없어져 물이 빠질 때까지 주민들이 불편을 겪게 됐다. 『ㅎ신문』

사진을 설명한 이 글에서 다른 말은 다 괜찮은데 호우 때문에 버렸다. 우리 글자로만 쓰는 신문이 중국글자를 섞어서 쓰는 신문 문장을 따라가다가는 그야말로 죽도 밥도 안 된다. 우리 글자로 쓴다는 것은 우리 말로 쓴다는 것이다.

- 총기 사용 너무 잦다. 『ㅎ신문』, 7. 20.

이런 신문 제목도 다듬어 쓸 나위가 없어 보인다면 그런 사람은 '유식한 글쓰기 병'에 걸린 사람이다. 내가 쓴다면 다음과 같이 쓸 것이다.

총 너무 자주 쏜다.

'총'을 왜 총기라고만 쓸까? (이렇게 말하면 반드시 되묻는 사람이 나온다. '총'과 총기는 다르다고. 마치 '웃음'과 미소가 다르고, '만남'과 해후가 다르다고 하듯이. 대답할 필요가 없는 물음이다.) 이게 바로 유식병이다. '차'라고는 안 쓰고 꼭 차량으로만 쓰고, '배'라고는 안 쓰고 선박이라 하고, '섬'이라고 쓸 것을 도서라고 하듯이.

지난달 어느 신문 칼럼에서, 나 같은 사람을 두고 "쉬워야 한다는 이데올로기의 강박관념"에 사로잡혔다면서 "사전을 찾아보아야 하는 글은 반민중적이라는, 타매해야 마땅할 궤변도 준동하는 아니 횡행하는 현실"을 탄식하는 어느 출판인의 글을 읽었는데, 사전 찾지 않아도 대개는 알고 있는 한자말조차 쓰지 말자고 하는 이런 글을 그분이 읽는다면 놀라 자빠질는지 모른다. 그러나 어려운 중국글자말을 사전을 찾아보면서 쓰자고 그렇게 드러내어 용감하게 주장하는 사람이 아직도 이 땅에 있으니 다만 놀랄밖에 없다. 민자당 대표인가 최고위원인가 하는 사람이 한문글자 가르치고 써야 한다고 한 말쯤이야 조금도 놀랄 것 없지만 책을 만들어내는 사람이 그런 소리를 예사로 하니 말이다.

나는 우리 나라 사람들이 버스를 탔을 때 "다음 정거장은…… 하차해 주시기 바랍니다"고 하는 안내방송을 예사로 들으면서 그 하차란 말이 귀에 거슬리지 않는다면, 끊임없이 짓밟히고 내쫓기는 우리 말을 결코 살릴 수 없다고 본다.

7. 밥이 하늘이면

이 세상에서 가장 중요한 것은 뭐니뭐니해도 사람의 목숨을 이어주는 '먹는 것'이다. 그렇기에 사람이 세상에 나서 맨 먼저 익히는 말도 바로 입에 들어가는 것을 가리키는 말이다.

'맘마'

귀가 먹지 않고 벙어리가 아닌 모든 아기들이 쉽게 알아듣고 소리 낼 수 있는 이 말이 지구 위에 살아가는 모든 종족에게 두루 쓰이는 세계 공통어가 되어 있는 것도 당연하다. '맘마'는 곧 '밥'이다. 이래서 밥이 하늘이다. 우리는 '밥'이지만 서양사람들은 '빵'이고, 일본사람들은 '메시'다.

"저녁진지를 아주 잡숫구 나오시지요."
"저녁밥을 조금 먹고 왔다니 내다가 같이 먹읍시다."
"미리 저녁을 두 번 먹어둘까요."

이것은 벽초의 『임꺽정』 첫 장에 나오는 대화 글이다. 이 소설을 다 읽지는 않았지만 '밥' '진지'는 있어도 식사란 말은 안 나온다. 내 어린 시절이었던 1930년대에도
"밥 먹었나?"
"아침(저녁) 먹었어?"
이렇게 말했고, 어른들께라면
"저녁 자셨습니까?"
이렇게 인사했지 식사란 말은 해본 적이 없고 들어본 기억이 없다(중국글자말로 '조반' '석반'이란 말은 있었는데, 어쩌다 중국글깨나 읽는 어른들이 썼을 뿐, 마을사람들이 보통으로 쓰는 말은 아니었다).

식사란 말을 쓰게 된 것은 6·25 이후라 생각한다. 이 말 역시 기상, 세면, 구보, 휴식, 취침, 소등 따위 말과 같이 군대에서 쓰던 말이 널리 퍼졌는지도 모른다. 아무튼 식사란 말은 농민이나 노동자들이 쓴 말이 아니었고, 다른 대부분의 중국글자말이 그런 것처럼 도시에서 몸으로 일을 하지 않는 사람들이 쓰기 시작한 말이었다.

그런데 이 말을 이제는 모든 사람이 쓰게 되어 '밥을 먹는다'는 말을 대신하게 되었다. '해방'이 되고부터 오늘날까지 일하는 백성들이 어떻게 나라의 주인이 된 자리에서 쫓겨나는 역사를 살아왔던가를 우리는 이

렇게 하여 우리가 쓴 말이 달라진 자취를 살펴서도 환히 알 수 있다. 마치 '뒷간→변소→화장실' 이런 말의 변천이 우리 국토가 왜놈들의 침략을 받았다가 다시 서양문화의 식민지가 된 것을 잘 말해주듯이.

그런데 언제부턴가 신문을 보면 조찬, 오찬, 만찬이란 말이 쓰이고 있다.

- 한편 김 총재는 이날 협상대표들과 조찬을 함께하며……
- 4일 저녁 힐튼호텔에서 개최된 북측대표단 환영 만찬에 앞서 만찬을 기다리는 동안 만찬장 바로 옆에 있는 오크 룸에서 13분간 단독요담을 가졌다.
- 남북 양측 총리는 또 5일 숙소인 인터콘티넨탈 호텔에서 오찬을 마친 뒤……

이런 기사들에 나오는 조찬·오찬·만찬을 아침·점심·저녁(식사)으로 쓰면 안 될까?

"김 총재는 조찬을 함께하며"는 '김 총재는 아침밥을 같이 먹으며'로 써도 얼마든지 된다고 생각한다. 혹 어떤 사람은 '밥'과 식사와 -찬이 말뿐 아니고 실제 먹는 것이 질과 양에서 다르니 달리 쓸 수밖에 없다고 할는지 모른다. 그러나 구들방에서 자든지 침대 위에서 자든지 잠잔다고만 하면 되는 것이지 침대 위에서 잔다고 '취침한다'든지 '수면한다'고 해야 할 까닭이 없다. 또 그 무슨 조찬(오찬, 만찬) 자리에서 밥그릇은 없고 빵만 먹거나 고기만 먹는다고는 생각되지 않는다.

하긴 밥을 먹으면서도 빵을 먹는다고 해온 것이 정신 나간 우리들 짓이었지.

"우리는 「빵」만으론 살 수 없다"

이것은 지난해 어느 노동조합 파업특보에 주먹만 한 글자로 나온 구호다. 빵이란 글자에 일본식 따옴표를 해놓기는 했지만, 이런 글에서도 '밥'

이란 우리 말을 시원스럽게 쓰지 못하고 있다는 것은 우리들 무의식 세계에 깔려 있는 본성을 슬프게 돌아보지 않을 수 없게 한다.

밥이 하늘이면 '밥'이란 말도 하늘같이 여겨야 할 일이다.

8. 북경 아시아경기와 우리 말

지난 9월 23일자로 나온 각 일간신문은 그 전날에 있던 북경 아시아경기대회 개막식 광경을 사진과 기사로 일제히 실었다. 기사를 읽기에 앞서 눈에 들어온 사진은, 똑같은 옷을 입은 수많은 선수들과 임원들, 그리고 그 앞 한가운데 높이 쳐들고 있는 커다란 태극기와 바로 그 밑에 한 아가씨가 들고 있는 국가 표시의 푯말을 보여주었는데, 그 푯말에는 다음과 같이 씌어 있었다.

韓國
KOREA

나는 그때 텔레비전을 안 봤으니 다른 나라 선수들은 무슨 글자로 어떻게 쓴 푯말을 들고 들어갔는지 모른다. 그런데 우리가 남의 나라 이름을 적는다면 모르지만 우리 나라 이름을 적어 보이는데 우리 글자로 적어야 함은 천번 만번 당연한 일이다. 어째서 중국글자와 영국·미국의 글자로만 적었는가? 아무리 생각해도 이것은 정신이 나간 짓이다. 선수단을 이끌고 경기 진행을 살피는 지도부부터 이런 얼빠진 상태가 되어 있으니까 입장하는 자리에서 추한 꼴을 보이고, 따라갔던 구경꾼들은 '싹쓸이 쇼핑' 같은 것을 해서 온 세계의 비웃음거리가 되는 것이다.

다음은 입장식을 알린 기사의 중요 대문이다.

"757명의 선수·임원으로 구성된 한국선수단이 감색 상의와 베이지색 하의 차림의 선수복을 입고 기수 장재근을 앞세워 입장하고 있다."

신문마다 글투가 조금 다르기는 했지만 "감색 상의와 베이지색 하의 차림"이란 말은 어느 신문이고 똑같았다. 상의, 하의 하면 모를 사람이 별로 없겠지. 그러나 모두 잘 아는 말이라고 해서 우리 말은 버리고 중국글자말만 쓰면 어찌 되는가? '윗옷' '아래옷'이라 쓰면 신문기사의 품격이 떨어질까? '윗옷' '아래옷' '저고리' '바지'보다 상의, 하의가 더 품위 있는 말이라고 생각하는가? 또 베이지색이라니, 이게 무슨 색인지 아는 사람도 더러 있겠지만 모르는 사람이 훨씬 많을 것이다. 가령 모르는 사람이 없다고 해도 우리 말로 쓰는 것이 옳다. 베이지색을 사전에 찾아보니 "엷은 갈색" "낙타색"이라 되어 있다. '감색 윗옷과 엷은 갈색 아래옷 차림의 선수복을 입고······.' 이렇게 쓰면 얼마나 좋은가.

"레슬링 그레코로만형 82kg급에서 금메달을 획득한 김상규가 중국에 사는 큰이모 이순이 씨(65) 등 친척들과 오찬을 함께하고 있다."

이것은 9월 28일자 어느 신문에 나온 사진을 설명한 글이다. 사진을 보니 밥그릇과 반찬 그릇을 앞에 두고 한 할머니가 앉아 있는데, 그 옆에 운동복을 입은 젊은이가 몸을 굽히고 음식을 권하는지 두 손을 내밀고 무슨 말을 하고 있다. 바로 점심을 먹고 있는 모습이다. 그런데 "오찬을 함께하고 있다"고 했다. 참 입맛 떨어지는 말이요 글이다. 이 오찬, 조찬, 만찬 따위 말은 대통령이나 추기경, 뭐 이런 사람들에게나 특별대접을 해주는 말로 쓰는 것 같더니 이렇게 오랜만에 만난 이모님하고 정답게 점심을 먹는 자리를 말하는데도 쓰고 있는 것이다. 이런 글을 읽고 너도 나도 '유식한 사람' '품위 있는 신사 숙녀'가 되고 싶어서 '밥'이고 '식사'란 말도 버리고 "조찬하러 갑시다" "오찬 했는가요?" 하고 쓰게 되지는 않을지, 세상 되어가는 꼴이 그대로 말이 변질하는 꼴이라 도무지 마음을 놓을 수가 없다.

또 우리 말에 '딴다'가 있다. 사과나 대추나 감 같은 과일을 딴다고 하지만, 운동경기에서 메달 같은 것을 얻게 되는 것도 '딴다'고 하면 아주 멋들어지게 딱 맞는 말이 된다. 그런데 이런 쉬운 우리 말은 무식한 사람이나 쓴다고 생각하는지 흔히 메달을 획득한다고 쓰고 있다. 금메달 100개를 획득했다고 으스대는 것보다 동메달 1개라도 '땄다'고 기뻐하는 것이 우리 겨레를 살리는 마음이요, 길이라고 나는 믿는다.

9. 우리 말을 버리는 교육

지난달 어느 회사에서 보내온 사보에 다음과 같은 문장으로 시작한 수필이 실려 있었다.

"초추(初秋)란 말은 아름답다. 초가을 해도 될 것을, 초추라고 이름 부르니 괜한 낭만이 생긴다."

나는 이걸 읽고 깜짝 놀랐다. '초가을' 하기보다 **초추** 하면 아름다운 느낌이 나고 '낭만'이 생긴다니, 세상에 이런 사람이 있는가! 그런데 가만히 생각해보니 아니다. 우리 나라에서 글을 쓴다고 하는 사람들은 거의 모두 이런 상태가 되어 있겠다는 생각이 들었다.

그 사보를 받아 본 같은 날에 나온 『ㅎ일보』 문화면에는 소련의 아름다운 자작나무 숲 사진이 나와 있는데, 그 사진 밑에 다음과 같은 글이 씌어 있었다.

"러시아文學을 키운 白樺나무. 러시아문학의 樹液은 백화나무에서 나온 것이다. 소련 땅을 여행해보면 소련의 國木인 백화나무가 도처에 백성들의 素心처럼 하얗게 깔려 있다. 사진은 콘스탄티노보의 에세닌의 생가 뜰에 선 백화나무들."

신문의 문화면 기사든지 수필이든지 이런 정도의 말투로 쓴 글은 보통으로 읽게 되는 것이라고 하겠지만 나로서는 무척 거슬린다. "백성들의 素心처럼"—어째서 '마음'이라고 안 쓰고 素心이라고 썼는지 알 수 없다. 이것이 초추하면 '첫가을'이라고 말하는 것보다 더 아름답게 느껴진다는 경우와 다를 바가 조금도 없다. "樹液" "國木" "도처" "생가" 같은 말도 나 같으면 깨끗한 우리 말로 바꿔 쓰겠다.

그러나 이 글에서 가장 눈에 띄는 잘못된 말은 白樺나무다. 일본사람들이 러시아 문학작품에 나오는 자작나무를 "白樺"(시라카바)라고 번역한 것을 우리가 모르고 따라 쓴 것은 잘못이라는 말은 어제오늘 나온 것이 아니다. 잘못된 말은 쓰지 말아야 할 것 아닌가.

이 땅에 살아 있는 나무 이름, 풀이름—흔히 쓰는 그 이름조차 모른다면 글을 쓰지 않는 것이 백성된 도리라고 나는 생각한다. 땅이라 하면 될 것을 '대지'라 하고, '들판' '풀밭'이라면 될 것을 초원이라 하고, '웃음'을 미소라고 써야 글이 되고 문학이 된다고 생각하는 사람들이 써놓은 글을 우리 겨레의 문학이라고 말할 수 있는지 묻고 싶다.

도대체 우리가 왜 이렇게 되었나?

나는 최근 아이들이 배우는 교과서를 보고, 학교교육이 우리를 이 모양 이 꼴로 만들었구나 하고 새삼 깨달았다. 내가 우연히 본 것은 초등학교 『쓰기』(1-2) 책 한 권이다.

학교에 처음 들어온 어린이들에게는, 아기였을 때 집에서 부모한테 배운 말을 교과서에 실어서, 그 말이 자기들이 알고 있는 말임을 깨닫게 하여 글자를 쉽게 익히고, 자랑스럽게 쓸 수 있게 해야 한다.

그런데 내가 본 교과서에는 쪽마다 공부할 것을 지시하는 말이 나오는데, 그 말에 가장 많이 나오는 낱말이 비교하여와 사용하여와 정확하게다. 비교하여는 13번이나 나오는데 '견주어'란 말은 단 한 군데도 안 나온다. '낱말을 써서'나 '낱말로'나 '낱말을 가지고'라고 쓴 곳도 한 군데도 없고 모조리 "낱말을 사용하여"다. 정확하게를 안 쓰고 '올바르게'라고 쓴 곳도 없다. 이 세 낱말은 한글학회에서 낸 『쉬운말 사전』에도 쉽게 쓰라고 올려놓았는데 말이다. 이러니까 어린이들은 설사 아기 때 집에서 '견주다' '쓰다' '올바르다'를 듣고 잘 알고 있다고 하더라도 학교에 들어가 교과서를 읽고부터는, 집에서 배운 그런 말은 공부를 못 한 사람들이나 쓰는 부끄러운 말이고 이제부터는 유식한 말, 책에 나온 말을 써야 한다고 생각하게 된다. 그 어린 나이 때부터!

신문기사고 책에서고 말에까지 어른들이 왜 '견주어'는 안 쓰고 비교해서, 비교적만 쓰는가, '쓰다'는 안 쓰고 사용하다만 쓰는가, '올바르게'도 안 쓰고 정확하게만 쓰는가, 왜 유식한 말만 쓰는 병이 그처럼 깊이 들어 있는가, 이만하면 알 것이다. 내가 여기서 말한 교과서는 초등학교의 그 많은 교과목 가운데 한 교과인 국어과, 그 국어과의 여러 가지 교과서 가운데 하나인 쓰기 교과서, 그 『쓰기』에서도 1학년부터 6학년까지 있는 12권 가운데서 단 한 권만 보고 그것도 겨우 낱말 몇 가지를 들어 말한 것이다.

10. 중국글자말 문장의 뼈대를 이루는 '-적'

-적(的)이란 말은 우리 글을 요란한 중국글자말 문장 체계로 만드는 데 중요한 노릇을 한다.

1) 수상자가 정치적으로 스포츠적으로 세계적인 거물급으로 압축되었다. 『ㄷ일보』, 1990. 8. 19.
2) 유엔과 아랍권의 페르시아 만 사태의 평화적 해결을 위한 다각적인 외교적 노력이 비관시되고 있다. 『ㅎ일보』, 8. 29.
3) 만나는 것 자체에 민족사적 세계사적 의미가 있다. 『ㄷ일보』, 9. 4.
4) 스포츠에 대한 정치권의 간섭을 단적으로 보여준 대표적 예다. 어느 신문

이 신문기사들에서 -적을 빼고 다시 써보자.

1) 상을 받는 사람이 정치인으로나 체육인으로서 세계에 알려진 큰 인물 축으로 줄어들었다.
2) 유엔과 아랍권이 페르시아 만 사태를 평화스럽게 해결하려는 여러 가지 외교 노력이 잘 안 될 것으로 보인다.

3) 만나는 것 자체가 민족사와 세계사에 남을 만한 뜻이 있다.
4) 체육에 대한 정치권의 간섭을 바로 보여준 대표가 되는 보기다.

이 －적은 일본사람들이 쓰기 시작한 것을 우리가 따라서 쓰게 된 것이다. 『일본어사전』(學硏國語大辭典)에서 이 말을 찾아보면, 뜻을 풀이한 다음에 '참고'라 하여 다음과 같이 적어놓았다.

본래 '－의' 뜻으로 쓰는 중국어 토. 이를 따라 '明治' 초기에 번역문에서 영어 －tic의 음과 뜻에 맞추어 쓴 데서 비롯되었다.

다시 『신문으로 보는 일본 100년』(요미우리신문사)이란 책에서 '明治 20年' 쪽에 보면 「〈的〉流行」이란 제목으로 다음과 같은 글이 적혀 있다.

"남성적·적극적 따위로 쓰는 '적'은 영어 '틱'(tic)을 그렇게 쓴 것인데, '明治' 10년대의 철학자들이 쓰기 시작했다. '明治' 22년(1889)쯤부터는 널리 크게 유행해서, 무슨무슨 식이라고 쓰는 것보다 불쾌한 느낌이 안 들고 학자답다고 해서 인쇄소에서는 '的'이란 활자를 두 배나 갖추는 소동을 벌였다."

우리 나라에서는 이 －적을 어느 때부터 쓰기 시작했을까? 중국글을 그렇게 많이 쓰던 봉건왕조 시대에도 이 －적은 어떤 글에서고 결코 나오지 않는다. 내가 알기로 이 말을 맨 처음 쓴 것이 최남선 씨다. 1908년에 나온, '우리 나라 최초의 본격 문예지'라고 하는 『소년』 창간호 표지에는 최 씨가 쓴 다음과 같은 글이 있다.

本誌는此責任을克當할만한活動的進取的發明的大國民을養成하기爲 하야出來한明星이라新大韓의少年은須臾라도司離티못할디라

이 글에는 "活動的 進取的 發明的" 이렇게 한꺼번에 세 번이나 연달아 나오는데, -적의 본고장인 일본사람들도 이 글에는 약간 놀랄 듯하다.
  소설에는 이광수부터 나온다. 이래서, 신문기사고 시사 논문이고 문학론이고 -적을 안 넣으면 글을 못 쓸 지경에 이른 것이다. 우리 말을 구슬같이 다듬어 쓴 사람으로 가장 이름났던 정지용 씨도 -적을 함부로 썼다.

  더우기 노동과 생산, 혁명과 투쟁에서 문학적 창의와 구상을 얻는다는 것은 조금도 기대되지 못한 것이요 도리어 이러한 문제가 문학적 논변에 오르고 보면 반드시 반동적 흥분을 하는 것이며 진보적 작가의 경향적 작품에 대하여는 私感的 睡罵를 가함으로써 晏如할 줄로 여기는 모양이요……
  • 「朝鮮詩의 反省」, 1948

  이래서 요즘 사람들은 '무조건적으로' '시간적으로' '세상적으로' 하고 무슨 말이든지 -적을 붙여서 글을 쓰고, 말까지 예사로 그렇게 지껄이게 되었다. 그러나 아무리 널리 쓰는 말이라 하더라도 그것이 우리 말을 더 럽히고 해치는 것이 분명하다면 지금부터라도 고쳐야 한다. 이 -적은 쉽게 고칠 수 있다. 앞에서 보인 대로 적을 아주 빼버리고 그대로 잇든지, -적 대신 '의'나 '에서'와 같은 토로 대신하거나, '-스럽게'를 쓰고는 그 뒤에 오는 이름씨를 움직씨로 고치면 된다. 그래야 우리 말로 글이 살아난다. 또 "연속적으로"와 같은 말은 아주 쉬운 우리 말로 바꾸어 '잇달아' 하면 되는 경우도 많다.
  오랫동안 버릇이 들어서 지금 당장 적을 모조리 버릴 수는 없을 것이다. 다만 조금씩 줄여서 쓰는 노력은 해야 한다. 그런 노력조차 안 한다면 우리 말을 어지럽힌 글쟁이들의 책임은 결코 벗어날 도리가 없을 것이다.

11. 서양말법을 따라 써도 좋은가

새해에 들어 우리 문단 원로 두 분이 쓴 축시를 『ㅈ일보』와 『ㅎ신문』에서 읽게 되어 반가웠다. 그런데 시를 읽다가 좀 당황했다. 우리 말법에 있을 수 없는 었었다가 두 분의 시에 다 나왔기 때문이다. 과거완료형이라는 이 었었다는 학자들이 지어낸 문법책에는 나오지만 우리 백성들의 말에는 결코 없는 것이다.

- 겨레여, 형제여,/한 핏줄이여,/지난날의 우리는 <u>누구였었나</u> 박두진, 「우리는 누구인가」 부분
- 사람다운 높고 귀함 <u>잊었었어라</u>. 박두진, 「우리는 누구인가」 부분
- 어머니 염통에 불이 <u>났었지요</u>. 문익환, 「통일은 다 됐어」 부분
- 북쪽 선수들은 <u>살기등등했었습니다</u>. 문익환, 「통일은 다 됐어」 부분

이 었었다가 우리 말이 아니란 증거는 다음과 같다.

1) 나는 어려서부터 사람들의 입에서 이 말이 나오는 것을 들어본 적이 없다. 1950년대까지는 어디를 가도 듣지 못했다.

2) 지금도 책을 읽지 않고 일만 하면서 살아가는 농사꾼들은 이 말을 쓰지 않는다.

3) 옛날이야기를 녹음해서 글로 옮겨놓은 책(『구비문학대계』 같은 것)을 봐도 었었다는 안 나온다.

4) 고대소설은 말할 것도 없고, 신소설에도 었었다는 없다.

5) 말느낌이 아주 좋지 않다. 우리 말을 이렇게 써야 할 까닭이 전혀 없다.

6) 었었다가 나오는 것을 보면 무슨 원칙이란 것이 없고(있을 수도 없는 것이다) 수시로 제멋대로 나온다.

7) 현재를 설명하다가 지난 때 일을 참고로 말하려고 할 때 '그는 지난

해에도 그런 짓을 한 일이 있다'는 뜻으로 "그런 짓을 했었다"고 쓰는 경우를 더러 신문기사에서 보는데, 이런 때에도 바로 '-한 일이 있다'고 쓰면 훨씬 더 자연스럽고, 그 뜻이 환해진다. 이것이 우리 말이기 때문이다.

었었다가 우리 책에 처음 나오는 것이 유길준의 『大韓文典』(1909)이다. 곧 이어 주시경의 『國語文法』(1910)에도 나온다. '해방' 후에는 최현배 『우리 말본』으로 온 나라 학생들이 배우게 되었다. 이런 문법책에 나오는 과거완료형은 우리 말의 현상을 그대로 좇아 만든 것이 아니라 영문법의 틀에다 우리 말을 맞춰놓은 것이다.

일반 글에서는 소설에서 맨 먼저 썼는데, 이른바 '언문일치' 문장을 완성했다는 이광수의 『무정』(1917)에서부터 이 말이 나온다. 가장 살아 있는 말을 써야 할 문학이 서양 말법을 따라 우리 말을 비뚤게 쓰는 짓을 퍼뜨린 것이다.

이광수가 었었다를 쓴 것은 잘못된 문법책을 읽은 탓도 있겠지만, 그보다도 바로 영어 공부를 하는 가운데 이런 번역말투를 생각했으리라 본다. 그 뒤를 따른 김동인, 염상섭, 현진건, 주요섭, 나도향…… 안 쓴 사람이 거의 없다. 물론 어쩌다가, 아무 까닭도 없이 불쑥 나타나곤 하는 것이다. 1920~30년대에 활동했던 카프작가들도 거의 모두 이 말로 글을 더럽혔다. 내가 지금까지 살펴본 바로는 전영택, 강경애, 이북명 세 사람의 소설에 이 었었다가 안 나온다. 목사가 직업이기에 늘 말을 하면서 살아간 작가, 온갖 괴로운 현실에서 기막히게 가난한 사람들의 이야기를 쓰다가 젊은 나이로 죽은 작가, 그리고 노동자 출신의 소설가, 이 세 사람의 글에 었었다가 안 나온다는 것은, 이 말이 어디에서 왔는가를 짐작하는 데 도움을 준다. 최서해의 「탈출기」에는 었었다가 세 번 나온다.

시에서는 소월도 만해도 윤동주도 지용도 었었다를 안 썼다. 나는 아직 일제강점기에 쓴 시에 었었다가 나온 것을 보지 못했다. 50년대까지도 못 보았다. 시는 그 나라의 말을 가장 싱싱하게 살아 있는 그대로 보여주는 글이기에 이런 남의 나라 말이 쓰일 수 없는 것이 당연하다.

그런데 요즘은 어찌 된 일인가, 젊은이들의 시에 흔히 나오는 이 말이 원로 시인들의 시에까지 나오니 말이다. 우리 말이 이렇게 더럽혀져도 괜찮은 것인지 모든 분들에게 묻고 싶다.

12. 전쟁이 터졌는가, 발발했는가

동양이고 서양이고 옛날이고 오늘이고 간에, 그리고 나라 안이고 밖이고 간에 사람이 살아온 역사에서는 이미 굳어져 있는 질서를 목숨까지 걸고 뜯어고치려 하는 일들이 끊임없이 일어났는데, 이런 일들을 가리키는 말이 그 말을 하게 되는 사람의 처지에 따라 여러 가지로 나타났다. 반란, 폭동, 난동, 사변, 토벌, 의거, 운동, 전쟁, 성전, 난리, 혁명…… 잠시 생각해도 이렇게 많다. 이 가운데서 반란, 난동, 폭동, 사변, 토벌 같은 말은 이미 굳어신 실서를 지키는 쏙에서 쓰는 말이고, 의거, 운동, 혁명 같은 말은 질서를 바꿔놓으려는 편에서 쓰는 말이다. 그런데 혁명은 질서를 지키려는 쪽에서도 좋지 못한 뜻이나 나쁘게 이용하려는 말로 썼고, 성전은 침략을 당하는 나라나 침략하는 나라나 다 같이 외치는 구호가 되기도 하였다.

다만 이 가운데서 아주 특이한 말이 "난리"인데, 이 말은 우리 백성들이 가장 오랫동안 써와서 우리의 정서가 푹 밴 말이 되어 있다.

시인 정지용의 시 「지는 해」에도 "난리"란 말이 나온다.

우리 오빠 가신 곳은
해님 지는 서해 건너
멀리 멀리 가셨다네
웬일인가 저 하늘이
핏빛보담 무섭구나!
난리 났다 불이 났다

이 "난리 났다"는 말이 '불이 났다'는 말과 어쩌면 이렇게도 잘 어울리는가? 그러니까 "난리" 하면 '불'처럼 '났다'고 해야 하는 것이지 '생겼다'고도 안 하고 '돌발했다'고도 안 쓴다.

'난리'가 아니고 '전쟁'이라면 어떻게 되나? '일어났다'든지 '터졌다'고 해야 하겠지.

- 전쟁이 터졌다. 『동아일보』, 1991. 1. 17.
- 끝내 터졌구나…… 앞날 걱정 『중앙일보』, 1. 17.
- 전 세계의 우려에도 불구하고 결국 전쟁이 터지고 말았다. 『한겨레』, 1. 18.
- 페르시아灣 전쟁이 마침내 시작되었다. 『동아일보』, 1. 17.

끔찍한 소식이지만 이렇게 우리 말을 살려서 쓴 것이 반갑다. 지금까지 6·25전쟁이고 월남전쟁이고 신문에서 전쟁이 일어났다는 말을 쓸 때 발발이라고 쓰지 않은 기사를 본 적이 없었는데, 이번 전쟁을 알리는 기사에서는 몇몇 신문들이 우리 말을 써주어서 '이제부터 신문도 좀 달라지려나' 하는 기대도 했다.

그러나 같은 신문인데도 여전히 발발이 여기저기 나오니 참 딱한 노릇이다.

- 거대규모 전쟁이 대부분 20세기에 발발했다. 『동아일보』, 1. 17.
- 1차 세계대전은 1914년 7월 오스트리아의 세르비아에서 발발 『동아일보』, 1. 17.
- 17일 페르시아灣에서 드디어 전쟁이 발발했다. 『동아일보』, 1. 17.
- 전쟁발발 소식이 전해진 17일 아침 『중앙일보』, 1. 17.
- 후세인 대통령과는 전쟁발발 이후 아무런 접촉도 갖지 못하고 있다. 『한국일보』, 1. 21.
- 우리는 전쟁발발 시부터…… 『한국일보』, 1. 21.

- 전쟁발발에 분노와 실망을 감추지 못하고……『한국일보』, 1. 21.
- 전쟁이 발발하게 된 데 대한 책임이 있다는 의혹을……『한국일보』, 1. 21.
- 그의 재임시 발발한 이 광적이고 파멸적인 전쟁의 결과로……『한국일보』, 1. 21.

대체 어째서 이렇게 "전쟁이 발발"한다고 쓰는가? 내가 알기로 이 말은 지난날 일본인들이 "지나사변 발발" "대동아전쟁 발발"이라고 숱하게 쓰던 말을 따라 쓰던 말이다. 그 당시 신문을 찾아보면 "勃發"이란 중국 글자말이 얼마든지 나올 것이다.

- 第二次大戰! 遂に勃發

이것은 1939년 9월 4일자로 나온 일본『요미우리 신문』머리기사 제목이다. 일본말에는 우리 말로 '터졌다'고 하는 뜻을 나타내는 말이 없다. 그리고 일본사람들은 '勃發'을 "봅빠쓰"라고 읽는데, 열린 마디만 있는 일본말에서는 이런 닫힘마디로 나오는 중국글자말을 써야 말맛이 나니, 이런 말을 쓰지 않을 수 없는 것이다. 그런데 우리는 알맞고 편리한 제 겨레말을 두고 엉뚱한 남의 나라 말을 따라 쓰고 있으니 이게 정신 나간 것이 아니고 무엇인가? 발발이 강아지 이름이지 어째서 전쟁이 터졌다는 말이 될 수 있는가? 제 나라 말을 바로 쓰려는 노력조차 하지 않는 사람은 제발 글을 쓰지 말아주었으면 좋겠다.

13. 말은 누가 만드는가—'모람'과 '먹거리'

언젠가 우리 말 운동을 하는 학생들의 모임에서 낸 책 한 권을 반갑게 받고 그 첫머리에 나온 글을 읽다가 아무리 되풀이해서 읽어도 알 수 없는 낱말 하나가 몇 번이나 나와서 당황한 적이 있다. 그것은 "모람"이란 말인데, 국어사전을 찾아도 없고, 외래어사전을 봐도 없었다. 그러다가 한번은 그 모임에 있는 학생을 만나 물었더니 그것은 '회원'이란 뜻으로 쓰는 말인데 "모인 사람"이란 두 낱말에서 "모" 자와 "람" 자를 따서 만든 말이라 했다. 맙소사! 말을 그렇게 만들다니, 참 어처구니없다는 생각이 들었다.

그때 그렇게 해서 "모람"이란 말의 뜻을 듣고도 나는 그 뒤 또 어느 인쇄물에서 그 말이 나왔을 때 이게 무슨 말이라 했던가 생각이 안 나 쩔쩔맸다. 그래 또다시 물었고, 설명해주는 말을 들었다.

요즘 젊은이들이 쓴 글을 보면 외국말을 그대로 옮겨놓은 말들이 많이 나오는데, 그런 말은 바로잡으려 하지 않고, 그대로 써도 될 말을 도무지 알 수 없는 말로 바꿔서 쓰니, 이래서 우리 말 운동이 될까? 학생과 지식인들이 말을 제멋대로 만들어내는 짓은 백 가지로 해로울 뿐이다. 대관절 말을 만들어낼 자격이 있는가? 지식인이나 학생들이 책상 앞에 앉아 말을 만드는 것은 관청의 관리들이 제멋대로 말을 만들어내는 것(그래서 만들어낸 말을 구호로 내걸고 간판으로 다는 짓)과 다름없이 겨레말을 어지럽힌다.

또 하나 생각나는 것이 먹거리란 말이다. 이 말을 처음 어떤 글에서 읽었을 때 매우 불쾌했다. 그리고 귀로 들은 느낌은 더욱 언짢았다. '이건 우리 말이 아닌데, 우리 말이 될 수 없는데' 하는 생각을 지울 수 없었다. 남의 나라 말은 모르지만 제 나라 말, 제 겨레말을 머리로 분석해서 아는 것이 아니라 느낌으로 안다. 나는 내 느낌이 틀림없다고 믿는다.

그런데 언제부턴가 농민운동을 하는 분들, 공해추방운동을 하는 분들이 이 괴상한 말을 예사로 쓰고 있다. 얼마 전에는 어느 여성단체에서 조그만 책을 보내왔는데, 그 이름이 『살아 있는 먹거리』였다. '우리 말을 바로 쓰지 못하고서야 어디 운동인들 제대로 할 수 있겠는가' 하는 생각을 아니 할 수 없다.

느낌을 믿는다고 했지만, 말법으로 따져보자. 먹거리는 "먹다"라는 움직씨의 줄기(어간)에다가 "거리"란 이름씨를 붙여서 만든 말이다. 이런 겹씨(복합어)는 있을 수 없다. '이름씨＋이름씨'나 '움직씨의 이름꼴＋이름씨'는 된다. '반찬거리' '놀림거리'와 같이. 그러나 움직씨의 줄기에다가 '거리'를 붙여서는 어떤 경우에도 말이 안 된다. '쓰다'에서 '쓰＋거리'면 '쓰거리'가 되고, '그리다'에서 '그리＋거리'면 '그리거리'가 되어버린다.

'읽다'에서 '읽＋거리'면 어떤가? 이것 역시 말이 안 된다. 귀로 들어서 알 수 없는 '이꺼리'를 우리 말이라 할 수 없다. '먹＋거리'로 되는 먹거리도 그 말소리 '머꺼리'가 주는 느낌이 안 된다.

'식품'이란 한자말을 쓰기가 안됐다면 '먹이'란 말도 있다. '먹이'를 하필 짐승들의 먹이로만 옹졸하게 생각할 것 없다. 그리고 굳이 '먹이'가 싫다면 '먹을거리'라고 하면 얼마나 좋은가?

'먹을거리' '읽을거리' 이렇게 얼마든지 쓸 수 있는 우리 말을 두고 도무지 말법에도 없는 이상한 말, 별난 말을 만들어 쓰고 있는 것이 바로 지식인들이 가지고 있는 '반민중성'이라고 말하지 않을 수 없다.

말을 누가 만드는가? 민중들이 백성들이 만든다. 백성(민중)들 아닌 어떤 사람도 말을 만들 자격이 없다. 백성(민중)들은 말을 머리로 만드는 것이 아니라 삶 속에서 몸으로 만든다. 만든다기보다 저절로 만들어진다고 해야 하겠지. 지식인들은 백성(민중)들이 쓰는 말을 다만 따라가고 살펴서, 깨닫고 배울 뿐이다. 그래서 같은 백성이 되고 민중이 될 뿐이다.

14. '백성'인가, '민중'인가, '민초'인가

백성, 국민, 민중, 인민, 민초, 이 가운데서 어느 것을 써야 할까?

결론부터 말하면 옛날부터 우리가 써온 말 '백성'을 쓰는 것이 가장 옳다. 그런데 요즘은 거의 모두 '민중'을 쓰고 있으니 어쩔 수 없이 이 말도 써야 되겠지. 본래 우리가 쓰던 말, 바로 백성들이 쓰던 말은 보잘것없이 여기고 책에서 읽기만 하던 말, 밖에서 들어온 말은 유식하게 보이고 근사하게 여기는 버릇이 들어서 이렇게 되었다. 그래서 이제는 '백성'이란 말이 옛날 왕정시대에 아무 힘도 못 쓰고 복종만 하면서 살던 사람들을 가리키는 말이라고 잘못 생각하는 젊은이들까지 나오게 되었다.

국민이라면 물론 '백성'이나 '민중'과는 달리 써야 할 경우가 있겠지만 일반 백성이란 뜻으로 쓸 필요는 없다. 그리고 나로서는 이 국민이란 말이 주는 느낌이 아주 좋지 않다. 일제 말기에 '소국민' '총후국민' '국민총동원' '국민총궐기' '국민총력연맹' '국민정신작흥주간' '국민문학' '국민학교' '국민복' 따위 말에 진저리가 난 기억을 지울 수가 없기 때문이다.

'인민'은 좀 낯설게 느껴지는 말이라 널리 쓰일 것 같지 않다.

다음은 민초란 말에 대해서인데, 이 말을 중국글자로 써놓으면 아주 근사하다. 그래서 붓글씨 쓰는 분들이 더러 이 말을 좋아하고, 신문기사에도 심심찮게 나온다.

- 민초들의 삶 바탕 '리얼리즘' 추구 『ㅎ신문』, 1990. 7. 29.
- 악한 권력·약한 민초의 관계 그려 『ㅎ신문』, 8. 4.
- 全 前 대통령은 "내가 재임 중에 이처럼 民草들과 두루 만났더라면 좀더 정치를 잘했을걸……" 하는 아쉬움을 표시한다고…… 『ㄷ일보』, 8. 4.
- 민초들의 숨결 가득한 내 '삶의 학교' 『ㅎ신문』, 10. 18.
- '각하'란 호칭을 듣는 민초들은 "혹시나 했더니 역시였구나" 하는 심정이다. 『ㅎ신문』, 1991. 1. 15.
- 民草들의 가슴 『ㄷ일보』, 3. 25.

내가 본 신문에서 어쩌다가 눈에 띈 것을 적었다. 이 민초가 우리 말이 아니란 것은, 이렇게 글을 쓰는 이들이 민초라고 해서 가리키는 바로 그

민초란 사람들은 아무도 자기들을 민초라고는 말하지 않는다는 사실만으로도 우선 알 수 있다. 그리고 이 민초는 바로 일본말 '다미구사'(民草)다. 「명치천황어제」(明治天皇御製)에도 찾아보면 틀림없이 나올 것 같은 이 말은 일본인들이 즐겨 쓰던 말로서, 일찍이 반민족작가 이광수도 일본천황에 충성을 맹세할 때 일본의 전통 시(와카, 和歌)로 그 자신의 심경을 적으면서 民草란 말을 썼다.

韓土の二千萬の民草と君わが君と仰ぎまつらむ.
(조선반도 2천만 백성과 함께 천황 우리 천황을 우러러 모시리라.)
『東洋之光』, 1939. 2.

민초란 말의 내력을 이 이상 더 찾아볼 필요는 없으리라. 좌우간 유식해 보이는 말, 본래 우리가 쓰지 않던 말은 덮어놓고 경계하여 안 쓰는 것이(이것이 사실은 백성들 마음이다) 우리 말을 지키는 가장 확실한 길이다.

그런데 '민중'이고 '인민'이고 '국민'이고 '백성'까지도 모두 중국글자로 된 말이다. 순수한 우리 말이 없다. 함석헌 선생도 '백성'을 말하는 순수한 우리 말이 없었을 리가 없는데, 하고 안타깝게 생각하다가 "씨ᄋᆞᆯ"이란 말을 생각해내어서 썼다. 그러나 "씨ᄋᆞᆯ"은 아무래도 함 선생과 그 둘레에서만 쓰던 말이 될 수밖에 없다. 한 사람이 아무리 그 뜻이 좋다고 생각하여 즐겨 쓴다고 하더라도 백성들의 말 느낌이 그것을 자연스럽게 받아들이지 않으면 결코 쓰일 수 없는 것이 말의 운명이다.

'백성'은 일본인들도 '햑쇼'(百姓)라고 하여 쓰지만, 일본말에서는 농사꾼들만을 가리키는 말이 되어 있으니 우리 말과는 아주 다르다. 아직도 우리는 입으로 백성이란 말을 많이 쓰고 있으니 이 말을 살려야 할 것이고, 말과 함께 백성이 다스리는 백성의 나라, 백성이 창조하는 백성의 문화를 만들어야 하겠다.

15. 한 시인의 글에 나타난 일본말

지식인은 글쓰기를 두려워해야 한다. 글쓰기란 행위는 돈과 이름에 이어지는 것이기도 하지만, 더구나 우리 나라의 지식인들은 오염된 외국말을 제대로 잘 걸러내고서 깨끗한 말로 글을 쓰기가 매우 어렵기 때문이다. 글을 많이 써서 이름이 널리 알려진 사람일수록 잘못 쓴 글에 대한 책임도 크다는 사실을 마음에 새겨둘 일이다.

며칠 전 시인 김지하 씨가 『ㅈ일보』에 젊은이들을 비난하는 글을 발표했다. "나는 너스레를 좋아하지 않는다"는 말로 시작한 "젊은 벗들"에게 주는 그 글은 한마디로 말해서 민주운동을 하는 젊은이들을 꾸짖고 명령하는 말이었고, 논리도 이치도 없이 마구 터져 나오는 감정을 내뱉는 말의 총알이란 느낌이 들었다.

여기서는 그 글의 내용을 두고 말할 자리가 아니다. 다만, 그렇게 마구 터져 나오는 말이라면 어김없이 살아 있는 우리 말로 되어 있어야 할 터인데 그렇지 않은 것이 문제란 점을 지적하고 싶다.

　그리고 연합적군 모리(森) 그룹<u>의</u> 산장<u>에서의</u> 책<u>의</u> 인민재판을 예고하고 있다.

이렇게 의 토가 세 번이나 연달아 나오는 말이 어떻게 우리 말일 수 있는가? 더구나 에서의까지 쓰고 있다. 나는 "연합적군 모리 그룹"이란 것은 모른다. 아마도 일본의 어떤 폭력단체인 모양인데, 그런 것은 모르지만 의란 토를 이렇게 쓰는 것이 일본말을 그대로 옮겨놓은 말이란 사실은 잘 알고 있다. "나는 너스레를 좋아하지 않는다" "나는 군말을 좋아하지 않는다" 이렇게 자기를 앞세워서 시작하는, 자기중심이고 자신에 찬 말에 도무지 우리 말이 될 수 없는 일본말법이 그대로 쓰이고 있다는 데에 글쓰기만으로 살아온 한 지식인의 비극이 있다.

김 씨는 지금 『ㄷ일보』에 「모로 누운 돌부처」(나는 告白한다)를 연재하고 있는데 그 첫 번째 글에 다음과 같은 대문이 있다.

나의 내력을 생각할 때마다 마음 귀에 들려오는 황량한 물결소리가 있다. 그리고 그 물결소리 저편에 검은 섬 하나가 우뚝 선다.
안개 속에 우뚝 서 움직이지 않는다. 무기미하다. 번뇌의 검은 점. 아마 나의 선조가 뭍에서 몸을 피해 건너던 바다 한복판에서 부딪친 광경을 지금 내가 보고 있는 것이다.

여기 나온 "무기미(無氣味)하다"란 일본말을 어디서 배웠을까? 그것은 삶 속에서 배운 것이 아니라 책에서 배운 것이 너무나 환하다. 책에서 말을 배우고 책에서 관념을 배우고 그래서 글을 쓰게 되었다는 데에 비단 김 씨뿐 아니라 모든 글쟁이들의 문제가 있다. 다시 같은 글에서 한 대문을 든다.

전라남도 신안군 암태도 입금리.
그러니까 일제 때 소작쟁의로 유명한 그 암태도다. 이 섬이 바로 우리 집안의 태다. 지금도 선산이 있고 일제 때에 되돌아 들어간 사촌숙부네가 지키고 있다. 한번 가본 적도 없지만 山蔭 같은 건 별로 없는 듯하다. 하기야 우리네 같은 민초들 강산정기가 당할 소린가. 허나 지금은 개벽이요 至氣의 때라 眞龍이 사람에 있고 明堂이 사람 마음에 있을 터이니 사람만 저 잘나면 그것이 천지음덕일 것이다.

여기 나오는 "개벽이요 至氣" 어쩌고 하는 말이 무슨 뜻인지 나는 모른다. "山蔭" 같은 말도 잘 모르겠다. 사전에서 찾으면 나오겠지만 그런 것 찾아볼 생각 없다. 다만 민초란 말이 일본말 '다미구사'(民草)란 것만은 안다. '우리네 같은 백성들'이지 어느 우리 백성들이 "우리네 같은 민초들"이라 하던가? 이 민초란 말은 그다음 글에도 또 나온다.

연재한 그 글에서 몇 가지만 더 들겠다.

'金堤 외진 골짝에서의 울분의 세월' '내 기질 중 어떤 의미에서의 엄격함 치열한 성격은' '나의 출생의 뿌리는' '나의 잃어버린 낙원' '그 집에서의 얘기인데' '영상으로서의 모델이' '내게 있어 유독 그분은' '복사까지 했었다.' '얼굴을 있는 대로 잔뜩 찌푸렸었다.' '무궁화가 만발했었으니 여름이었나 보다.' '누구냐고 거듭거듭 물었었고' '그 무렵 제일 친했었지.' '태평양 전쟁 발발을 눈앞에 둔 험악한 때다.'

대강 이렇다. 시를 쓰는 사람이 이렇게 더럽혀진 말을 쓰고 있는 사실에 놀랄 뿐이다.

16. '분신자살 기도'라는 말에 대하여

강경대 군이 맞아죽은 뒤를 이어 젊은이들이 여기저기서 제 몸을 불태워 죽고 있다. 참으로 끔찍하여 생각만 해도 고통스러운데, 사람들은 그 젊은이들의 죽음을 가벼운 입놀림으로 이러니저러니 말한다. 여기서 내가 또 이 어처구니없는 일들을 알리는 신문의 글을 두고 어떤 말이 잘못되었느니 하는 따위 지적을 한다는 것은 죽은 이들에게나 그 죽음을 슬퍼하고 분노하는 사람들 앞에서 예의가 아닌 줄 안다. 다만 한 가지 변명이 있다면, 쓰러져 몸부림치는 젊은이를 구하려는 것보다 사진기로 그 기막힌 모습을 찍기에 더 정신을 들이는 기자도 있는데, 하는 생각이다.

어떤 심각한 사태를 알리는 말이 언제나 판에 박은 말로만 (더구나 그것이 중국글자말로만) 되어 있을 때, 그 심각한 사태의 생생한 모습은 잡히지 않을 것이고, 따라서 사실을 적당히 얼버무리거나 현실을 덮어 가리는 노릇에 도움을 주기도 한다. 다시 말하면 어떤 사실을 말이나 글로

써 알릴 때는 그 일이 중대하면 할수록 솔직하고 정확한 표현을 할 수 있는 우리 말을 써야 한다는 것이다.

　분신이란 말이 있다. 이 말은 웬만큼 글을 읽는 사람이라면 사전을 찾아보지 않고서도 세 가지쯤 다른 뜻을 가진 말로 알 것이다. 그 하나는 "갈라져 나간 또 하나의 몸"이고 다음은 "몸이 가루가 될 만큼 애쓴다"는 뜻을 가진 말이고, 세 번째는 "제 몸을 불로 태워 죽는다"는 말이다. 이중에서 세 번째 말인 "몸을 태워 죽는다"는 말로 쓰는 분신(焚身)은 『중국글자말 사전』에도 없고, 『일본말 사전』에도 없다. 그러니까 물론 『우리 말 사전』에도 있을 리 없다(어떤 사전에 올려놓은 것이 최근의 일이다). 이것을 보면 사람이 제 몸을 스스로 불태워 죽는 일은 옛날부터 중국이고 일본이고 우리 나라고 없었다는 것을 알 수 있다. 분신이란 말이 처음으로 쓰이게 된 것은 아마도 월남전쟁 때 그곳 불교 스님들이 참혹한 전쟁에 항의하여 스스로 몸에 석유를 부어 불타 죽기 시작한 때부터였나고 기억하는데, 그런 죽음을 알리는 말을 焚身이라고 하니까 우리도 따라서 분신이라고 썼던 것이다.

　그러니까 1960년대까지만 해도 분신이라고 하면 누구든지 앞에서든 첫째와 둘째의 뜻을 가진 말로만 알았는데, 오늘날에는 모두가 '불타 죽는다'는 말로 안다. 그만큼 스스로 몸을 태워 죽는 사람이 많아진 것이다.

　분신 하면 그다음에 거의 어김없이 따르는 말이 있다. '자살'이란 말이다. 그리고 분신자살이라고 하면 다시 또 그다음에 따라오는 말이 있으니 바로 기도(하다)란 말이다. 이래서 분신자살 기도라는 틀로 굳어진 말이 널리 쓰이게 되었다.

　1) 명지대생 강경대 씨 타살사건에 항의해 29일 오후 분신자살을 기도한 전남대생 박승희 씨가 불길에 휩싸여 있다. 『ㅎ신문』, 4. 30.
　2) 全南大生 朴勝熙 양이 분신자살을 기도, 중태에 빠졌다. 『ㅈ일보』, 4. 30.
　3) 분신자살을 기도, 중화상을 입고 慶北大병원에서 치료를 받던 安東

大生 金映均 군이 2일 하오 8시 10분 숨졌다. 『ㅎ일보』, 5. 3.

4) 3일 오후 3시 20분쯤 경기도 성남시 경원대학교 공과대 건물인 창조관 2층과 3층 사이 국기게양대에서 이 학교 학생 千世容 군이 온몸에 신나를 끼얹고 분신자살을 기도, 병원에 옮겼으나 중태다. 『ㅈ일보』, 5. 4.

5) 3일 분신자살을 기도, 치료를 받다 끝내 숨진 경원대생 千世容 군의 시신이 신촌 세브란스병원 영안실에 안치돼 연세대가 5월 정국의 태풍의 눈으로 부상 『ㄷ일보』, 5. 4.

이와 같이 모조리 분신자살 기도다. 여기서 분신, 자살, 기도 세 가지 말 가운데서 반드시 없애야 할 말이 기도다. '기도' '기도하다'라고만 쓰면 누구든지 '빈다'는 뜻으로 알 것이다. 또 '하려 한다'고 할 것을 기도한다고 쓰기도 하지만, '덮어두려 한다'고 쓰면 될 것을 '은폐를 기도한다'고 쓰는 수가 많다. 분신과 자살도 꼭 그렇게만 써야 하는 것이 아니다. 앞의 보기글에서 밑줄 친 부분을 고쳐본다.

1) 몸을 태워 죽으려 한
2), 3) 스스로 몸을 불태워
4) 불타 죽으려고 해
5) 스스로 몸을 태워 죽으려 해

17. 뿌리가 있는 말, 뿌리가 없는 말

부산 지방에서는 무엇을 '달라'고 하는 말을 흔히 '주라'고 한다. 내가 40여 년 전에 많이 들었던 이 말을 부산 사람들은 아직도 쓰고 있는 모양이다. '주라'와 '달라'는 그 뜻이 반대가 될 것 같은데 같은 말로 쓰고 있으니 어찌 된 일인가? 다음은 그곳 초등학교 3학년 아이가 「콩주머니」란 제목으로 쓴 글이다.

오늘 오후 엄마보고 콩주머니를 만들어 주라고 말했다. 그러니 어머니께서 양말로 만들어 주셨다. 엄마는 바늘로 꾸맨 양말에다 모래를 안 넣고 콩을 넣어 주셨다. 내가 왜 콩을 넣어주냐고 하니 엄마는 아이들이 맞으면 아프다고 콩으로 맞으면 안 아프니 콩을 넣어 가라고 하셨다. 우리 엄마의 마음은 참으로 넓다.

- 학급문집「연필로 그리는 마음」부분

이 글을 보면 "주다"라는 움직씨가 네 군데 있는데, 맨 앞에 나온 "주라고"가 좀 이상하게 느껴진다. 이 "주라고"는 그다음에 나오는 "주셨다" "주냐고"와 똑같은 내용을 가진 말, 곧 어머니가 딸에게 무엇을 준다는 행위를 나타내는 말이다. 그런데도 우리는 맨 앞에 나온 "주라고"를 좀 이상하게 느낀다. 그것은 '주다'의 명령형 '주라'를 소원형, 즉 자기에게 무엇을 해주기를 바라는 뜻으로 쓸 때는 '달라'는 말을 따로 만들어 쓰기 때문이다.

내가 여기서 하고 싶은 말은 "콩주머니 만들어달라"를 '콩주머니 만들어주라'고 써야 한다는 것이 아니다. 어떤 지방에서 널리 쓰는 말은 그 나름의 이치가 있고 까닭이 있어서 쓰는 것이니 그런 말을 모두 '사투리'라고 배척해서는 안 된다는 것이다. 앞에서 든 아이의 글에는 "꾸맨"다는 말도 나온다. '꾸매다'와 '꿰매다'는 그 말소리나 말느낌이 많이 다르다. 영남지방에서는 결코 '꿰매다'를 쓰지 않지만 요즘은 많이 달라졌겠지. 그런데 말이고 행동이고 아이들을 모조리 똑같은 틀에 집어넣어 마구 찍어내고 있는 살벌한 교육현장에서 이렇게 자기의 삶을 자기 말로 쓰도록 하고 있는 선생님들이 있다는 것은 얼마나 마음 든든한 일인가? 그리고 우리 나라 둘째가는 큰 도시 부산에서 살고 있는 사람들이 이렇게 자기들의 말을 소중히 가지고 있다는 것은 자랑스런 일이고 우리 모두의 희망이다.

부산사람들의 말을 또 하나 들어본다. 아주머니가 빈 자루를 가지고 시장에 쌀을 사러 가는데 "팔러" 간다고 한다. '사다'와 '팔다'를 구별하지 않는 것이다. 말이 왜 이렇게 되었을까? 나는 오랫동안 그 수수께끼를 풀지 못하다가 얼마 전에 비로소 깨달았다. 이렇게 '팔다' '사다'가 구별 없이 쓰이는 것은 화폐제도가 생겨나기 전, 곧 물건과 물건을 서로 바꾸면서 살아갔을 때의 말이 그대로 남아 있는 것이다. 물건과 물건을 바꾸니까 사는 것이고 파는 것이고 다를 수가 없다. 여기서도 우리가 깨닫게 되는 것은, 백성(민중)들의 말은 그 어떤 말이든지 갑자기 허황하게 생겨난 것이 아니고 뚜렷한 사물이나 사실이 있어서 생겨났다는 것이다. 백성(민중)의 말은 뿌리가 있다. 그런데 요즘 생겨나는 중국글자말과 서양말은 뿌리가 없다. 순수한 우리 말이란 것조차 그렇다. 모두 관청에서 만들고 지식인들이 만들어 퍼뜨린다.

아이들이나 젊은이들 속에서 변질되어가는 말도 그렇다. 가령 보기를 들면 '석 장' '석 달' 할 것을 세 장, 세 달 한다. 우리가 수를 셀 때 단위를 나타내는 어떤 말 앞에서는 '세'를 쓰지 않고 '석'을 쓰게 되어 있다. 그런데 요즘 학생들은 거의 모두 세 자, 세 줄이다. 왜 이렇게 되었는가? 그것은 요즘 아이들이 모두 말을 말로서 실제 생활에서 배우지 않고 책으로 배우니까 그렇다. '석'이란 수를 나타내는 매김씨는 사전에도 나와 있는 것처럼 "ㄴ, ㄷ, ㅅ, ㅈ 등을 첫소리로 하는 몇몇 말 앞에……" 이렇게 "몇몇 말" 앞에 쓰이는데, 그 "몇몇 말"을 글로(교과서로) 가르치기란 대단히 어렵다. 이런 말은 생활 속에서 저절로 익히는 수밖에 없다.

"나는 오늘 꿀을 석 짐 져다 날랐어."

"나는 나무를 석 단 했는데……"

이렇게 말이다. 그런데 삶이 없으면 교과서에라도 삶을 이야기한 글이 실려 있어야 조금이라도 살아 있는 말을 배울 터인데, 그런 글조차 읽지 못하니 말을 제대로 익힐 수가 없다. 삶에서 떠난 말의 변질, 그것은 겨레의 비극이다.

18. 남의 말을 글로 적을 때

자기 생각을 글로 쓸 때는 자기 말로 써야 하겠지만, 남이 입으로 말한 것을 글로 적어 보일 때는 (그 대강의 뜻을 요약해서 쓴다면 모르지만) 어디까지나 그 사람이 한 말을 그대로 적어야 한다. 이른바 대담이나 면담, 또는 좌담을 기록하는 글은 그래서 살아 있는 말을 전하는 귀한 글이 되는 것이고, 따라서 그런 기록을 맡은 사람의 책임도 크다고 하겠다. 그런데 입말을 기록하는 글이 싱싱한 '말'이 되지 못하고 죽은 글말이 되어 있는 경우가 너무나 많다. 먼저 신문기사 한 대문을 들어본다.

> 천안 "아파트 붕괴" 헛소문 떠들썩
> 수도권 새 도시 건설 현장의 불량 레미콘 공급 문제로 사회적 물의를 빚고 있는 가운데 최근 충남 천안시에는 "백성농에 짓고 있는 현대아파트가 붕괴됐다"는 근거 없는 소문이 나돌아 천안시장이 현장 확인 점검에 나서는 등…… 『ㅎ신문』6. 30.

이 기사의 제목과 본문에 나오는 겹따옴표 안에 든 말은 분명히 사람들이 입으로 한 말을 적은 것으로 되어 있다. 그런데 사람들이 '아파트가 무너졌다'고 말했으면 했지 결코 "아파트가 붕괴됐다"고 하지는 않았을 것이다. 모처럼 나온 입말을 이렇게 죽은 말로 만들어놓다니 아깝다. 이 신문기사에서 붕괴, 붕괴됐다고 쓰지 말고 '무너졌다'고 썼더라면 얼마나 살아 있는 글이 되었을 것인가.

외국사람의 말을 우리 말로 옮겨 쓸 경우에도 우리들의 입말이 되도록 써야 하는데, 외국글을 직역해서 쓰는 괴상한 글말이 된 경우가 많다. 다음은 6월 27일자『ㄷ일보』에 났던 '북한기행' 작가 린저 여사 인터뷰 기사 가운데 나온 것이다.

―북한훈장과 광주명예시민증을 같이 들고 나온 이유는.

"이것은 내가 어느 한 가지 사상을 지지하지 않고 두 한국에 대해 밀접한 관계를 갖고 있다는 것을 나타낸다. 나에게 있어 이 두 가지는 앞날의 한국통일의 상징이다."

―金 주석의 친구로서 세습의 문제점, 또 북한에 진정한 의미의 문학, 종교가 존재하지 않고 있는 문제점 등에 대해서도 비판을 한 적이 있는가.

"이번 회의에 북한대표들이 불참한 게 바로 관료주의가 강한 북한의 모습과 문학의 현실을 나타낸 것이다. 金 주석 비서실에 여러 차례 전화를 걸어 세미나 참석을 종용했다. 金 주석과는 평범한 의미의 친구보다는 깊은 관계라고 할 수 있지만 솔직히 아시아적 풍토에서 세습 문제를 정면으로 거론하기는 어렵다. 그러나 金 주석은 이미 3년 전부터 나에게 '80세가 되는 92년에는 은퇴하겠다'는 말을 해왔고 이는 지켜질 것이다. 종교문제의 경우 북한에서는 적어도 종교 때문에 처벌받지는 않는다고 생각한다."

이 대화문이 우리가 실제로 말하는 대로 '합니다'체로 쓰지 않고 '한다'체로 쓴 것은 지면 사정도 있고 또 지금까지 신문의 관례가 그렇게 되어 있으니까 이해가 된다(나는 이것도 실제로 말하는 그대로 쓰는 것이 옳다고 보지만). 그러나 나에게 있어는 마땅히 '나로서'라고 써야 할 터이고, 종용했다도 입으로는 안 쓰는 말이니 '권했다'고 써야 할 것이다. 그런데 좌담기사가 되면 아주 엉망진창이다.

다음은 어느 월간지에서 주최한 좌담을 기록한 글에서 내가 말한 것으로 되어 있는 부분인데, 밑줄을 친 말들은 내가 결코 쓰지 않는 말이며, 평소에 남들한테도 그런 말을 써서는 안 된다고 늘 비판하는 말이다. 그런 말을 나 스스로 지껄인 것으로 되었으니!

"아무튼 이렇게 어려운 입장에 있는 교사들은 각자 스스로의 교육적 신념과 소신을 가지고 양심에 의해 꿋꿋하게 교육할 수 있어야 한다고 생각합니다. 행정적인 압력이나 돈과 지위에의 유혹이나……"

"그럼에도 불구하고 학생들이 통일을 생각하고 이야기하는 것조차도 금기시하는 것을 보면서 참으로 아연할 따름입니다."

"교사의 근무평점 산출에 있어서도 교사가 얼마나 바른 교육을 하는가는 중요시되지 않습니다."

19. '입장'(立場)이란 일본말

날마다 나오는 신문에 결코 안 쓰인 적이 없고, 그래서 가장 많이 쓰고 있는 일본식 중국글자말을 든다면 아마도 입장이 될 것이다.

해방 바로 뒤, 이 말이 일본말이라고 해서 문교부에서 낸 『우리 말 도로 찾기』 책에 '처지'란 말로 쓰자고 해놓았던 것으로 기억한다. 그 뒤로 가끔 논란이 있었지만 40여 년이 지난 오늘날에는 결국 누구나 다 쓰지 않으면 안 되는 말로 여기고 쓰고 있다. 여기 남쪽뿐 아니고 북쪽도 연변도 마찬가지다. 과연 이 말은 쓰지 않으면 안 되는가? 이 말을 대신할 우리 말은 없는가?

언젠가 한글운동을 하는 어느 분의 글에 이 말이 나왔기에 물었더니 "처지란 말은 소극적인 형편을 말하는 데 쓰는 말이라 입장과는 좀 맞지 않습니다. 그래서 어쩔 수 없이 쓰지요"라고 했다. 정말 그런가? 그렇다면 '처지'가 아닌 다른 말은 없을까?

다음 여러 경우를 생각해보자. 무슨 성명서 같은 글 제목에 나온 입장이다.

- 낙동강 상수원 오염사건에 대한 우리의 입장 한국가톨릭농민회
- 현 시국에 대한 우리의 입장 홍성민족민주운동협의회

- 교육을 바로 세울 교육위원 선출에 즈음한 우리의 <u>입장</u> 한국교원단체총연합회
- 예수교 대한 하나님의 성회의 분규에 대한 우리의 <u>입장</u> 한국개신교교단협의회

이와 같은 경우에는 입장을 대신해서 '처지'란 말을 쓸 수는 없을 것이다. 어떤 사태에 대해 스스로 나서서 자기들의 생각을 나타내어 그 일에 관여하려는 몸가짐을 보여주는 뜻이니 '처지'가 될 수 없다. 그렇다면 바로 그런 몸가짐을 보여준다는 말 '태도'를 쓰면 될 것 아닌가. 앞에서 쓴 모든 경우에서 입장을 '태도'로 바꾸면 훨씬 알맞는 우리 말이 된다.

다음은 신문기사 제목에 나온 경우이다(한글만 쓰는 신문에서).

1) 경찰조사 반발……재야 <u>입장</u> 1991. 5. 10.
2) 미봉개각…… 시국 긴장 계속
오늘 확대 당정회의 정국운영 <u>입장</u> 정리 5. 28.
3) 제3자 <u>입장</u>서 짜임새·무대효과 등에 조언 5. 28.
4) '사찰' 수용으로 '핵 철수' 부각
'한반도 핵무기' 수세 몰린 미국 <u>입장</u> 6. 11.
5) 4·19주역들 '점진적 개량' <u>입장</u> 7. 6.

이 다섯 가지 경우에서 1) 2) 5)는 '태도'로 쓰면 되고, 3) 4)는 '처지'라야 알맞다. 이렇게 자리 따라 다른 말로 써야 할 것을 똑같이 '입장'으로만 쓰고 있는 데에 단지 일본말 따라 쓰는 문제뿐 아니라 굳어진 말과 그 말의 틀에 갇혀 있는 굳어진 생각(의식)의 문제가 있는 것이다.

입장은 본래 일본글 따라 쓴 글말이었는데, 이 글말이 이제는 입말까지 되었다.

어차피 발부된 영장이니 집행해야 한다. 여기에 온 우리들은 검찰을 대변해 입장을 밝힐 수 있는 최종결정권자가 아니다.…… 여기까지 왔는데 ※ 씨를 못 만나서야 되겠느냐. 우리의 입장은 왜 생각해주지 않느냐. 『동아일보』, 1991. 5. 29.

이렇게 적어놓은 입말들에 나와 있는 입장도 앞의 것은 '태도'라고 말하고 뒤의 것은 '처지'라고 말하는 것이 옳다. 글을 읽고 글을 쓰는 사람들이 퍼뜨려 놓은 일본말은 이와 같이 입말까지 되었으니 그 죄가 어찌 가볍겠는가.

말이란 것을 관청에서 낸 책에 적혀 있는 대로 쓰려고 하고, 사전에 올려 있는 것만 우리 말인 줄 알고, 또는 학자들이 정해놓은 표준말에만 맞추려고 하니까 살아 있는 말을 버리게 되고, 죽은 말이나 남의 나라 말을 따라 쓰는 꼴이 된다. 표준말이고 교과서고 또 어떤 유명인사의 글보다도 더 높은 자리에 있어야 하는 것이 우리 모두가 일상에서 쓰는 말, 어린아이 적부터 지껄여온 말임을 알아야 한다.

20. 몰아내어야 할 일본말

이런 제목을 일본사람들이 본다면 아마도 거의 모두가 제 나라밖에 모르는 속 좁은 생각에서 나온 말이라 할 것이다. 일본사람들뿐 아니라 우리 나라 사람들 가운데도 적지 않은 사람들이 밖으로 나타내지는 않겠지만 속으로는 '뭐 그렇게까지 깨끗하게 지키려드나, 이웃에 살다보면 서로 주기도 하고 받기도 하는 것이 말이 아닌가' 할 것 같다. 그렇지 않고서야 신문이고 잡지고 방송이고 할 것 없이 마땅히 사라져야 할 일본말들이 그렇게 뻔뻔스럽게 쓰일 수가 없다.

우리가 일본말을 몰아내어야 하는 까닭은 일본말을 배우게 된 지난날의 역사가 두 나라 사이에서 정상으로 이뤄진 역사가 아니기 때문이다.

그 병뒷증세는 여간 심각한 상태가 아니다. 무엇보다도 바르고 깨끗한 자기들의 말을 버려두고 어설프고 불순한 남의 나라 말을 즐겨 쓰는 족속이 우리 말고 세계 어느 땅에 또 있겠는가?

일본말(더 정확하게는 일본말 따라 쓴 말)을 쓰는 주범은 신문이다. 여기서는 신문기사 제목에 나오는 말을 자리가 있는 대로 들어보겠다.

• 경상적자 70억 달러 초과 『한겨레』, 1991. 8. 29.

여기 나온 적자는 일본말 따라 쓰는 말이다. '무역적자' '농어촌의료보험 적자' 따위로 모든 신문이 쓰고 있다. '손해' '손실' '부족' '빚' 같은 말을 쓰면 된다. '적자 운영'이면 '밑진 운영' 하면 될 것이다.

• 고속도 통행료 평균 21.2퍼센트 인상 『한겨레』, 1991. 8. 14.

'올려' 하면 될 것을 어째서 인상이라 할까? '우편요금 인상' '봉급 10% 인상' 이렇게 모조리 인상이다. 내린다는 말도 인하라고만 쓰고 있다.

• 적립식 저축상품
납입금액 90% 범위 내 대출 『조선일보』, 1991. 7. 15.

적립식은 '쌓아두기'로 하면 되고, 대출은 '빌려주기'로 쓰면 된다. 이밖에 매출(→팔기), 매출액(→판돈), 매상(→팔림), 매입(→사들임), 인출(→찾아냄) 따위 모두 일본말이다.

• 시영아파트 분양금 10년간 납부 거부
서울시 명도소송 내기로 『한겨레』, 1991. 8. 3.

법률에서 명도라고 쓰더라도 일본말이라면 신문에서는 고쳐 써야 한다. 그래야 법률의 말도 바로잡힐 것이다. '내주기' '넘겨주기'라면 된다. 명도와 비슷한 말에 인도가 있다. '건네줌' '건넴'으로 쓰면 될 것이다.

• 주변 복덕방 담합으로 매각 애먹이기도 『한국일보』, 1990. 12. 5.

우리 말 '짬짜미'가 있으니 제발 이 담합은 안 썼으면 좋겠다.

• 인천 공천지분 합의, 수원 후보단일화 성공 『한겨레』, 1991. 4. 21.

이것도 '몫'이라면 될 것을 모든 신문이 지분이라고 쓰고 있다.

• 군 의료진 경비에 특전사 차출 『한겨레』, 1991. 1. 17.

이 차출은 '뽑아내' 하면 그만이다.

• 대한약사회 제 역할 못 한다. 『새건강』, 1991. 9. 7.

여기 나온 역할은 '노릇'으로 쓰면 된다. 이 역할이 어느 신문이고 자주 나온다.

• 논란 끝에 제 역할 스스로 포기 『한겨레』, 1991. 2. 1.

이럴 때는 '할일'이라 쓰면 알맞다.

• 인간 이하로 취급당하고 헌신짝처럼 버림받았다. 『동아일보』, 1991. 8. 12.

취급이란 일본말은 대개 '다루다' '다루기'로 쓰면 되는데, 여기 나온 "취급당하고"는 '대우받고'나 '처리되고'로 쓰는 것이 알맞겠다.

- 쓰레기<u>적환장</u>도 차질 『한국일보』, 1991. 8. 30.

이 적환장은 '옮겨 쌓는 곳'이라 쓰면 된다. '매립장'은 '묻는 곳'이면 되고.

노상적치물이란 말도 있었지. '길에 쌓아둔 물건'이라 써야 한다. 모조리 꼴사나운 일본식 중국글자말이다. 이런 걸 그대로 쓰다가는 우리 말이 일본말의 쓰레기장같이 될 것이다.

- 발길 머무는 도심 속 자연
  <u>연인</u>들 만남의 장소·시민 휴식 공간 『한겨레』, 1991. 6. 23.

이 연인도 일본말이다. '애인'이라면 된다.

이밖에 수순(→차례, 절차), 할인(→덜이, 깎음), 노견(→길섶) 따위 모두 일본말이다.

21. 일본말 따라 쓰는 '불리다'

"옛날부터 6월을 보릿고개라고 <u>했다</u>."
"어릴 때 천재라고 <u>하던</u> 그가 그렇게 평범한 사람이 될 줄 몰랐다."

이런 말들에 나오는 "했다"와 "하던"은 '(누구나) 말했다' '(누구나) 말하던'이란 뜻으로 널리 쓰는 말이다. 그런데 이 '(말)하다'를 부르다란 말로 바꾸고, 다시 이것을 입음꼴(피동형)로 만들어 쓰는 경우를 생각해 보자.

옛날부터 6월은 보릿고개라 불렸다.

어릴 때 천재라고 불리던 그가 그렇게 평범한 사람이 될 줄 몰랐다.

이것은 완전히 일본말을 따라 쓰는 꼴인데, 어처구니없게도 지금 우리 말과 글이 거의 모두 이렇게 되어가고 있다.

- 이른바 '太子黨'이라 불리는 '70그룹'은 80대 元老들의 자제들로 중국을 이끌어가는 실질적인 지도부『주간조선』, 1991. 9. 1.
- 흔히 여러 가지 사고 중 불가항력적이었다기보다 '人災'라 불리는 경우가 많지만 오세아노스號의 경우는 오만과 나태와 비겁함이 뒤섞인 人災로 지탄받고 있다.『한국일보』, 1991. 8. 9.
- 속칭 피라미드식 판매로 불리는 다단계 판매방식이 사실상 전면 금지된다.『한겨레』, 1991. 8. 31.
- 인천시 북구 계산동 산 32 일대에 자리한 계양산은 527만 3천 제곱미터에 해발 395미터로 예로부터 '부평의 진산(鎭山)'이라 불려온 이름난 산이었다.『조선일보』, 1991. 8. 28.
- '은행나무집'이라 불리는 이 저택에서 100미터 거리 안에 세모의 핵심간부 및 직원들이 모여 사는 주택 7, 8채가 모여 있다.『동아일보』, 1991. 7. 24.
- 洪 장군은 백두산 포수들을 규합한 독립군 부대를 이끌며 1920년 鳳梧洞·靑山里 전투의 대승리를 이끌었으며, 그 용맹성과 신출귀몰한 전략으로 '날으는 호랑이'로 불렸다.『중앙일보』, 1991. 6. 1.
- 흔히 참교육이라 불리워지는 '전교조'의 교육관은 민족·민주·인간화 교육으로 설명되어진다.『방송통신대학보』, 1991. 5. 27.
- '문화戰士'라 불리는 소리패 학생들의 '추모공연'이 진행되자 대학 정문 앞마당을 꽉 메운 1천여 명의 학생들은 운동가요를 따라 불러 격앙된 분위기가 더욱 고조……『매일신문』, 1991. 5. 4.

- 왕인 박사가 탄생한 후부터 성천이라 불리운 이곳은 여러 가지 전설이 전해온다. 『오늘의 한국』, 1990. 12.
- '노동조합의 불모지' '박태준 왕국' 등으로 불리던 포항제철에 민주노조의 교두보가 마련되었다. 회사 측의 끈질긴 방해에도 불구하고 '민족포철' 진영이 내세운 후보가 노조위원장에 당선된 것이다. '포철 20년사의 반란'이라고 불리는 이 사건을 현장 취재했다. 『말』, 1990. 10.

눈에 띄는 신문이나 잡지에서 보기를 한 가지씩만 들었다. 여기 나오는 불리는, 불려온, 불리워지는 따위는 모두 '-고 하는'으로, 불리던은 '-고 하던'으로, 불렀다는 '-고 했다'로 써야 알맞는 말이 된다. '불렀다'는 말 자체가 문제이지만 더구나 불렸다고 해서는 우리 말이 될 수 없다. 대체 어쩌자고 모두 이렇게 쓰는가?

일본말 '呼ばれる'를 따라 불리다를 먼저 쓴 것은 소설가들이었다. 내가 알기로 이 말이 맨 처음 나온 작품은 1934년에 나온 박태원의 「小說家 仇甫氏의 一日」이다. 오염문장의 표본 같은 이 소설에 무엇이 매력이 있었는지, 그 뒤 오늘날까지 한국의 소설가 몇 사람이 똑같은 제목의 소설을 써냈다. 이 불리다가 일제강점기에는 겨우 몇 사람 작품에 어쩌다가 나왔다. 중국글자말투성이 일본문장을 그대로 옮겨서 논문을 쓰던 임화 같은 사람도 불리다만은 안 쓰고 "그것은 문학에 있어서는 시대적 양심이란 개념으로 불러온 것으로"라든지 "문예작품의 진정한 내용은 언제나 형식이라고 불러지는 문학적 협상의 조직으로 은폐되어 있다"(『신문학사의 방법』)고 썼다. 그런데 오늘날에는 소설이고 수필이고 논문이고 신문기사고 모조리 불리다를 쓰고 있으니 이래 가지고 우리가 민족문학을 이야기할 수 있겠는가.

더구나 앞에 인용한 글 가운데 "흔히 참교육이라 불리워지는 '전교조'의 교육관은 민족·민주·인간화 교육으로 설명되어진다"에 이르러서는 어째서 우리 말이 이 지경으로 되었는지 참담한 생각이 든다. 불리다＋지다, 되다＋지다 입음꼴이 아주 필요가 없는 자리에 두 가지나 겹쳐놓은 이런 말법은 모조리 잘못 번역한 외국글만 읽은 때문이고, 이런 병든 말을 모국어로 물려받은 세대가 어떤 겨레문화를 만들 수 있을지 눈앞이 캄캄하다.

22. 귀에 거슬리는 '먹거리'

그동안 몇 분한테서, 요즘 더러 먹거리란 말을 쓰고 있는데 이 말에 대한 의견을 써달라는 부탁이 있었지만 그럴 틈이 없다가 이제사 쓰게 되었다. 결론부터 말하면 먹거리는 우리 말법에 맞지 않고 귀에 거슬리는 '만든말'이니 '먹을거리'라고 말해야 한다. 이것은 내가 앞에서도 언급한 말을 나시 확인하는 것이다.

첫째, 먹거리를 쓰자고 주장하는 사람은 이 말이 여러 지방에서 써온 말이고 지금도 쓰고 있다고 하는데, 나는 지금까지 이 말을 그 어디에서도 들은 적이 없다. 글로서도 읽은 바가 없다. 근년에 이 말을 자꾸 퍼뜨리고 싶어서 쓰고 있는 사람들의 글밖에는.

내 기억으로 어렸을 때 먹을거리를 '멀 꺼리'('멀'에 힘주어 하는 말)라고 했다. 이 경우 "멀"은 움직씨의 줄기(동사 어간) "ㄱ"이 줄어지고 씨끝(어미) "을"에서 "ㄹ"이 "머"에 붙은 것이다. 혹시 어떤 지방에서는 '먹을거리'에서 "을"을 줄여버리고 먹거리로 썼는지 모르겠지만, 썼다고 하더라도 그런 특수한 지역에서 일부 사람들이 쓰던 말을, 더구나 글로 쓰게 되는 말에 그대로 써서 표준말로 통일하자고 하는 것은 안 될 일이다. '멀 꺼리'라 했다고 해서 글을 이렇게 써서는 안 되듯이 먹거리도 안 되는 말이다.

움직씨의 줄기에 '거리'를 붙여서는 말이 안 된다. 여기에 대해서 먹거리를 주장하는 사람은 '먹성' '곱상' '덮밥'이 있지 않느냐 한다. 그러나 이런 말은 '거리'가 붙은 것이 아니다. '찬거리' '장거리'를 들지만, '찬'과 '장'은 이름씨이지 움직씨의 줄기가 아니다. 먹거리를 쓰자고 자꾸 떠드니까 이런 말이 유식한 사람들이 쓰는 말인 줄 알고 옷도 입거리라 쓰고, 책도 읽거리라 쓰는 것을 볼 수 있다. 말을 이렇게 혼란에 빠뜨리고 어지럽게 하는 짓을 용서할 수 없다.

'먹을거리'라고 하면 두 낱말에다 네 글자가 되어서 불편한가? 불편할 것 아무것도 없다. 가령 불편하다고 해도 줄여서 말도 안 되게 써서는 안 된다. 넉 자가 불편하다고 줄여야 한다면 사전에 남아 있을 말이 반밖에 안 될 것이다. 아침거리, 요깃거리, 걱정거리, 살림거리…… 이렇게 '거리'가 붙는 넉 자 말이 얼마든지 있다. '다림질거리' '글쓰기거리' 하면 다섯 자가 된다.

말이란 글자(소리마디)의 수가 적다고 좋은 것이 아니다. 글자가 한 자뿐이면 쓸 때는 두 자나 석 자보다 편하겠지. 그러나 편리한 것이 또 불편을 가져온다. 다른 말과 구별하기 힘드는 경우가 생기는 것이다. 이래서 나는 최근 맞춤법을 고치면서 "무우"를 '무'로 고친 일은 아주 잘못했다고 생각한다.

• '<u>무</u>로 생선비늘 벗기는 지혜'

이것은 어느 신문에 난 기사 제목인데, 나는 처음에 이것은 '무료'란 말이 잘못되어 나온 것이구나 싶었는데, 기사를 읽어보니 "무우로"란 말이었다.

또 한 가지 먹거리를 쓰자고 하는 분의 말이, 먹거리가 사전에도 올려 있다고 한다. 사전에 있다면 틀림없이 먹거리 운동을 하는 사람들이 이 말을 퍼뜨린 뒤에 올렸을 것이다. 낱말의 수가 많다는 자랑을 하려고 일본말이고 만든 말이고 마구잡이로 모아놓은 것이 우리 나라의 사전이다.

'한국먹거리연구회'란 데에서 대단한 열성으로 '먹거리 운동'을 하는 분이 있다. 먹는 생활을 올바르게 하자는 운동인 줄 아는데, 내가 보기로 그런 바른 삶의 운동보다 먹거리란 말을 퍼뜨리는 일에 더 힘쓰는 것 같다.

처음에 먹거리란 말을 쓰려고 하면서 많은 한글학자들에게 이 말을 써도 되는지 물어서 긍정하는 대답을 얻었다고 책에서 밝히고 있는데, 그렇게 학자들에게 묻는다는 자체가 이 말이 우리 말로 쓰이지 않았다는 것을 증명한다. 우리 말이면 그냥 쓰면 되는 것이지 학자들에게 물어볼 것이 없다. 만들어낸 말이고 보니 학자들의 권위라도 빌려야 되었던 것이다. 그러나 많은 학자들이 먹거리란 말은 안 된다고 보고 있다.

먹거리는 문화운동을 하는 젊은이들에게 널리 퍼져 있는 말이다. 이들이 이 말을 쓰는 까닭은 이 말이 민중들은 쓰지 않았던 새로운 말이기 때문이다. 그래서 이 말을 쓰면 유식하게 보이고 앞서가는 듯한 마음이 되기 때문이다. '함께'보다 '더불어'를 쓰고 싶어하고, '우리 나라에서는' 할 것을 '우리 나라에 있어서는' 하는 것과 마찬가지다. 그러니 '먹거리연구회'는 있어도 '먹을거리연구회'를 만드는 사람은 없다. 우리 역사의 벽이 바로 이것이다.

23. 다시 '-적'에 대하여

최근 일본에 있는 '우리문화연구소'에서 교포 자녀들에게 읽히기 위해 일본어로 번역해서 낸 동시집 『꽃 속에 묻힌 집』(花に埋もれた家)에는 번역을 맡았던 김창생이란 분의 발문이 실려 있는데, 그중에 이런 이야기가 나온다.

내 귀는 일찍이 막혀 있어서 한 가지 말밖에 받아들일 수 없었습니다. 우리 부모님은 토끼 모양을 한 조선반도의 가장 남쪽, 그것은 토끼가 떨어뜨린 똥같이 보일 수도 있는 제주도에서 떡 조각을 뜯어먹은 꿀처럼 되어 있는 이곳 일본 땅으로 먹을 것을 찾아왔습니다. 삶에 쫓긴 부모님들로서는 자식들의 눈동자를 들여다보고 부드러운 말 한마디 해줄 여유가 없었습니다. 일본에서 난 우리 형제들에게 부모님은 일본말을 했습니다. 글을 읽지 못하신 부모님이 이곳 일본에서 살아가기 위해 귀로써만 들어 익힌 일본말이었습니다. 이상한 악센트가 섞인 그 말씨는 언제나 나를 초조하게 했고, 우리들을 꾸중하실 때 튀어나오는 부모님의 조선말은 칼날처럼 날카로워서, 나는 나도 모르게 귀를 두 손으로 가리고 싶었던 것입니다.

내가 이 글을 인용하는 까닭은 일본말과 우리 말의 특성을 생각하는 데 참고가 될 것 같아서다. 일본사람들이 우리 말을 들으면 김창생 씨가 어렸을 때 들은 것처럼 날카롭게 귀를 찌르는 말로 들리거나, 무뚝뚝하고 때로는 싸우는 말처럼 들릴 것이다. 한편 우리가 일본말을 들으면, 내가 어디서 쓴 것처럼 귀가 간질간질한 느낌이다. 그것은 일본말에는 원칙으로 된소리나 닫힘소리가 없고 예삿소리와 열린소리뿐이지만, 우리 말에는 예삿소리와 된소리, 열린소리와 닫힘소리가 고루 있기 때문이다.

지난 1월호에 '남성적' '퇴폐적' 하는 이 −적을 일본사람 따라 우리가 많이 쓰고 있다고 지적했다. 일본사람들이 이 말을 많이 쓰게 된 까닭을 부드러운 소리밖에 낼 수 없는 일본말의 결함을 보충하고 싶어하는 심리에서 나왔다. 우리도 −적을 '쩍'이라 소리 내지만, 일본사람들은 '테끼'나 '떼끼'로 아주 억센 소리로 낸다. 이것은 비단 적뿐 아니라 다른 많은 중국글자말에 대해서도 같은 이야기를 할 수 있다. 일본사람들은 중국글자와 중국글자말을 안 쓰려야 안 쓸 수 없게 되어 있다. 그런데 우리 말은 일본말과 전혀 그 성격이 다르다. 우리는 중국글자가 아니라도 된소리고 닫힘소리고 거센소리고 마음대로 낼 수 있고, 그런 말이 얼마든지 있다. 그런데도 여기에다가 또 무슨 쩍, 쩍 하는 소리가 많이 나오는 중국글자말 문장을 즐겨 쓰게 되면 그만 우리 말이 너무 되고 억센 소리 쪽으로

치우쳐서, 말 자체로서도 큰 결함을 가지게 된다.

-적과 같은 된소리나 닫힘소리로 나오는 한자말은 너무나 많다. '개발 박차' 할 때 이 박차란 말은 느낌부터 엉뚱하고 좋지 않다. '서두른다'고 하면 얼마나 좋은 우리 말인가. "파업 돌입"이란 말도 이렇게 닫힘소리만 쓰지 말고 돌입을 '들어간다'든지 '시작'이란 말로 써야 한다. 특히, 필히란 어찌씨도 '더구나' '반드시'로 써야 우리 말이고, 낙엽도 '가랑잎'이 좋다. 힘찬 소리가 나와야 할 경우에 중국글자말을 써서 도리어 부드러운 소리가 되고 마는 수도 있다. 전쟁이 발발했다고 할 경우다. '전쟁이 터졌다'면 얼마나 알맞는 말인가? ('勃發'을 일본사람들은 "봇빠쓰"라고 읽는다는 것은 앞에서도 지적했다. 이래서 그들은 이런 말을 쓰고 싶어 하는 것이다.)

요즘 더러 신문 독자란에 일본사람들이, 한국사람들 어째서 한문 글자며 한자말을 쓰지 말자고 하는지 알 수 없다면서 한자문화권 어쩌고 하는 글을 읽었는데, 이는 철이 없는 사람이 아니라면 일본의 군국주의 정신을 가진 사람일 것이다. 우리 나라 사람이 중국글자말 많이 써야 한다고 하는 주장도 이런 일본사람의 정신 상태와 다를 것이 없다.

24. 우리 말을 쓰면 제목이 길어지는가

남의 나라 글자를 남의 나라 말 따라 읽는 괴상한 말, 우리 말이 될 수 없는 중국글자말(한자말)을 쓰지 말자고 하면 요즘은 거의 모든 사람들이 찬성을 한다. 그런데 찬성을 하면서도 쓰는 것을 보면 달라진 것이 거의 없다. 신문이고 잡지고 다 그렇다. 왜 그렇게 쓰는가 물으면 가장 예사로 나오는 대답이 "우리 글로 쓰면 제목이 길어져서요"다. 제목이 길어져서 우리 말을 못 썼다면 본문에는 우리 말을 제대로 썼는가? 그렇지도 않다. 제목이고 본문이고 마찬가지다. 제목이 길어지니까 우리 말을 쓸 수 없다고 해서야 어디 말이 되는가?

보기를 들겠다.

- 중국 大氣공해, 한반도 대량 유입 『동아일보』, 1992. 1. 7.

이 제목에서 大氣와 유입이 가장 큰 문제가 되는데, 大氣는 그냥 '공기'라 쓰는 것이 좋고 유입은 '흘러들어'란 말이지만 여기서는 '날아와' 하면 더 낫다. 이 큰제목 밑에 나오는 작은 제목에는 "날아와"란 말을 쓰기도 했다. "날아와"란 말이 겹치면 작은 제목에는 '흘러와' 하면 되겠지. '불어와'도 되고 얼마든지 우리 말이 있다. 그래서 위의 제목을 나 같으면 다음과 같이 쓰겠다.

중국 공기 공해, 우리 땅 마구 날아와

글자가 한 자 늘어났다. 한 자가 아니라 두 자, 석 자가 늘어나도 우리 말을 쓰는 것이 옳다. 뜻을 잘못 알 염려가 없도록 한다고 어려운 중국글자를 쓰는 것도 참 딱하다.

- 그루지야 또 騷擾 『중앙일보』, 1992. 1. 8.

이 "騷擾"란 글자를 읽는 사람이 얼마나 될까? '떠들썩' 하면 될 텐데.
그런데 내가 살펴본 바로는 우리 말로 써서 제목이 길어지는 경우보다 같아지거나 짧아지는 수가 훨씬 더 많다. 사실 위에서 든 보기도 한참 살펴서 찾아낸 것이지만, 길어지지 않거나 도리어 짧아지는 경우는 얼마든지 있다.

- 가시화된 韓-中 北-日수교 『중앙일보』, 1991. 12. 20.

여기 씌어 있는 가시화된이란 말은 '드러난'이라고 써야 할 말이다. 우리 말로 쓰면 도리어 한 자 줄어진다.

- "총선 전 후보가시화 不可" 『제민일보』, 1991. 12. 2.

이것은 '총선 전 후보 못 드러내'라고 쓰면 글자가 한 자 줄고, '못 드러낸다'고 하면 같은 길이가 된다. 요즘 가시화란 말이 날마다 신문에 더럽게 나오고 있다. 우리 말을 쓸 줄 모르고 유식한 남의 나라 글자말을 즐겨 쓰는 정치인들이 민주주의를 하리라고는 꿈에도 생각할 수 없다.

- 民自 "'재벌정당'은 語不成說" 新黨에 촉각 『동아일보』, 1992. 1. 4.

여기 나온 語不成說은 '말도 안 돼' 하면 된다.

- '위원회' 유명무실 『한겨레』, 1991. 12. 26.

이 유명무실은 '이름뿐' 하면 석 자로 줄어든다.

- 民統線이북·도서지역, 올 2百 36億 투입 개발 『동아일보』, 1992. 1. 3.

이 제목에 나오는 도서는 '섬'이라고 쓰면 알기도 쉽고, 한 자 줄어진다. 투입은 '들여'라고 쓰면 된다.

- TV과외·노트정리 도움, 하루 5시간 수면 규칙 생활 『중앙일보』, 1991. 12. 30.

여기 나오는 수면은 '자고' 하면 된다. '잔다'는 우리 말을 두고 수면이란 말을 쓸 필요가 없다.

- 학력고사 시작시간에 맞게 <u>수면습관</u> 고쳐야 『한국일보』, 1991. 11. 17.

수면습관은 우리 말로 '잠버릇'이다.

- 告訴人 아들 친구 <u>살해</u> 『한국일보』, 1992. 1. 8.

신문 사회면에는 사람을 죽이고 죽고 하는 기사가 가장 많이 나온다. 모든 신문이 살해라고 쓰는데, '죽여'라 하지 않고 유식한 남의 글자 말을 본다고 해서 끔찍한 일이 조금이라도 줄어들 리 없다.

- 복지구현 口頭禪 『제민일보』, 1991. 12. 7.

이것은 '복지구현 말뿐'이라 써야 한다. 어려운 말, 유식한 말로 권위를 세우던 시대는 지나갔다는 것을 알자.

- 전국 <u>토양</u> 산성화 심각 『한겨레』, 1991. 12. 17.

이 토양은 '땅' 또는 '흙'이라 써야 한다.

- 주민 항의 <u>불구</u> 공사강행 말썽 『한겨레』, 1991. 11. 24.

이것은 '주민 항의해도'라고 써야 한다.

25. 입말과 글말

글은 쉽게 읽어서 알 수 있도록 써야 한다. 그런 글을 쓰자면 될 수 있는 대로 입으로 하는 말을 그대로 쓰는 것이 좋다. 낱말도 말법도 입말을 살려서 쓰는 것이 가장 미덥다.

남의 글을 읽을 때도 좀 말이 어렵거나 이상하게 되어 있으면 입말로 고쳐볼 필요가 있다. 물론 가끔 입말조차 잘못되어 있기도 하다. 같은 입말도 더 쉬운 것이 우리 말이다.

다음 글은 어느 신문에 났던 '외국 이야깃거리'(해외 토픽) 기사다. 쉬운 우리 말이 되도록 고쳐야 할 말이 여러 군데 있으니 살펴보기로 하자.

중국의 한 여성이 '정체불명의 병'에 걸린 뒤 아무것도 먹지 못한 채 포도당 주사를 맞으면서 식물인간 상태로 연명해오다 12년 만에 활력을 되찾기 시작, 지금은 완전히 정상적인 생활을 영위하고 있다.

호북성 태생으로 현재 28세가 된 이 여성은 고등학교 학생이던 지난 78년 3월 5일 갑자기 졸도, 8일 만에 깨어났으나 아무것도 먹을 수 없게 됐다고 말하고 약 1년 후 그녀의 호흡과 맥박이 갑자기 멈춰선 뒤 17일 만에 기적적으로 재개됐으며 그 후 5년 동안 1주일에 한 번씩 포도당 주사만 맞으면서 병상에서 식물인간 상태로 지내왔다는 것.

이 글에서 깨끗한 우리 말로 다듬어야 할 데를 들어본다.

- 정체불명의 병 (→알 수 없는 병, 정체를 알 수 없는 병)

이렇게 쉬운 말로(입말로) 쓰면 토 의가 저절로 없어진다.

- 연명해오다. (→목숨을 이어오다.)

- 활력을 (→생기를)
- 정상적인 생활을 영위하고 (→정상으로 생활을 하고, 보통사람의 생활을 하고)

"정상적"이라고 할 때 이 -적 하는 말은 일본사람들이 쓰는 말이고, 우리 글을 요란한 중국글자말 체계로 만드는 노릇을 하니, 될 수 있는 대로 안 쓰는 것이 좋다. 벌써 입말로도 쓰게 되었지만, 불순한 말이라 알게 되었다면 안 쓰도록 애써야 한다.

"생활을 영위하고" 할 때 들어가는 영위는 아무 쓸 데가 없다. 중국글자말(한자말)은 이렇게 필요도 없이 쓰는 경우가 많다.

- 현재 (→지금, 이제)

현재는 많이 쓰는 말이지만 입으로는 '지금' '이제'를 주로 쓴다. 과거도 '지난날' '지난때' '지난적'으로 쓰는 것이 좋고, 더구나 미래란 말은 반드시 '앞날'로 써야 한다.

- 갑자기 졸도 (→갑자기 쓰러져 [까무러쳐])
- 1년 후 (→1년 뒤)
- 그녀의 호흡과 맥박이 (→그의 숨과 맥이, 숨과 맥이)

그녀란 말은 우리 말에 없다. 소설가들이 일본글 따라 쓴 데서 생겨난 불순한 글말이다. 우리 말로 '그'라고 하면 된다. 이 글에서는 그녀의가 없어도 된다.

- 기적적으로 재개됐으며 그 후…… (→기적같이 다시 열렸으며 그 뒤……)

여기도 -적이 나왔다. "재개됐으며" 이럴 때 앞에 붙은 재-는 모두 '다시'라고 쓰는 것이 좋다. 재출발(→다시 출발)과 같이.

글은 말을 글자로 적어놓은 것이다. 그러니까 어디까지나 말이 으뜸이고, 글이 말을 따라야 하는 것이지 말이 글을 따라가서는 안 된다. 말이 글을 따르게 되면 말도 죽고 글도 죽는다. 글이 말을 따라야 말과 글이 함께 산다.

제2장 우리 말 살리기2)

1. '株價' '油價'는 '줏값' '기름값'으로

며칠 전 여러 신문에서 다음과 같은 기사 제목이 나왔다.

- 세계 株價 급반등·油價는 떨어져 『ㅎ일보』
- 戰況만족 株價폭등 油價급락 『ㅈ일보』
- 거래량 폭증 주가 폭등 계속 『ㅎ신문』
- 국제유가 폐만개전 뒤 널뛰기 『ㅎ신문』

중국글자로 株價, 油價라고 썼을 때는 이런 중국글자를 알아야 되고, 글자를 읽기만 하면 그 뜻을 알게 된다. 그런데 우리 글자로 주가, 유가로 썼을 때는 무슨 말인지 모른다. 이 말들이 어떤 문장 안에 들어 있어도 흔히 읽는 이를 어리둥절하게 한다. 이건 눈으로 보아도 그 뜻을 짐작하기 어렵고, 입으로 말했을 때는 더욱 이상한 말이 된다.

그러니까 주가, 유가로 써서는 안 된다. 눈으로 글자를 읽어도, 귀로 들어도 모르는 말을 우리 말이라고 할 수는 없기 때문이다.

그럼 어떻게 써야 하나?

우선 두 가지 길이 있다.

1) 株價, 油價

2) 줏값, 기름값

이 둘 중 어느 한쪽을 골라잡아야 한다. 두 가지 다 쓸 수는 없다. 똑같은 말을 이래도 쓰고 저래도 쓰는 것은 불편하고 이치에도 어긋난다. '벼' '나락' 이렇게 순수한 우리 말은 두 가지를 다 표준말로 허용하지 않고 있으면서 중국글자말과 우리 말은 두 가지를 다 쓰게 한다면 이 얼마나 잘못된 일인가?

그렇다면 어느 쪽을 써야 하나? 대답은 저절로 환하다. 2)를 써야 한다. 그 까닭은 첫째, 중국글자는 우리 말을 나타낼 수 없는 남의 글자여서 어차피 사라져야 할 운명에 놓여 있다.

둘째, 株價, 油價를 어떻게 읽는가? '주까' '유까' 또는 '줏가' '윳가'나 '줏까' '윳까' 어느 쪽이 옳다고 하는지 모르겠다. 어떻게 읽든지 우리 글자로 쓰기는 써야 하는데 주가, 유가로 쓸 수 없다는 것은 앞에서도 말했다. '주까' '유까'로 써도 그 뜻을 짐작할 수 없다. '줏가' '윳가'도 '줏까' '윳까'도 마찬가지다. 언제나 중국글자를 쓰거나 중국글자를 묶음표 안에 적어넣어야 알 수 있는 말을 우리 말이라 할 수는 없다. 요약하면 株價나 油價는 우리 말이 될 수 없기 때문에 쓰지 말아야 하는 것이다.

셋째, '가'(價)는 '값'이란 우리 말이 버젓하게 있다. '유'(油)도 '기름'이란 우리 말을 써야 한다.

'건물가격' '지가'(地價) 같은 말도 마땅히 '집값' '땅값'으로 써야 한다.

우리 글자로 쓰는 글이 중국글자를 섞어서 쓰는 글을 따라서 그 중국글자 소리를 그대로 쓰는 것은 중국글자를 쓰는 것보다 더 큰 잘못을 저지른다고 할 수 있다. 우리 글자로 쓴다는 것은 우리 말로 쓴다는 것이고, 글자를 바꿔 쓰는 일은 말을 아주 새롭게 바꾸는 일임을 알아야 한다.

2. 중국글자말을 즐겨 쓰는 슬픈 버릇

아파트에 들어온 상품광고지에서 다음과 같은 글을 읽게 되었다. 밑줄 친 낱말들이 문제가 된다.

×××는 인체의 32개 치아를 기준으로 어금니 20개는 곡물, 앞니 8개는 야채, 송곳니 4개는 고기를 기준으로 15가지 식품인 오곡(현미, 대두, 대맥, 수수, 기장)을 중심으로 흑임자, 송엽, 표고와 야채류인 당근, 연근, 우엉, 시금치, 해조류인 해태, 곤포, 갈조를 균형 있고 조화 있게……

여기 문제되는 낱말들을 쉬운 우리 말로 바꿔보자.

- 치아 (→이)
- 곡물 (→곡식)
- 야채 (→나물)
- 대두 (→콩)
- 대맥 (→보리)
- 흑임자 (→검은깨)
- 송엽 (→솔잎)
- 야채류 (→나물 종류)
- 연근 (→연뿌리)
- 해조류 (→바닷말 종류)
- 해태 (→김)
- 곤포 (→다시마)
- 갈조 (→흙빛말)

왜 이를 치아라고 하고, 콩을 대두라고 하고, 보리를 대맥, 깨를 임자, 김을 해태라고 하는지 참으로 어이가 없다. 같은 중국글자말도 될 수 있는 대로 보통사람들이 잘 안 쓰는 말을 쓰고 싶어 하고, 야채와 같이 일본사람들이 쓰는 말을 즐겨 쓴다. 어째서 이 지경이 됐는가?

상식으로 생각해도 상품광고는 될 수 있는 대로 쉬운 말로 써야 유리하겠는데, 오히려 어려운 말을 쓰는 까닭은 장사꾼들이 머리가 나빠서 그런가? 반드시 그렇지도 않다. 어려운 말을 써야 상품에 권위가 있다고 보는 것이다. 장사꾼들뿐 아니라 상품을 사는 일반사람도 그렇게 보는 경향이 짙다.

옛날부터 우리는 유식한 중국글자말 쓰는 것을 학문이라 알아왔다. 양반들은 중국글과 중국글자말로 권위를 세워서 평민들의 기를 죽였다. 지식인과 관리들도 중국글자말과 일본말과 서양말로 권위를 세웠다. 이래서 어려운 말, 남의 말을 써야 권위가 있다는 생각이 뿌리 깊이 박혀, 상품광고까지도 쉽게 써놓으면 시시하게 보는 것이다. 이 얼마나 기막힌 종살이본성인가.

잡지나 신문기사가 쉬운 우리 말을 쓰지 않는 수수께끼도 이래서 풀게 된다.

- <u>미소 짓는</u> 與野충무 『ㅈ일보』, 1990. 12. 11.
- 첫눈에 끌어안고 <u>오열</u> 김진명 · 학명 남북형제 <u>해후</u> 『ㅎ신문』, 1990. 12. 12.
- 걸프 전쟁이 <u>발발하자</u> 『ㄷ일보』, 1991. 2. 6.
- 대우조선 전면파업 <u>돌입</u> 『ㅅ일보』, 1991. 2. 9.
- ……에서 얼마 떨어지지 않은 곳에 <u>위치한</u> 왕인박사 <u>분</u> 어느 잡지, 1990. 12.

위의 보기글에서 밑줄 친 낱말을 쉬운 말로 고쳐본다.

- 미소 짓는 (→웃음 짓는)
- 오열 (→흐느껴 울어)
- 해후 (→만나)
- 발발하자 (→터지자)
- 돌입 (→들어가)
- 위치한 (→있는)
- 분 (→무덤)

중국글자말은 우리 겨레의 넋을 빼놓았다고 나는 생각한다.

3. 민주사회와 우리 말 쓰기

지난 13일 『ㅎ신문』 독자투고란에서 어느 분이 「이해하기 힘든 제목 알기 쉬운 말로 썼으면」 하는 제목으로 쓴 글을 읽었다. 그 글은 같은 신문에 났던 어느 날의 기사 제목이 마음에 걸린다고 했는데, 그 제목은 「상경 20대 국회 앞 할복」이었다. 나는 이 제목에서 마음에 걸린다는 말이 '할복'이겠지 싶었는데 그게 아니고 상경이었다. "얼른 보면 상경이 무엇을 의미하는지 알기 힘들다"고 했다. '아하, 참 그렇구나' 하고 느끼면서 나 자신 얼마나 중국글자말에 깊이 빠져 있었던가 새삼 깨달았다. 신문이고 잡지고 광고문이고 우리 글자로 써놓은 글을 읽으면 흔히 '이것이 무슨 말인가' 하고 당황하는 수가 있다. 그래서 중국글자말 소리만 따라 써놓고 우리 글이라 하지 말고 진짜 우리 말을 써야 한다고 기회 있을 때마다 남들에게 말하면서, 그렇게 말하는 나 자신 상경을 예사로 읽고 있었으니 글 속에 빠져 있는 꼴이 말이 아니다.

'할복'을 '배 갈라'나 '배 찔러'로 쓸 수도 있겠지만, 이런 말은 우리 말로 써도 낯설게 느껴진다. 그러니 '배 갈라'라고 신문에서는 안 쓸 것 같다. 이 "할복"은 일본에서 온 것이고 본래 우리에게는 없던 말이니 어쩔 수 없이 그대로 써야겠다는 생각이 든다. 그런데 상경은 안 써도 된다. 문제가 된 그 신문제목을 「서울 간(온) 20대……」로 쓰면 얼마나 좋은가.

　서울에 가(오)는 것을 상경이라 하고, 서울에서 떠나는 것을 하경이라고 하는데, 이것은 봉건왕조시대에 생겨난 말이다. 이런 말을 늘 쓰다보면 서울 가는 차를 탈 때도 어쩐지 길을 올라가는 기분이고, 서울을 떠날 때는 내려가는 기분이 든다. 가령 춘천서 서울로 가게 되면 분명히 강물 따라 내려간다고 해야 하는데 여전히 상경이고, 올라가는 기분이다. 말이 사람의 생각(의식)에 영향을 주는 것이 이렇다.

　군청이나 도청에 가게 되면 상청한다고 하는 것도 비민주시대의 말이다. 오를 등(登) 자가 들어가는 말에서 '등산'이야 실제로 올라가는 것이니까 틀린 말이 아니지만 등청, 등교와 같은 말은 모두 비민주시대의 말이다. 관청이나 학교에 가는 것이 올라가는 것일 수 없다.

　농사꾼들이 지어놓은 곡식을 관청에서 사들이는 것을 '수매'라고 하는 것이 틀린 말은 아니다. 그러나 농민 쪽에서 매상한다고 하는 것은 잘못이다. 팔아 올리다니 어디 누구에게 올려 바치는가?

　하필 '상' 자나 '등' 자가 붙은 말뿐 아니고, 우리 말이 있는데도 중국글자말을 쓰는 거의 모든 경우, 그런 중국글자말들은 민주사회에 맞지 않는 말이다. 그런 말들이 얼마나 많은가! 우리는 민주주의를 창조할 수 없는 말의 돌자갈밭에 민주의 꽃나무를 심으려고 하는 것은 아닌지 한번 생각해볼 일이다.

4. 인사말에 대하여

　며칠 전 캐나다에서 온 이 교수님과 같이 시내 어느 음식점에서 점심을 먹고 나오는 길이었다. 음식점 주인이 "안녕히 가십시오" 하고 인사를 하자 앞서 나가던 이 교수가 돌아보면서 큰소리로 웃으며 말했다.

"거, 우리 말로는 '안녕히 가십시오'가 아니라 '잘 가십시오'라 합니다."
나는 속으로 뜨끔했다. 아주 읽을 맛이 나는 수필을 쓰면서도 붓글씨까지 일가를 이루어 얼마 전에는 전시회까지 가졌던 분이 이런 말을 할 줄은 몰랐던 것이다. 그리고 골목을 같이 걸어가는데 또 이 교수가 이번에는 내가 하려고 한 말을 먼저 꺼냈다.

"그런데 '감사합니다'란 인사말도 잘못됐어요. '고맙습니다'고 해야 하는데."

여기서 우리가 가장 많이 쓰는 인사말을 생각해본다. 내가 어렸을 때만 해도 안녕이란 인사말은 쓴 일이 없다. 아이들은 말할 것도 없고 어른들도 쓰는 것을 듣지 못했다. 헤어질 때는 "잘 가거라"나 "잘 가"라고 하든지, "잘 가요" "편히 다녀가이소" "살펴 가시소" 이랬다. 그러면 대답도 "잘 있거라" "편히 계시이소"로 나왔다. 안녕이란 말은 책에서나 읽었고, 해방 후에는 학교 교과서에 나와 비로소 널리 쓰게 된 말이다. 서울의 '양반'들이 쓰던 말은 이렇게 해서 표준이 되어 순수한 우리 말을 쫓아내고 온 나라에 퍼진 것이다.

감사합니다도 내가 자라날 때는 집에서고 마을에서고 들어본 적이 없다. 누구든지 "고맙다" "고맙습니다"고 말했다. 그런데 지금은 아이들만 '고맙다'를 쓰지 어른들은 모두 감사합니다를 쓴다. 머지않아 '고맙다'도 아주 자취를 감춰버릴 것 같다.

이 감사란 말을 내가 어렸을 때는 교회에 가서 들었다. 교회에서는 하나님께 감사하고, 감사기도를 하고, 감사헌금을 한다. 추수감사절이 있다. 성경에도 '범사에 감사하라'고 되어 있는 것으로 기억한다.

『상허문학독본』에 「감사」란 제목으로 된 글이 있는데, 거기서 이태준 씨도 미국인 빼닝호프 박사가 했다는 말 "간샤시마쇼"를 따라 감사합니다라고 쓸 줄만 알았지 "고맙습니다"라고 하지는 않았다.

안녕이란 말을 안 쓰면 우리가 만날 때마다 무슨 말을 해야 하나?

"반갑습니다" 하면 된다. "반갑다" "반갑네" 얼마나 좋은 말인가? 안녕이란 말보다 뜻으로 따지거나 소리가 주는 느낌으로나 백 배도 더 좋은 말이다. 얼마든 듣기 좋고 말하기 좋고, 인사를 나누는 뜻으로도 알맞는 말인가. 이게 바로 우리 말의 자랑이다.

일본말에는 '반갑다'는 뜻을 가진 말이 없다. 그 때문에 일제강점기에는 이 말이 지식인들에게 천대를 받았는데, 그런 역사가 아직도 여전히 계속되고 있다.

5. 탁구선수들이 통일한 팀의 이름

지난 3월 26일 모든 일간신문은 제41회 세계탁구선수권대회에 나가는 남북선수단이 25일 일본 나리타 비행장에서 만나 분단 46년 만에 처음으로 하나의 팀을 만들었다는 소식을 전했다. 참으로 반가운 일이고, 감격스러운 역사의 한 장면을 보인 것이다. 그런데 이 하나로 된 팀을 북한선수들은 유일팀이라고 말한 모양이고, 남한에서는 단일팀이라 말한 모양이다. 단일과 유일, 무엇이 다른가? 아무것도 다른 것이 없지만 이렇게 같은 뜻을 나타내는 두 가지 말을 제각기 따로 쓰는 것이 뭔가 개운한 느낌이 안 든다. 그렇다고 이걸 가지고 뭐 나쁘게 말할 것은 물론 아니다. 다만 단일, 유일 하는 말이 중국글자말이란 점만은 생각해볼 필요가 있다. 중국글자말을 쓰니까 이렇게 자꾸 나뉜다. 전에 무슨 대표들이 만나 의논했을 때는 상호가 옳은가 호상이 바른가로 말다툼까지 했다 하고, 한쪽이 내왕을 쓰면 다른 쪽은 왕래를 썼다고 한다.

똑같은 중국글자 두 자를 가지고 앞뒤를 바꿔 쓰다 보니, 그렇게 쓰는 말을 따라 정서까지 굳어지고, 그래서 아무것도 아닌 말 하나로 맞서게 되기도 하는 것이다. 이런 것도 중국글자말이 우리 겨레에게 주는 온갖 해독 중의 한 가지다. 상호와 호상은 '서로'라고 하면 될 것이고, 왕래와 내왕은 '오가다'로 쓰면 얼마나 좋은가? 단일팀과 유일팀도 '한 팀'이면 그만이다.

일본 오사카에서 교포들이 만드는 『교도신문』(共同新聞)에는 '통일

팀'이라 했다. 단일이니 유일이니보다는 통일 팀이 훨씬 좋다. 또 한 가지는, 그 하나로 된 팀의 이름을 '코리아'로 했다는 문제다. 왜 하필 우리 선수들의 국적을 알리는 이름을 우리 말로 정하지 못하고 서양사람들이 우리를 부르는 말을 따라 서양식 말로 정했는지 참 답답한 생각이 든다. 이래가지고 우리가 언제 철이 든 겨레 노릇을 하겠는가? 이런 때야말로 겨레의 주체성을 세워 온 세계에 보여줘야 하지 않겠는가?

이런 말을 하면 누가 물을 것 같다. "그럼 당신은 남북이 다 따를 수 있는 이름을 알고 있단 말인가요?"

그러면 나는 도로 이렇게 말할 수밖에 없다.

"글쎄요. 나도 생각해봐야겠지만, 우리 말 이름을 한번 생각해보고 의논이라도 해보았다는 말을 못 들었는데요."

만약 남북통일 팀의 이름을 온 국민에 광고하여 한번 모아본다면 어떨까? 얼마나 좋은 이름이 나올까 하는 공상도 해본다.

나는 우리 통일 팀의 이름을 '배달'이라고 불렀으면 좋겠다는 생각도 해본다. '배달'이란 말은 옛날부터 우리 겨레를 가리켜온 이름이다. 그래서 남이고 북이고 이 이름을 싫어할 사람이 없을 것이라 믿는다.

6. 하늘은 파랗고 산은 푸르고

일전에 들은 이야기다. 미국에서 자라나는 교포 어린이가 방학이 되어 그 부모들과 같이 서울에 왔다. 하루는 길을 가다가 찻길을 건너려고 기다리는데, 신호등만 쳐다보고 있던 그 아이가 이윽고 이렇게 소리를 쳤다.

"아, 초란색이다!"

그 소리를 들은 아버지는 웃음을 참지 못하면서 초란색이 아니라 초록색이라고 가르쳐주었다는 것이다.

나는 이 이야기를 듣고 그렇게 말을 창조해서 자유롭게 쓰는 아이가 부러웠고, 남의 나라에 가서 살면서도 아이들에게 우리 말을 제대로 가르치고 있는 그 부모가 훌륭하다는 생각이 들었다. 그리고 또 하나 생각한 것이 색깔의 이름에 관한 것이다.

우리가 많이 보는 색의 이름은 빨강, 노랑, 파랑, 이 세 가지 원색을 비롯해서 초록, 연두, 보라, 검정 들이다. 이중 초록은 가장 흔하고 많이 보는 색인데 우리 말이 아니고 중국글자말이다. 초록을 나타내는 우리 말이 본래 없었던가? 그럴 리가 없다. 우리가 보는 자연에서 가장 흔히 보는 것이 하늘색이고 그다음이 땅 위에 피어나는 풀과 나뭇잎이 보여주는 색깔이기 때문이다. 아주 까마득한 옛날부터 사람들의 눈에는 하늘의 색과 땅을 덮은 풀색이 그 어떤 색깔보다도 깊이 들어가 있을 것이다.

그런데 어째서 풀의 색깔을 나타내는 우리 말이 없는가?

하기야 일본말에는 '짜다'란 말이 없었으니 초록을 나타내는 말이 우리에게 없었다고 해서 크게 한탄할 일은 아니다. 그러나 이것은 우리가 말을 잘못 써온 때문이고, 중국글자말에 기대어왔기 때문이지 본래 우리 말이 없었던 것이 결코 아니다. 초록이 아니라 우리 말로는 '푸르다' '푸른빛' '푸른색'이다. 이 '푸르다'는 '풀'을 생각하면 곧 깨달을 수 있다.

우리는 지금까지 보통 갠 날 하늘빛인 파란색과 '풀'의 '푸른색'을 뒤섞어 써왔다. 사전에서도 어느 사전이고 '파랗다'와 '푸르다'를 같은 말로 풀이하는 잘못을 저질러놓았다.

"푸른 하늘 은하수 하얀 쪽배에"
"날아라, 새들아, 푸른 하늘을"

하늘을 푸르다고 말한 이런 노래들은 모두 우리 말을 잘못 썼다. 자연을 객관으로 정확하게 잡아서 쓴 말이 아니라 심정의 세계를 책에서 익힌 말로 적당히 노래하다보니 이렇게 된 것 같다. 그러나 '파랗다'와 '푸르다'를 구별해서 우리 말을 바르게 쓴 노래도 있다.

푸른 산 저 너머로 멀리 보이는
　　새파란 고향 하늘 그리운 하늘

　산은 푸르고 하늘은 파랗고―이것이 정확한 우리 말이다. 이제부터 초록을 쓰지 말고 깨끗한 우리 말 '푸르다'를 써야겠다.

7. 우리 말 토 '의'와 일본말 'の'

　어느 책에서 삽화로 나온 만화에 일본사람을 그려놓았는데, 그 일본사람이 하는 말이 다음과 같이 적혀 있었다.
　"이거노 쓰면 쌀이노 많이 나온다데쓰!"
　이와 같이 만화나 연극에서 일본사람을 등장시키려면 그 사람이 하는 말 사이사이에 '노'(の)를 넣고, 마지막에 우리 말 '-이다'란 뜻인 '데쓰'(です)만 붙여놓으면 된다. 이 "노"는 일본말의 토인데, 우리 말로는 의가 된다. 이 말이 일본말법에서나 우리 말법에서나 다같이 '관형격조사'로 되어 있지만, 우리 말에서 의는 아주 드물게 쓰는데 견주어 일본말 '노'는 엄청나게 많이 쓰인다.
　가령 한 가지만 보기를 들면 우리가 "나뭇잎 배"라고 할 때 일본사람들은 '木の葉の船'(동요시인 노구치 우조가 쓴 시 제목)라고 써서 말도 그렇게 하는데, 이것을 우리 말로 그대로 옮기면 '나무의 잎의 배'가 된다. 그러니까 일본말 흉내를 낼 때 "이거노 사람이노" 하는 것은 일본말의 특징을 아주 잘 잡은 표현이라 아니 할 수 없다.
　그런데 우리 나라 사람들은 우리 글을 쓰면서 들어가서는 안 되는 의를 함부로 쓰는데, 이것은 같은 '관형격조사'를 많이 쓰는 일본말의 영향을 받았다기보다 아주 일본말을 따라가고 일본말 직역체의 글을 쓰는 꼴이다. 이렇게 된 것은 물론 일제강점기부터다.

- 노파는 숨소리도 없이 영채의 기운 없이 말하는 입술만 보고 앉아서…… 이광수, 『무정』

여기 나오는 "영채의"는 바로 '영채노' 꼴인 일본식 말이다.
요즘 신문에 나오는 글을 보자.

- 앞으로의 활동계획을 밝혔다. 『ㅎ신문』, 1991. 3. 8.

이것은 '앞으로 활동할 계획을 밝혔다'고 써야 우리 말이 된다.

- 전쟁 결과의 피해와 승리의 가치의 저울질과 전쟁의지 등을 고려해볼 때…… 『ㅎ신문』 1991. 3. 19.

여기서는 의 토가 세 번 나오는데, 세 군데 다 없앨 수도 있지만 적어도 두 군데는 없애야 할 것이다.

- 소련은 이라크군이 다국적군에 완패한 것은 미국 무기의 소련 무기에 대한 우위를 입증할 것이라는 서방 쪽의 주장을 재빨리 부인하고 나섰다. 『ㅎ신문』, 1991. 3. 2.

이 글에 나온 "무기의"도 '무기가'(소련 무기에 대해 우위를 차지하고 있음을)로 써야 말이 된다.

- '범죄와의 전쟁' '뇌물과의 전쟁' '오염과의 전쟁' 『ㅈ일보』, 1991. 4. 1.

이런 글에 나오는 와의(과의)도 우리 말이 되기는 어렵다. 의를 없애고, 그다음에 오는 이름씨 "전쟁"을 움직씨로 만들어 '전쟁하기'라 쓰든지,

아주 '싸우기'나 '싸움하기'로 쓰면 더욱 좋을 것이다.

8. 일본말 닮아버린 우리 글

다음은 지난해 11월 10일 신문에 났던 한국수자원공사의 광고문이다.

• 한 방울<u>의</u> 물에도 우리<u>의</u> 노력이 <u>담겨져</u> 있습니다.

이 글에는 잘못된 말이 두 가지 씌어 있다. 토 의와 움직씨 입음꼴(동사 피동형) 진다를 쓴 것이다. 이 두 가지는 모두 일본글 따라 쓴 오염된 말이다.

의가 두 군데 나왔는데, 앞쪽의 것이 잘못되었다. "한 방울의 물"은 '한 방울 물'이라 해도 되지만, 그보다 '물 한 방울에도'라고 쓰면 훨씬 낫고, 살아 있는 말이 된다.

"담겨져 있습니다"도 이렇게 입음꼴을 겹으로 써서는 안 된다. '담겨 있습니다'고 써야 우리 말이 된다. '담는다'에서 '담기다'가 되면 입음꼴이 되는데, 여기에다 또 진다를 붙여서 어수선한 말을 만들어서는 안 된다.

이 의와 진다 따위가 일본말을 그대로 옮겨다 쓰는 말이란 것은 일본책 번역한 글이나 일본서 온 통신문, 신문기사 같은 글을 조금이라도 주의해서 읽어보면 쉽게 깨달을 수 있다.

다음은 며칠 전 일본 도쿄에서 보내온 통신인데, 「挺身隊 명부 첫 발견」이란 제목으로 쓴 신문기사의 마지막 구절이다.

• 유력지 『아사히신문』(朝日新聞)이 전문가의 말을 인용, 보도한 바에 따르면 오키나와에 조선인이 <u>보내진</u> 것은 오키나와에 진지구축의 필요성이 높아진 1944년 여름의 사이판 함락 직후로서 이

시기에 여성이 이곳에 <u>보내진</u> 것은 종군위안부 이외로서는 생각할 수 없다는 것이다. 『ㄷ일보』, 1991. 4. 1.

이 글에 나오는 보내진이란 말은 누가 읽어도 어설픈 말이라 느낄 것이다. 대관절 우리 말에는 '보낸다'를 입음꼴로 쓰는 법이 없다. 의가 거듭해 나온 대문도 우리 말을 살려서 쓴 글이 아니다. 이 글을 우리 말로 대강 바로잡아 써본다.

오키나와에 조선인을 보낸 것은 오키나와에 진지를 구축할 필요가 절실해진 1944년 여름 때 사이판이 함락한 바로 뒤인데, 이때 여성을 이곳에 보낸 것은 종군위안부가 아니라고는 생각할 수 없다는 것이다.

외국 글을 번역할 때는 우리 말을 살리도록 애써야 한다. 그렇지 않으면 우리 말과 글이 외국 글을 따라가게 되어 걷잡을 수 없이 병들고 만다. 더구나 낱말 따라 대강 옮겨놓기만 하면 뜻이 통하는 일본글과 일본글 번역문을 80년 동안 읽어온 우리들이라, 이제는 일본말을 전혀 모른다는 젊은이들도 일본말법으로 글을 쓰고 말까지 하게 되었으니 말이다.

9. '······등'(等)을 쓰지 말자

사람이나 사물의 이름을 여럿 들어놓고(때로는 하나만 들여놓고), 그 밖에도 더 있다는 뜻을 나타낼 때 우리 말로는 '들'과 '따위'를 쓰는데, 글로 쓸 때는 거의 모든 사람들이 등을 쓰고 있다. 이와 같이 등을 쓰는 것은 말이 그렇게 되어 있는 것이 아니라 글이 모두 그렇게 되어 있어서 글 따라 그렇게 쓰는 것이고, 그 글은 일본글을 따르기 때문이다. 일본사람들은 이런 경우에 "나도"(など)라고 말하면서 중국글자 等을 쓰는데, 식민지 시대부터 일본글을 따라서 쓰게 되어 그만 우리 글자로 쓸 때도 우

리 말이 아닌 등으로 모두가 쓰는 것이다.

- 12일 낮 서울 平倉洞 林秀卿 양 집을 방문한 北韓『로동신문』李吉成 부국장 등이 林 양의 아버지 林判鎬 씨, 어머니 金貞恩 씨 등과 얘기하고 있다. 『ㅈ일보』, 1990. 12. 14.

이렇게 사람 이름을 든 다음에는 '들'로 쓰는 것이 누가 읽더라도 우리 말이라 느낄 것이다.

- "고추장 등 밑반찬 서로 나눠 먹고 힘냅시다." 『ㄷ일보』, 1990. 9. 23.

이것은 실제 입으로 한 말을 글로 쓴 기사 제목인데, "고추장 등"이라고는 결코 말하지 않았을 것이다. "고추장 같은"이라고 말했을 것인데, 글을 쓰는 사람들은 이렇게 귀로 들은 말을 적을 때도 들은 대로 적지 않고 늘 쓰는 글말로 적는다는 것을 알 수 있다.

- 빌려준 돈을 받기 위해 폭력배 등을 고용해 채무자를 납치, 감금 폭행하는 등의 사례가 빈발하고 있다. 서울 용산경찰서는 10일 빌려준 돈을 받아내기 위해 폭력배를 끌어들인 ×××대표 한×× 씨 등 3명에 대해 폭력행위 등 처벌에 관한 법률 위반과 강도 상해 등 혐의로 구속영장을 신청하고 이들의 부탁으로 폭력을 휘두른 윤×× 씨 등 2명을 같은 혐의로 수배했다. 『ㅎ신문』, 1991. 4. 11.

이 짧은 기사에 등이 여섯 군데 나온다. "폭력배" "한××" "윤×× 씨" 다음에는 모두 '들'로 써야 할 곳이고, "폭행하는" "폭력행위" "강도 상해" 다음에는 모두 '따위'를 쓰면 될 것이다. 그런데 '들'은 반드시 사람 이름 다음에만 쓰는 것이 아니고 짐승이나 나무, 물건이나 사건을 가리키는 말 다음에도 널리 쓸 수 있다.

- 제주도는 지난 10월부터 연인원 4만여 명을 동원, 가로기를 내걸고 꽃길 조성공사 등을 끝냈으며 거리정비 등을 거의 마쳤다. 한편 제주도경은 이날 한소 정상회담과 관련, 전대협 등 대학생들의 시위에 대비해 갑호비상령을 내렸다. 『ㅎ신문』, 1991. 4. 18.

"꽃길 조성공사"와 "거리 정비" 다음에는 '따위'를 써도 되고 '들'을 써도 된다. 그러나 "전대협" 다음에는 '들'이라 할 때 그다음에 오는 "대학생들"과 '들' 소리가 겹치기에 '전대협과 그밖에 대학생들의'라고 쓰면 좋을 것이다.

10. 우리 말과 중국글자말, 느낌이 왜 다른가

등, 등등 같은 말을 쓰지 말자고 했는데, 다음과 같은 경우에는 어찌해야 할까?

- 유족들의 항의와 경찰과의 몸싸움 끝에 힘겹게 열린 대회는 유족들이 "대한항공기 격추사건 진상규명하라" "고르비는 공식 사과하라"는 등의 구호를 외치다 김춘자 씨가 "내 남편을 돌려달라"며 울부짖자 일순간 울음바다로 변했다. 『ㅎ신문』, 1991. 4. 20.

이 글에 나오는 등은 '들'로 바꿔도 안 되고 '따위'도 안 된다. '따위'라고 하면 앞에 들어 놓은 외침소리들을 업신여기는 말같이 느껴진다. 결국 등과 '따위'는 그 뜻이 조금 다르다는 문제가 된다. 어떻게 다른가?

본래 '따위'란 말은 그 앞에 들어놓은 말을 업신여기는 뜻은 없었다. 그런데 등이란 중국글자말을 쓰면서 우리 말은 버리게 되고 보니, 어찌

다 '따위'를 쓰면 그 뜻이 조금 달리 느껴지게 된 것이다. 마치 '밥먹다'와 '식사하다'가 똑같이 밥을 먹는다는 사실을 말하는 데도 그 느낌이 달라 각각 조금씩 쓰는 자리가 달라져가는 것과 같다. 이것은 '날품팔이꾼'이라 했을 때와 '일용노동자'라 했을 때, 똑같은 사람을 가리키는데 그 말 느낌이 달라, 두 가지 말 가운데서 어느 한쪽만을 쓰고 싶어 하는 것을 생각해도 알 수 있고, 그밖에 옷(→의복·의상), 집(→가옥·주택), 만나다(→상봉하다, 조우하다, 해후하다), 참다(→인내하다), 웃다(→미소하다), 싸우다(→투쟁하다)…… 이렇게 모든 우리 말과 중국글자말의 맞견줌에서 깨달을 수 있다.

 그렇다면 순수한 우리 말과 중국글자말이 주는 느낌은 어떻게 다른가? 같은 뜻으로 쓰는 말인데 중국글자말을 쓰면 유식해 보인다. 품위가 있어 보이고 권위가 있어 보이고, 그래서 표준이 되어 있는 말로 느껴진다. 그런데 순수한 우리 말을 쓰면 무식해 보이고(적어도 유식하게는 안 보이고), 가난하고 친한 사람이 쓰는 말이라 느껴지고, 어린아이들이나 쓰는 말로 느껴지고, 뜻이 좁은 듯 느껴지고, 낡은 말로 느껴진다. 그러니까 모두 중국글자말을 쓰고 싶어하고 우리 말은 버리는 것이다. 물론 이렇게 된 데는 일제강점기나 그 이전이나 혹은 분단이 된 오늘날이나 정치를 하고 학문을 하면서 사회를 움직인 사람들의 '반민중성'과 '반민족성'이 커다란 힘으로 작용한 것은 말할 것도 없다.

 이래서 아주 솔직하고 분명한 뜻을 나타내면서 소박하고 싱싱하여 생명감이 넘치던 우리 말은 끊임없이 시들어 죽어간다. 한편, 얼버무리기 알맞고 세속 따라 아첨하고 요령 쓰는 데 알맞고 추상 관념 나타내고 획일로 포괄하기 잘하고 외국말 그대로 잘도 옮겨놓는 중국글자말이 온 국민의 말글 생활을 지배하는 것이다.

 앞에서 든 글에 나오는 '-는 등의 구호를"은 '-고 하는 구호들을'이라고 쓰면 된다. 등이란 중국글자말을 먼저 써놓고 그것을 번역하려고 하지 말고, 처음부터 우리 말로 쓰면 얼마든지 된다.

11. 체육 소식을 알리는 신문기사

세계탁구대회에서 우리 여자선수들이 우승을 했다. 우리가 그런 영광을 차지하게 된 것은 무엇보다도 갈라졌던 남북이 46년 만에 하나로 된 감격이 그대로 놀랄 만한 정신의 힘으로 나타난 결과라고 누구든지 인정할 것이다.

그런데 우리 선수와 임원들이 한 마음으로 뜻을 모아 모든 거침물건을 없애고 오직 승리를 위한 준비만을 할 수 있도록 가장 튼튼한 바탕을 마련해준 것은 경기를 할 때 쓰는 말을 우리 말로 통일했기 때문이라고 나는 믿는다. 만약 경기에서 쓰는 말을 서로 달리했더라면 어떻게 되었을까? 아마도 우리 선수들은 그 실력을 제대로 나타내지 못했으리라.

탁구선수들은 우리 말로 통일해서 영광의 승리를 거두었는데, 그 소식을 전한 신문기사들은 너무나 답답했다. 몇 가지만 들어본다.

- 코리아 낭자군 '천하통일' 『ㅎ신문』, 4. 30.
- 남북이 하나 되어 중국의 16년 아성을 넘은 코리아탁구 낭자군은 가슴 찡한 감동의 장면을 엮어냈다. 『ㄷ일보』, 4. 30.

낭자군이 뭔가? '아가씨들'이라고 쓰면 신문의 격이 떨어질까? "코리아 낭자군"을 '우리 아가씨들'이라고 쓰면 얼마나 좋은가.

- 南北의 포옹 『ㅈ일보』, 4. 30.
- "우리는 하나" 감격의 포옹 『ㄷ일보』, 4. 30.
- 탁구단일팀 '코리아' 감격 포옹 『ㅎ신문』, 3. 26.

어쩌자고 포옹이란 말을 이렇게 즐겨 쓰는지 모르겠다. 포옹을 대신할 우리 말이 없는가? 있어도 그런 우리 말은 탁구고 '스포츠'를 알지도 못

하는 사람들이나 쓰는 말인가?

　따지고 보면 포옹이란 말이 이런 자리에는 맞지도 않다. 포옹은 사전에도 나와 있듯이 '품에 껴안음'이란 뜻이다. 또 한 신문의 사진은 아무리 보아도 모두 손만 쳐들고 소리를 지르고 있는데 포옹이란 제목을 붙여놓았다.

　우리 말에는 '껴안는다'와는 달리 '부둥켜안는다'도 있고 '얼싸안는다'도 있다. '보듬다'도 있지. 세계 어느 나라의 말이 이렇게 풍부할까? 그러나 아무리 아름다운 말이 넉넉하게 있어도 제 나라 말을 써주지 않으면 다 시들어 죽는 수밖에 없다.

　다행히 이런 우리 말을 써놓은 기사가 나오기도 한다.

- 선수단은 순식간에 서로 <u>부둥켜안고</u> 감격에 겨워 울음을 터뜨렸다. 『ㅎ신문』, 4. 30.
- 너무 기쁜 나머지 부끄러움도 잊은 채 서로 <u>부둥켜안고</u> 엉엉 울었다. 『ㄷ일보』, 4. 30.

한 가지만 더 들기로 한다.

- TV 앞 한겨레 한마음 <u>만끽</u> 『ㅎ신문』, 4. 30.

여기 나오는 만끽이 거슬린다. 맞지도 않는 말이다. '한마음 되었다'라고 써도 될 것을.

12. 쓰지 않아도 되는 '시도하다'

　'기도하다'와 비슷한 말에 시도하다가 있다. 이 말 역시 쓰지 않는 것이 우리 말을 살리는 길이 된다.

- 저는 64년까지 평양에서 살았습니다. 그러나 출신성분이 반동이고, 소련 수정주의 노선을 따른다는 이유로 작가동맹에서 숙청당했어요. 그 뒤 함북 아오지탄광으로 끌려갔습니다. 하지만 문학인의 양심으로 그대로 눌러 있을 수가 없었습니다. 그래서 64년 <u>탈출을 시도하다</u> 체포됐고 65년 1월 <u>재시도한</u> 끝에 소련령 하산 시로 탈출하는 데 성공했어요. 「알마아타 시 조선어방송 해설위원 시인 박현 씨 말」, 『ㄷ일보』, 1991. 4. 8.

이 글에 나오는 "탈출을 시도하다"란 말은 '탈출하다'라고 하면 되고, "재시도한"은 '다시 탈출한'이라 말하면 된다.

- 지난 2일 흉악범 6명이 또다시 <u>집단탈옥을 시도, 미수에 그친</u> 사실이 17일 밝혀졌다. 『ㅎ신문』, 1991. 4. 18.

이 글에 나오는 "집단탈옥을 시도, 미수에 그친"이란 말은 '집단탈옥을 하려다가 못하고 만'이라고 쓰든지 '무더기로 탈옥하려다가 못한'이라 쓰면 된다.

- 가입회원들이 이날 일제히 전화 예매를 <u>시도하는</u> 바람에 대부분의 회원들이 몇 시간씩 통화조차 불가능했으며…… 『ㅎ신문』, 1991. 4. 18.

여기 나오는 시도하는은 "시도"를 없애고 '하는'만 쓰면 된다.

- 그런 의미에서 최근 잇따라 열린 서울시립국악관현악단과 한국방송공사 국악관현악단이 <u>시도한</u> 국악가요 연주회는 우리에게 시사해주는 바가 크다. 『ㅎ신문』, 1991. 4. 20.

이 글에 나온 시도한은 잘못 썼다. 이 시도한이란 말은 없애고, 앞에 있는 말 "국악관현악단이"를 '국악관현악단의'로 고쳐 써야 맞는 말이 된다.

이밖에 "시사해"란 말도 '귀띔해'나 '암시해'로 쓰는 것이 좋다.

- 이는 대중성에 있어서 이미 유리한 고지를 점령하고 있는 대중음악과의 만남을 통해 국악의 열악한 입지조건을 개선시켜 보자는 의도로 풀이되며, 이러한 시도는 현 상황에서 분명 의미 있는 시도임에 틀림없다. (→대중성에서 | →자리를 차지하고 | →대중음악과 만나서, 대중음악과 만남으로써 | →자리조건을 고쳐 | →뜻으로 | →지금 형편에서 | →뜻있는) 『ㅎ신문』, 1991. 4. 20.

앞에 나오는 시도는은 '일은' '실험은' '해봄은' 따위로 쓰면 되겠고, 뒤에 나오는 시도임에는 '일임에'로 쓰면 된다. 이밖에도 이 글에는 고쳐야 할 말이 많다.

- 최루탄 맞고 뇌수술
  경남대생 중태―교문 밖 진출 시도하다 『ㅎ신문』, 1991. 4. 20.

여기 밑줄 친 부분은 '교문 밖으로 나가려다가'로 쓰면 될 것이다.

13. '수순'은 '절차'라고 써야

참 보기에도 딱한 일본식 중국글자말들 가운데 하나가 수순(手順)이 있다.

- 김 대표 미리 알아……예정된 수순일 뿐 『한겨레』, 1991. 5. 23.

이 수순이란 말이 가끔 신문마다 마구 쏟아져 나온다.

- 8시간 만의 거부 예견된 <u>手順</u> 『중앙일보』, 1990. 2. 21.
- 양당의 총무들이 최종 마무리 작업을 위한 <u>수순</u>을 밟고 있을 때…… 『토요신문』, 1990. 11. 7.
- 豫告된 <u>手順</u>…… 肉薄大戰 갈림길에 『조선일보』, 1991. 1. 19.
- "여론무마" 예정된 <u>手順</u> 『세계일보』, 1991. 2. 12.

이밖에도 모든 신문들이 수순을 쓰고 있다. 같은 중국글자말이라도 '절차'라는 우리 말이 있으니 마땅히 우리 말을 써야 할 터인데 수순을 '절차'라고 쓴 신문을 보지 못했다.

사전에서 수순을 찾아보면 『민중국어사전』(이희승 감수)에도 없고, 『현대조선말사전』에도 없고, 『漢韓大字典』에도 안 나오는데 『새우리말 큰사전』에만 다음과 같이 나온다.

수순(手順) 1) 순서(順序) 2) 과정(過程)

일본말이라고 밝히지도 않고 이렇게 올려놓았다. 사전만 믿고 글을 쓰는 사람들이 얼마나 많은가(덧붙여 하는 말이지만 사전에서 낱말을 풀이하는 말도 쉬운 우리 말로 써야 한다. 위의 경우 '순서'는 '차례'로, '과정'은 '지나는 길'로 말이다).

수순이 일본말이라는 것은 본래 우리에게는 이 말이 없었기 때문이다. 물론 일본말사전에는 사전마다 나온다. 그런데 일본에서 만든 중국글자말사전 『漢和大字典』에도 手順은 없다. 이 말이 일본사람들이 만든 말이고, 일본사람들이 쓰는 중국글자말이기 때문이다.

수순은 대개의 경우 '절차'라고 쓰면 되지만, 때로는 다른 말로 바꾸는 것이 더 알맞는 수도 있다. 그러니까 이 말 역시 여러 가지 우리 말을 살려서 써야 할 것을 한 가지 잘못된 말로만 쓴다고 봐야 한다.

1) 전노협 와해 본격 <u>수순</u> 밟기 『한겨레』, 1990. 3. 15.
2) "방송장악 위한 <u>수순</u>" 사원들 결사 태세 『한겨레』, 1990. 4. 13.
3) 비리호가인→검찰이관→처벌 <u>手順</u> 『중앙일보』, 1990. 5. 14.
4) '토론→명분제공→<u>登院</u>'이 妙手풀이 <u>手順</u> 『중앙일보』, 1990. 8. 8.

이 네 가지 신문기사 제목에서 1)에 나온 수순은 '절차'로 쓰는 것이 알맞다. 그런데 2)에 나온 것은 '절차'로도 쓸 수 있지만 '수단'이라 써도 된다. 3)은 '차례'라고 쓰는 것이 좋겠고, 4)는 '절차' '차례' '단계' 중 어느 말이라도 된다고 본다.

수순과 비슷한 말에 수속(手續)이란 말이 있다. 이 말은 우리 나라 사전마다 들어 있지만 수순과 마찬가지로 일본말임이 분명하니 안 쓰도록 해야 한다.

• 예전으로 돌아가는 <u>수속</u>을 착착 밟고 있는 느낌이다. 『한겨레』, 1990. 3. 25.

수속 역시 '차례'나 '절차'와 같은 말로 쓰면 된다.

14. '내달' '매달'과 '매년' '매일'

신문기사 제목에 때를 가리키는 말로 자주 나오는 것이 내달이란 말이다.

• 盧 대통령 <u>내달</u> 訪蘇 『한국일보』, 1990. 11. 7.
• 盧 대통령 <u>내달</u> 18일께 訪蘇 『동아일보』, 1990. 11. 17.
• 野 <u>내달</u> 임시국회 요구 『중앙일보』, 1990. 11. 9.

- '연주의 해' <u>내달</u> 27일 개막 잔치 『세계』, 1991. 2. 10.
- <u>내달</u> 시범경기 앞두고 마무리 비지땀 『한겨레』, 1991. 4. 16.

어쩌다가 적어놓은 것을 들었지만, 이 내달이란 말은 모든 신문에서 쓰고 있고, 이 말밖에는 쓸 줄 모른다. '다음달'이라면 우리 말로 살아날 터인데, 아직 나는 한번도 '다음달'이라고 쓴 신문을 본 적이 없다. 글자 한 자가 많아지면 제목으로 쓰기 불편해서 그랬다고 생각하지 않는다. 살아 있는 말을 쓰려는 마음이 없고, 언제나 쓰는 죽은 말의 세계에서 벗어나려는 정신이 없기 때문이다.

매달을 쓴 경우도 마찬가지다.

- 상수도 수질 <u>매달</u> 발표

매날, 매해가 우리 말이 될 수 없듯이 매달도 잘못 쓰는 말이다. '달마다' '날마다' '해마다'로 써야 우리 말이 된다는 것은 설명할 필요조차 없을 것 같다.

틀린 말은 아니지만 매년, 매주, 매시간 같은 중국글자말도 '해마다' '주마다' '시간마다'로 쓰는 것이 좋다.

- <u>매년 고도성장 불구</u> 연구비만 70억 불 (→해마다 높이 성장해도) 『한겨레』, 1990. 9. 15.
- 교민 대비 상황 <u>매시간 체크</u> (→시간마다 점검) 『ㅎ신문』, 1991. 1. 18.

매일이란 말도 될 수 있는 대로 '날마다'라고 쓰는 것이 좋다. 더구나 아이들하고 말할 때나 아이들이 읽는 글에는 깨끗한 우리 말을 써서 아이들이 바른 겨레말을 이어받을 수 있도록 해야 한다.

그런데 바른 우리 말을 아이들에게 가르치려고 하는 부모나 교사나 아동문학작가들이 얼마나 될까? 다음은 동화작품들에 나오는 글이다.

- 순희는 <u>매일</u> 숙제 걱정을 하면서 학교에서 돌아옵니다. (→날마다)
- <u>매달</u> 마지막 일요일에는 고아원에 갑니다. (→달마다)
- <u>매일매일</u> 힘든 일로 아빠는 고달팠습니다. (→날마다)

다음은 어느 학급문집에 나온 한 아버지의 글이다.

- 내가 다니던 학교는 흥남시 제삼 인민학교였는데, 학교에서 공부를 마치고 집에 돌아와 점심을 먹은 후에는 학교 운동장에서 <u>인민군들의 훈련하는 광경을 구경하는 것이 나의 매일 일과였다.</u> (→ 인민군들이 훈련하는 광경을 구경하는 것이 내가 날마다 하는 일이었다.)

여기서 우리는 새로운 사실을 깨닫는다. 매일을 '날마다'로 바로잡으려고 하면 그 앞뒤에 있는 일본말투나 중국글자말까지 고쳐야 한다는 것이다. 그러니까 우리가 흔히 쓰고 있는 쉬운 중국글자말조차 일본말과 깊이 관련되어 있음을 깨달을 수 있다.

15. '수백여 명'은 '수백 명'으로 써야

무슨 물건이나 짐승이나 사람의 수를 나타낼 때는 그 수가 많으면 숫자로 나타내지만 얼마 안 될 때는 '두 사람' '세 마리' 이렇게 쓰는 것이 좋다. 이럴 때 단위를 나타내는 말도 '×명' '×두' '×필' 따위를 쓰지 말고 '×사람' '×마리'로 쓴다.

- 지난 한 해 동안 세계 15개국에서 모두 30명 이상의 언론인이 살해됐으며 언론기관에 대한 공격이 급격히 늘어난 것으로 14일 한 보고가 밝혔다. 『한국일보』, 1991. 3. 16.

이와 같이 '열다섯 나라' '서른 사람'이라고 쓰지 않고 숫자를 쓰는 것이 좋다.

- 그러나 고 이정순 씨의 분신 투신 다음날이었던 19일자 『한겨레』 15면의 사진에는 웃옷을 벗어들고 다급하게 이 씨의 몸에 붙은 불을 끄고 있는 '대학생인 듯한' 청년과 시민 세 명이 선명하게 나와 있다. 『한겨레』, 1991. 5. 25.

여기 쓴 "세 명"에서 "세"는 잘 썼는데 명은 '사람'이라고 쓰는 것이 옳다. 한, 두, 세…… 하면 '사람'을 쓰고, 1, 2, 3…… 이면 '명'을 쓴다.

- 李 양은 金 씨가 분신직전인 8일 새벽 5시까지 전민련 관계자 몇 명과 술을 마셨던 것도 자신의 말을 들은 직후 전민련 측이 金 씨를 찾아내 분신계획을 만류하기 위한 설득과정이었을 것이라고 말했다. 『동아일보』, 1991. 5. 25.
- 라지브 간디 前 인도총리에 폭탄테러를 가한 것으로 추정되는 신원미상의 여자가 지난 22일 폭발이 있기 수 분 전 사진에 찍힌 모습 『한국일보』, 1991. 5. 25.

앞에 나온 몇 명은 '몇 사람'으로 써야 하고, 뒤에 나온 수 분은 '몇 분'으로 써야 한다. 수차례, 수개월 동안도 '몇 차례' '몇 달 동안'으로 쓰는 것이 옳다.

- 에티오피아 사태에 대한 미국의 개입과 에리트레아인민해방전선의 북부에리트레아 독립정부 구성선언에 항의하는 수백여 명의 에티오피아 청년들이 29일 수도 아디스아바바를 점령 중인 에티오피아인민혁명민주전선 반군 지프를 둘러싼 채 "에티오피아는 하나다"라고 외치고 있다. 『한겨레』, 1991. 5. 31.

'백여 명'이라고는 말하지만 수백여 명이란 말은 안 쓴다. "수백"이라 했을 때는 "여" 자를 붙이지 말아야 한다. 그냥 '수백 명'이라고 해야 맞는 말이다.

- 또 다른 목격자 권지안 씨는 "당시 앞에 넘어진 시위대 5~6명이 일어나 빠져나가면서 뒤따르던 시위대가 다시 넘어져 한꺼번에 수십여 명이 땅바닥에 넘어진 상태였다"면서 "시위대가 넘어시사 다가온 사복체포조들이 5분여 동안 주변을 둘러싼 채 사과탄을 마구 던지고 경찰봉과 방패로 일어서려는 시위대를 때렸다"고 말했다. 『한겨레』, 1991. 5. 25.

이 글에 나오는 수십여 명도 '수십 명'이라 써야 한다. 그리고 5분여는 '5분 남짓'이 좋다.

- 두 달여의 가뭄에도 그럭저럭 모내기할 물은 장만됐고 450만 원을 들여 산 승용이앙기도 한결 허리 결림을 덜어준다. 『동아일보』, 1991. 5. 24.

여기 나오는 두 달여도 '두 달 남짓'이라 써야 한다.

16. 쓰레기 공해와 중국글자말 공해

쓰레기가 쏟아져 나와 온 땅을 더럽히고 있다. 우선 급한 것이 이 쓰레기를 나눠 걷어갈 수 있도록 해야 하고, 그렇게 하기 위해서 어른이고 아이고 쓰레기 나눠놓기를 마치 밥 먹고 물 마시는 것처럼 누가 시키지 않아도 저절로 할 수 있도록 돼야겠는데 그게 안 된다. 학교나 가정에서 사람 되는 교육을 이런 일에서부터 시작해야 할 터이고, 무엇보다도 어른들이 먼저 모범을 보여야 한다. 그리고 물론 행정은 그 어떤 일보다 먼저 쓰레기 공해가 일어나지 않도록 시책을 세우고 시설을 갖추어주어야 한다. 그러나 근본 해결은 쓰레기가 나오지 않도록, 나와도 아주 적게 나오도록 하는 것이다.

쓰레기를 한없이 쏟아내어놓는 삶에 따른 말도 그렇다. 공해를 일으키는 행동은 말에서도 나타나는 것이다. 삶이 달라지고 사회가 달라지면 새로운 말이 생겨나는데, 그럴 때 우리 사회에서 생겨나는 말은 거의 모두 중국글자말이거나 영어다. 중국글자말도 일본 것이 많다.

매립(埋立)이란 말을 많이 쓰는데, 일본사람들이 쓰는 중국글자말이다. 땅을 메운다는 뜻인데, 우리 말로 얼마든지 쓸 수 있다. '수거'(收去)는 쓰레기를 거둬가는 사람(이런 사람을 '환경미화원'이라고 하던가) 쪽에서 쓰는 말이니 '거둬가기' '거두기'가 될 것이고, '분리수거'라면 '나눠걷기'다. 또 쓰레기를 정한 자리에 갖다놓는('버리다'는 말이 좋지 않으니 '갖다놓는다'고 해야 한다) 마을사람들은 '나눠놓기'라고 하면 될 것이다.

'태운다'고 하면 될 것을 왜 소각한다고 쓸까? 활용, 재활용도 '살려 쓰기' '다시 살려 쓰기'면 된다. 심지어 아파트 쓰레기통에 불연성이란 글자를 커다랗게 써놓은 것도 볼 수 있다. '타지 않은 것' 하면 될 텐데.

• <u>매립</u> 탈피, <u>소각</u>·자원화 등 모색 필요 『새건강』, 1991. 5. 18.

쓰레기 처리방법 문제를 다룬 신문기사 제목이다. 순수한 우리 말은 없고 모조리 중국글자로 된 말이다. 내가 쓴다면 다음과 같이 쓸 것이다.

　땅에 묻지 말고, 태우거나 다시 살려 쓰도록 해야

우리 말로 쓸 때는 글이 좀 길어도 좋다. 그러나 위의 제목을 짧게 쓸 수도 있다.

　땅에 묻지 말고, 태우거나 살려 써야

띄어쓰기를 제대로 해서 그렇지, 글자 수는 본래 썼던 한자말과 같다. 사이점 '‥' 하나를 안 썼으니 오히려 짧아졌다고 할 것이다.

　•　오는 2020년에는 서울의 쓰레기 배출량이 현재보다 50퍼센트, 중소도시인 전주는 40퍼센트 정도 <u>증가할</u> 것으로 <u>예측돼</u> <u>정책적인</u> 면에서 <u>매립일변도에서</u> 벗어나 <u>점차 소각, 자원화 등의</u> 방향으로 처리방법을 <u>다변화해야</u> 한다는 지적이 나왔다. 1991. 5. 18.

이 기사를 "증가할"부터 고쳐본다.

　불어날 것으로 짐작돼 정책면에서 땅에 묻기만 하지 말고 차츰 태우거나 다시 살려 쓰는 방향으로 처리방법을 여러 가지로 해야 한다는 말이 나왔다.

17. '먹거리' '입거리' '읽거리'

말은 글자를 써서 눈으로 읽게 되기 이전에, 들어서 거슬리지 않고 다른 말과 구별이 되어야 비로소 말의 구실을 한다. 그런데 요즘은 지식인들(글로 살아가는 이들)이 흔히 이런 말의 성격을 잊고 글자로 써서 읽기만 하면 된다는 듯, 말을 멋대로 만들어 퍼뜨리는 잘못을 저지르고 있다. 그 두드러진 보기가 먹거리, 입거리, 읽거리다.

- 오염되지 않고 부정·불량하지 않아 누구나 안심하고 먹을 수 있는 바르고 참된 먹을거리―그 바른 <u>먹거리</u>로 이 세상 모든 식탁을 채우고 싶은 풀무원식품이 10년의 정성으로 성대한 글 잔치를 엽니다. 창업 10주년을 기념한 풀무원 바른 <u>먹거리</u> 주부백일장―물빛처럼 깨끗한 <u>먹거리</u> 이야기…… _{어느 광고문}

이 글을 보면 처음에는 "먹을거리"란 말이 나오는데 그다음부터는 모두 먹거리로 되었다. '먹을거리'라면 되고, 이것이 자연스럽게 나오는 우리 말이다. 그러나 먹거리는 부자연스럽고, 쓸데없이 만들어낸 말이다.

- 우리 <u>먹거리</u>·<u>입거리</u>·공해 없는 살림터를 지키기 위한 갖가지 움직임을 한자리에 모아 소개하는 '91 생활문화 한마당'이 12일 12시 방송통신대학 교정에서 열린다. 『한겨레』, 1991. 5. 12.
- '<u>읽거리</u>'로서의 롯데월드 『한길문학』, 1991. 봄호.

여기 나오는 입거리와 읽거리도 먹거리와 같이 잘못되었다. '입을거리' '읽을거리'라고 써야 하고, 그냥 '옷' '책'이라고 해도 된다.

부자연스럽고 쓸데없이 만들어낸 말이라 했는데, 그러니까 먹거리, 입거리, 읽거리는 우리 말법에 맞지 않는다. 움직씨(동사)의 줄기(어간)인 '먹' '입' '읽' 따위에다 '거리'를 붙여서는 말이 될 수 없는 것이다. 글자로 적으니까 먹거리, 입거리, 읽거리지, 귀로 들으면 '머꺼리' '입꺼리' '이

꺼리'가 된다는 것쯤 누구나 깨달을 수 있다. 이렇게 말이 될 수 없다고 하는 법은 어떤 학자나 지식인이 멋대로 정한 것이 아니다. 반드시 그렇게 써야만 알아들을 수 있는 우리 말이 되어 있기에 모두가 그렇게 써왔고, 그것을 가리켜 우리는 말법이라 하는 것이다.

- 삼신사 캠프를 단순한 볼거리로 만들 수 없다는 생각 때문에……
『한겨레』, 1991. 5. 11.

여기 나오는 "볼거리"는 틀린 말이 아니다. "볼" 하면 움직씨 '보다'의 줄기 '보'에 씨끝(어미) 'ㄹ'이 붙어 있는 것이니 말이 된다. '쓸거리'도 마찬가지다.

왜 이런 잘못된 말을 굳이 만들어서 쓰는지 알 수 없다고 생각했더니, 이것 역시 일본말의 영향이었다. 우리 말 '먹을거리' '입을거리' '읽을거리'를 일본말로는 '타베모노'(食物) '키모노'(着物) '요미모노'(讀物)라고 한다.

- 타베모노 (→먹거리)
- 키모노 (→입거리)
- 요미모노 (→읽거리)

지식인들이 기껏 말을 만들어냈다는 것이 이 지경이니 참 어이가 없다.

18. '중국인' '일본인'보다 '중국사람' '일본사람'으로

하늘, 땅, 사람, 나무, 풀…… 우리가 아기였을 때 어머니 아버지한테서 배운 이런 말들이 가장 깨끗하고 아름다운 우리 겨레의 말이다. 그래서 편지글이고 소설이고 논문까지도 이런 우리 말로 써야 한다. 하도 오랫동안 우리 말을 천대해왔기에 잊혀지고 없어졌다면 어쩔 수 없지만, 될 수 있는 대로 중국글자말과 남의 나라 말은 쓰지 말아야 한다. '창공'보다는 '파란 하늘'이 좋고, '대지'라고 쓸 것 아니라 '땅' '넓은 땅'이라 하는 것이 좋듯이 '인간'이란 말도 '사람'으로 쓰는 것이 좋다.

- 한 팔레스타인인이 이스라엘 군인들에 의해 사살된 친지의 묘 앞에서 오열하고 있다. 『주간조선』, 1991. 6. 23.

이 글에 나온 "팔레스타인인이"는 "인" 자가 잇달아 있어서 읽기로나 듣기로나 거북하다. '팔레스타인 사람이' 하면 아주 자연스럽고 쉬운 말이 된다. "스페인인이" 했을 경우도 마찬가지다. 앞의 글 전체를 나 같으면 이렇게 쓰겠다.

한 팔레스타인 사람이 이스라엘 군인들에게 사살된 친구의 무덤 앞에서 흐느껴 울고 있다.

그러나 나라 이름이나 땅 이름 끝이 인 자가 아니더라도 '사람'이라고 쓰는 것이 좋다.

- 중국인 (→중국사람)
- 일본인 (→일본사람)
- 미국인 (→미국사람)
- 인도인 (→인도사람)

실제로 말을 할 때는 대개 "중국사람" "일본사람" 이렇게 말하는데 글에서는 '××사람'이라고 쓰는 경우보다 ××인을 더 많이 쓰고 있다. 여기서도 글이 말을 따르고, 말을 살려서 쓰는 글쓰기의 원칙을 지켜야겠다는 생각이 든다.

어느 나라 사람임을 가리키는 말이 아니고 어느 지역 사람임을 가리키는 말도 마찬가지다.

- 영남인 (→영남사람)
- 호남인 (→호남사람)
- 부산인 (→부산사람)
- 인천인 (→인천사람)
- 서울인 (→서울사람)

그밖에 어떤 특수한 지역의 사람을 가리키는 말도 마찬가지다.

- 도시인 (→도시사람)
- 농촌인 (→농촌사람)
- 항도인 (→항도사람)
- 도서인 (→섬사람)

그런데 어떤 직업을 가리키는 말에는 많은 경우 '사람'을 붙여 쓸 수가 없다.

정치인, 종교인, 체육인, 문인, 언론인, 의료인, 연예인, 상공인, 음악인, 미술인, 편집인, 발행인, 방송인

이럴 때는 어쩔 수 없이 그대로 써야 하겠지. 현대의 산업과 문화가 백성 스스로 창조하고 운영하는 것이 아니라 백성을 다스리거나 부리는 사람과 '문화'라는 특별한 일을 하는 사람들이 맡는 것으로 되고 보니, 이렇게 어떤 직업을 가리키는 중국글자말 다음에는 '사람'이란 말을 붙일

수 없게 된 것이다.

그래도 우리는 할 수만 있다면 'XX인'을 쓰지 말고 'XX사람'을 쓰려는 노력을 이런 말들에서도 하는 것이 바람직하다. 다음과 같이.

- 문인·문필인 (→글 쓰는 사람, 글 쓰는 이)
- 편집인 (→엮은이)
- 발행인 (→펴낸이)

19. '레미콘'과 '옥탑'과 '하치장'

서울 둘레에 또 새 도시를 만든다고 하더니 그곳에서 짓고 있는 아파트가 날림공사로 밝혀져 야단법석이 났다. 최근 여러 신문에 났던 이 문제를 다룬 기사에서 생각해봐야 할 말 몇 가지를 지적해본다. 우선 新都市, 신도시란 말이다.

- 신도시 不實 막을 수 있었다. 『중앙일보』, 6. 28.
- 新都市, 이것이 문제다. 『중앙일보』, 6. 28.
- 新都市 不實 불렀다. 『동아일보』, 6. 28.
- 新都市 施工社·입주자 큰 혼란. 『한국일보』, 6. 30.

이렇게 신도시, 新都市, 新도시라고 쓰지 말고 '새 도시'라고 하면 안 될까? 『한겨레』에서만은 '새 도시'라고 썼다.

다음은 레미콘이란 말이다.

- 배에서 레미콘공장 직행 『한겨레』, 6. 28.
- 무허가 레미콘사 단속 '묵살' 『중앙일보』, 6. 28.

이 레미콘을 '시멘트반죽'이라고 하면 참 좋겠다는 생각이 든다. 좀 짧게 '시멘반죽'이라도 좋겠지. 또 '공굴 반죽'도 된다. '콘크리트'를 우리는 '공굴'이라고 했으니까.

그런데 더 답답한 말들이 많다.

• 단속에 세척 시늉만······ 감독관 없어 『한겨레』, 6. 28.

'씻는다'는 말을 버리고 어째서 세척이라고 할까? "세척 시늉만"은 '씻는 시늉만'이다.

• 盆唐아파트 옥탑 무너져 『조선일보』, 6. 30.

이 옥탑이 무엇일까? 어느 사전에도 나오지 않는다. 그런데 위 제목으로 쓴 기사에 다음과 같은 대문이 나온다.

• 사고 당시 옥탑공사 현장에는 인부 4명이 40미터 아래 지층에서 압송용 펌프로 뿜어 올린 콘크리트 타설 작업을 하고 있었으나 무너진 옥탑이 16층 옥상에 주저앉는 바람에 인명피해는 없었다.

이 글을 읽고서 비로소 짐작할 수 있었다. 옥탑은 바로 '지붕'이고, "옥상"은 '지붕바닥'이란 것을. 우리 말을 안 쓰고 왜 이렇게 괴상한 중국글자말을 쓸까?

또 위의 글에 나오는 타설은 무엇일까? 사전에도 없다. 아마 시멘반죽을 벽이나 지붕이 될 자리에 채워 넣는 일을 가리키는 말인 듯한데, 그렇다면 '채우기'든지 '붙이기'라고 하면 될 것이다.

인부도 일본식 말이다. '일꾼'이라 해야 된다.

- 仁川 하치장 新都市 현장점검 『동아일보』, 6. 27.
- 이에 대해 27일 오후 남항부두 모래하치장에서 만난 40대 중반의 한 인부는…… 『한겨레』, 6. 28.

이 하치장(荷置場)도 일본말이다. 『쉬운말 사전』에는 '짐 부리는 곳' '짐 두는 곳'이라 적어 놓았는데, "모래하치장" 하지 말고 '모래부리는 곳' '모래 쌓아둔 곳'이면 그만이다. 위의 글에도 인부라는 말이 나왔다.

- 바다모래 철근 부식 2~3배 『한겨레』, 6. 28.
- 콘크리트 부식 실험 『한겨레』, 6. 28.

이 부식이란 말을 사전에서 찾아보면 여섯 가지가 된다. 이것 역시 우리 말로 쓰는 것이 옳다. '삭다' '삭기'로 말이다. 『현대조선말사전』에는 다듬은 말로 "썩삭기" "삭기" "녹슬기"로 적어놓았다.

20. '노견'(路肩)은 '길어깨'인가

가끔 신문에는 알 수 없는 말이 나와 읽는 이들의 기를 죽이지만, 그중에는 일본말이고 유행하는 저속한 말이고 있는 대로 모조리 올려놓기 잘하는 사전에조차 없는 말이 나와 어리둥절하게 하는 수가 있다.

- 路肩 무질서…… 견인차 등 통행도 못 해 『동아일보』, 1990. 9. 25.
- 추석 등 특별 수송기간에 교통체증을 가중시키는 요인 가운데는 노견 운행과 마구잡이식 끼어들기 운행 등이 지적되고 있다. 사진은 지난해 추석에 호남고속도로 하행선에서 노견으로 달리던 차가 끼어들어 혼잡을 불러일으키고 있는 장면 『동아일보』, 1990. 9. 25.

여기 나오는 노견(路肩)이란 말이 무슨 말일까? 사전을 찾아보니『민중국어사전』에도『새우리말 큰사전』에도 없다.『쉬운말 사전』을 찾으니 노견이 나와 있는데 "길어깨"라 해놓았다. 길어깨? 여전히 알 수 없다. 노견이란 중국글자 뜻을 그대로 옮겨 쓴 것이 "길어깨"다.

그래, 이것은 틀림없이 일본말이겠다 싶어 일본말사전을 찾아보니 나왔다. "로카다"(路肩)란 말을『新潮國語辭典』은 다음과 같이 설명해놓았다.

• 언덕길이나 흙을 모아놓은 길가 부분

이 정도면 길의 어느 자리를 말하는가 대강 알겠는데,『우리 말 사전』에 노견이 없다면『쉬운말 사전』에 나온 대로 '길어깨'란 말로 나오기는 했는가 싶어 찾아보았더니『민중국어사전』에만 다음과 같이 나와 있다.

길어깨 도로의 유효 폭의 양쪽 바깥쪽의 노면

그런데 그저께 버스를 타고 대관령을 넘다가 길가에 두 곳이나 다음과 같은 표지판을 세워둔 것이 눈에 띄었다.

• 노견―주행금지

예전에 어느 교수님이 "길가에 '노견 주차금지'란 표지판이 있어서 여기는 사나운 개가 있으니 차를 세우지 말라는 뜻인 줄 알았어요" 하던 말이 생각나 웃음이 나왔다.

차를 많이 운전하는 사람이야 노견이 무슨 말인지 알겠지. 그러나 이 경우 운전기사들에게는 노견이 아니라 '견노'라 해도 될 것이다. 하지만 이것이 어찌 우리 말이겠는가? "길어깨"라 해도 마찬가지다.
 차가 지나가지 않는 길가의 땅을 가리키는 말이 필요하다면 북쪽에서는 어떻게 쓰고 있는가 싶어 『현대조선말사전』을 찾아보았더니 "로견"이 나왔다.

- 로견 (다듬은 말로) 길섶

아주 간단히 이렇게 적어놓았다. 참 그렇지. "길섶"이라면 될 것을 노견이니 "길어깨"니 해놓고 공연히 까다롭게 풀이해놓았구나 하는 생각이 들었다. 앞에서 말한 길가의 표지판도 노견, '주행금지'라 쓰지 말고,

- 길섶―못 감

이렇게 적어놓으면 얼마나 보기 좋고 알기 쉬운가?
 북쪽에서 쓰는 말을 따라서 쓰자는 것이 아니다. 우리 말을 찾아서 쓰는 슬기를 가져야 한다는 것이다. 더구나 수많은 사람들이 읽어야 하는 길가의 표지판이나 광고판의 말은 우리 말로 다듬어 쓸 필요가 있다. "노면"이란 말은 '길바닥'이면 되고, "노폭"은 '길 너비'가 좋다. "노상적치물"은 '길에 쌓아둔 물건'이라면 된다. "도로"란 말도 '길'이면 그만이다.

21. '연패'는 내리 졌다는 말인가, 이겼다는 말인가

신문 체육면 기사제목에 자주 나오는 말 가운데 하나가 연패다.

- 포르투갈 2連覇 『중앙일보』, 1991. 7. 1.

이렇게 쓰면 말할 것도 없이 두 번 잇달아 이겼다, 두 번 내리 우승했

다는 말이다. 그런데 連覇란 글자가 문제다. 언제까지나 이런 중국글자를 쓰고 있을 작정인가? 그렇다고 해서 우리 글자로 연패라 쓰면 잇달아 진다는 뜻의 '連敗'와 구별할 수 없게 된다.

1) 치과대 올 3관왕 대회 <u>4연패</u> 1990. 11. 24.
2) 여자 핸드볼 <u>2연패</u> '충격' 1990. 11. 27.
3) 탁구선수권 한국화, 대한항공에 완승…… 단체 <u>2연패</u> 1990. 12. 23.
4) 서울 압도적 우세……<u>6연패</u> 확실 1991. 2. 22.
5) 이로써 문성길은 89년 6월 WBC플라이급 챔피언 김용강의 타이 원정 패배 뒤 계속된 한국 프로권투의 해외원정 <u>9연패</u>에 마침표를 찍었다. 문성길은 이날 승리로…… 1991. 3. 19.
6) 중앙 '무적의 <u>5연패</u>' 1991. 4. 21.
7) 쌍둥이 <u>연패</u> 늪 탈출 1991. 5. 10.
8) 쌍둥이 <u>5연패</u> 수렁 1991. 5. 30.

우리 글자로만 쓰는 한 신문(주로 제목)에 나온 '연패'를 눈에 띄는 대로 적어봤는데, 1) 3) 4) 6)은 잇달아 이겼다는 뜻으로 썼고, 2) 5) 7) 8)은 내리 졌다는 뜻으로 썼다. 이래가지고는 말이 혼란을 일으킨다. 가령 앞뒤에 있는 말로 미루어보아 그 자리에 써놓은 연패가 이겼다는 말인지 졌다는 말인지 짐작할 수 있다 하더라도 이렇게 써서는 안 된다. 그때마다 그 뜻을 풀이해놓은 듯한 글을 쓸 수 없기 때문이다. 사실 앞에 든 보기에도 어느 쪽으로 썼는지 판단할 수 없는 것이 있다. 더구나 이 연패는 전혀 반대의 뜻을 나타내는 두 말을 이렇게 같은 글자로 같은 체육 기사에 쓰는 것이라, 우리 말의 질서로 보아 도무지 용납할 수가 없다.

• 경복 4년 만에 정상 복귀
  전희철 골밑장악…… 선일여고도 <u>2연패</u> 『한겨레』, 1991. 7. 17.

- 이달 초 삼성과의 3연전을 포함해 <u>4연패</u>에 빠진 태평양은…… 『한겨레』, 1991. 7. 17.

같은 신문 같은 날짜 같은 면에 전혀 반대가 되는 연패를 써놓았다. 이래서 되겠는가?

- 태평양, 三토잡고 3연패 탈출 『한국일보』, 1991. 5. 25.
- 펜싱女子일반플러레 경남모직 3連覇 『한국일보』, 1991. 5. 25.

여기서도 같은 날짜 같은 면에 이와 같이 연패와 連覇를 함께 써놓고는 한글로 쓴 것은 졌다는 뜻을 나타내려고 했으니 이것도 제멋대로다.
어떻게 해야 하나? "覇"자는 '制覇' '覇王' '覇者'로 쓴다. 그러나 '敗'자는 '실패' '연패' '패자' '패배' '패망' '패하다' 따위로 널리 쓰고, 더구나 '승패'로 쓰고 있으니 '패'는 졌다는 뜻으로만 쓰는 것이 옳다. 이겼다고 할 때는 '패'를 쓰지 말고 '승' '우승' '연승'으로 쓰면 된다. 그리고 이것이 모두 중국글자 때문에 일어나는 우리 말의 혼란이니, 첫째로 중국글자를 안 써야 하고, 둘째로 중국글자말을 쓰더라도 다른 말과 어울릴 수 있는 쉬운 말만 쓰면 될 것이다.

22. '및'은 '와'(과)로 쓰는 것이 좋다

신문기사나 논문 같은 글에서, 앞뒤의 이름씨(명사)를 이어주는 어찌씨(부사)로 많이 쓰는 및은 될 수 있는 대로 쓰지 말고 토씨 '와'나 '과'를 쓰는 것이 좋다. 그 까닭은 및이란 말은 중국글을 새겨 읽을 때나 쓰지 실제 입으로는 결코 쓰지 않는 말이고, 및 대신 '와' '과'를 쓰면 그만큼 글이 부드럽게 되고 우리 말로 살아나기 때문이다.

- 한편 전남도경은 김 군 장례 및 도청 앞 노제를 허용키로 했다.『한겨레』, 1991. 6. 9.
- 民自黨은 특히 여권후보 단일화 과정에서 유권자 및 야권의 견제 심리만을 촉발했다고 판단……『한국일보』, 1991. 6. 12.

이런 글에 나오는 및을 '와'로 바꿔놓고 읽어보라. 글맛이 얼마나 달라지는가 알 것이다. 글자 단 한 자를 바꿨는데 그렇다. 토씨란 그만큼 중요하다.

- 호랑이. 우리 나라 전역과 중국 동부지방의 소흥안령 일대 및 소련연해주의 흑룡산 계곡 등 극히 한정된 지역에 분포한 고산지의 원시림과 바위굴에 산다.『새건강』, 1991. 5. 25.

이 글에 나오는 및도 '와'로 고쳐 쓰는 것이 좋다. 그 앞에 '-과'가 있어서 '와'를 피하고 싶은 생각이 들는지 모르지만, '와'(과)란 토는 얼마든지 거듭 쓸 수 있다. "하늘과 별과 바람과 시"와 같이. 그런데 어떤 사물의 이름을 늘어놓고 이어갈 때, 그 사물들이 똑같은 성격이나 값을 가진 것이 아니어서 구별할 필요가 있다면 어떻게 할까? 가령 ㄱ) ㄴ) ㄷ) 셋을 벌여놓을 때 ㄴ)과 ㄷ)은 아주 비슷하거나 서로 더 가까운 성질을 가졌지만 ㄱ)은 이들과 조금 거리가 있다고 할 때, 똑같은 '와'(과)를 쓰지 않고 다른 말로 잇는 것이 좋지 않겠나 하는 것이다. 그럴 것이다. 그러나 그럴 때도 나는 및이란 말은 쓰지 말고 다른 말―곧 우리가 입으로 흔히 쓰는 어찌씨를 써야 한다고 본다. 가령 위에 든 보기글이라면 다음과 같이 쓰는 것이 좋겠다.

우리 나라 전역, 그리고 중국 동북지방의 소흥안령 일대와 소련연해주의 흑룡산 골짜기들……

이렇게 쓰면 자연스런 입말이 되는 것이다.

- 김 총재는 "당시 정 회장이 투숙한 객실 예약은 정부의 어떤 기관이 했다"고 밝히고 "정 회장은 호텔에서 청와대·안기부·검찰 및 회사간부들과 계속 전화연락을 하며 수사방향과 내용에 대해 짜맞추기를 했다"고 말했다. 『한겨레』, 1991. 3. 10.

여기 나온 및은 입으로 한 말로 되어 있지만 실제 말은 이렇게 하지 않았을 것이다. "정 회장은 호텔에서 청와대·안기부·검찰, 그리고 회사간부들과……" 아마도 이렇게 말했을 것으로 믿는다.

- 신도시 건설 붐을 타고 레미콘 생산업체 수가 최근 3년 동안 3배 가까이 늘 만큼 영세업체들의 참여가 많아져 이들에 의한 불량 레미콘의 생산 및 유통과 이로 인한 부실공사가 우려되고 있다. 『동아일보』, 1991. 6. 26.

이 글에서는 다른 부분을 그대로 두고 및이란 말만 고친다면 다음과 같이 두 가지를 쓸 수 있을 것이다.

1) 레미콘의 생산 유통과 이로 인한
2) 레미콘의 생산과 유통, 이로 인한

23. '내지'(乃至)를 쓰지 말자

과일 가게에 사과가 있다. 그 사과의 값은 300원짜리도 있고 400원짜리도 있고, 500원짜리, 600원짜리, 700원, 800원짜리까지 있다.
손님이 들어와서 주인에게 묻는다.

"사과 한 개 얼마요?"

그러면 주인은

"300원짜리부터 800원짜리까지 있습니다"

라고 대답한다. 그 어떤 유식한 장사꾼도 "300원 내지 800원 합니다" 고 대답하지는 않을 것이다. 그런데 글을 쓰는 사람들은 이 내지를 쓰는 고약한 버릇이 있다.

- 사실 엑스포에 참여하는 재벌기업들은 정부의 지명에 의해 울며 겨자 먹기 식으로 참가하는데 150억 내지 250억 원의 자금이 투입되는 데 대해 적지 않은 불만이다. 『동아일보』, 1991. 7. 23.
- 물론 당국의 그와 같은 수사가 과학적인 수사 능력의 부족이나 범죄추적의 집념부재 탓인지, 혹은 항간에 떠도는 권력집단의 관련설 내지는 수사과정에 대한 외부압력 탓인지 우리로서는 『한겨레』, 1991. 7. 13.
- 민주노조운동이 일보 후퇴 내지는 정체된 것처럼 보이지만 『전국노동과신문』, 1991. 1. 24.

이 보기글 셋 가운데서 첫 번째 글에 나온 내지는 '-에서'란 토를 써야 하고, 두 번째 글에서는 '-이나'든지 '또는'을 쓸 것이고, 세 번째는 바로 그 앞에 있는 이름씨를 움직씨로 끝바꿈해서 '후퇴하거나' 또는 '(한 걸음) 물러서거나'로 쓰면 된다.

- 노동부 출입기자단 채 아무개 간사의 촌지수수 사건을 계기로 언론계 자정운동이 단순한 도덕운동 내지 의식개혁운동 차원에서 벗어나 강제력과 구속력이 있는 제도·장치를 마련하는 쪽으로 강화되어야 한다는 여론이 언론계 내부에서 높아지고 있다. 『한겨레』, 1991. 6. 7.

- 제목도 통단 내지 6센티미터 크기의 고딕백발로 뽑아내……『한겨레』, 1991. 6. 7.

여기 나오는 내지도 '-이나'가 아니면 '또는'으로 고쳐 써야 한다. 이런 글들에는 공연히 어려운 중국글자말이나 어색한 중국글자말을 쓰고, 일본식 중국글자말까지 써놓았다. 이와 같이 내지란 말은 밎과 함께 중국글자말과 그밖에 들어온 말을 불러 모아 요란한 중국글자말 문체를 만드는 뼈대 노릇을 하고 있다.

다음 경우는 어떻게 해야 할까?

- 사과 한 개 값이 300원 내지 800원에서, 500원 내지 1,000원으로 올랐다.

이럴 때 내지를 '-에서'로 고치면 그 내지로 이어놓았던 앞뒤의 숫자와 맞서 있는 또 다른 한 쌍의 숫자 사이에 본래부터 있는 '-에서'와 뒤섞여서 혼란이 일어난다. 이럴 때는 내지를 '-에서'로 고치고, 본래부터 있던 '-에서'는 '하던 것이'라고 쓰면 아주 시원스런 말이 된다.

- 사과 한 개 값이 300원에서 800원 하던 것이 500원에서 1,000원으로 올랐다.

- 낮 기온 26~30도, 바다물결은 4~10미터 높게 일겠다. 『중앙일보』, 1991. 7. 29.

이런 날씨 예보를 방송으로 알릴 때도 내지란 말은 쓰지 말고 "26도에서 30도" "4미터에서 10미터" 이렇게 말해야 한다.

24. '종용'은 우리 말이 될 수 없다

사람이 살고 있는 사회를 보면 도무지 그 자리에 있을 만한 자격이 없는 사람인데도 그런 자리에 앉아 거드름을 피우며 행세하는 사람이 있다. 말도 사람과 같아서 한 푼어치도 우리 말로서는 자격을 갖추지 못한 말이 별나게 엉뚱한 대접을 받아 순수한 우리 말을 마구 짓밟고 행세하는 수가 예사로 있는데, 그 가운데 하나가 종용이다.

- 검찰은 이에 따라 가족들을 통해 귀국을 종용하는 한편 법무부 金浦출입국 관리사무소에도 이들이 입국하는 대로 신병을 확보해 줄 것을 요청했다. 『한국일보』, 1991. 7. 26.
- 쿠르드족은 부시 美대통령이 후세인 타도에 나서라고 종용해놓고 발뺌한다고 비난하지만 미국 측은 그런 일 없다고 주장한다. 『동아일보』, 1991. 4. 13.
- 서울시경은 15일 마포구 성산2동 구의원 아들인 강도·강간 피의자를 입건조차 하지 않고 피해자에게 합의를 종용해 말썽을 빚은 마포경찰서 성산파출소장을 직위해제했다. 『한겨레』, 1991. 4. 16.
- 한편 도교육위원회에서는 이와 관련 吳 씨에 대해 사표를 종용하고 있는 것으로 알려지고 있다. 『국민일보』, 1991. 7. 3.

신문에서 정치면과 사회면에 자주 나오는 이 종용이란 말이 '권한다' '권유한다'란 뜻을 가진 말이란 것쯤은 웬만큼 신문을 읽는 사람이면 다 알고 있을 것이다. 그런데 어째서 우리 말이 될 수 없는가?

이 종용이란 말이 우리 말이 될 수 없고, 되어서도 안 되는 까닭이 두 가지다. 그 하나는, 사람들이 입으로 말하는 '권하다'란 말이 있고, 그래서 종용하다란 말은 아무도 입으로는 쓰지 않는다. "돌아오라고 권했다" 고 말하지, "돌아오라고 종용했다"고 말할 사람은 없다. 입으로 하는 말은 버려두고, 입으로 하지 않는 말을 글에다 쓸 까닭이 도무지 없는 것이다.

다음 또 한 가지 까닭은, 이 종용한다란 말이 '조용하다'(시끄럽지 않고)란 말과 귀로 들었을 때 거의 구별할 수 없기 때문이다. 말이 말로서 자격을 갖추려면 무엇보다도 먼저 귀로 들어서 잘 알아들을 수 있어야 한다. 글자를 눈으로 보고 그 뜻을 알 수 있다고 해서 말이 되는 것이 아니다.

그런데 어째서 모두 종용이란 말을 쓸까? 참으로 이상하다는 생각이 든다. 종용은 중국글자로는 거의 쓰지 않는 글자로 慫慂이다. 그래서 중국글자를 섞어서 쓰는 신문들조차 이 말만은 우리 글자로 쓴다.

- 支廳長도 '중단' 종용
  슈狀 철회 사건 移送 『동아일보』, 1990. 11. 2.
- 사기 피의자 合意 종용
  뇌물 받은 경관 둘 拘束 『중앙일보』, 1991. 3. 27.

이 글이 발표된 다음에도 여전히 신문 잡지는 종용을 쓸 것이다. 말이 될 수 없는 말을 즐겨 쓰는 우리 모두의 정신 상태를 스스로 진단해볼 필요가 있다.

25. 귀에 거슬리는 말 '접한다'

책을 많이 읽었거나 교육을 좀 낫게 받았다는 사람들이 예사로 쓰는 말 가운데 몹시 귀에 거슬리는 말을 들어보라고 한다면 첫째로 들고 싶은 것이 접(接)한다란 말이다. 무엇을 '보았다' '들었다' '만났다' '읽었다' 고 해야 할 것을 모조리 접했다고 하니 말이다.

- 곰의 쓸개즙을 빼먹기 위하여 잔인한 방법으로 곰을 사육하는 광경을 TV를 통하여 접하고 충격을 받았다. 『조선일보』, 1991. 7. 16.
- 이런 희귀한 사진을 접한 孫씨는 목이 메어 그 사연을 이렇게 털어 놓았다. 『동아일보』, 1991. 4. 19.
- 내가 만난 북한 여성은 극히 제한적이었을 뿐만 아니라 여성들의 실제 삶의 현장을 접할 기회가 주어지지 않았다. 『한겨레』, 1991. 5. 10.

이런 신문기사에 나온 접하고, 접한, 접할은 모두 '보고' '본' '볼'로 써야 깨끗한 우리 말이 된다.

이와 같이 '본다'를 접한다로 쓰는 경우가 가장 많지만, 이밖에 온갖 움직씨(동사)가 접한다에 잡아먹히고 있다.

- 아침 일찍 텔레비전을 통해 아파트 옥상에서 여자가, 또 집을 보던 초등학생이 남자들로부터 집단폭행을 당하고 돈을 털렸다는 뉴스를 접하고 우울한 기분으로 직장에 갔다. 『한겨레』, 1991. 6. 2.
- 朴 씨는 그러나 22일 아침 이라크의 무조건 철수 보도를 접하고…… 『조선일보』, 1991. 2. 23.

이런 데 나온 접하고는 '듣고'라고 써야 우리 말이 된다.

- 朴 교장이 '그분'을 접한 것은 지난해 3월 중순…… 『중앙일보』, 1991. 2. 25.

이 경우에는 '만난'이라고 써야 할 것이다.

- 그의 웃음은 현실정치의 차가움을 처음 접한 재야의 보편적 고민을 엿볼 수 있게 했다. 『중앙일보』, 1991. 4. 10.

여기서는 '부닥친'(현실정치의 차가움에 처음 부닥친)이 알맞을 것이다.

- '경제성장은 성공위주의 이데올로기를 창출하였고, 극심한 경쟁 속에서 살아남고, 계층의 상승 이동을 위해서는 교육의 중요성이 상대적으로 부각되었다'는 서론에 접한 일이 있다. 『한국교육신문』, 1991. 3. 18.

여기 나온 접한은 '읽은'(시론을 읽은)으로 되어야 할 것이다.

- 백주에 아스팔트 위에서 백골단들의 '쇠파이프'에 쓰러져간 강경대 군의 죽음에 접하면서 우리는…… 어느 성명서

이 글에서는 '마주하면서'(죽음을 마주하면서)라고 써야 된다.

- 어린이에 대한 환경교육이 활성화되고 있으나 교육에 접할 기회를 더욱 넓혀야 한다는 지적이다. 『동아일보』, 1991. 4. 18.

이 경우는 '받을'(교육을 받을)로 써야 한다.

이밖에도 얼마든지 보기를 들 수 있다. 이 접한다란 말은 남쪽의 사전에도 북쪽의 사전에도 버젓한 우리 말로 올려 있고, 글을 쓰는 이들이 우리 말은 버리고 오랫동안 자랑스럽게 이 말을 써오다보니 이제는 젊은이들의 입에서 예사로 나오는 말로 되어버렸다. 그러나 말에 대한 생각을 조금이라도 올바르게 하는 사람이라면 이 말을 쉽게 고칠 수 있을 것이다.

26. '가시화'(可視化)를 쓰지 말자

어떤 사람이 남들이 안 쓰는 신기한 중국글자말을 써서 그 유식함을 자랑해 보이면, 글을 쓰는 사람들은 다투어 그 말을 쓰고 싶어한다. 마치

그런 말을 안 쓰면 유식한 사람들 축에 끼어들 수 없다는 듯이, 신문기사 제목에 잘 나오는 가시화(可視化)도 유식병 환자들이 퍼뜨린 말이다.

- 自淨 노력 可視化 『기자협회보』, 1991. 6. 19.
- 사회민주주의로 변신 可視化 『중앙일보』, 1991. 7. 25.
- 蘇지도부 '제2의 改革운동' 可視化 『세계일보』, 1991. 7. 25.

"가시"(可視)란 말을 사전에도 나와서 '볼 수 있음'이라고 풀이해놓았다. 볼 수 있다는 말이면 그대로 볼 수 있다고 우리 말로 쓸 일이지 왜 "가시"(可視)라고 해야 하나 하는 의문을 당연히 가져야 하겠는데, 그런 의문을 가지는 사람이 별로 없는 듯하다. 그리고 "가시"(可視)에다가 또 화(化)를 붙여서 가시화로 쓰고 있으니 이래서 되겠는가?

앞에서 들어놓은 신문제목들에 나온 可視化는 모두 '드러나'로 써야 하고, '드러나'란 우리 말이 可視化란 중국글자말보다 훨씬 더 알맞는 말이 된다.

그런데 더욱 딱한 것은, 중국글자에 중독이 된 사람들에게 팔기 위해 만드는 신문들이 可視化를 쓰는 것을 보고, 우리 글자로만 쓰는 신문들이 우리 말로 쓸 줄 모르고 중국글자를 읽는 그대로 따라서 가시화로 쓰는 일이다.

- 수교합의 뒤 교류·협력 가시화 『한겨레』, 1991. 6. 22.
- 장애자 복지향상 가시화되길
  몰이해, 편견 이해와 사랑으로 『새누리』, 1991. 7. 27.

여기서는 –화에다가 또 '되길'이 붙은 말까지 나왔다.

우리 글자를 쓰는 신문에서 우리 말을 쓰지 않으니까 "한글만 쓰는 신문은 읽기 힘들다" "한문글자를 안 쓰면 안 된다" "아이들에게 한문을 가르쳐야 한다"는 따위 주장이 나오고, 그런 주장에 적지 않은 사람들이 찬성하게 되는 것이다.

어떤 중국글자말에 -화를 붙여서 어설픈 말을 만들어 쓰는 경우는 가시화뿐만 아니다.

- 지구<u>온난화</u> 심각하다. 『한겨레』, 1990. 9. 14.

이 온난화는 '더워짐'이라고 쓰면 된다. 이 제목 전체를 '지구 더워져 걱정이다'라고 써도 좋겠지.

- 수돗물 관리체계 <u>일원화</u> 시급 『한겨레』, 1990. 7. 20.

여기 나온 일원화는 '하나 만들기'라 쓰면 될 것이다.

- 미국 흑인사회의 어두운 면을 춤으로 <u>형상화</u>한 미국 데이톤 현대무용단의 공연 『한겨레』, 1990. 7. 25.

문학이나 예술을 얘기할 때 흔히 쓰는 형상화란 말조차 쓰지 않아도 될 자리에 자꾸 쓴다. 여기서는 '나타낸'이라든지 '보여준'이라고 쓰면 된다.

- 광고주인 상점 측은 높이 6미터의 이 대형 산타상에 대해 흑인을 <u>희화화했다</u>는 비난이 일자…… 『동아일보』, 1990. 12. 27.

"희화화했다는" 이런 말을 우리 말이라고 읽어야 하는가 싶으니 입맛이 떨어진다. '장난으로 그렸다는'이라 쓰면 될 말이다.

27. '그때 이래'는 '그때부터'라고 써야

나는 지금까지 '漢字'를 우리 글자로 쓸 때 '한문글자'라고 썼다. '한자'라고 쓰면 '글자 한 자'란 뜻으로 잘못 읽힐 수도 있기 때문이다. 그런데 지금 생각해보니 '한문글자'보다 '중국글자'가 더 알맞는 말이다. 그래서 이제부터는 '중국글자'라고 쓰려고 한다. '한자어'는 '중국글자말'이 되어야 하겠지.

중국글자말에 이래(以來)란 말이 있다. "유사이래"(有事以來)라든가 "자고이래"(自古以來)라고 할 때 쓰던 말이다. 옛날에 선비양반들이 유식함을 내보이기 위해 쓰던 이 말을 요즘도 글을 쓰는 이들은 즐겨 쓰고 있다.

- 중국대륙이 공산화 이래 처음으로 대만 방문 취재에 나선 중국 신화통신의 판리칭 『한겨레』, 1991. 8. 14.
- 23일 하루 동안 476밀리리터의 비가 내려 釜山지방 기상관측 이래 최고의 강우량을 기록한 釜山溫泉洞 일대 도로가 강으로 변해…… 『중앙일보』, 1991. 8. 24.
- 中國 '전통京劇'살리기 안간힘.
  66년 문화革命 이래 10年間 금지 '쇠퇴길' 『한국일보』, 1991. 8. 25.
- 대단히 무질서하고 문제 많은 집안에 지혜로운 새 식구가 들어와 질서를 잡고 집안 문제를 풀며 결국 모두 행복해진다는 식의 이야기는 70년대 새마을 드라마 이래 우리에게 매우 낯익은 줄거리다. 『한겨레』, 1991. 7. 25.

이와 같이 이래는 중국글자말 다음에 쓰는 수가 많다. 이럴 때 중국글자말은 '-한다' 움직씨(동사)를 만들어 끝바꿈(어미 활용)을 한 다음 이래를 '부터'로 바꾸면 되고, 더러는 바로 토 '부터'를 붙여 써도 된다. 중국글자말이 아닌 들어온 말일 경우에도 '부터'를 쓰면 된다. 위의 보기글들에 나온 이래를 고쳐 쓰면 다음과 같다.

- 공산화 이래 (→공산화하고부터)
- 기상관측 이래 (→기상관측하고부터)
- 문화革命 이래 (→문화혁명부터, 문화혁명 때부터)
- 새마을 드라마 이래 (→새마을 드라마 때부터)('때'란 말을 줄여 놓았다고 봐야 함)

그런데 '-한다'로 끝바꿈하는 중국글자말 다음에 이래를 쓰는 경우도 적지 않다.

- 고르바초프 대통령은 크림반도에 격리된 이래 처음으로 21일 TV 성명을 발표, 자신의 건강 상태가 양호하다고 밝히고……『중앙일보』, 1991. 8. 22.
- 지난 7일 '한국'이 '野圈新黨 창당 움직임 활발'이란 기사를 1면 머리로 보도한 이래 13일에는 '京鄕' '中央' 등이……『기자협회보』, 1991. 8. 21.

이런 경우에는 앞에 온 말의 끝을 '-고'로 바꾸고 '부터'를 쓰면 된다. 격리된 이래(→격리되고부터), 보도한 이래(→보도하고부터)와 같이.
하도 이래를 마구 쓰다보니 순수한 우리 말 다음에도 흔히 쓰고 있다.

- 그때 이래 가정불화에 부친 가출……『동아일보』, 1991. 8. 12.
- 지난해 6월 15일 그가 편집국을 맡은 이래 東亞의 지면이 다른 신문들과 일정한 차별성을 보이면서……『기자협회보』, 1991. 8. 14.

이럴 때는 물론 앞의 보기를 따라 그때 이래(→그때부터), 맡은 이래

(→맡고부터) 이렇게 써야 한다.

28. '처한다'는 '놓인다' '빠진다'로

지난해 봄 어느 신문에 다음과 같은 책 광고문이 여러 번 나왔다.
"위기에 처한 우리의 말과 글을 어떻게 바로잡을 것인가?"
이렇게 광고한 책이 바로 내가 쓴 『우리 글 바로 쓰기』였으니 남들이 얼마나 비웃었을까? 그러나 워낙 신문에 난 기사나 광고가 잘못된 말이 많다 보니 이런 것쯤이야 모두 예사로 보았을 것 같기도 하다. 그때 그쯤 넘어가고, 마음에 찜찜하면서도 진작 바로잡아주지 못한 것이 뉘우쳐졌다.

"위기"란 말도 '위험한 고비'라고 쓰면 좋다. 그런데 처(處)한은 반드시 깨끗한 우리 말로 써야 한다. 우리가 보통 말을 할 때 "위험한 고비에 온"이라든지 "위험한 지경에 빠진"이라고 하지, "위험한 고비에 처한"이라고는 말하지 않기 때문이다.

그런데 어느 『국어사전』에는 "위기"란 말을 풀이해놓고 그 말이 쓰이는 보기를 들어 위기에 처하다고 해놓았다. 사전이 이 모양이니 우리 말이 병들고 죽어가지 않을 수 없다. 이 처하다가 어떻게 쓰이고 있는가 살펴보자.

> • 『포스트』의 기사는 특히 베이커의 몽고 방문에 대해 국무부 관리들이 비용상의 문제를 들며 불만을 제기했으며 아르갈티 양이 멸종 위기에 처해 있다는 쪽지까지 전달한 바가 있다고 폭로했다. 터트 와일러 대변인은 베이커가 조금이라도 위기에 처한 동물은 사냥하지 않도록 하기 위하여……『한겨레』, 1990. 7. 31.

이렇게 "위기에" 하는 말이 나오면 그다음에는 으레 처하다를 쓴다. 이

것이 중국글자말에 길들여지고 중국글자말 문장틀에 갇혀 있는 사람들의 굳어진 글 버릇이다. "위기에"란 말을 쓰더라도 '빠져' '빠진'('놓여' '놓인')이라고 쓰면 될 것 아닌가.

- 난관에 <u>처한</u> '페레스트로이카'『조선일보』, 1990. 12. 19.
- 시련에 <u>처할</u> 때마다 신앙의 힘으로 극복할 수 있다고 그는 고백한다.『국민일보』, 1990. 9. 11.

'위기에'와 비슷한 "난관에" "시련에"가 오면 '빠진' '빠질'이나 '부닥친' '부닥칠'이라고 쓰면 된다.

- 農政은 과연 오늘의 우리 농촌이 <u>처한</u> 어려움을 풀기 위해 적절히 대응하고 있는가.『한국일보』, 1990. 7. 26.
- 내가 <u>처한</u> 현실을 생각할 때『생활성서』, 1990. 9.

이런 경우에는 모두 '부닥친'이라고 쓰면 될 것이다.

- 한 간이음식점 주인이 설거지용 대야에 소변을 본 죄로 700싱가포르달러(385달러)의 벌금형에 <u>처해졌다고</u> 27일자『스트레이츠 타임스』지가 1면에서 대서특필.『한국일보』, 1990. 7. 31.

여기 나오는 처해졌다고는 '받았다고'(벌금형을 받았다고)로 써야 한다. 이렇게 처하다도 우리 말로는 그때그때 알맞은 말로 달리 써야 한다.

29. '그러나'를 쓰는 자리

우리 말에서 앞뒤의 말을 이어주는 노릇을 하는 그러나, 그래서란 어찌씨(부사)는, 한 말이 끝난 다음 새로 시작하는 말의 첫머리에 쓴다. 다음 보기는 『구비문학대계』(강원도 영월군편, 319쪽)에서 옮긴 것이다.

그전에 한 사람이 살았는데, 예전에는 한학만 배웁니다요. 한학을 만날 배우고, 여러 아래 웃집에서 여러 친구가 있는데, 한 친구는 지리일을 배워가지고 돈을 잘 벌어들입니다. <u>그러나</u>, 이 한학이라는 걸 배우면 옛말이 한학을 배우면 가우(거의) 숙맥이라. 꼭 한 가지밖에 모르니까요. <u>그러나</u>, 글만 배우다보니 가난하거든. <u>그래서</u>, 그 여자가 매일 바느질품을 팔아서 산다. 그러니 곤란한데……

이것은 말을 옮겨놓은 것이지만 글도 마찬가지다.

- 기상청이 발표하는 태풍통보가 지역에 따라 실제와 많은 차이를 보여 정확한 예보로 신뢰성을 높여야 할 것으로 지적되고 있다. 제12호 태풍 '글래디스'의 경우 기상청은 濟州근해 통과시간을 당초 24일 오전 5시께로 발표했다가 태풍이동 속도가 빨라지면서 23일 저녁께로 수정 발표하는가 하면 예상 강우량도 최고 300밀리미터까지 집중호우가 예상된다고 예보했다.
  <u>그러나</u> 실제적으로는……『제민일보』, 1991. 8. 24.

이와 같이 언제나 글월 첫머리에 쓰게 되어 있다. 그런데 신문기사를 보면 그러나가 중간에 끼어 있는 경우가 더 많다.

- 타스통신은 야나예프 부통령의 승계는 소련헌법 127조 7항에 따른 것이라고 말했다. 타스 통신은 <u>그러나</u> 고르바초프의 구체적인 상태에 대해서는 언급하지 않았다……『조선일보』, 1991. 8. 19.
- 정부는 경제정책운용에 대한 盧泰愚 대통령의 질책과 함께 경제현

안에 대한 확고한 대책을 세우라는 지시와 관련…… 종합대책을 논의키로 했다. 정부는 <u>그러나</u> 현 시점에서…… 『동아일보』, 1991. 9. 6.

• 보사부는 6일 서울시내 한 종합병원에서 수술을 받고 퇴원한 10대 소녀 에이즈 감염소동에 대해 "문제의 소녀가 병원에서 1차 혈청검사 결과 에이즈 양성반응을 보였으나 국립보건원의 2차 정밀검사에서 에이즈 음성으로 나타났다"고 밝혔다. 보사부는 <u>그러나</u> "이 소녀의 신원·주소 등은 확인하지 못했다"고 말하고…… 『중앙일보』, 1991. 9. 6.

• 합당원칙에 합의한 新民·民主 양당은…… 최고위원 구성비율과 조직책 배분 문제들을 집중 논의했다. 양측은 <u>그러나</u> 지분문제로…… 『한국일보』, 1991. 9. 8.

이와 같이 그러나가 엉뚱한 자리에 쓰이는 것도, 똑같은 뜻의 일본말 접속사 'しかし'를 따라서 쓰기 때문이다.

• このことはしかし, とりたてていうほどのことではないけれども……「解説」, 『石川啄木歌集』(旺文社)

이 모양으로 일본말 'しかし'는 흔히 주어(임자말) 다음에 쓰고 있는데, 우리 글이 그만 이 일본말을 따라가버린 것이다.

30. 일본말을 직역해놓은 '-에 다름 아니다'

'사람은 자연 속에서 자연의 일부로 살아가는 <u>생명체다</u>' 이렇게 말해야 할 것을 "사람은 자연 속에서 자연의 일부로 살아가는 <u>생명체에 다름 아니다</u>"라고 쓰는 경우를 가끔 볼 수 있다. 참으로 괴상한 말투지만 사람들은 이런 말을 글로 읽어도 예사로 여길 것 같다. 글을 쓰는 사람들이란 대개는 괴상한 말재주를 좋아해서 보통 입으로는 하지 않는 말을 즐겨 쓰는데, 언제나 그런 글만 보게 되니 읽는 사람들도 길이 들어서 글이란 으레 조금은 이상야릇하게 쓰는 것이고, 그렇게 써야 글맛이 난다고 여긴다. 참 서글픈 이야기지만 우리 나라 사람들이 쓰고 읽는 글의 세계가 이렇다.

"뭐, 누가 아주 완전한 글을 썼던가. 어쩌다가 잘못 쓴 걸 가지고 그렇게 모질게 물고 늘어지나" 할 사람이 있을 것 같다. 이따금 눈에 띄는 말을 가지고 이렇게 말하는 것은, 이것이 바로 일본말 "-にほかならない"를 그대로 직역해놓은 부끄러운 말이기 때문이다. '이런 엉뚱한 말이야 모르고 쓰는 것이니까 머지않아 없어지겠지' 하고 사실은 기다린 지 오래다. 그런데 아직도 없어지지 않았으니 이대로 두었다가는 잘못하면 이놈의 말까지 우리 말 행세를 아주 버젓하게 해서 온통 퍼져나갈지도 모른다는 걱정을 아니 할 수 없어 이렇게 지적하는 것이다. 이 말을 글에 쓰는 사람은 대개 글쓰기로 이름이 나 있는 사람들이다. 나도 글을 참 못 쓰지만, 제발 나같이 못 쓰더라도 일본글은 따라 쓰지 말라고 부탁하고 싶다.

「머리말」이 길어지고 보니 들어보여야 할 글을 적을 자리가 얼마 남지 않았다. 신문 잡지에 나온 몇 군데만 들겠다.

- 자연환경의 오염은 인간의 <u>죄악에 다름 아니다</u>. 『동아일보』, 1991. 1. 3.
- 김남일 씨는 "정부는 쌀을 비교역 기능품목으로 정해 우루과이라운드 협상에 임하고 있지만 협상에 자리를 함께하는 것 자체가 농민의 생존권을 이국에 맡기는 일"이라며 "제한수매나 배급수매는 우루과이라운드 충격으로부터 농민들을 담금질하기 위한 <u>것에 다름 아니다</u>"라고 지적했다. 『한겨레』, 1990. 11. 15.
- 국민교육의 뿌리를 이루고 있는 초등에 대한 냉대, 그것은 바로 국가기초교육을 흔들리게 함으로써 국민의 교육권을 침해하는

행위에 다름 아니다. 『전교조신문』, 1990. 9. 1.
- 모스크바의 쿠데타는 고르바초프 혁명으로 가장 많은 것을 잃은 세력이 자신들의 지배체제를 다시 확립하려는 기도에 다름 아니다. 『중앙일보』, 1991. 8. 21.
- 전체 민중의 풍요로운 삶과 사회진보를 위한 변화발전이 아니라 반동 부르주아지의 착취와 수탈을 위한 변화였기에 여기에 순응한다는 것은 곧 우리의 죽음에 다름 아니었다. 『신동아』, 1990. 12.
- 이제 대대적 탄압이 갓 성장하기 시작하는 민족영화에, 또한 노래문화에 쏟아지는 것은 그 예술장르가 헤게모니를 움켜쥐고 있는 자들에게 저항하는 또 하나의 무서운 힘으로 성장하고 있는 증거에 다름 아니다. 『예감』, 1991. 8.

31. 신문 제목 견주어 보기

지난 8월과 9월 중에 있었던 나라 안팎의 커다란 정치사건 두 가지를 몇몇 신문들이 어떤 제목으로 내었는가를 살피기로 한다.

8월 19일, 갑자기 소련에서 쿠데타 소식이 전해졌을 때 서울에 있는 다섯 개 일간신문들은 다음과 같은 제목으로 머리기사를 실었다.

- 고르바초프 失脚 『조선일보』, 1991. 8. 18.
- 고르바초프 失脚 『중앙일보』, 1991. 8. 19.
- 고르비 失脚 『동아일보』, 1991. 8. 19.
- 고르바초프 失脚 『한국일보』, 1991. 8. 20.
- 고르바초프 실각……'비상' 돌입 『한겨레』, 1991. 8. 20.

어느 신문이고 모두 "고르바초프(고르비) 失脚(실각)"이다. 워낙 갑자기 일어난 일이라 우리로서는 그 참모습을 알 길이 없으니 외국에서 오는 통신 그대로 이렇게 같은 말이 될 수밖에 없겠지. 다만 『한겨레』만이 "'비상' 돌입"을 덧붙였는데, 이것도 앞의 말을 늘어놓은 데 지나지 않다. 그러니 여기서는 失脚, 실각이란 말밖에 논할 것이 없다.

중국글자를 섞어 쓰는 신문들은 모두 失脚이라 썼다. 失脚은 그 말뜻이 글자 모양과 함께 바로 와 닿는다. 이래서 중국글자를 섞어서 쓰는 것이 상품으로 만드는 신문으로서는 유리하다. 그러나 이런 글이 읽기 좋다는 말은 나같이 글만 들여다보고 살아가는 사람이나 할 소리다. 우리 나라 전체 인구에서 이 失脚을 읽어낼 사람이 3분의 1이 될까?

그렇다고 해서 실각이라 쓴 것도 딱하다. '豪雨'를 호우라 쓰고 '連覇'를 연패라고 쓰니까 아이들에게 중국글자를 가르쳐야 된다는 주장이 이치에 맞는 말로 들린다. 失脚을 따라 실각이라 쓰는 것이 지난날 일본사람들이 쓰던 숱한 일본식 중국글자말을 그대로 따라서 쓰는 것과 똑같은 꼴이다. 왜 '밀려나'로 쓰지 못할까? 우리 글자로 쓰는 글은 우리 말로 쓰는 글이 되어야 할 것이다.

다음은 남북한 유엔 가입을 알린 기사 제목인데, 네 개 일간지를 보았다.

- 南北韓 역사적 유엔 <u>加入</u> 『한국일보』, 1991. 6. 18.
- 南北韓 역사적 유엔 <u>가입</u> 『조선일보』, 1991. 6. 18.
- 南北韓 유엔 동시 <u>가입</u> 『중앙일보』, 1991. 6. 18.
- 남북한 유엔 <u>가입</u>안 통과 『한겨레』, 1991. 6. 18.

『한국일보』와 『조선일보』가 똑같은 말로 되어 있다. 다만 『한국일보』가 加入이라고 중국글자를 써서 눈으로 보는 효과를 더 노렸다. "역사적"이라고 한 것은 역사에 남을 만한 커다란 사건이란 뜻을 붙인 것이겠지. 통일도 되지 못한 채 두 나라로 유엔에 들어간 일에 그렇게 큰 뜻을 붙일 수는 없다는 표현인 듯, 『한겨레』는 아주 사무문서의 제목같이 되어 있다.

『중앙일보』는 "동시"란 말을 썼다. '함께'로 썼더라면 훨씬 좋았겠다는 생각이 든다.

세 신문이 똑같이 "南北韓"이라고 쓴 것도 그냥 지나칠 수 없다. 아무리 눈으로 보는 효과를 노린다고 하더라도 제 나라 이름조차 제 나라 글자로 쓰지 못하고 어느 때까지나 이렇게 남의 나라 글자로 써야 하는지 묻지 않을 수 없다.

32. 토 '의'를 줄여야 우리 말이 산다

어느 주간지 뒤표지에 다음과 같은 『성경』 구절이 적혀 있었다.

- 오른손의 하는 것을 왼손이 모르게 하라. 「마태복음」 6 : 3

나는 지금까지 『성경』만은 그래도 다른 책의 글보다는 깨끗하다고 생각했는데, 이 글을 보고 좀 놀랐다. 그래서 『성경』(1939년 발행)을 찾아보았더니 역시 위에 적힌 대로였다.

'오른손이 하는 것을'이지, 어째서 "오른손의 하는 것을"인가? 이러니까 우리 말이 병들지 않을 수 없었지. 일제강점기, 그 암흑한 세월에 학교를 비롯한 모든 관공서에서 우리 말을 못 하게 하고, 우리 글을 못 읽고 못 쓰게 했을 때 교회에서만은 성경을 읽고 찬송가를 부를 수 있었는데, 그때 읽었던 성경책이 이 모양이라니!

1977년에 나온 『공동번역성서』에는 "오른손이 하는 일을' 하고 제대로 써놓았다. 일제강점기에 나온 성경책이 아무래도 마음이 안 놓여 1917년에 개역(改譯)한 일본어 『신약성서』(新約聖書)를 찾아보았더니 다음과 같이 나왔다.

- 右の手のなすことを左の手に知

이건 영판 일본 책을 그대로 직역해놓은 것 아닌가?

그런데 일제강점기에 나온 우리 글 성경책을 잘 읽어보니 앞에 든 "오른손의"가 '오른손에'를 그렇게 쓴 것이 아닌가 하는 생각이 들었다. 그것은 '사람에게'를 "사람의게"로 썼고, '상을 이미 받았나니라'를 "상을 임의 밧앗나니라"로 쓴 것을 보아도 그런 의심이 간다. 그러나 이 문제는 어느 쪽인지 나로서는 아직 판단할 수 없다. 어느 쪽이든지, 잘못 적힌 옛날의 성경을 그대로 읽고 (또는 옛날의 성경책을 바로 읽지 못하고) 잘못 옮겨놓고 있는 것이 문제다.

- 가난한 이들과 함께 가는 길은 우리 모두의 구원에 이르는 길입니다.

이것은 어느 교회 계통에서 펴낸 책자에 실려 있는 글 제목이다. 누가 읽더라도 어딘가 시원찮다는 느낌이 들 것인데, 그것은 엉뚱한 토 의가 들었기 때문이다. "모두의"를 '모두가'로 고쳐서 읽어 보면 얼마나 탁 트인 말이 되고 글이 되는가를 알 것이다. 우리 말(글)은 제법 긴 경우에도 의란 토가 단 한 군데도 들어가지 않는 수가 많다. 이것이 우리 말과 글의 특징이다. 그러니까 의를 많이 쓴 글은 우리 말 문장이 아니라고 보면 틀림없다.

- 崔열 의장과의 일문일답 『제민일보』, 1991. 9. 17.

이 글에도 의를 없애고 읽어 보면 느낌이 아주 다르다. 그 다른 느낌은 바로 우리 말이 살아났다는 느낌이다.

- 갑자기 시원스런 소나기가 한 차례 지나간다. 아침부터 뿌옇게 흐려 있던 날씨가 쏟아지는 한바탕의 소나기에 훨쩍 개었다. 『생활성서』, 1991. 9.

여기도 의가 딱 한 군데 나오는데, 이 의를 없애고 읽어보면 훨씬 더 싱싱한 말이 된다. 산문이 이러한데, 시에서는 더 말할 필요가 없다.

33. '에서의'가 나오는 글

다음 글에는 매김자리토(관형격조사) 의가 다섯 군데 나온다. 이 가운데 안 써도 되는 의를 생각해보자.

- 日帝에 강제 징용됐던 4, 5세의 어린이까지를 포함한 다수의 朝鮮人들이 제2차 세계대전 終戰 직후 사할린의 각지에서 일본군인과 주민들에 의해 학살됐음을 입증하는 蘇聯의 유해감정서와 재판기록을 일본의 르포라이터 하야시 에이다이씨가 입수, 금년 여름에 책으로 펴낼 예정이다. 『동아일보』, 1991. 4. 16.

의를 안 써도 될 자리는 앞쪽 세 군데다. 곧 "4, 5세의"를 '네댓 살'로 쓰면 되고, "다수의"를 '많은'으로 쓰면 된다. 이와 같이 순수한 우리 말로 쓰면 흔히 의가 저절로 없어진다. "사할린의"는 '사할린'만으로 쓰면 좋다. "경상도 각처에서" 하지, '경상도의 각처에서'라고는 말하지 않기 때문이다. "일본의 르포라이터"도 '일본인 르포라이터'로 쓸 수 있지만, 그대로 두어도 괜찮겠지.

이 의는 또 다른 토에 덧붙이는 수가 흔히 있는데, 그런 경우는 거의 모두 일본말을 직역해놓은 것이다.

여기서는 '에서'에 붙어 에서의가 되는 경우를 들어본다.

- 日本의 정치·경제·문화 각 부문에서의 우리에 대한 영향력이 높아져가고 있다. 『중앙일보』, 1991. 8. 15.

여기 나온 "각 부문에서" 다음에 붙어 있는 의는 누가 보더라도 전혀 소용이 없다고 깨달을 것이다. "日本의"도 '일본은'이라 써야 한다.

- 與野 각 당은 정기국회가 한창이지만 지구당 차원에서의 14代총선 준비로 계속 바쁘다. 『조선일보』, 1991. 10. 2.

이 글에 붙어 있는 의도 아무 소용이 없다.

- 이에 반해 최장집 교수는 한국에서의 '국가'는 '과대성장된 억압적 강권기구로 제도화'되었다고 파악하는 데서 출발한다. 『한겨레』, 1991. 9. 26.

이 경우에는 "에서"와 의 둘 가운데서 하나만 써야 우리 말이 된다.

- 중앙에서의 힘겨루기 『한국일보』, 1991. 9. 12.

바둑 해설 제목이다. 의 토를 없애고 읽으면 죽었던 말이 살아난 느낌이 들 것이다.

- 남한 사회에서의 민주화가 지지부진하거나 후퇴하는 상황에서의 북한 사회주의의 혹시 있을 수 있는 붕괴상황은 통일을 가능하게 하겠지만 그때의 통일은 민주화 없는 통일이 될 것이다. 『한겨레』, 1991. 9. 8.

제2장 우리 말 살리기2) 139

여기는 에서의가 잇따라 두 번이나 나와서 글이 매우 어수선하다. 두 군데 다 의를 떼어버리면 시원하게 읽힌다. "사회에서의"는 '에서'를 없애고 '사회의'로 해도 된다. 그리고 "북한 사회주의의 혹시 있을 수 있는 붕괴상황은"도 '북한 사회주의가 혹시 무너진다면'으로 쓰는 것이 좋을 것이다.

- 초등학교 상급반에서의 영어 조기교육실시 문제를 놓고 찬성론과 시기상조론이 맞서 있다. 『동아일보』, 1991. 7. 23.

이 글에서는 "에서"나 의 한 가지만 쓰면 된다. '에서'를 쓸 때는 그다음을 '영어를 가르치는 문제를 놓고'라고 쓰면 될 것이다.

34. 우리 말일 수 없는 '에의'

이번에는 토 '에'에다가 의를 덧붙이는 경우를 보기로 한다. "희망에의 길" "가을에의 초대" 이런 글을 볼 때마다 나는 화가 난다.

이게 어찌 우리 말일 수 있는가? 대관절 우리 말은 고상하고 유식한 사람들의 생각을 나타내기에는 미개하고 촌스럽고 낱말이 모자라 불편하단 말인가? 그래서 남의 나라 말법으로 꼬부랑글을 써야 글같이 보인다는 것일까? 글을 쓰는 사람들의 이런 태도는 의심할 여지 없이 제나라 말을 학대하는 범죄행위라고 나는 믿는다.

- 지스카르 데스탱 前대통령은 지난달 20일 한 잡지에의 기고를 통해…… 『동아일보』, 1991. 10. 1.

이 글에 나온 "한 잡지에의 기고를 통해"는 '한 잡지에 기고를 해서'라고 써야 한다.

- 내용적 이면에는 민족의 분단과 통일<u>에의</u> 가능성을 암시했다. 『한국일보』, 1991. 9. 19.

여기 나온 "통일에의"는 '통일의'로 써야 한다.

- 그런데 이 나라 집권자들이 품고 있는 통일<u>에의</u> 접근방식에 문제가 있다. 『한겨레』, 1991. 9. 27.

이 경우에는 '통일에 대한 접근방식'이라고 하든지 '통일에 접근하는 (가까이 하는) 방식'이라 쓰면 될 것이다. 의를 없애면 움직씨(동사)가 저절로 살아난다.

- 北측 정부의 '정치·군사문제 先해결'에 맞선 南측 정부의 '민간 교류 확대 우선' 주장에서 통일<u>에의</u> 긍정적 요소를 찾는다면…… 우리는 '초청 의도가 모호'하다는 南측 당국의 주장이 서한 수령 거부를 위한 한낱 구실에 불과하다고 본다. 왜냐하면 이번 협의회<u>에의</u> 초청 의도는 너무나 분명하기 때문이다. 『기자협회보』, 1991. 8. 21.

앞에 나온 "통일에의"는 '통일에 대한'이라고 쓰면 되고, 뒤에 나온 "협의회에의"는 '협의회에'(초청한)라고 쓰면 된다.

- 작가는 "엄마의 도도한 고집과 오만한 자존심, 변화에의 열망과 복고<u>에의</u> 집착이 뒤섞인 설명할 수 없는 성격은 그대로 나의 것이 되었다……"고 말했다. 「소설가 朴婉緖 씨」, 『한국일보』, 1991. 9. 16.

입으로 한 말이 이렇게 나왔을 리가 없다. "변화에 대한 열망과 복고에 대한 집착"이라고 말했거나 "변화를 열망하면서도 옛것에 매달려"라고 했을 것이다.

- 아버님! 건강하세요. 아버님의 소중한 믿음, 민족해방<u>에의</u> 열정, 저도 함께합니다. 『한겨레』, 1991. 4. 11.

편지까지 이렇게 쓰게 되었다. '민족해방에 대한'이라고 쓰든지 '민족을 해방하려는'이라고 써야 한다.

- 과학<u>에의</u> 초대
- 考古學<u>에의</u> 接近

이런 예의는 모두 의를 없애고, 그다음에 있는 이름씨(명사)를 움직씨(동사)로 바꾸면 된다.

- 공무원은 국민<u>에의</u> 봉사자인데…… 『생활성서』, 1991. 9.

'국민에 봉사하는 사람인데' 하든지 '국민 위해 일하는 사람인데'로 써야 한다.
 책 이름, 글 제목, 표어, 광고 제목 따위까지 이 예의가 자꾸 쓰이는 까닭은 다만 그것이 우리 말법이 아니기 때문이고 그래서 더 유식해 보이기 때문이다. 이게 망국 풍조가 아니고 무엇일까.

35. 잘못 쓰는 '로의'(으로의)

지하철에서 차를 바꿔 타는 길을 모르는 사람은 가끔 있지만, 바꿔 타는 길을 옆 사람한테 물을 줄도 모르는 사람은 우리 나라 사람 치고 벙어리 아닌 다음에야 아무도 없을 것이다.

"서울역으로 가는 차를 타자면 어디로 갑니까?"

이렇게 말하면 되는 것이다.

애깃거리조차 될 수 없는 이런 얘기를 왜 하는가 하면, 어린아이도 다 할 줄 아는 우리 말을, 글 쓰는 사람들이 잘못 쓰고 있기 때문이다.

글이 어떻게 되어 있는가?

"서울역으로의 가는 길은 어느 쪽입니까?"

"서울역으로의 길은 이쪽입니다."

이런 꼴의 글이 너무 흔하게 눈에 띈다.

우리 말에서 방향이나 목적으로 하는 곳을 나타내는 말 다음에 붙는 토는 '로'(으로)다. 그런데 이 '로'에다가 '의'란 토를 또 붙여서는 우리 말이 될 수 없다. 이런 괴상한 말은 일본글을 그대로 따라서 쓰기 때문인데, 부끄럽게도 이런 글을 많은 사람들이 예사로 쓰고 있다.

- '쉼터'로의 초대 『동양소식』, 1991. 8.
- 서비스 업체로의 전직 등 때문인 것으로 분석된다. 『새건강』, 1991. 8. 10.

이 두 경우에 의를 없애기만 해도 되지만 의를 없애고 나서 그다음에 있는 이름씨를 각각 움직씨로 바꾸어서 '초대합니다'(오셔요), '전직하는'이라고 고쳐 쓰면 더 좋을 것이다.

- 하릴에서 자동차로 40분 거리에 있는 디아나에 도착, 이란 쪽 국경으로의 여행허가증을 받기 위해 기다렸다. 『한겨레』, 1991. 4. 9.

여기 나오는 "국경으로의"는 마땅히 '국경으로 가는'이라고 써야 할 것이다.

- 37년 중앙아시아로의 강제이주 이래 40만 在蘇 동포들의 눈과 귀

구실을 해온 이 신문은…… 『동아일보』, 1991. 4. 15.

이 글에 나온 "중앙아시아로의"는 마땅히 '중앙아시아로'(강제이주한) 이라고 써야 한다. 그런데 뚜렷한 방향이나 곳을 가리키는 말이 아니고, 추상된 생각을 나타내는 말이 되면 "로"(으로)에 의를 더 잘 붙이고 있다. 그만큼 이런 글이 말에서 멀어진 것으로 되어 있기 때문이다.

- 조지 부시 美國 대통령의 일방적인 核무기 감축선언에도 불구하고 '核 없는 세계'로의 꿈은 아직도 요원해 보인다. 『중앙일보』, 1991. 10. 2.

이것은 '핵 없는 세계가 되는'이라고 쓰든지, '핵 없는 세계를 실현하는'이라고 써야 할 것이다.

- 세계인으로의 큰 도약 『유니세프 소식』, 1991. 10.

이것은 "세계인으로"(크게 뛰어오르기)라고 쓰면 된다.
이 로의 꼴은 '앞으로의'가 가장 많이 쓰이고 있다.

- 고르바초프는 앞으로의 체제 형태로는 주권국가들에 바탕을 둔 국가연합체가 그 한 방법이라고 말했다. 『조선일보』, 1991. 9. 2.

이렇게 "앞으로"란 말을 쓸 때는 그다음에 '이룰' '할' '나갈' 따위의 움직씨(동사)를 쓰면 의가 덧붙을 수 없다.

36. '에로' '에로의'와 '으로서의'

우리 말에는 에로란 토가 없다. 그런데 글에는 이 괴상한 말이 나온다.

• 행복__에로__ 가는 디딤돌 『새누리』, 1991. 10. 5.

이것이 책 이름이다. 글이고 책이 이래서 말을 병들게 한다.

• 돼지의 눈에서 보살의 __눈에로__ 『해인』, 1990. 10.

'으로'라고 안 쓰고 어째서 에로라고 썼을까? 여기에도 누구나 잘 알고 있는 말은 쓰지 않고, 입으로는 하지 않는 별난 말을 써서 권위를 세우고 싶어 하는, 우리 나라 거의 모든 글쟁이들이 가지고 있는 심리가 나타나 있다고 나는 본다.

• 평론가의 도덕성·정직성 차원에서 남진우 씨는 __유명문인에로만의__ 평론 집중현상을 들었다. 『중앙일보』, 1991. 10. 7.

여기는 에로에다가 '만'이 붙고, 다시 그다음에 의가 덧붙었다. 이런 경우는 처음 보는데, 어쩌다가 글자가 잘못 적혔거나 찍혀 나온 것이 아닌가 하는 생각도 든다.
그런데 에로는 그것만 나오기보다 그다음에 의가 덧붙어서 에로의란 꼴로 쓰는 경우가 더 많다.

• 현대 한국__에로의__ 시점 『한겨레』, 1991. 1. 5.

이것도 책 이름이다. 대관절 무슨 말인지 알 수 없다. '현대 한국을 보는 눈'이란 말일까?

• 갈등·분열서 화합__에로의__ 승화 그려 『제민일보』, 1991. 5. 23.

이것은 '화합하는' (모습 그려)이라고 써야 할 것을 이렇게 잘못 썼다고 본다.

- 유년과 역사<u>에로의</u> 여행 『작가세계』, 1990, 겨울호.

이것은 '역사로 떠나는' 하는 말일까?

다음은 '로서'(으로서) 다음에 의가 붙는 경우를 보기로 한다. 이 로서의도 많이 쓰고 있다.

- <u>은행원으로서의</u> 그의 서울 생활은 그러나 오래 지속되지는 않았다. 가족의 생계를 꾸리며 <u>중산층으로서의</u> 안락한 생활을 이어나갈 것인가, 그렇지 않으면 이 땅의 억압받는 민중 한가운데로 자신을 집어던져 역사의 편에 설 것인가를 고민하던 그는…… 『한겨레』, 1991. 5. 3.

여기 나온 "은행원으로서의"와 "중산층으로서의"에 각각 붙어 있는 의도 전혀 소용이 없고, 없애버리면 글이 훨씬 싱싱한 말로 읽힌다.

- 8살 나던 1938년, 이러저러한 이유로 자식만은 대처에서 신식교육을 시켜야 한다는 생각을 굳게 가지고 있던 어머니가 '머리꼬리를 쌍둥 짤라 단발머리를 시키고' 서울로 데려온 뒤, 작가에게 고향은 유년기의 <u>낙원으로서의</u> 애틋한 동경이었던 것으로 보인다. 게다가 서울 이주 뒤의 고단한 학창 시절과 6·25 등을 겪으면서, 또 세파에 눈을 떠가면서 고향은 私的인 <u>공간으로서의</u> 성격과 함께 세상의 부조리와 惡이 모두 정화된 이상향으로 자리 잡게 된 것 같다. 『한국일보』, 1991. 9. 16.

앞에 나온 "낙원으로서의"는 의를 없애버리면 되고, 다음에 나온 "공간으로서의"는 '공간으로서 갖는'이라고 하면 되겠지만, 그보다도 '공간이라는' 것이 낫겠다는 생각이 든다.

- 이 같은 유해중금속은 화장품으로서의 안전기준(20ppm)에는 못 미쳐 인체에 별 피해는 없는 것으로 판단되나……『중앙일보』, 1991. 4. 12.

이 경우에는 "으로서"와 의 가운데 한 가지만 써야 할 것이다.

37. '-에 있어서'는 우리 말이 아니다

일본사람들의 글에는 "-니오이테"(-において)란 말이 자주 나온다. 이 말은 일본사람들이 옛날부터 한문을 새겨 읽을 때 '於' 자가 나오면 이렇게 읽는 경우가 많았기 때문에 그만 자기네들 글을 쓸 때도 그렇게 쓰고 말도 그렇게 하게 된 것이다. 가령 보기를 들면 『맹자』(孟子) 「양혜왕」(梁惠王) 편에 다음과 같은 글이 나온다.

- 梁惠王曰 寡人之於國也 盡心焉耳矣……

여기 나온 '寡人之於國也'를 우리 같으면 "과인은 나라를 다스리는데" 하고 풀어 읽었다. 그런데 일본사람들은 이 '於'자를 앞에서 말한 것처럼 "-において"라고 읽는 것이다. 이 '-において'를 우리 말로 그대로 옮겨 놓은 것이 -에 있어서다.

일본제국의 군대가 이 땅을 점령하고 있던 시대에도 내가 알고 있기로는 우리 나라 사람들이 중국글을 풀어 읽을 때 '於' 자를 -에 있어서라고 말하지는 않았다. 그런데 일제강점기에 지식인들이 쓴 글을 보면 -에 있어서를 마구잡이로 써 놓았다. 더구나 논문 같은 글에서는 이 말을 안 쓴 사람이 없다. 그러니 일본글이고 일본말이고 전혀 모르는 '해방' 후 세대들도 이 말이 우리 말인 줄 알고 따라서 쓸 수밖에. 하지만 아무리 오랫동안 써온 말이라도 그것이 잘못된 남의 말이고, 그 잘못된 말을 버리고 우리 말을 도로 찾아 쓸 수 있다면 지금부터라도 주저할 것 없이 우리 말을 써야 할 것이다. 개인의 권위가 손상될까 싶어 '모두가 다 쓰는 말인데' 하는 핑계를 대면서 우리 말을 병들게 한다면, 참된 학자의 도리도 문인의 길도 아니라고 본다.

더러 -에 있어서를 쓰지 않을 수 없는 경우가 있다고 하는 말을 듣는데, 제발 그런 경우를 좀 보여주기 바란다. 그런 말을 하는 사람은 이미 우리 말을 버린 사람이다.

- 지구당위원장들에게 있어 선거는 이미 시작된 거나 마찬가지. (→지구당위원장들에게는 선거가)『조선일보』, 1991. 10. 2.
- 노벨에게 있어서는 신문의 엉터리 사망기사가 큰 다행이었다. (→노벨에게는)『조선일보』, 1991. 10. 9.
- 해방 후에 민주적인 통일국가를 세우는 데 있어 가장 시급한 일은…… (→세우는 데에)『중앙일보』, 1991. 11. 21.

-에 있어서와 -에 있어는 똑같은 뜻으로 구별 없이 쓰고 있다.

- 그들에게 있어서 글쓰기의 행위는…… (→그들에게)『새누리』, 1991. 10. 19.
- 이번 걸프전에 있어서도 美國을 중심으로 한 多國籍軍은…… (→걸프전에서도)『동아일보』, 1991. 1. 22.
- 이는 대중성에 있어서 이미 유리한 고지를 점령하고 있는…… (→대중성에서)『한겨레』, 1991. 4. 20.

이 -에 있어서에 또 의가 붙는 경우도 흔하다. 일본말 'に於いての'가 된다.

- 아시아에 있어서의 核군축 (→아시아의) 『동아일보』, 1990. 7. 24.

38. '조기등산'은 '새벽등산'으로

지난 11월 3일은 달력마다 '학생의 날'로 적혀 있는데, 부끄럽게도 나는 아직까지 이날을 '학생의 날'로 보낸 적이 한 번도 없다. 내 머릿속에는 이날이 광주 학생들의 의로운 항일투쟁의 날로 기억되어 있지 않고, 오히려 우리 나라의 주권을 강도질해 간 일본의 명치천황 생일날인 '명치절'로 기억되고 있는 것이다. 그래서 서리가 하얗게 내린 늦가을 아침이면 이 겨레의 피 끓는 아들딸들이 외치던 소리나 부르던 노래가 아니라, 어이가 없게도 명치천황을 찬양하는 '명치절' 노래가 머리에 떠오르면서 고향산천과 어린 시절이 눈앞에 나타난다. 이 얼마나 기막힌 비극인가!

일본제국은 '명치절'인 11월 3일이 든 주간을 '국민정신작흥주간'(國民精神作興週間)으로 정했다. 학생들을 꼼짝도 못 하게 하는 수단으로서 그랬을 것이다. 이 주간이면 우리는 '하야오키까이'라고 해서 모든 학생들이 새벽에 일어나 학교에 가서 체조를 하고 청소를 했는데, 서리 길을 밟고 학교에 가고 오는 새벽길이 그렇게 추웠던 기억이 바로 어제 같다. '하야오키까이'란 말은 '일찍이 일어나는 모임'이란 뜻인데, 글자로 쓰자면 '早起會'가 된다. 그러니까 일본사람들이 물러간 다음에 우리 말과 우리 글을 가르친다는 학교에서 '조기청소'니 '조기체조'니 하고 말해온 것은 온전히 일본말을 따라서 쓴 꼴이 되어 있는 것이다. 학교에서 '조기청소'를 배운 학생들이 어른이 되어도 그 말을 그대로 쓰게 되는 것은 당연하다. 오늘날 웬만한 도시, 웬만한 마을에는 대개 '조기축구회' '조기등산회' 같은 것이 만들어져 있는 줄 안다.

- 양천區 신월 <u>조기</u> 체육장 『한국일보』, 1991. 10. 18.

이 기사를 읽어보니 체육장은 산꼭대기에 있는 모양이고, 사람들은 아주 어둑어둑한 새벽에 올라가는 모양이다. 그렇다면 "조기 체육장"이라고 하지 말고 '새벽 체육장'이라면 얼마나 알맞고 좋은 이름이 되겠는가.
"조기청소" "조기축구" "조기등산" 같은 말도 모두 '새벽청소' '새벽××'하면 된다. 새벽이 아니고 아침이라면 '아침××'하면 되지. 꼭 무슨 운동을 목적으로 하는 모임이 아니라면 그냥 '새벽모임'도 좋을 것이다.

- 安山으로 오르는 <u>등산로</u>는 아직도 밤이었다.

같은 기사에 나오는 글인데, 여기 씌어 있는 <u>등산로</u>란 말이 또 딱하다. '등산길'이라면 될 것을 왜 이렇게 쓸까? 어느 신문에도 '등산로'다.

- 산을 파헤쳐 만든 5개 <u>등산로</u> 개설과 무턱 댄 관광객 입산 등으로······ 『중앙일보』, 1991. 11. 4.
- 설악산 <u>등산로</u> 한 달간 폐쇄 『한겨레』, 1991. 10. 26.

이렇게 등산로라고 써놓고 이 중국글자말을 제대로 읽는지도 궁금하지만, 실제로 말을 할 때도 등산로라고는 안 하고 모두 '올라가는 길' 하든지 '등산길'이라고 말하는 줄 안다. 그런데 글을 쓰는 이들은 어째서 등산로만 쓰는가? 이래서 글쟁이들이 말을 잘못 끌어가고 말을 병들게 한다.

39. '秋'와 '가을'

• 秋

최근 어느 책방에 들렀다가 눈에 띈 일본잡지 표지에 큼직하게 이 글자가 나와 있었던 것이 생각난다. 어느 다방의 간판에도 秋라고 씌어 있는 것을 보았고, 그림 전시장에서는 그림의 제목으로 여러 번 본 기억이 난다.

일본사람들은 秋라고 써놓고 '아키'라 읽는다. '아키'는 가을이란 말이다. 우리는 秋를 추라 읽는다. 추라니, 이게 무슨 우리 말인가?

가을—소리 내어봐도 들어봐도 너무너무 좋은 말이다. 어째서 이 좋은 말을 버리고 추라는 괴상한 말을 쓰고 싶어 할까?

"맥다방" "맥화실" 같은 간판도 있다. "맥동인" 같은 문인들의 모임도 있을 것 같다. 보리 맥(麥) 자에서 우리 말을 떼어내어 버리고 '맥'만 쓰다니, 이런 바보짓이 어디 있는가. 소설 「麥と兵隊」를 「맥과 병대」라고 번역하는 꼴이다. 이러니까 보리를 '대맥'이라 하고, 밀을 '소맥'이라 하고, 콩을 '대두'라고 하는 장사꾼들만 나무랄 수가 없는 판이 되었다.

첫가을, 초가을 초추라고 하더니, 요즘은 만추(晩秋)란 말을 자주 볼 수 있다.

• 晩秋의 거리 『동아일보』, 1991. 10. 17.

이런 제목으로 써놓은 그림 설명문이 다음과 같이 나와 있다.

밤새 내린 비로 보도 위에 수북이 쌓인 낙엽을 밟으며 출근하는 시민들의 옷차림이 벌써 초겨울을 느끼게 한다. 기상청은 18일 전국적으로 기온이 떨어지고 영동 산간지방에는 한때 눈이 오는 곳도 있겠다고 예보했다.

화가들은 흔히 멋을 부린다고 그림 제목을 남의 나라 글자나 말로 써서, 그만 그 그림까지 얄팍한 속을 드러내 보이지만, 신문이나 책에 나오는 사진을 설명하는 글도 흔히 겉멋을 부려 눈살을 찌푸리게 한다. 사람들은 그림이나 사진 앞에 서면 그만 발이 둥둥 떠서 그 생각이 황당하게 되는 것 같다. 그런데 위에 들어놓은 글은 결코 발이 떠서 겉멋을 부린 글이 아니다. 꼭 해야 할 말을 써놓은 좋은 글이다. 다만 제목에 나온 晚秋란 말을 '늦가을'로 썼으면 좋겠다는 생각이다. 그리고 내가 이런 글을 쓴다면 보도 위에는 '길바닥에'라 쓰겠고, 낙엽은 '가랑잎'으로 쓸 것이고, 전국적으로는 '전국에 걸쳐'로 쓰고, 예보했다도 '알렸다'로 쓰겠다.

• 낙엽의 거리

어느 신문 사진에 나온, 거리에 세워놓은 표지판 글이다. 요즘은 나뭇잎이 지는 철이라 신문과 잡지에서 낙엽이란 말을 흔히 볼 수 있는데 '가랑잎'이란 말은 못 봤다. 낙엽과 가랑잎은 말뜻이 좀 다르다고 할는지 모르지만, 실제로 쓴 말을 보면 그게 아니다. "낙엽의 거리"도 '나뭇잎 거리' 하면 그만이다. "낙엽을 태우면서" 해야 그럴듯한 생각이 떠오르고 '가랑잎을 태우면서' 하면 시시하게 느껴진다면 그것은 남의 나라 말과 글에 빠졌기 때문일 것이다. "가랑잎이 휘날리는 산마루 위에" 하는 유행가도 이제는 옛말이 되어가고 있는 게 아닌가?

40. '촌지수수'라는 말

요즘 신문 제목에서 가장 자주 읽을 수 있는 낱말 가운데 하나가 촌지수수다. 이 말은 우리 사회와 역사의 흐름을 꽉 막고 있는 병든 삶과 정신의 문제를 잘 드러내는 말이 되어 있다.

촌지(寸志)란 말은 본래 '마음만의(그러니까 보잘것없는) 조그만 선물'이란 뜻이다. 그런데 이 촌지가 신문기사 거리가 되고 사회문제가 된 것은 촌지가 '마음만의 선물'이 아닌 '뇌물'로 되었기 때문이다. 그렇다면 바로 '돈봉투'라고 할 것이지 어째서 촌지라고 하는가?

한때(지금도 그 실정이 별로 달라진 것은 아니지만) 교육계에서 촌지 문제가 많은 논란이 되었다. 그때 나는 그 촌지란 것을 받는 교육자들을 비판하면서 "촌지가 뭐냐 '돈 봉투'지, 말부터 바르게 쓰자"고 했더니, "촌지가 어째서 나쁜가, 그건 옛날부터 내려온 우리의 미풍양속"이라고 하는 교육자가 있었다. 심지어 교육운동을 하는 사람 가운데서도 촌지를 옹호하는 사람이 있었다. 그러다가 요즘 와서는 신문기자들의 촌지수수 사건이 난 것이다. 잡초 한 포기를 제대로 뽑지 못하면 열 포기, 스무 포기가 무성하게 뻗어난다. 우리 사회에서 촌지가 없어지지 않는 것은 바른 말이 없기 때문이고, 바른 말을 하는 사람이 없기 때문이다. 바른 말을 해야 할 자리에 있는 사람들 자신이 돈 봉투를 촌지라고 해서 받아챙기고는 그런 현실을 덮어 가리는 데서야 무엇이 바로잡히겠는가.

우리가 참된 민주사회를 만들자면 우선 촌지란 말부터 우리 사회에서 몰아내야 한다. 물론 말을 없앤다는 것은 그 말이 보여주는 삶과 행동을 바로잡는다는 것이 된다. 이제는 촌지란 말을 사전에 풀이해놓은 뜻대로 받아들이는 사람이 아무도 없다. 그래서 신문기사에서도 따옴표를 해서 쓴다. "거액촌지 수수사건"이란 말도 자꾸 나온다. "거액촌지"라니, 세상에 이런 말이 어떻게 있을 수 있는가?

내가 여기서 하고 싶은 말은 꼭 촌지란 말 하나만을 두고 하는 것이 아니다. 자기중심으로 적당무사하게 살아가는 사람들이 즐겨 쓰고 있는 모호하게 얼버무리는 말, 흔히 속임수까지 감춰져 있는 이런 말이 우리 사회를 지배하고 있다는 사실을 바로 보아야 한다. 이런 말은 모두 중국글자말로 되어 있다는 사실도 놓쳐서는 안 된다. 어째서 '아침밥을 먹는다'

는 말과 '조찬을 한다'는 말이 달리 쓰이고 있는가, '때린다'든지 '매질을 한다'든지 하는 말은 안 쓰고 "체벌을 가한다"고만 하는가……. 이런 중국글자말의 문제를 생각해야 할 것이다.

다음은 수수란 말이 또 있다. 주고받는다는 말이다. 그렇다면 주고받기라면 될 것이다. 신문기사에는 대개 받는 쪽의 이야기로 되어 있으니 '돈봉투 받기'라면 되겠지. 수수하면 우선 말느낌이 우리 말 같지 않다. 옥수수나 기장 같은 곡식 이름이 되거나 "수수하다"란 말이 떠오르기도 한다. 촌지수수, 이건 도무지 우리 말이 아니다. 금품수수란 말도 죄다 돈 이야기니까 '돈 봉투 주고받기'라 쓰는 것이 옳다.

41.『우리말 사전』이 왜 이 모양인가

우리가 책을 읽을 때 모르는 말이 나오면 사전을 찾는다. 글을 쓸 때 이런 말은 써도 되는가, 안 되는가, 자신이 없으면 또 사전을 찾는다. 그래서 사전에 그 말이 올려 있으면 마음 놓고 쓴다. 누가 그건 틀린 말이라고 지적하거나 일본말이라고 할 때도 "사전에 나오는 말인데" 하고 대답한다. 말에 관한 이상 사전은 우리들에게 더없이 커다란 권위를 가지고 있다.

그런데 나는 이 사전에 불만이 너무 많다. 가장 큰 불만은 말뜻을 풀이해놓은 그 문장이 우리 말이 아니고 우리 말법이 아닌 경우가 너무 자주 눈에 띄는 것이다.

몇 가지 보기를 들겠다. 이것은 지금 남한에서 가장 많은 사람들이 보고 있는 『민중 국어사전』(이희승 감수)과 『새우리말 큰사전』(신기철·신용철 편저) 두 권에 나온 말들이다.(이하 『민중국어사전』은 〔민〕으로, 『새우리말 큰사전』은 〔새〕로 표시함)

- 호우(호우) 줄기차게 내리퍼붓는 비. 〔민〕〔새〕

두 사전에서 똑같이 썼다. 틀린 풀이는 아니다. 그러나 우리 말 '큰비'가 있다. 옛날부터 우리는 "큰비가 온다"고 했지 아무도 "호우가 온다"고 하지는 않았고, 지금도 호우란 말은 신문기사와 날씨예보에나 나올 뿐이다.

사전에도 "큰비"가 나오는데, 두 사전에서 다 "오래도록 많이 오는(쏟아지는-'큰') 비"라고 해놓았다. 이 풀이말은 잘못되었다. '오래도록' 오는 비는 '장마'다. 사전에서 이와 같이 중국글자말을 올려놓고 그것을 풀이하는데 그 말을 대신해 쓸 수 있는 우리 말을 보여주지 않으니 사람들은 중국글자말만 자꾸 쓰는 것이다.

- 폭서(暴暑) 혹독하게 사나운 더위, 폭염(暴炎). 〔민〕
- 폭서(暴暑) 매우 사나운 더위, 폭염(暴炎). 〔새〕

이렇게 나온다. 여기서 '폭염'을 보자.

- 폭염(暴炎) 폭서(暴暑), 혹염(酷炎). 〔민〕
- 폭염(暴炎) 폭서(暴暑). 〔새〕

폭서는 두 사전에서 모두 "혹독하게(매우〔새〕) 사나운 더위"라고 했고 또 폭염과 같다고 해서, 폭염을 찾으니 거기서는 폭서와 같다고 해놓았다. 어디에도 우리 말 '무더위'란 말을 쓰지는 않았다.

'무더위'를 찾아보니 두 사전에서 모두 "찌는 듯한 더위"라고 해놓았다. "아주 사나운 더위"와 "찌는 듯한 더위"가 어떻게 다른가?

- 전장(戰場) 전쟁이 행하여지는 곳, 싸움터. 〔민〕

"싸움터"라고만 하면 되지 "전쟁이 행하여지는 곳"이 뭔가? 참 괴상한

말을 썼다 싶어 일본말사전을 찾아보았더니 戰場이란 말을 설명하여 "戰鬪が行なわれる場所"라고 해놓았다.

- **부상**(負傷) 몸에 상처를 입음. 〔민〕〔새〕

이와 같이 어느 사전도 부상이란 말을 풀이하는데 '다친다'는 우리 말을 쓰지 않았다.
여기 들어놓은 몇 가지는 어쩌다 내 눈에 띈 것이다. 사전이 우리 말을 생매장하는 노릇을 하고 있지는 않는지 생각해봐야겠다.

42. 사전에 나오는 일본말법

이번에는 사전에 씌어 있는 풀이말에서 일본말법이 나오는 경우를 보기로 하자.

- **가랑잎** <u>넓은잎나무의</u> 저절로 떨어진 마른 잎. 〔새〕
- **인명재천**(人命在天) <u>사람의</u> 살고 죽음은 하늘에 매여 있음. 〔민〕

이 두 낱말풀이에서 넓은잎나무의와 사람의에 나오는 토 —의는 우리 말법으로 쓴 것이 아니다. 마땅히 '넓은잎나무에서' '사람이'라고 써야 할 것이다.

- **천기도**(天氣圖) 일기예보의 기본이 되는 그림. 일정한 <u>시각에 있어서</u> 어떤 지방의 모든 기온·기압·풍향·풍속 따위를 측정하여 등압선·등온선·등편차선을 사용해서 천기의 상태를 나타냈음. 〔새〕

여기 나오는 시각에 있어서는 일본말법이다. '시각에'라고 써야 우리 말이 된다.

- 안전교육(安全教育) 재해로부터의 안전을 목적으로 하는(목적하는-〔새〕) 교육. 교통사고·화재(·홍수-〔새〕)·공장재해 등으로부터의 안전을 주로 함. 〔민〕〔새〕

두 사전이 거의 같은 말로 썼는데, 여기 나오는 재해로부터의와 등으로부터의는 일본글을 따라서 쓴 것이다. -의 토를 없애버려야 한다. 로부터도 쓰지 말고 '에서'(안전하도록)를 쓰는 것이 낫다.

- 서으로(西一) 서쪽으로의 뜻의 '서(西)로'를 상호간(相互間)에의 뜻인 '서로'와 구별하기 위하며 쓰는 특별한 말. 〔민〕

여기 나오는 "서쪽으로의 뜻의"와 "상호간에의 뜻인"이란 말은 도무지 말이 안 된다. 어째서 이런 말을 썼는지 한심하다. '서쪽으로란 뜻인' '상호간이란 뜻인' 이렇게 써야 말이 되지. 이것이 죄다 일본글에서 입은 해독이다.

그런데 "서으로"란 것을 말이라고 사전에 올려놓은 것부터 잘못이다. 이것은 우리 말법에 안 맞는다. '서로' 하면 '상호간'이란 말로 잘못 알게 될 염려가 있다면 '서쪽으로' 하면 될 것이고, 마땅히 그렇게 써야 할 것이다.

- 대지(垈地): 집터로서의 땅. 〔민〕〔새〕

그냥 '집터' 하면 될 것인데 "집터로서의 땅"이라니, 이게 어느 나라 말인가?

• **활성화**(活性化) 열(熱)·조사(照射) 등에 의해, 화학변화·물리변화가 <u>보다</u> 완전하게 또는 <u>보다</u> 신속하게 되도록 하는 일. 또 그렇게 되는 일. [민]

여기 거듭 나오는 보다란 말은 '더욱'이라고 해야 우리 말이 된다.

보기를 드는 것은 이쯤 해두자. 이러고 보니 사전부터 우리 말을 오염시키는 근원이 되어 있다는 생각을 아니 할 수 없다. 이제 곧 낱말이 40만 개니 45만 개니 할 만큼이나 되는 큰 사전들이 두 곳에서 나온다고 하지만, 과연 그 사전들이 우리 말을 제대로 올려놓고 제대로 풀이해놓았는지 마음이 안 놓인다. 지금 우리가 쓰는 사전에는 手順, 手續, 吹込, 路肩, 取扱 따위 일본말들이 수없이 올라 있고, 풀이를 해놓은 말도 우리 말이 아닌 경우가 많다. 말이 실제 쓰이는 보기를 든다고 이런 일본말들을 지난날 많은 문인들이 남겨놓은 작품에서 들어놓는다면 어찌 되겠는가. 우리 문인들의 글부터 이런 부끄러운 일본말이 얼마든지 나오니 말이다.

43. 서양말법 '었었다'를 몰아내자

우리 글에서 잘못 쓰고 있는 많은 말 가운데 가장 언짢은 느낌이 드는 말을 들어 보라고 한다면 나는 서슴지 않고 었었다를 들겠다.

• 지난 68년 '프라하의 봄' 이후 20년 동안 체코슬로바키아를 강압 <u>통치했었던</u> 구스타프 후사크 前대통령(78)이 18일 슬로바키아공화국 수도 브라티슬라바의 한 병원에서 지병인 암으로 사망했다고 체코관영 CSTK 통신이 보도했다. 『동아일보』, 1991. 11. 19.

여기 나온 통치했었던은 영문법을 따라서 쓴 어설프기 짝이 없는 말이다. 우리 말로는 마땅히 '통치했던'이라 써야 한다. 어째서 이런 괴상한 말을 쓸까? 같은 날짜에 나온 『중앙일보』도 똑같이 썼다. 연합통신에서 잘못 번역한 통신문을 신문마다 그대로 받아 실은 모양이다.

- 蘇聯유학 중 지난해 8월 귀순한 北韓 유학생 金지일 씨(27)의 蘇聯人 약혼녀 왈랴 씨(26), 딸 연아 양(2)이 韓國에서 살기 위해 16일 오전 10시 40분 대한항공 914편으로 입국했다. 지난 5월 서울에서 남편과 재회, 2주간 머무르다 돌아갔었던 왈랴 씨는 金浦공항에서 기다리던 金 씨와 감격의 포옹을 한 후 "사랑하는 남편과 영원히 韓國에서 살게 되다니 꿈만 같다"며 기쁨의 눈물을 흘렸다.
『중앙일보』, 1991. 12. 16.

여기 나오는 돌아갔었던도 도무지 말이 안 된다. 무슨 까닭으로 이런 괴상한 말을 쓰고 싶어 할까?

- 캘리포니아 주 공공교육감 윌리엄 호니그는 텔레비전을 많이 볼 수록 글을 읽는 능력이 떨어진다는 사실이 연구결과 밝혀졌다고 말했다. 지난해 전국 교육평가위도 비슷한 연구결과를 <u>내놨었다</u>.
『한국일보』, 1991. 10. 9.
- 작년 봄 서울시장과 시민생활과 서무주임이 한 차로 출근해 화제가 <u>됐었다</u>. 『동아일보』, 1991. 11. 11.
- 미국의 고등학생들 중 27퍼센트가 지난해 자살을 '심각하게 고려'했으며 12명 중 1명은 실제로 자살을 <u>기도했었다고</u>…… 『중앙일보』, 1991. 9. 20.

이 보기글들에 공통되는 것은 었었다가 들어 있는 글월 앞머리에 "지난해" "작년" 따위 말이 있다는 사실이다. 그럼 "지난해" "지난달" "지난주"

제2장 우리 말 살리기 2) 159

의 이야기가 되면 었었다를 써야 말법에 맞는가? 전혀 그렇지 않다. 우리 말 풀이씨에서 지난 때를 나타내는 데는 '었다'가 있을 뿐이고, '었다'를 쓰면 다 되는 것이다.

- 지난 15일 낮 12시 반경 초교 6년생 張世鉉 군(12, 昌原市 김참 洞)이 자기 집 2층 방 안에서 목을 매 숨져 있는 것을 가족들이 발견했다. 『동아일보』, 1991. 12. 16.
- 지난 12일부터 14일까지 치러진 전교조 光州 全南 두 지부의 지회장 선거 결과…… 『동아일보』, 1991. 12. 16.

만약 "지난" 일을 쓸 때 었었다를 써야 한다면 위의 글들에 나온 "발견했다"와 "치러진"은 각각 '발견했었다' '치러졌었다'로 써야 할 것이다. 그뿐 아니다. "지난"을 안 썼지만 지난날의 이야기를 쓴 것이 뚜렷한 글은 모조리 었었다로 쓰지 않을 수 없다. 그리고 어제 있었던 일과 오늘 있었던 일, 방금 있었던 일도 모조리 었었다로 써야 하니, 이렇게 되면 우리 말이 아주 엉망진창이 되어버린다.

44. '……한 일이 있다'와 '하였었다'

보기글이 좀 길지만 다음과 같은 경우를 생각해보자.

- 국군보안사에서 수경사 보안반장을 지냈던 金忠立 씨(현재 民主黨 慶北奉化―英陽지구당위원장)는 3일 자신이 『新東亞』 9월호에 기고한 군부대 사조직 '하나회' 내막폭로 기사와 관련해 최근 계속 살해 협박을 받고 있다고 주장했다. 金 씨는 이날 기자회견을 통해 『新東亞』 9월호의 「하나회 파워게임」 기사와 관련, 관계자들의 하수인으로 보이는 사람들로부터 10월호 연재를 저지하기 위

한 협박이 진행되고 있다"고 말하고 "심지어 살해, 일가족 몰살 테러협박 전화가 하루에 몇 차례씩 자행되고 있다"고 밝혔다.

그는 "이러한 협박은 국민의 알 권리를 봉쇄하고 언론자유에 대한 심각한 침해이며 시대착오적인 작태"라면서 "개인적 차원에서 방어하기 힘들다고 생각해 기자회견을 통해 진실과 협박 내용을 공개하는 것"이라고 말했다.

金 씨는 '12·12사태' '5·17' 등 5공화국 창출 당시 특전사 소령으로 재직했으며 88년 5共청문회 당시 참고인으로 참석한 바 있다. 『동아일보』, 1991. 9. 3.

어떤 사실을 쓰고 난 다음에 그 사실에 관련된 일을 설명하거나 지난 날의 일을 참고로 덧붙여쓰는 경우가 흔히 있다. 이럴 때 설명하거나 참고로 붙여서 쓴 말의 끝은 '-한 바 있다'든지 '-한 일이 있다' 또는 '-였던 것이다'라고 쓴다.

그런데 이렇게 우리 말을 안 쓰고 -었었다로 쓰는 일이 흔히 있는데, 이것은 아주 잘못이다.

- 7일 오후 2시께 주왕산국립공원 제3폭포 인근에 수련하러 왔던 동국대 경주캠퍼스 윤옥준·김성우·이현중·김현성 씨 등 4명이 제3폭포에 빠져 숨졌다. ……숨진 윤 씨 등 4명은 지난 6일 같은 대학의 정장우 교수 인솔로 다른 동료 학생 11명과 함께 부산 경남고 출신 동문회 수련대회를 하러 이곳에 왔었다. 『한겨레』, 1991. 9. 8.

이 왔었다는 '왔던 것이다'로 써야 옳다. 그냥 '왔다'고 써도 되겠지. 이 기사 역시 연합통신을 그대로 받아쓴 듯, 다른 신문들도 모두 왔었다로 되어 있다.

• 목동아파트단지 안에 만발한 해바라기 꽃 숲이 공해에 찌든 주민들의 마음을 달래주고 있다. 서울양천구청은 지난 5월 쓰레기가 널렸던 목동아파트 공터 4,500평에 해바라기 꽃 단지를 <u>조성했었다</u>. 『한국일보』, 1991. 9. 3.

이 경우도 '조성했다'든지 '조성한 바 있다'고 써야 한다. 그런데 '조성했다'보다는 아주 '만들었다'고 쓰는 것이 더욱 좋겠지.

• 화제를 돌려 그 당시 우리 나라 연예계는 <u>어떠했었는가</u>. 『중앙일보』, 1991. 9. 2.

글의 첫머리부터 이렇게 나오기도 한다.

• 토요구락부가 그 후 얼마 동안 <u>존속됐었는지</u>는 모르지만 서울에 있는 亡國 인텔리들의 사교구락부로 꽤 <u>유명했었던</u> 것 같다. 『중앙일보』, 1991. 7. 18.

70대 노인들이 이렇게 쓰니 젊은이들이 안 쓸 수 없다.

• 내가 이 작품을 처음 접했던 몇 해 전 겨울은 유난히도 <u>추웠었다</u>. 어느 정도 <u>예기되어졌었지만</u>······ 독서감상문 모집 고등학생부 금상 수상작

이래서 우리 말이 엉망진창으로 되어간다고 말한 것이다.

45. 우리 말의 때매김(時制)에 대하여

다음에 드는 보기글 두 편 중 ㄱ)은 강원도에 사는 한 노인이 들려주는

이야기를 받아 적은 것이고, ㄴ)은 서울의 6학년 아이가 쓴 글이다.

ㄱ) 영감 하나가 못살아. 자기 사춘이 한 오리 못 되는 곳에 있어. 그 집은 잘산다 이거야. 사춘이 셋이 있어. 사춘형이 조금 새(사이)가 있으니 생일을 얻어 먹으러 가야 되겠는데, 이놈이 친척집이야. 며느리 보고 그랬지……「개과천선한 며느리」,『한국구비문학대계』, 강원도 영월군편

ㄴ) 뉴스에서 북한 유치원을 보여주었다. 북한은 못산다는 말만 들었는데 수영장도 있고 시설이 좋은 유치원이었다. 귀여웠고 말도 잘했다. '유치원 아이들이 저렇게 잘할까?'라는 생각이 들 정도였다. 그런데 김일성이라는 분의 태어난 집까지 외우는 등 그분에 대해서 노래도 불렀다. '필요도 없는 일을 왜 할까?'라는 생각도 들고 아이들이 너무 딱딱하다는 생각이 들었다. 북한 아이들은 잘하기는 하는데 너무 잘한다는 생각이 들었다.「북한 아이들」

이 두 편에 씌어진 글월들의 끝맺음이 어떤 모양으로 나타났는가, 그리고 때매김은 어떤가를 살펴보자. ㄱ)은 글월이 5개인데 맺음의 씨끝(어미)이 "-아" "-어" "-아" "-지"로 되었고, '-다'는 하나도 없다. ㄴ)은 글월이 7개인데 죄다 '-다'로 끝나 있다. 이 ㄱ)과 ㄴ)은 입말과 글말이 다른 점, 또는 그 특징을 잘 보여주고 있다.

다음은 때매김인데, ㄱ)에서는 5개 글월에서 지난적(과거)으로 끝난 것이 하나뿐이지만, ㄴ)에서는 7개가 모두 지난적(과거)으로 끝나 있다. 이것 역시 입말과 글말의 다름이라 하겠다.

ㄱ)과 ㄴ)에 공통되는 점, 즉 시골 노인의 말과 어린아이 말에 공통되는 점은 토 의가 거의 없다는 것이다. ㄱ)을 끝까지 읽으면 "놈의" 하는 말이 두 군데 나올 뿐이고, ㄴ)에서도 "분의"가 있을 뿐이다.

여기서 우리 말의 때매김을 다시 생각해본다. 우리 말 움직씨에서 때

를 나타내는 말은, 가령 '간다'(가오, 갑니다)는 말이면 (흔히 '가다'를 으뜸꼴이라 하여 사전에도 올려놓았는데, 이런 말은 없다.) '간다'(이제), '갔다'(지난적), '가겠다'(올적), 이 세 가지다. 그리고 나아감꼴(진행형)이 따로 있으니 곧 '가고 있다' '가고 있었다' '가고 있겠다', 이 세 가지가 된다. 이것 말고 다른 어떤 때매김을 나타내는 말도 우리 말에는 쓴 적이 없다. 있었다면 그것은 유길준과 주시경 이후 글을 쓰는 사람들의 글에 나왔을 뿐이다.

1909년에 나온 유길준의 『대한문전』(大韓文典)에는 "과거동사"라 해서 "갓섯소"가 나오고, 1910년에 나온 주시경 『국어문법』(國語文法)에는 "끗기의 때"라 해서 "그마당을씰엇엇소"란 보기글을 들어놓았다.

아무튼 요즘은 이 었었다가 젊은이들의 입에서도 흔히 나오게 되었는데, 이런 서양말법이 퍼지는 것도 무식한 시골 사람은 안 쓰는 말을 써서 유식한 사람같이 보이고 싶어 하는 병든 심리 때문이다.

46. '해프닝'이란 말을 써야 하는가

신문에 자주 나오는 해프닝이란 말을 외래어사전에서 찾아보니 "우연성" "우발성"이라고 풀이해놓았다. 『영한사전』에서 happen은 "일어나다" "생기다"인데, "비슷한 말"로 다루어 풀이하기를 "가장 일반적으로 쓰이는 말. 우연히 또는 계획적으로 어떤 일이 일어남"이라고 해놓았다.(『엣센스英漢辭典』) 해프닝이란 말은 우연히 어떤 일이 일어난다는 뜻임이 확실하다.

그런데 신문에서는 이 말을 달리 쓰고 있다. 캐나다에 가 있는 이동렬 교수님은 "한국사람들이 해프닝이란 이상한 말을 잘 쓰는데, 캐나다나 미국에서는 그런 말 안 씁니다"고 했다. 그래서 몇몇 신문사에다 전화로 "이 말이 어떤 뜻으로 쓰이는가" 물었더니 대답이 다음과 같았다.

『ㄱ신문』(체육부) "영어 그대론데요, 돌발, 우연, 예기치 않았던 사건이란 말입니다."

『ㄴ신문』(문화부) "어떤 일이 일어났다라는 뜻인데, 조롱하는 뜻으로 씁니다."

『ㄷ신문』(사회부) "코믹한 일이 일어났다는 말이지요."

『ㄹ신문』(문화부) "어떤 이치나 도리에 맞지 않은 사건이 일어났다는 데 씁니다."

이러고 보니 네 신문사에서 나온 대답이 모두 조금씩 다르다. 어느 대학에서 영문학을 가르치는 교수님께 물었더니 "신문에서 쓰는 해프닝이란 말은 '그런 짓거리'란 뜻으로 쓰고 있어요" 했다.

그러면 실제로 쓰고 있는 것을 보자.

- 잇단 의원 非理로 資質論대두
  해프닝 많았으나 점차 제자리 『중앙일보』, 1991. 12. 24.
- 文協 이사장 선출 싸고 해프닝 『중앙일보』, 1991. 12. 20.
- 싱가포르 총리 辭任說 해프닝
  말 聯紙 고르비 사진 바꿔 실어 『한국일보』, 1991. 9. 10.
- 공장 입주 찬성 발언을 하도록 사전에 약속되었던 주민들마저 반대 발언을 해버리는 해프닝으로 공청회가 끝나고 말았다. 『조선일보』, 1991. 9. 16.
- 국내에서는 82년 개가 물에 빠진 어린이를 구해냈다는 기사가 誤報로 밝혀지는 해프닝이 벌어지기도 했다. 『동아일보』, 1991. 12. 7.
- 6일의 輿圈 혼선도 바로 이 같은 검토의 과정에서 빚어진 해프닝으로 볼 수 있다. 『동아일보』, 1991. 11. 7.
- 민자당의 김종필 최고위원은 12일 청구동 자택에서 기자들과 만나 부통령제 도입과 4년 연임제도로의 대통령 임기제 변경을 언

급했다가 당사에 나와서는 측근을 통해 부인케 하는 해프닝을 벌여…… 『한겨레』, 1991. 11. 13.

이렇게 쓰고 있는 해프닝이란 말은 아무래도 '웃기는 일' '그런 짓거리'란 뜻임이 분명하다. 그런데 이 말의 본래 뜻과는 달리 이렇게 엉뚱하게 쓰는 것도 문제지만, 사전에도 나오지 않는 이런 말뜻을 모르는 사람들은 이 말을 글에서 읽어도 도무지 뜻을 짐작도 못 하는 경우가 너무나 많다. 그리고 가령 말을 정확하게 쓴다고 하더라도 어째서 이런 남의 말을 자꾸 써서 퍼뜨려야 하나? 남의 말을 제대로 쓰지도 못하면서 자꾸 흉내 내고 있으니 한심하다. 제발 우리 말 좀 썼으면 좋겠다.

47. '조깅'은 (천천히) '달린다'로 쓰자

소설가 이태준 씨는 그가 쓴 『문장 강화』에서 "양복을 입고 장신품을 신식 것과 외국품으로 지닌다면 이른바 모던해 보이고, 스마트해 보이는 것이 사실이다. 문장에서도 신어가 많이 나오면 같은 이치로 모던해 보이고 스마트해 보인다"고 하여 글쓰기에서 서양말 섞어 쓰는 효과를 말해놓았다. 그런데 오늘을 살고 있는 우리가 글을 쓸 때 새로운 물건의 이름이나 새로운 사실을 가리키는 말을 쓰는 것은 당연하고 그렇게 쓰지 않을 수 없지만, 우리 말이 있거나 우리 말로 얼마든지 말할 수 있는데도 서양말을 그대로 따라쓰는 것은 분명히 잘못되었다고 하지 않을 수 없다. 그것은 우리 것을 버리고 남의 것을 따르는 부끄러운 짓이고, 식민지 백성들이나 즐겨하는 노릇이라고 본다.

우리 말을 해치는 서양말 문제가 거의 없었던 반세기 전에야 『문장 강화』에서 쓴 그런 가르침이 별로 해독을 일으키지 않았겠지만, 우리 것이 모조리 짓밟히고 시들어 없어질 판이 되어 있는 오늘날에도 앞에서 인용한 글쓰기 방법이 옳다고 믿고 따른다면 결코 버려둘 수 없는 일이다. 이태준 씨가 아직도 살아 있다면 아마도 그 『문장 강화』의 내용을 틀림없이 고치고 싶어 할 것이다. 그런데 아직도 영어고 무슨 말이고 남의 것이며 즐겨 쓰고 싶어 하는 철없는 사람들이 너무 많다.

다음은 신문기사 제목인데 줄마다 들온말을 써놓았다.

- "알맞는 조깅은 심장의 활력소"
  부시 증세 스트레스가 주요원인
  충분한 워밍업으로 긴장 풀어야. 『한국일보』, 1991. 5. 15.

조깅이란 말을 꼭 써야 할까? 우리 말로는 안 되는가? 불편한가? '달리기' 또는 '가볍게 달리기' '가볍게 뛰기' 하면 안 될 게 뭔가? 조깅이란 말이 들어오기 전에도 우리는 가볍게 달리는 운동을 했다. 미국사람들이 하는 그 조깅이란 것과 우리가 하는 '가볍게 달리기'와 다른 것이 뭔가? 다른 것이 없다면 우리가 하는 것을 버리고 뛰는 몸짓도 꼭 미국사람들 흉내를 내어야 할까? 몸짓 흉내뿐 아니고 말까지 따라가야 할까? 다른 것이 없다면 왜 우리 말을 그대로 못 쓰는가? 말이라도 미국말 써야 운동하는 멋이 나는가?

스트레스도 우리 말로 충분히 쓸 수 있다고 생각한다. 여기서는 '정신 불안'이면 된다.

워밍업은 '준비운동'이라 써야 한다.

- 가족과 함께 가까운 곳 찾아 알찬 피서
  아침 조깅 · 배드민턴 등 규칙적 운동도 『한겨레』, 1991. 7. 16.
- 조깅 『동아일보』, 1991. 9. 19.
- '조깅' 批判論 제기 『제민일보』, 1991. 5. 8.

어떤 신문기사에 조깅이란 말이 수없이 나오는데, 이 말이 무슨 말인지 모르는 사람은 그 기사를 죄다 읽어도 무엇을 썼는지 짐작하지 못할 것이 틀림없다. 이럴 때는 글 앞머리에 "가볍게 달리는 운동인 조깅은……" 이렇게라도 써놓아야 하지 않겠나 싶다. 그러나 우리 나라 사람들이 말에서나 글에서나 조깅이란 말을 쓸 필요가 없다.

48. 쓰지 말아야 할 서양말

우리 말에 마구 섞어 쓰는 서양말 가운데 가장 불쾌한 느낌이 드는 말은 공연히 멋을 부려서 쓰거나 유식함을 뽐내어 쓰는 말이다.

- 訪美에 앞서 이틀간 캐나다를 방문하기 위해 29일 오타와에 도착한 고르바초프 소련대통령은 캐나다의 맑은 공기를 마셔보고는 공짜로 마시기에는 너무 신선하다며 "산소 특별세"를 부과할 것을 즉석에서 제의.
  이에 대해 멀로니 캐나다 총리는 7퍼센트의 판매세 부과에 대한 국민들의 반발과 퀘벡 분리주의자들의 압력만 해도 너무 골치가 아프다며 고르바초프의 제의에 조크로 응답. 『중앙일보』, 1990. 5. 30.

이런 기사는 외국에서 들어온 통신문을 우리 말로 옮긴 것이다. 그러니까 조크란 말은 마땅히 '농담'이라고 써야 한다. '우스갯소리'나 '장난말'이라 써도 되겠지.

- 그런 조크가 외국인의 귀에까지 들릴 정도면 그 사회의 분위기를 대충 짐작할 수 있다. 『중앙일보』, 1990. 9. 17.
- "골프가 좋은 운동인데 한 가지 나쁜 것은 너무 재미가 있는 점"이라고 조크. 『한국일보』, 1990. 1. 29.

이런 글들은 외국말을 번역한 것도 아니고 우리 나라 사람들의 이야기를 우리 나라 사람들이 읽으라고 우리 글로 쓴 것이다. 이런 글에다 조크란 말을 쓸 필요가 어디 있는가.

- 자동차 경주의 <u>스릴 만끽</u> 『중앙일보』, 1992. 1. 9.
- <u>스릴 만끽</u>…… 한탄강·순담계곡 등은 급류 카약으로 최적 『한국일보』, 1991. 8. 9.

스릴이라고 쓰게 되어 있는지 '드릴'이라고 써야 하는지 모르지만 신문에는 모두 스릴이다. 영어와 중국글자말을 한데 붙여놓았는데, 내가 보기에는 참 꼴불견이다. '아슬아슬한 맛'이라면 얼마나 좋은가.

- 제주여고 학생들이 펼치는 재치와 <u>코믹</u> 『제민일보』, 1991. 11. 14.

코믹이라는 영어 형용사를 이렇게 써도 될까? 말이 된다 하더라도 우리 말을 써야지. '웃음'이나 '웃음거리'라고 쓰면 얼마나 좋은가.

- <u>커브</u>지점 도로 잘못돼 있다. 교통사고 근절 위한 근본대책 없나? 『주간홍성』, 1991. 9. 2.

여기 나오는 커브란 말은 많이 쓰는 말이다. '굽이' '굽이길'이란 버젓한 우리 말이 쫓겨난 셈이다. '굽이길' 하면 될 것을 "커브지점 도로"라니 참 괴상한 말을 썼다. 유식한 말을 쓰려고 하면 이런 꼴이 되기 예사다.

우리 말글에 섞어서 쓰고 있는 서양말을 네 가지로 나눠본다.

첫째는 공연히 멋을 부리거나 유식함을 내보이려고 쓰는 말인데, 해프닝, 조크, 코믹, 레벨, 스마일, 가이드, 토큰, 쇼핑, 쇼크, 갭, 캠퍼스, 데뷔…… 이밖에도 얼마든지 있다. 아주 쓰지 말아야 할 말들이다.

　둘째는 우리 말로 쓰면 좋겠다 싶은 말인데, 파티, 노하우, 메모, 스트레스, 위트, 패턴, 메시지, 이미지 따위다.

　셋째는 우리 말로 쓸 수 없을까 싶은 말인데, 스모그, 프로그램, 스포츠, 뉴스 따위다.

　넷째는 그대로 쓸 수밖에 없는 말인데, 펜, 라디오, 텔레비전 따위다.

　밖에서 들어온 모든 말을 이 네 가지로 나누어 정리했으면 좋겠다.

제2부 겨레를 살리는 우리 말

제1장 말이 살아야 겨레가 산다

1. 말과 글의 뿌리

이 책(『우리 글 바로 쓰기 1』)을 내려고 준비할 무렵이었다고 생각되는데, 글을 쓴다는 사람들이 모인 어느 자리에서 우리 말에 관한 얘기가 나와, 내 생각을 잠시 말했더니 듣고 있던 한 친구가 이렇게 충고했다.

"이 선생은 너무 그렇게 단정적으로 말하지 않는 게 좋겠어요."

나는 그때 이 말을 우정에서 나온 좋은 말이라 받아들이면서도 한편 "너같이 무식한 사람이 뭘 그렇게 큰소리치나. 말이라도 조심스럽게 해야지" 하는 것처럼 느껴져서, 다시 30년 가까이 지나간 옛날 시골학교에 있을 때 일이 머리에 떠오르는 것을 어찌할 수 없었다. 그때 아이들 글짓기 지도 문제를 두고 직원들이 한자리에 앉아 협의를 하고 있는 시간이었는데, 내가 신문 잡지에 나온 아이들 글을 비판했더니 대학 국문과를 나왔다는 교사 한 사람이 빈정거리듯 말했던 것이다.

"뭐 그런 문제라면 책을 좀 읽고 연구해봐야지요."

"너같이 대학도 안 나온 사람이 무슨 큰소리를 그렇게 치나!" 하는 말이었다.

그렇게 어느 친구가 충고했는데도『우리 글 바로 쓰기』는 아주 확신에 찬 말로 씌어 있다. 실수가 없도록 조심해 말하는 것은 분명히 하나의 아름다운 덕이리라. 그러나 너무도 명백한 것, 의심의 여지가 없다고 믿는 것을 일부러 흐리멍덩하게 말할 까닭이 무엇인가?

　이 『우리 글 바로 쓰기』에는 엄청난 문제가 들어 있다. 나는 이 책이 나가면 많은 학자들과 글 쓰는 이들이 내 주장을 비판하게 되거나, 아니면 거의 모든 사람들이 내 견해가 옳으니 지금부터 우리 말을 살려서 글을 쓰자고 해서, 신문이나 잡지의 글이 머지않아 많이 달라지리라 생각했다. 그런데 책이 나온 지 한 해가 더 지났는데도 아직 책의 내용에 대해 다른 의견을 내놓은 글을 보지 못했다. 많은 사람들이 만나서 인사로 또는 전화로, 편지로 찬성과 공감의 뜻을 말해주었지만, 내가 그토록 애써 비판한 신문의 글은 여전히 나오고 있다. 잘못한 것을 알았으면 고쳐야(고쳐보려는 노력이라도 해야) 하겠고, 만약 "잘못했다"고 하는 그 지적이 잘못되었다면 그걸 말해줘야 할 것 아닌가? "겨레의 넋이 담긴 말이 남의 말글로 죽어가고 있다"고 해도 아무 대답이 없으니 참 답답할 노릇이다.

　한번은 외국에 있는 어학문제를 연구하는 기관에서 일한다는 분을 만났더니 "내 책을 읽고 많이 배웠다"면서 반가워한 다음 이런 질문을 했다.

　"선생님이 우리 글에 대해서 쓰신 생각의 학문적 근거가 어디에 있습니까?"

　나는 아주 크게 놀라고는 이렇게 말해주었다.

　"학문적 근거라니요? 내 생각은 어떤 외국 학자들의 학설에서 나온 것이 아닙니다. 그런 학설에 매달렸더라면 나는 그 책을 못 썼을 겁니다. 내 생각의 뿌리는 나 자신이고, 내가 알고 있는 우리 말이고, 말을 하면서 살아온 백성-민중들입니다."

　또 어느 젊은이가 찾아와서 내가 쓴 책에 나타난 말과 글에 대한 생각이 외국 어느 학자의 주장과 공통점이 있다고 했다. 같은 생각을 하는 사람이 있다니 반갑다. 그런데 우리가 만약 순수한 인간의 마음으로 사물을 본다면 누구든지 ─ 동양사람이고 서양사람이고, 어른이고 어린이고, 교수고 농사꾼이고 모두 ─ 진리를 볼 수 있을 것이다. 진리는 지극히 단순한데 온갖 거짓이 진리를 복잡하게 만들어놓았다고 한 것은 고리키였던가. 진리를 복잡하게 꾸미고 만들어 알 수 없게 하는 정치와 교육의 속임수를 우리가 꿰뚫어볼 수 없다면 언제까지나 안개 속에 끌려다니기만 할 것이다.

2. 전문가들이 다 망친다

일전에 어느 자리에서 여러 사람이 모여 교육 이야기를 하고 교과서 걱정을 했는데, 마지막에 학교 선생님 한 분이 이렇게 딱 잘라 말했다.
"더 말할 것 없이 교육은 전문가들이 다 망칩니다."
그때 앉아 있던 모두가 이 말이 옳다고 했다. 정말 교육은 교과서를 만들고 교육을 앞장서서 끌어간다는 행정관리들과 학자들이 다 버려놓고 있는 것이다. 그런데 내 생각은 교육뿐 아니고 다른 모든 분야가 다 그렇다. 전문가들이 망치고 있다고 본다.

우선 내가 관심을 가지고 있는 아동문학인데, 동화를 쓰고 동시를 쓰는 기술을 특별히 면허받았다고 생각하는 사람들이 아동문학을 엉망으로 만들었다는 생각을 버릴 수 없다.

며칠 전 어느 백과사전 번역 일을 맡고 있는 분들이 모인 자리에서, 동화작품을 가지고 생각을 나눠본 일이 있다. 날마다 남의 나라 사람이며 땅에 관한 말들과 씨름을 하는 분들이, "같은 글이라도 좀 재미있는 우리 글을 가지고 이야기하는 시간이 있었으면 좋겠다"고 해서 마침 이달에 여러 기업의 사보에 실린 창작동화를 몇 편 복사해 가져갔다.

약 20명의 젊은이들에게 동화를 읽힌 다음 그 느낌을 말해보라고 했더니 모두 한마디씩 했다. 그때 내가 놀란 것은, 아동문학이고 동화고 하는 것을 전혀 모른다고 하는 그들이 동화를 받아들이는 태도가 조금도 비뚤어져 있지 않고 정확하다는 것이다. 나는 작품을 미리 읽어서 '이 작품에 대해서는 이러저러한 말을 해주어야지' 하고 있었는데, 그런 말을 내가 해줄 필요도 없이 모두 했다. 그래서 이런 생각이 들었다. 만약 이 작품들을 우리 나라 아동문단에서 활동하고 있는 선배나 중견들, 또는 월평 같은 것을 쓰는 사람들에게 나눠주어서 논평하라고 하면 어떤 말이 나올까? 온갖 기괴한 말들이 쏟아져나올 것이 틀림없으리라는 생각이 들었다.

자세하게는 모르지만 미술이나 음악이란 동네도 비슷하지 않겠나 싶다. 정치와 경제는 말할 나위도 없다. 삶의 바탕부터 엉망이 되어 있으니 그 위에 얹혀 있는 교육이고 문학이고 그밖의 문화들이 어느 한 가지도 바로 서 있을 수 없는 것이 당연하다. 종교라 한들 여기서 벗어나 있을까? 모든 분야에서 전문가가 망쳐놓았다면, 한마디로 이 사회는 상식 이하가 되어 있다고 할밖에 없다.

말이 난 김에 한 가지만 더 보기를 들겠다. 말과 글에 관한 것이다.

"이 돌은 저 돌보다 무겁다."

이럴 때 쓰는 "보다"란 말은 우리 말이다. 그런데

"우리는 보다 나은 삶을 위하여……."

이렇게 될 때 여기 나온 보다는 우리 말이 아니다. 우리 말로는 '더'를 써야 한다. "보다 깨끗이 보다 친절하게" 이것이 아무리 일본말 그대로 옮겨다 쓰는 말이라고 해도 귀를 딱 막고 있는지 거의 모두 그대로 쓰고 있으니 참 땅 팔 노릇이다. 심지어 한글 바로 쓰기를 주장하는 사람들까지 그렇다. 글을 읽지 못하는 시골 사람은 안 쓰는데!

"나도 어제 거기 갔었는데."

이게 또 어처구니없이 퍼진 서양말법이다. 우리 말 움직씨에는 '과거완료'나 '과거진행완료' 따위가 없다. 없어야 깨끗하고 자랑스런 우리 말이 된다. 이런 잘못된 말을 만들어놓은 것이 학자들이다. 대관절 한글학자들이 해놓은 게 뭔가?

20세기에 들어와 우리 말 연구에서 가장 먼저 나온 책이 최광옥의 『대한문전』(大韓文典, 1908)과 주시경의 『국어문전음학』(國語文典音學)들인데, 이 두 권이 어떤 글로 씌어져 있는가 보자.

> 文典은人의思想을書出ᄒᆞᄂᆞᆫ法……을敎ᄒᆞᄂᆞᆫ者니…… 『대한문전』
> 音은天地에自在ᄒᆞᆫ者라故로何人이든지能히加減도못ᄒᆞ고…… 『국어문전음학』

그런데 이런 학자들의 책보다 꼭 9년이나 앞선 1896년에 나온 『독립신문』 제1호 '논설' 첫머리가 다음과 같다.

> 우리가 독닙신문을 오늘 처음으로 판ᄒᆞᄂᆞᆫ듸 조션속에 잇ᄂᆞᆫ
> 닉외국 인민의게 우리 쥬의를 미리 말ᄉᆞᆷᄒᆞ여 아시게 ᄒᆞ노라.

얼마나 앞선 글인가? 띄어쓰기조차 이렇게 잘 해놓았다. 그런데 이게 국문학자가 쓴 글이 아니다! 우리 말글을 연구한다는 학자들은 이 『독립신문』이 나온 꼭 30년 뒤인 1926년에 낸 책에서도

> 西洋에잇서서는일즉이希臘으로부터文法을硏究하얏섯다.　洪起文, 『조선문전요령』(朝鮮文典要領)

이와 같이 일본글 서양글을 그대로 옮겨다 썼고, 움직씨(동사)의 때매김에서는 주시경·유길준 때부터

> 그마당을씰엇엇다　주시경, 『국어문법』國語文法
> 갓섯드니　유길준, 『대한문전』

제1장 말이 살아야 겨레가 산다　177

이렇게 영어문법을 그대로 가져와 우리 말을 짓밟아놓았던 것이다. 인간의 역사를 돌아보면 참으로 어리석고 답답하고 기막힌다. 온갖 영웅호걸과 천재와 학자들이 그 역사를 움직였기에 그렇다. 이제 우리는 깨달아야 한다. 학문이고 뭐고 아무것도 모르고 다만 소박하게 일하며 살아가는 사람들이 보는 눈과 느끼는 마음이 가장 바르고 깨끗하다는 것을. 철학이고 종교고 주의고 사상이고 그 모두가 이 평범한 사람들 속에서 나와야 한다는 것을!

3. '옷'과 '의상'

내가 아주 어려서 천자문을 배울 때 가끔 아이들에게 "오오디 치마상" 하고 놀림을 받았던 일이 생각난다. 이게 무슨 말인고 하면 『천자문』 책 앞쪽에 "乃服衣裳"이란 글자가 나오는데, 이것을 읽으면 "이어 내" "옷 복" "옷 의" "치마 상"이다. 이것을 소리 나는 대로 적으면 "이어내" "옷뽁" "오오디" "치마상"인데, 여기서 뒤의 두 글자를 읽는 소리가 어째서 나를 놀리는 말이 되는가 하면, 이것은 내 이름을 부르는 소리와 비슷하기 때문이다. 내 이름을 부를 때 우리 집 식구들은 모두 글자 그대로 "오덕아" 하든지 "덕아" 하고 부르지만, 이웃 사람들은 아이들까지 아무도 이렇게 안 불러주고 "오딕이(오오디기) 있나?" "오딕아(오오디가)" 하는 것이다. 곧 이것은 '덕이→덱이→딕이'가 되는 셈인데, 이것이 우리 말에 나타나는 '이' 모음동화현상이란 것이겠지.

나는 그때 아이들한테 그런 놀림 말을 듣고 부끄럽고 속상했지만, 지금 생각하면 '왜 그렇게 마음이 좁았을까' 웃음이 난다. 나이 겨우 다섯 살쯤 되었을 때니까 그럴 수도 있겠지.

여기서 또 깨닫게 되는 것은 글자고 책이고 읽지 못하는 사람들, 더구나 어린아이들이 느끼는 우리 말에 대한 느낌이 가장 깨끗하고 바르다는 사실이다. '옷'이니 '치마'니 하면 그것은 다 잘 알고 있는 우리 말이지만,

거기에 '의'니 '상'이니 하는 엉뚱한 남의 나라 글자소리를 갖다 붙이자니 괴상한 말로 들릴 수밖에 없다.

오늘 내가 왜 이렇게 어렸을 때 생각을 했나 하면, 바로 신문에 이 '옷 의' 자와 '치마 상' 자로 된 의상이란 말이 여기저기 나왔기 때문이다.

- 대륙상징 전통의상
- 중국을 상징하는 전통의상 차림의 할아버지가……

다른 말들이 거의 모두 그렇지만 우리 나라 사람들은 몸에 걸치고 입고 다니는 물건을 두고도 이제는 제 나라 말을 안 쓰게 되었다. 나는 아직 신문에서 옷이란 말이 나온 것을 보지 못했다.

중국사람들이 의상(衣裳)이라 쓸 때 '의'(衣)는 윗도리 옷을 말하고 '상'(裳)은 바지나 치마를 뜻한다. 그래서 옷을 두루 말하는 말로 쓰는 것이다. 우리도 '윗도리' '저고리'와 '바지' '치마'가 따로 있지만 모두 통틀어 말할 때는 '옷'이라는 아주 간단하고 편리한 말을 썼다. 그런데 어째서 요즘은 '옷'은 안 쓰고 衣裳이라 쓰고, 혹은 중국글자의 소리를 나타낸 의상이란 말을 쓰고 싶어 하는지 알 수 없다. "전통의상"이라 하지 않고 '전통 옷'이나 '우리 옷'이라고 쓰면 신문기사의 격이 떨어질까?

상의, 하의도 마찬가지다.

- 개막식에서 757명의 한국선수단은 <u>감색 상의와 베이지색 하의</u> 차림으로 31번째로 입장했다. 1991. 9. 23.

위의 글에서 "감색 상의……" 대문을 '감색 웃옷에 엷은 감색 아래옷'이라 쓰면 될 것을 어째서 신문마다 이 모양인가.

복장단정, 복장검사, 하복, 동복……

하긴 초등학교 때부터 이런 말로 군대식 교육을 받아왔으니 어른이 되어도 잘못 배운 말을 버리기가 힘들겠지. 그러나 우리가 책에서 읽은 대로, 신문에서 본 대로, 라디오나 텔레비전에서 들은 대로 그것이 다 우리 말이라 여기고 마구 쓴다면 우리 말은 엉망진창이 될 것이고, 돌이킬 수 없는 지경에 빠질 것이다.

4. '돌아가셨다'라는 말

옛날부터 우리는 죽음을 말할 때 '돌아간다'고 했다.
"그 어른이 돌아가셨다지요?"
"네, 오늘 아침에 가셨습니다."
나는 이 '돌아가셨다'란 말이 너무너무 좋고 자랑스럽다. 세계 어느 나라 말에 이처럼 죽음을 희망으로 나타내는 말이 있던가. 본래 우리는 다른 세상에서 이 세상으로 왔다. 죽음은 본래 있었던 세상으로 돌아가는 것이다. 이 얼마나 훌륭한 죽음에 대한 철학인가. 일본사람들은 죽음을 "나쿠나루"라고 말하는데, 그 뜻은 없어진다는 것이다. 없어지는 것과 돌아가는 것, 인생을 생각하는 태도가 한마디 말에서 이렇게 다르다.

그런데 사람들은 이 좋은 말을 안 쓴다. 말로는 더러 쓰는지 몰라도 글에서는 안 쓴다. 신문에서는 날마다 사람의 죽음을 알리는 기사나 광고가 나오지만 "돌아갔다"란 말은 아직 한 번도 본 일이 없다. 모조리 유식한 중국글자말뿐이다. 심지어 '죽음'이란 말조차 안 쓴다. '순수한 우리 말은 무식한 사람들이나 쓴다'는 글쟁이들의 생각이 이런 데서도 너무나 잘 드러나고 있다.

- 가을 물난리 36명 사망
- 시인 ××× 씨 타계
- ××× 이사장 별세

대개가 이런 꼴이다. 이밖에 신문 사회면에서 죽음의 까닭이나 모습을 나타내는 말로 소사(燒死), 수장(水葬), 몰사(沒死), 익사(溺死), 역사(轢死), 참사(慘死), 동사(凍死), 아사(餓死) 들의 말과 함께 분신자살이라든가 "산화"(散華)란 말을 볼 수 있다. "피살" "살해"란 말도 자주 눈에 띈다. 매몰(산사태)이라든가 "실종"(배가 가라앉아)과 같이 죽음을 간접으로 나타내는 말도 있다. 그러나 순수한 우리 말은 단 한 번도 본 적이 없다.

- 세든 다방 여주인 소사

이런 신문 제목을 '세든 다방 여주인 타죽어'라고 알기 쉽게 쓰면 신문의 격이 낮아질까?

- 반항자는 살해
- 전처 아들 한강수장 기도

이런 신문제목도 '반항자는 죽여' '전처 아들 한강물에 던져 죽이려 해' 이와 같이 알기 쉽게 쓰면 신문기자들이 무식하다는 말을 들을까? 그렇다면 무식하다는 말을 듣는 것을 영광으로 알아야 한다.

- ××× 박사 타계
- 청소부 사망

이건 누가 생각해도 잘못된 말의 계급이다. 이래가지고 우리가 무슨 민주주의를 한다는 것인가?

대관절 우리는 말을 너무 비민주로 쓴다. 돈이 많거나 높은 자리에 있는 사람에게는 당치도 않은 존댓말과 함께 될 수 있는 대로 어려운 중국 글자말을 찾아쓰는 게 예의라고 생각하는 풍조가 사회를 휩쓸다보니 그만 보통사람들끼리 순수한 우리 말을 쓰는 것을 부끄럽게 여기게 되었다. 농사꾼이 먹는 것은 '밥'이지만 좀 유식한 사람들이 먹는 것은 '식사'이고, 아주 높은 사람들이 먹는 것은 '조찬'(오찬·만찬)이라 한다. 그러더니 요즘은 농사꾼들도 '식사'란 말을 쓴다. 보통사람이 사는 집은 그냥 '집'이지만 좀 값이 나가는 집을 '주택'이요, 더 규모가 크면 '저택'이다. 시골 사람들은 '놀이'를 하지만 읍내 사람들은 '오락'을 하고, 회사의 계장이나 과장급들이 모이면 '레크리에이션'을 한다. 그러더니 요즘은 학교나 교회의 아이들도 '레크리에이션'을 하게 되었다.

사람이 세상에 태어난다는 '난다-출생한다-탄생한다'는 말조차 이렇게 계급에 따라 달리 쓰고 있으니, 먹고 입고 자고 일하는 데 쓰는 모든 말이 비민주로 되지 않을 수 없다. 그러나 마지막으로 죽을 때만은 평등한 말로 대접받아야 할 것 아닌가.

죽음을 뜻하는 모든 거추장스러운 중국글자말을 과감하게 우리 말로 바꿔 쓰는 공부부터 해야 한다. 쉬운 말, 우리 말을 쓰지 않고는 결코 진리를 말할 수 없고, 민주주의를 창조할 수 없을 것이다.

5. 남의 글 고치기

신문사나 잡지사, 또는 낱권책을 내는 출판사에서 편집을 맡고 있는 분들은 흔히 남의 글을 고친다. 그래서 글을 쓴 사람과 의견이 맞서는 수가 예사다. '글을 어떻게 고쳐야 하는가' 하는 문제는 글쓰기와 출판문화의 바탕을 다지는 중요한 문제인데도 지금까지 이 문제를 두고 아무런 원칙도 없이 '편집을 하는 사람마다 달리해온 것이 아닌가' 싶어, 여기서 글다듬기 문제를 생각해보기로 한다.

먼저, 신문이나 책을 만드는 쪽의 의견을 들어보면 "어떤 사람의 글도 거의 모두 원고 그대로는 실을 수가 없다"고 한다. 우선 "맞춤법과 띄어

쓰기를 규정대로 지킨 원고가 없고, 틀린 글자, 틀린 말, 문법에 맞지 않는 글, 사실을 잘못 알고 쓴 내용, 단락이 잘못되고, 글의 길이가 안 맞고…… 이래서 손을 대지 않고는 도무지 실을 수 없다"는 것이다. "원고 그대로 내서는 책이고 신문이고 단 한 권, 단 한 장도 읽을 수 있도록 만들지 못한다"고 하는 편집자들의 말은 사실이고, 귀담아듣지 않을 수 없다.

그러나 이번에는 글 쓰는 사람들의 말을 들어보자.

"맞춤법이나 띄어쓰기 따위를 편집부 방침대로 고치는 것은 문제 삼지 않겠다. 그런데 어째서 문장을 제멋대로 요리하는가? 토 한 자를 고쳐도 아주 딴 글이 되는 수가 흔한데, 남의 글을 마구 깎고 뜯어고치고 하니 이런 횡포가 어디 있는가?"

사실은 나도 글을 쓰는 사람으로서 수없이 많이 당했다. 책을 만드는 쪽의 말도 이치가 있어 이해는 되지만, 이 문제에 대해서는 글을 고치고 싶어 하는 쪽에 더 큰 잘못이 있고, 잘못의 근원이 있다고 보고 그것을 좀 말하려 한다.

맞춤법이고 띄어쓰기고 글점 같은 것을 바로잡는 것은 좋은데, 내가 알기로 편집 일을 하는 사람들은 대체로 남의 원고를 뜯어고치는 일을 두렵게 생각하지 않는다. 어쩌면 남의 글을 고치는 노릇을 당연히 해야 하는 일로, 권리로 알고 있는 것 같기도 하다. 그래서 원고가 흠 없이 씌어 있어도 손을 안 대고 그대로 내게 되면 편집자로서 권위를 잃어버린다고 생각하고 있는 것은 아닌지 모르겠다.

그 어떤 사람도 완전한 글을 쓰지 못한다. 그러면 그럴수록 남의 글을 고치려 할 것이 아니라 그대로, 온전치 못한 그대로 두어야 한다. 또 사람은 누구나 자기만 가진 말버릇이 있고 글 버릇이 있다. 그것을 인정해야 한다. 남의 버릇을 모조리 자기 버릇대로 고치려 한다면 어찌 되겠는가? 내가 보기로 편집부 직원들이 원고를 뜯어고치는 경우, 가령 10군데 고쳤다고 하면 5군데는 잘못 고치고 3군데는 안 고쳐도 될 곳을 고쳐놓고 나머지 2군데쯤 겨우 바로 고친 것이다. 대체로 그렇다. 10군데 중에서 옳게 고친 것이 5군데밖에 안 된다면 차라리 손을 안 대는 것이 좋겠다. 한두 군데밖에 바로 고친 것이 없다면 이런 글 고치기가 얼마나 큰 해독을 끼치겠는가?

글이 잘못됐다면 어디까지나 쓴 사람이 책임질 일이다. 쓴 그대로 세상 사람들이 읽도록 하여 비판을 받게 할 일이고, 그래야 글을 쓰는 사람도 정신을 차린다. 다만 한 가지, 편집부에서 아주 확신을 가지고 고쳐야 할 것이 있다. 그것은 쉬운 말이 있는데도 공연히 어려운 중국글자말을 썼거나, 우리 말이 아닌 남의 나라 말이나 말법으로 쓴 것이다. '우리 말을 지키고 가꾸는 크나큰 일에 책을 만드는 사람들도 앞장설 수 있다면 얼마나 좋겠나' 생각해본다.

6. 우리 말 좀 씁시다

며칠 전 볼일이 있어 어느 교회 문간에 들어갔다가 적잖이 놀란 일이 있다. 들머리 한쪽 문에 "뒷간"이라고 써 붙여 있는 것 아닌가. 나는 내 눈을 의심하여 다시 살펴보았는데 틀림없이 "뒷간"이었다. '해방' 바로 뒤 고향 학교에서 우리 말을 익히자고 해서 변소 문짝마다 "뒷간"이라 써 붙이고부터 지금까지, 사십몇 년 동안 어디서도 들은 적 없던 것 같은 이 말을 처음으로, 그것도 서울 한가운데 있는 건물에서 보게 되었으니 놀라지 않을 수 없었던 것이다.

'뒷간'이 '변소'로 되고, '변소'가 '화장실'로 변질한 우리 말의 역사는 그대로 우리들의 정치와 경제와 교육과 학문과 종교와 사회풍속이며 문학·예술에 이르기까지 모든 역사를 움직여온, 또는 모든 역사가 집약되어 나타난 우리 온 국민의 정신사가 되어 있다고 나는 본다. 소련 사태에 가장 큰 충격을 받은 사람들이 '좌'든 '우'든 간에 아마도 우리 나라 사람들일 것이다. 왜 그런가? 남만 쳐다보았기 때문이다. 우리가 가진 생각의 뿌리가 이 땅에 내린 것이 아니기 때문이다. 우리 정치가 왜 이 모양인가? 사람들은 어째서 못살아도 잘사는 척, 없어도 있는 척, 몰라도 아는 척하는가? 어째서 그처럼 사치를 하고 '과소비'를 하는가? 그것이 모두 말에 나타나고 또 말이 그렇게 사람들을 만든다. 위의 물음을 말의 현상에서 되풀이하면 왜 사람들은 '소식을 들었다'고 하지 않고 "뉴스에 접했다"고 하는가? '말을 했다'고 할 것을 "언어를 사용했다"고 하는가? 어째서 문인들의 약력에는 '문단에 나왔다'고 쓰지 않고 "데뷔했다"고만 쓰는가? 어째서 신문기자들은 "조깅"이니 "조크"니 "해프닝"이란 말들을 쓰고 싶어 할까? 이렇게 된다. 그러니 남의 것 '안 사기' 운동이 아니라 "불매"운동을 하는 이상 결코 제대로 그 운동의 열매를 거둘 수 없다고 본다.

"뒷간"이란 말을 이제 와서 꼭 쓰자는 것이 아니다. 내가 쓰자고 한다 해서 될 일도 아니다. 그러나 이런 말을 살리고 싶어 하는 사람이 이 병든 서울 한가운데 그래도 살고 있으니 희망을 걸 만하다.

7. 과학전람회와 어린이 말

얼마 전, 올해 전국과학전람회에서 대통령상을 받은 어느 초등학생의 기사가 신문마다 난 일이 있다. 상을 받은 작품 이름이 "표구사에서는 풀을 왜 삭혀서 사용할까"로 되어 있어서, 어째서 '쓸까'라 하지 않고 사용할까로 했는지 좀 답답했지만, 초등학교 1학년 책에서부터 '쓴다'란 말은 버리고 사용한다란 말만 써서 가르치고 있으니 '그런 교과서로 배운 아이들이 말이고 글을 이렇게 쓰게 되는 것이 당연하겠다' 싶어 기사를 읽어 가는데 그다음에 나온, 당선 어린이가 작품을 설명한 말은 너무도 놀라웠다.

"보통 집에서는 풀을 쒀 바로 쓰지만 표구사에서는 10~15일 정도

방치, 곰팡이를 피운 뒤에야 <u>사용하</u>는 것이 이상했습니다."
　박 양은 이것이 풀의 <u>접착력과 수축력을 최적화</u>하기 위한 것임을 알아냈다…….

이것은 『ㄷ일보』 기사인데, 아이가 정말 제 입으로 이런 말을 했다고 해도 문제이고, 아이는 쉬운 말을 했는데, 기자가 이렇게 썼다고 해도 문제다. 이 신문은 그 아이가 한 말을 더 적었다.

"저희 학교가 분교로 <u>축소되리라</u>는 말을 들었습니다."

우리 말이 어린이의 입에서까지 유식한 중국글자말로 병들어가는 현상을 본다. 다른 신문들도 거의 같은 말로 이 아이 얘기를 썼다.

　박 양은 삭히는 시간과 <u>접착강도</u>, 풀의 <u>수축</u>에 따른 장력 등에 대한 실험을 시작했고…… 삭힌 밀가루로 만든 풀을 다시 삭히는 이유는 풀의 <u>접착도</u>를 낮춰 <u>건조 시 수축에 의한 장력을 감소시켜</u> 표구의 <u>변형</u>을 방지할 수 있기 때문이라고 박 양은 설명한다. 『ㅎ일보』

이런 말은 실제로 아이가 한 것이 아니라 교사가 대신 써준 작품해설서를 보고 기자가 이렇게 쓴 것이 아닐까? 그러나 그 해설서를 아이가 교과서 외우듯이 외워서 지껄였는지도 모른다. 그렇다면 그런 작품조차 지도교사가 만든 것을 아이의 이름으로 낸 것은 아닌지 의심도 된다. 지난 수십 년 동안 숱한 과학전람회 입상작품이 그랬듯이 말이다. 부디 그렇지 않았기를 바란다.
　또 같은 전람회에서 국무총리상을 받은 작품의 이름은 "<u>죽순</u>의 빨리, 곱게 자람에 대한 우리들의 탐구"로 되어 있다. "죽순의 빨리" 이것이 어떻게 우리 말이 될 수 있는가?

정치고 교육이고 비뚤어진 모든 것은 말에 나타난다. 그리고 비뚤어진 말이 또 모든 삶을 병들게 한다. 더구나 우리가 아이들에게 겨레말을 제대로 이어주지 못하고 있으니, 이래 가지고 앞날이 어찌되겠는가?

8. 유식한 말 쓰는 버릇부터 고쳐야

우리 아파트 마을에는 두어 해 전부터 어느 농촌에서 젊은 농사꾼들이 가을마다 무, 배추를 싣고 와서 팔았다. 농약을 뿌리지 않는 채소 농사를 해서 도시 사람들에게 바로 대주고 있어 참으로 잘하는 일이라 생각되었는데, 오늘은 그 젊은이들한테서 엽서로 인사장까지 왔다. 채소가 팔린들 얼마나 팔렸겠는가. 그래도 '해마다 이렇게 애쓰다보면 도시 사람들이 믿어주겠지' 하고 인사 편지까지 보낸 젊은이들이 믿음직하고, 부디 앞일이 잘 되어 농촌도 살고 도시도 살게 되었으면 싶다.

그런데 그 편지글이 농사꾼의 글 같지 않다. 농사꾼이고 장사꾼이고 누구든지 깨끗한 우리 말을 써야 하니, 여기 그 편지글을 두고 함께 생각해보기로 한다. 밑줄을 친 데가 문제다.

안녕하셔요.
김장은 맛있게 드시고 계시는지요? 땅을 살리고, 농촌을 살리고, 소비자의 건강을 책임지겠다는 <u>취지하에</u> <u>미력이나마</u> 2년 동안 과천을 대상으로 무농약 김장배추 <u>직거래</u>를 <u>시도해</u>보았습니다.
참 보람 있는 일이었습니다.
'배추로 맺어진 인연'을 저희는 소중하게 생각합니다. 앞으로도 계속 생산자와 소비자가 <u>신뢰</u>할 수 있는 사회를 만들고자 안전한 먹거리를 정성<u>으로</u> <u>취급하려고</u> 하오니 애정과 관심을 가지고 <u>동참해</u>주시길 부탁드립니다.
1990년 12월 27일

자연농업 젊은이 올림

다음에 문제가 되는 말을 차례로 풀이해본다.

- 취지하에 (→뜻으로)

-하에를 우리 말로 쓴다고 '아래로'라고 써도 안 된다. 그것은 중국글 번역투다. "시국하에"라면 '시국에서'로 쓰면 된다. 토를 잘 살려 써야 우리 말이 살아난다.

- 미력이나마 (→작은 힘이나마)
- 직거래 (→직접거래, 바로 팔고 사기)

직거래는 말느낌도 좋지 않다.

- 시도해 (→해)

시도란 말은 거의 모든 경우 공연히 쓰는 버릇이 있다.

- 신뢰할 (→믿을)
- 먹거리 (→먹을거리, 먹이)

식품이란 말이 중국글자말이라 하여 어떤 사람이 만들어낸 말을 이렇게 쓰고 있는데, 먹거리는 말느낌이 좋지 않으니 쓰지 말아야 한다. '먹을거리'면 되는 것을 이렇게 억지스런 말을 만들어 쓸 필요가 어디 있는가?
먹거리란 만든 말은 움직씨 '먹다'의 줄기 '먹'에 '거리'를 붙인 것인데,

이것은 크게 잘못되었다. 움직씨의 줄기에 '이'를 붙이면 말이 되지만 '거리'를 붙여서는 말이 안 된다.

'놀다' 놀+거리=놀거리(×)
놀+이=놀이(○)
'손잡다' 손잡+거리=손잡거리(×)
손잡+이=손잡이(○)

또 '거리' 앞에는 움직씨의 매김꼴이 오거나 이름씨가 와야 말이 되는 것이다. "쓸 거리" "공부 거리"와 같이.
이것이 우리 말의 법칙이다. 법칙을 어기고 억지말을 만드니 불쾌한 느낌이 드는 것이지. 민중이 쓰는 말을 지식인들이 만들어낼 수는 없다.

• 취급하려고 (→다루려고)

이 **취급**은 일본사람들이 쓰는 중국글자말이다.

• 동참해 (→함께 참가해)

이 편지 글에서 "동참해주시길……" 하는 말은 좀 맞지 않다.
"농사꾼이 쓴 글이 지식인의 글같이 되었다"고 했는데, 무식한 농사꾼이 쓰는 쉬운 말이 가장 깨끗하고 바른 우리 말임을 알아야 한다.

9. 엄마, 아빠와 어머니, 아버지

먼저, 『한기』 1월호에 나온 글 제목에서 느낀 것을 한두 가지 적어본다.

• 엄마, 아빠 고맙습니다.

이 제목을 보고 먼저 엄마, 아빠란 말과 "고맙습니다"란 말이 어울리지 않는다고 느꼈다. 그리고 글의 내용이 어린아이가 나오는 얘기인 줄 알았더니 19, 20세가 된 청년들과 그 부모의 얘기였다. 초등학생만 되어도 젖먹이 아기들의 입에서나 나오는 아빠란 말은 안 쓰는 것이 좋겠는데, 우리 나라 부모들은 중고등학생이 된 자식들에게도 아빠, 엄마라고 부르게 하고 있다. 자기를 낳아 길러준 부모를 바른 모국어로 부르도록 가르쳐주지 못하는 이 나라의 모든 부모들은 부모로서 자격미달이라고 할밖에 없다.

그런데 위의 제목으로 쓴 글은 거기 나오는 가정에서 엄마, 아빠라고 부른 것이 아니었다. 오히려 "어머니" "아버지"로 부른 듯하다. 다만 책을 편집하는 분이 이렇게 제목을 붙여 기사를 쓴 것이다. 엄마, 아빠라고 써야 화목하고 다정한 가정의 분위기가 나타난다고 보았을까? 아무튼 신문이고 잡지고 방송이고 잘못된 말을 앞장서 퍼뜨리는 일은 하지 말아야겠다.

• 우리가 가야 할 길

잘된 제목이다. 아니, 지극히 당연한 우리 말로 된 제목이다. 이렇게 말하는 것은, 흔히 이런 뜻으로 쓴 제목이 외국말법 따라서 유식하게 쓴다고 「우리의 가는 길」 따위로 쓴 것을 보기 때문이다. 며칠 전 어느 신문에서 소설가 ㄱ 씨가 쓴 글 「나를 찾아가는 길」을 봤을 때도 다행이란 생각이 들었다. 『나에게로 가는 길』 이런 이름으로 된 책이 나와 있는 것도 알고 있기 때문이다. 우리가 살고 있는 이 나라에는 모든 것이 상식 밖으로, 상식에도 못 미치고 있어서, 지극히 당연하고 상식으로 된 것이 도리어 너무나 귀하고 값진 것으로 여겨진다.

『한기』 12월호에서 한 군데 지적하고 싶은 것이 있다. 뒤표지 안쪽에 나온 시다.

> 연인의 마을
> 서까래 밑으로 쌓여진 굳어진 눈도
> 지붕 너머 포플라나무 중간에 얹혀진
> 까치집도
> 등성이도
> 공동묘지도
> 연인의 흔적이다

이걸 읽고 우리 말이 시에서까지 이렇게 더럽혀지고 있는 사실을 한탄하지 않을 수 없었다. 눈이 서까래 밑으로 쌓인다는 것도 내 머리로서는 이해가 안 되지만, 그것보다 이 짧은 시구에 나오는 몇 개의 움직씨(동사)가 모두 입음꼴(피동형)로—그중 두 개는 입음꼴을 또 한 번 입음꼴로—만들어놓은 사실에 놀라지 않을 수 없다.

다음과 같이 고친 대로 바꾸어 다시 읽어보면 알 것이다.

- 쌓여진 (→쌓여)
- 굳어진 (→굳은)
- 얹혀진 (→얹힌)

물론 이 중에서 "굳어진"은 그대로 써도 될 것이다. 그런데 쌓여진, 얹혀진은 안 된다. 시라고 해서 우리 말법을 벗어나 쓸 수는 없다. 아니, 시야말로 우리 말을 가장 잘 살려 써야 한다. 이렇게 함부로 입음꼴을 쓰는 것은 일본글을 따라서 쓰기 때문이다.

연인이란 말도 일본식 말이다.

• 初愛

어느 분이 쓴 시 제목인데, 이것도 우리 말이 될 수 없다.

10. 광고문일수록 쉽게 써야

모든 글이 다 그러하지만 더구나 어떤 뚜렷한 목적을 가지고 널리 사람들에게 알리는 글은 될 수 있는 대로 쉽게 써야 한다. 모두가 아는 말이라도 같은 값이면 더 쉬운 말을 써야 그 목적을 잘 이룰 수 있고, 우리말을 살리게 된다.

다음은 어린이들을 위해 좋은 일을 하려는 어느 단체에서 낸 광고문 첫머리에 나온 말이다.

• 선생님의 사랑이 이 세상 <u>불우한</u> 어린이들과 함께하길 <u>기원합니다</u>.

나 같으면 이 글은 다음과 같이 쓸 것이다.

선생님의 사랑이 이 세상 불행한 어린이들과 함께하시기를 빕니다.

무엇이 다른가? 불우를 '불행'으로 고쳤고, 기원합니다를 '빕니다'로 했다. 여기서 불우와 '불행'은 그 뜻이 다르다고 할 사람이 있을 것 같다. 그런데 불우를 '불행'으로 고친 까닭이 두 가지다. 첫째는 불우보다 "불행"이 더 널리 쓰는 쉬운 말이다. 불우는 '부루'라고 소리 내게 되니 귀로 들어서 때로는 알 수 없는 경우도 있다. 그리고 또 한 가지는 위에서 든 글만 하더라도 불우보다는 '불행'이라야 더 알맞는 말이 된다. 곧 불우와 '불행'은 그 뜻이 다르기 때문에 더 알맞은 말 '불행'을 써야 한다는 것이다.

- 그것은 곧 우리들의 미래를 아름답게 가꾸는 일입니다.

역시 같은 광고문에 나온 말이다. 여기서는 미래란 말이 걸린다. 왜 '앞날'이란 말을 안 쓰고 미래를 쓸까?
다음은 어느 은행에서 나온 인쇄물에 적힌 글이다.

- '유아로부터 성인까지' 누구나 손쉽게 '건전한 저축 습관'을 길러 '평생 동안 거래'할 수 있도록 당행이 최초로 개발한 새로운 금융상품입니다.

이 글을 쉬운 말로 고쳐보자.

'아기에서 어른까지' 누구나 손쉽게 '건전한 저축 습관'을 길러 '평생 동안 거래'할 수 있도록 저희 은행이 맨 처음 만든 새로운 금융상품입니다.

고친 말은 '유아'(→아기), '성인'(→어른), '당행'(→저희 은행), '최초'(→맨 처음), '개발한'(→만든) 따위다.
아기, 어린이, 아이, 젊은이, 늙은이…… 이렇게 우리 말이 있으니 어쩔 수 없는 경우가 아니면 중국글자말은 안 써야 한다. 유아그림(→아기그림), 유아교육(→아기교육), 아동서적(→어린이책), 성인세계(→어른세계)와 같이.
당행이란 말도 무슨 말인지 어리둥절하게 한다.
최-가 들어가는 한자말도 '맨 마지막'(→최종), '가장 비싼 값'(→최고 가격), '가장 나이 어린'(→최연소) 이렇게 쓰는 것이 좋다.
개발은 만들다, 새로 짓다, 찾아내다, 파내다…… 그밖에 여러 가지 말로 써야 할 것을 이렇게 한 가지로만 쓰고 있으니 아주 잘못되었다. 여러 가지 말들이 어떤 한 가지 말에 빨려 들어가 그 한 가지 말만 쓰게 되는 것은, 사람의 정신이 자유를 잃고 한 가지 틀 속에 굳어지는 현상을 나타내는 것이니 깊이 생각해야 한다.

• 거래기간 및 실적에 따라 우수 거래자에게 드리는 특전

여기 나오는 및을 '-과'로 써보라. 얼마나 글이 부드러워지는가. 그리고 글이 글에 그치지 않고 비로소 살아 있는 말이 됨을 알 것이다.
기왕이면 "우수 거래자"도 '우수한 거래자'라든지, 아주 '우수한 거래 손님'이라면 좋겠다.

11. 알 수 없는 광고문

어느 광고지에 다음과 같은 제목이 커다란 글자로 찍혀 있었다.

• 21세기 암 보험시대가 <u>탄생시켰습니다</u>.

이게 대체 무슨 말인지 알 수가 없어 광고문을 읽어보았더니, 암도 때를 정해 검진해서 일찍이 발견하면 낫게 할 수 있으니 보험에 들라는 내용이었다. 그런데 제목이 왜 이렇게 되었는가? 21세기 암을 보험시대가 만들어냈다고밖에는 풀이가 안 된다. 여기서 문제되는 것이 "탄생시켰습니다"란 말이다. '탄생했습니다' '생겨났습니다'고 할 것을 어째서 -시켰습니다라고 썼는지 알 수 없다. 그리고 여기서는 "-시대가" 했으니 "탄생"도 안 맞다. 마땅히 '시작되었습니다'라고 써야 할 것이다.
다음은 광고문 한 대문이다.

• 현대 의학의 발달은 불치의 병<u>으로 불리웠던</u> 암도 <u>조기</u>검진을 통

한 치유가 가능하게 되었습니다.

이 글에서는 불리웠던, 조기, 치유와 같은 말이 문제가 된다. 더구나 불리웠던은 우리 말법이 아니다. 내가 이 글을 쓴다면 다음과 같이 쓸 것이다.

현대는 의학이 발달해서 불치의 병이라고 말하는 암도 일찍이 검진을 해서 고칠 수 있게 되었습니다.

다음은 어느 유치원 '원아모집' 광고문의 한 대문이다. 밑줄 친 말들이 문제다.

- 옛말에 '길이 아니면 가지 말라'고 하였습니다. 관인 유치원은 학교교육기관으로서 문교부의 정규 교육과정<u>에 의하여</u> 종합교육 내용을 지도하며 유아교육을 전공한 <u>유자격</u> 교사가 지도하고 유치원 교육시설은 문교부 법령<u>에 의하여</u> <u>시설 설비</u> 및 교구 교재가 <u>유아</u>의 성장발달에 알맞게 갖추어 있으며 문교당국의 장학지도와 행정지도<u>하</u>에 이루어집니다.

-에 의하여는 일본글 따라서 쓰는 말이니 '-을 따라' '-으로' '-대로'와 같은 우리 말 토로 바꿔 쓰는 것이 좋다. 및도 일본글 따라서 쓰는 글말이니 '와'라는 토를 써야 한다. 유아라는 말은 많이 쓰지만 문제가 된다. 젖먹이〔乳兒〕도 유치원생〔幼兒〕도 똑같이 유아가 되기 때문이다. 그래서 이 말은 쓰지 말고 유아(乳兒)는 '젖먹이'라 하고, 유아(幼兒)는 '아기'로 썼으면 좋겠다. 사전에는 유아(幼兒)를 '어린아이'라고 풀이해놓았지만, '어린아이'는 '어린이'와 같은 말이다.

'-하에' 이런 말을 써서 중국글자말 문장을 만들지 않도록 주의해야 한다. 그렇다고 해서 '아래'라고 쓴다면 중국글 번역투 말밖에 안 된다.

이것도 우리 말 토로 얼마든지 쓸 수 있다. 무슨 -차, -리, -시 같은 말이 모두 그렇다.

위에 든 글을 바로잡아 다시 써본다.

옛말에 '길이 아니면 가지 말라'고 하였습니다. 관인 유치원은 학교 교육기관으로서 문교부의 정규 교육과정에 따라 종합교육 내용을 지도하며, 유아교육을 전공한 <u>자격 있는</u> 교사가 지도하고 유치원 교육시설은 문교부 법령<u>대로</u> 시설 설비<u>와</u> 교구 교재가 <u>아기들의</u> 심장발달에 알맞게 갖추어 있으며 문교당국의 장학지도와 행정지도를 <u>받아</u> <u>교육이</u> 이루어집니다.

이렇게 써도 말이 너무 어수선하다. 원문을 아주 달리 쓰는 수밖에 없겠다.

12. '미아 찾기'는 '잃은 아이 찾기'로 해야

지난 4월 30일자 『ㄷ일보』에는 다음과 같은 기사가 나왔다.

기업사보 '<u>미아</u> 찾기' 큰 성과
　기업들이 사보를 통해 미아 찾기 운동을 벌여 집을 잃은 어린이가 부모 품에 돌아오는 사례가 많다. 기아자동차는 지난 87년부터 사보『수레바퀴』에 매월 미아 9명씩의 사진과 인적사항을 게재, 그동안 79명의 어린이가 부모를 찾은 성과를 올렸다.

이 글에 미아란 말이 나오는데, 왜 '잃은 아이'라고 쓰지 않는지 참으로 답답하다. 이 기사문에는 미아란 말이 열세 번이나 나와 있다. 놀이터나 시장이나 길에서 아이를 잃어버리는 사건은 어떤 경우에도 그 부모들이

게으르고 어리석고 무지해서 생겨나는 비극이다. 이런 어른들의 게으름과 어리석음과 무지함은 바로 '잃은 아이'라는 우리 말을 쓰지 않고 미아란 말만 쓰고 있는 태도에도 그대로 나타나 있다.

앞에 든 글에서 "매월 미아 9명씩의 사진과 인적사항을 게재"라고 쓴 대문은 '달마다 9명씩의 사진과 나이며 몸의 특징들을 실어'라고 쓰면 좋을 것이다.

이 기사에 나온 기아자동차 사보 『수레바퀴』를 찾아보았더니 뒤표지에 부모를 잃은 아이들의 사진이 보이고, 그 위쪽에 다음과 같은 광고 제목이 나와 있다.

- 미아 찾아주기 캠페인

이런 사보나 신문의 광고문은 누가 보다가 쓰레기통에 던져버리는 수도 흔하다. 그럴 때는 지나가는 늙은이나 아이나 거지들도 우연히 그것을 주워 들게도 되고, 그래서 보는 첫눈에 '그 글이 무슨 말을 적어놓았는가'를(겨우 글자만 뜯어읽는 사람이면 누구든지) 쉽게 알 수 있도록 써야 할 것 아닌가.

우리가 일상에서 쓰는 말은 아이들도 알 수 있는 말이어야 한다. 아이들이 모르는 말은 대개 불순한 말이다. 미아는 우리 말이 될 수 없다.

캠페인이란 말은 또 뭣 때문에 썼는가? 참 너무 답답해서 말이 안 나온다. 앞의 광고 제목을 나한테 다시 쓰라고 한다면 다음과 같이 쓰겠다. '잃은 아이를 찾아줍시다.'

그런데 '한국어린이재단'이란 데서도 같은 일을 하면서 '미아 찾아주기 캠페인' 광고를 내고 있는 모양이다. 그 일을 취재한 『ㅈ일보』는 지난 4월 21일 신문에 사진을 싣고, 서울시청 지하철역에서 "'미아 찾아주기 캠페인'의 일환으로 미아 사진 전단을 모아 전시 중"이라는 설명을 붙였는데, 이 설명문의 제목에서는 미아란 말이 중국글자로 나와 "迷兒 찾습니다"로 되어 있다. 대학생 열 사람 중에서 이 중국글자를 읽을 수 있는 사람이 다섯쯤 될까? 가령 모든 대학생들이 읽는다고 해도 이런 중국 글자말을 써서는 안 되고, 중국글자말 읽는 그대로 미아라고 적어서 우리말을 짓밟는 짓을 해서는 안 된다.

또 있다. 5월 3일자 『ㅎ신문』에는 「실종어린이 찾기 담배 발매」란 제목으로 한국담배인삼공사에서 낸 광고 이야기를 기사로 써놓았다. 그 담뱃갑에 적힌 광고문이 어떻게 되어 있는지 모르지만, 신문기사 제목에 나온 실종은 "잃은"으로, 발매는 '팔아'나 '판다'로 마땅히 고쳐야 할 것이다.

13. 쓰레기통에 적힌 중국글자말

몇 달 전 아파트 안에 있던 쓰레기 버리는 구멍을 봉하고, 건물 바깥에다 커다란 쓰레기통 두 개를 나란히 갖다놓았다. 쓰레기를 두 가지로 나눠 넣게 된 것이다. 그런데 그 쓰레기통에 페인트로 써놓은 글자가 다음과 같다.

- 불연성
- 재활용

기왕이면 쉬운 우리 말로 쓸 것이지, 왜 이런 딱딱하고 재미없는 말을 쓰는지 참 답답하다. '타지 않는 것' '살려 쓸 것' 이렇게 쓰면 어린이들도 잘 알 것 아닌가.

그런데 말리면 타게 되고, 또 논밭에 갖다놓으면 거름이 되는 음식찌꺼기 같은 것은 어디다 넣는가? 깨어진 유리조각은 어느 통에 넣는가? 쓰레기통을 두어 개 더 마련해서 모든 쓰레기를 제대로 나누어 처리할 수 있도록 해야 되겠는데 하고 걱정했더니 한 아주머니가 말했다.

"뭐, 이렇게 두 가지로 나눠 넣어도 쓰레기차가 싣고 갈 때는 죄다 한 차로 섞어 싣고 가는데요."

관청에서 하는 일이 이러니까 쓰레기통에 적어놓는 글자도 그걸 읽고 알아보라고 한 것이 아니고 그저 허울로만 그렇게 표시해놓는 모양이다.

• 생활하수를 재활용하자.

어느 신문에 난 기사 제목이다. 나 같으면 '버리는 물 다시 한 번 쓰자' 이렇게 쓸 것이다.

• <u>분리수거제 실시에도 불구하고 잡다한</u> 쓰레기를 비닐봉지에 넣지 않고 버리는 가정이 많아 환경미화원들이 먼지를 뒤집어쓰고 있다.

다른 신문에 난 사진 설명문이다. 이 글에서는 분리수거, -에도 불구하고, 잡다한 세 가지 말이 문제가 된다. 더구나 새로 만들어 쓰는 말 분리수거가 좋지 않다. 무슨 말이든지 새로 만들어 쓴다고 하면 순수한 우리 말은 아니고 중국글자말이나 영어가 되어 있다. 위의 글을 쉬운 우리 말로 적어본다.

나눠 버리기를 하게 되어 있는데도 온갖 지저분한 쓰레기를 비닐봉지에……

다음은 어느 신문기사의 한 대문이다.

• <u>고지대 다가구 밀집지역</u>에서는 지난해 시에서 시멘트 쓰레기 함 때문에 <u>분리수거</u>가 안 된다며 강제로 깨부순 뒤 그 <u>잔재</u>들을 그대로 <u>방치</u>한 데다 거주자들이 대부분 <u>세입자</u>나 맞벌이 부부로 <u>홍보가 잘 안 돼</u> 길거리에 모든 쓰레기를 뒤섞어 쌓아둬 제도 실시 이전보다 오히려 지저분해진 형편이다.

이 글에서도 밑줄 친 말들을 고치는 것이 좋다. 더구나 "고지대 다가구" 따위는 아주 어설픈 말이고, 잔재란 말은 맞지도 않다. 다음은 고쳐본 글이다.

높은 지대에 많은 집들이 빽빽하게 모여 있는 곳에서는 지난해 시에서 시멘트 쓰레기함 때문에 나눠 걷기가 안 된다며 강제로 깨부순 뒤 그 나머지들을 그대로 내버려둔 데다가, 사는 사람들이 거의 모두 세든 이나 맞벌이 부부로 잘 알려주지 않아 길거리에 모든 쓰레기를……

한 가지만 더 들어본다.

• 주민들이 마구 버린 <u>폐비닐</u>과 <u>공병</u> 등 <u>각종</u> 쓰레기가 널려 있다.

또 다른 신문의 사진 설명문이다. 폐비닐은 '폐종이' '폐옷' 할 때 말이 안 되듯이 잘못 쓰는 말이고, 더구나 "버린 폐비닐"은 겹으로 쓴 말이 되었다. 위의 글을 바로잡아본다.

마을사람들이 마구 버린 비닐과 빈병 따위 여러 가지 쓰레기가 널려 있다.

14. 일본말 따라가는 우리 말과 글

어느 주간지에서 3·1절 특집으로 실은 글 가운데 한 일본인 교수의 강연을 요약한 글이 있다. 그 글에는 일본말을 우리 말로 옮기면서 잘못하고 있는 점이 여러 가지 드러나 있기에 그 부분만 들어보겠다.

• 아시아 <u>해방사에 있어서의</u> 3·1운동 (→해방의 역사에서)

이것은 논문의 제목이다. "해방사"를 일본사람들은 중국글자로 쓴다. 그러니 우리가 우리 글로 쓸 때는 일본사람들이 쓰는 중국글자말을 음으로 읽어서 그대로 쓰지 말고 본디 낱말을 다 살려서 써야 한다. 또 -에 있어서의는 일본말을 직역한 것이니 당연히 우리 말법으로 써야 한다. 이 논문 제목을 우리 말법으로 쓰면 '아시아 해방의 역사에서 본 3·1운동' 이든지 '아시아 해방의 역사에서 3·1운동이 차지하는 자리'가 된다.

- 중국에 있어서는 5월 4일 북경의 학생 3천 명이 천안문에서 데모를 시작했다. (→중국에서는)
- 조선은 독립을 도모함에 있어 '독립하지 않는다면 죽을 수도 없다'라고 했다. (꾀하면서, 하려 하면서 | →고)

이 -에 있어도 -에 있어서와 마찬가지다.

무슨 말을 끌어 쓴 다음에 라고 할 경우도 간혹 있겠지만, 대개는 '고' '하고'로 말해야 할 자리에 모조리 라고 한 가지만 쓰는 이상한 글 버릇 말버릇이 퍼져 있는데, 이것도 잘 살펴보면 일본말을 따르기 때문이다.

- 그들의 글 가운데 가장 장대한 글인 '북경학생으로부터 일본국민에게 부치는 글'은…… (→크고 훌륭한 | 북경학생이)
- 일본 민중에의 제안 (→일본 민중에 〔제안한다, 주는〕)
- 우리는 우리 정부가 형 등에 대하여 가한 행위를…… (→형 들에)

등 자를 쓰는 것도 일본글을 따르기 때문이다. 우리는 당연히 '들'이라고 써야 한다.

- 우리는 3·1운동을 재발견한 것이다. (→다시 발견한)

이 재-로 되는 중국글자말도 일본글을 따르기 때문에 '다시' 하는 우리 말을 버리고 마구 쓰게 되었다.

15. 방 안에 날아든 광고문

방 안에 가만히 앉아 있어도 온갖 광고가 적힌 종이들이 날아들어온다. 그 광고종이에 적힌 말들은 모든 사람들에게 비뚤어진 말글쓰기를 강요하는 횡포를 부린다.

여기 아파트 방에 날아든 어느 어린이신문사의 광고문을 보기로 한다.

- ××신문은 국내 최초로 발행되는 어린이 대상 전문 언론으로서 매주마다 어린이에게 필요한 모든 문화적·사회적·예능적·교육적 정보를 신속히 제공한다. (→주마다, 매주)

이밖에도 잘못된 데가 많으니, 다음에 글 전체를 바로잡아본다.

- * ××신문은 우리 나라에서 어린이를 대상으로 처음으로 발행하는 신문으로서, 매주 어린이에게 필요한 문화, 사회, 예능, 교육 들에 관한 모든 소식을 빨리 알려줍니다.

- ××신문은 오늘의 비교육적 풍토와 각종 유해 교육 환경을 과감히 청산하고 참된 교육적 방향 정립과 개선에 있어 선도적인 역할을 감당하는 일에 앞장서고 있습니다. (→개선에, 고치는 일에 | →앞장서는 일을)

위의 글 전체를 쉽고 바르게 쓰면 다음과 같다.

* ××신문은 오늘날 교육이 될 수 없는 풍토와 여러 가지 해로운 교육환경을 과감히 맑히고, 참된 교육의 길을 찾아 나아가는 데 앞장서고 있습니다.

• ××신문은 어린이의 <u>학습적 신장을 위해</u> 교육계의 권위자들로 편집위원회를 구성하여 <u>매호마다 심도 깊은</u> 학습 면을 다룸으로 우등생의 길잡이로서의 <u>역할</u>을 다하고 있습니다. (→학습이 늘어나도록 하기 위해, 공부가 잘 되도록 하기 위해 | →호마다 | →심도 있는, 깊이 있는 | →길잡이가 되는 일, 길잡이 노릇)

이 글 전체를 바로잡으면 다음과 같다.

* ××신문은 어린이들이 공부를 잘할 수 있도록 하기 위해 교육계의 권위자들로 편집위원회를 만들어 호마다 깊이 있는 학습 면을 다룸으로써 우등생의 길잡이 노릇을 다하고 있습니다.

16. 외국 이야깃거리 기사1)

지난 3월 21일자 여러 일간신문 해외토픽 자리에, 아홉 살 어린이가 악어에 물린 아버지를 살렸다는 재미있는 기사가 났다. 여기 ㄷ, ㅎ 두 신문의 글을 그대로 옮겨놓았으니 견주어 보고 잘못된 곳이 있으면 읽는 분들이 한번 바로잡아보기 바란다.

악어에 물린 아빠 구해
9세 소녀 방망이로 쫓아
<u>겨우 아홉 살의 나이 어린 소녀가</u> 악어에 물려 죽을 위기에 처한 아버지를 구하기 위해 안간힘을 다해 방망이로 악어를 <u>계속</u> 내리치면서

<u>한편으론</u> 도와달라고 계속 소리치는 등 각고의 노력을 기울인 끝에 극적으로 아버지를 구해냈다고 케냐 관영 KNA통신이 19일 보도.
　이 소녀의 아버지 압디 유세프(49)는 <u>케냐 북동부 지역</u>에 있는 다우아 江에서 물을 길어내다가 넓적다리 부분을 악어에 물리자 <u>유세프의 아홉 살 난 딸</u>은 아버지의 손을 꽉 붙들고 죽을힘을 다해 방망이로 악어를 계속 내리쳐 악어를 달아나게 했으며 유세프는 병원으로 옮겨져 요양 중이라고. 『ㄷ신문』

9세 소녀가 악어 퇴치
횡사위기 아버지 구해
　9살배기 소녀가 악어에 물려 <u>죽을 위기에</u> 처한 아버지를 구하려고 방망이로 악어를 때리면서 도와달라고 계속 소리쳐 극적으로 아버지를 구해냈다고 케냐 관영 KNA통신이 10일 보도.
　이 소녀의 아버지 압디 유세프 氏(49)는 만델라 북동부 지역에 있는 다우아 江에서 물을 길어내다가 넓적다리 부분을 악어에 물리자 소녀는 아버지의 손을 꽉 붙들고 방망이로 악어를 계속 내리쳐 악어를 달아나게 했으며, 유세프 씨는 병원으로 옮겨져 요양 중이라고. 『ㅎ신문』

　위의 두 기사문을 바로잡는 데 주의할 점은 다음과 같다. 1) 공연히 어려운 중국글자말을 쓰지는 않았는가? 2) 맞지 않은 말을 쓴 데는 없는가? 3) 필요 없는 말을 쓰지는 않았는가? 4) 틀린 말은 아닌가? 5) 그래서 바르고 깨끗한 우리 말로 쓴 글이 되게 한다.

17. 외국 이야깃거리 기사2)

　지난번에 낸 일간신문 해외토픽 기사에 대한 내 생각을 적어본다. 먼저 해외토픽이란 말인데, 해외는 '외국'으로 쓰는 것이 좋겠고 토픽은 '이야깃거리'로 써야 한다.

　다음, 두 신문의 글을 비교해보면 『ㄷ신문』은 『ㅎ신문』보다 좀 자세하게 썼다. 같은 AFP통신을 받아 쓴 글인데 이렇게 다른 것은 기사를 써서 메워야 할 자리에 맞도록 하다보니 어떤 신문은 좀 길게 늘이고 어떤 신문은 줄여서 쓰게 되는 것이라 생각한다. 그런데 여기 나온 『ㄷ신문』의 글은, 기자가 그 일이 벌어진 형편을 상상해서 좀 멋대로 써버렸다는 느낌이 든다.

　두 글에서 문제가 되는 곳을 들겠다.

『ㄷ신문』
- 아빠 (→아버지)
- 겨우 아홉 살의 나이 어린 소녀가…… (→아홉 살의 여자아이가, 아홉 살 계집애가)
- 죽을 위기에 처한 (→죽을 뻔한)
- 계속 (→연거푸, 잇달아)

"계속"이란 말을 두 번이나 쓸 필요가 없다.

- 한편으론 (필요 없는 말)

"각고의 노력을 기울인 끝에"는 필요 없는 중국글자말투다.

- 극적으로 (→연극같이)
- 케냐 북동부 지역 (→케냐 동북부)
- 넓적다리 부분을 (→넓적다리를)
- 유세프의 아홉 살 난 딸은 (→딸은)

"죽을힘을 다해"는 어울리지 않는 말이다.

『ㅎ신문』

『ㄷ신문』과 공통되는 몇 가지밖에, 제목에 나오는 "횡사 위기"란 말이 문제가 된다. '횡액죽음 고비'라고 할 것도 없이 그냥 '죽을 고비' '죽을 뻔한'이라면 된다.

이렇게 해서 바로잡은 글을 적어본다.

아홉 살인 계집애가 악어에 물려 죽을 지경에 이른 아버지를 구하려고 방망이로 악어를 마구 때리면서 도와달라고 소리친 끝에 연극같이 아버지를 살려냈다고 케냐관영 KNA통신이 19일 보도. 이 어린이의 아버지 압디 유세프 씨(49)가 케냐 북동부에 있는 다우아 강에서 물을 긷다가 악어에 넓적다리를 물리자 딸이 아버지의 손을 꽉 붙들고 방망이로 악어를 연달아 때려 달아나게 했으며, 아버지 유세프 씨는 병원으로 옮겨져 치료 중이라고.

이래도 의문은 남는다. 아홉 살 어린이가 "아버지의 손을 꽉 붙들고 방망이로 악어를 계속 내리쳐……" 했으니 한 손으로 아버지 손을 잡고, 다른 한 손으로 방망이질을 했다는 말이다. 좀더 정확한 글이 되어야 하겠는데, 통신문 내용이 그렇게 되어 있으니 어쩔 수 없다.

18. 신문기사의 글1)

다음은 우리 글로 쓰는 어느 신문의 기사다. 깨끗한 우리 말로 써도 될 것을 공연히 중국글자말로 쓴 데가 없는지 살펴보자.

- 이에 따라 국회 본회의에서 이 안이 <u>최종</u> 통과될 경우 정부는 국

제인권규약에서 인정된 제 권리의 준수와 실천을 위한 제반 조처 등에 관한 보고서를 정기적으로 유엔 인권위에 제출해야 한다.

위의 글에서 쉽고 깨끗한 우리 말로 써야 할 낱말을 들어본다.

- 최종 (→마지막)
- 제 권리 (→여러 권리)
- 준수 (→지킴)

여기서 제권리와 준수를 모두 쉬운 우리 말로 고쳤을 경우에는 두 중국 글자말을 이어놓았던 의란 토도 없애고 '지킴'을 움직씨로 만들어 '여러 권리를 지킬 것과'라고 쓰는 것이 좋다.

- 제반 (→모든, 여러 가지)
- 조처 (→처리)

조처와 '조치' '처리'는 똑같은 뜻의 중국글자말이다. 순수한 우리 말은 뜻이 같으면 하나밖에 표준말이 안 되고, 중국글자말은 아무리 많아도 모조리 사전에 다 올려놓는 괴상한 짓을 하고 있다. 같은 뜻의 중국글자 말이면 많이 쓰는 쉬운 말을 쓰는 것이 옳다.

- 등 (→들)

이 등은 일본글 따라 쓰는 한자말이다.

- 정기적으로 (→정기로, 정한 때에)
- 제출해야 (→내놓아야)

정기적, 제출 이런 말도 이왕이면 보통으로 쓰는 쉬운 입말로 쓰는 것이 좋다. 이래서 앞의 글 전체를 바로잡아 다시 적어본다.

　이에 따라 국회 본회의에서 이 안이 마지막으로 통과될 경우 정부는 국제인권규약에서 인정된 여러 권리를 지킬 것과 실천을 위한 모든 처리들에 관한 보고서를 정한 때에 유엔 인권위에 내놓아야 한다.

어떻게 해서라도 우리는 중국글자말의 중독 상태에서 깨어나야 한다.

19. 신문기사의 글2)

다음은 앞의 글에 이어지는 내용이다. 이번에는 일본글투로 쓴 데가 두 군데 있고, 중국글자말을 바로잡아야 할 데가 세 군데쯤 있다. 법률에서 쓰는 말은 그대로 두기로 하고.

- <u>정부는 그러나</u> 국제인권 B규약 <u>가입에 있어서는</u> 규약 제14조 5항(형사피고인의 상소권 보장), 제14조 7항(일사부재리 또는 이중처벌 금지), 제22조(결사의 자유), 제23조 4항(혼인 및 혼인해소 시 배우자 평등) 등 4개 조항이 국내법 규정과 <u>상충될</u> 경우에는 그 적용을 <u>유보키로</u> 했다.

위의 글에서 문제가 되는 말을 들어본다.

- 정부는 그러나 (→그러나 정부는)

우리 말 그러나 '그런데'는 문장의 맨 앞에 쓰지 결코 중간에 쓰지 않는다. 그러나를 중간에 쓰는 것은 일본글을 따르기 때문이다. 요즘 신문기사들이 모두 일본글을 따르는 것이 한심하다.

• 가입에 있어서는 (→가입에서는)

이 에 있어서도 일본말투임이 뚜렷하다.

• 등 (→들)
• 상충될 (→서로 어긋날)
• 유보키로 (→미루어두기로)

법률 말이지만 "혼인해소 시"라고 한 이 "시"만은 '때'로 쉽게 고칠 수 있겠다.
밎도 입으로 하는 말 '과'로 쓰는 것이 좋다.
'적용'은 '맞춰쓰기'이지만 여기서는 그대로 쓰는 것이 낫겠지.
바로잡은 글 전체를 들어본다.

그러나 정부는 국제인권 B규약 가입에서는 규약 제14조 5항(형사 피고인의 상소권 보장), 제14조 7항(일사부재리 또는 이중처벌 금지), 제22조(결사의 자유), 제23조 4항(혼인과 혼인해소 때 배우자 평등) 들 4개 조항이 국내법 규정과 서로 어긋날 경우에는 그 적용을 미루어두기로 했다.

"해소"도 법률 말이지만, 우리가 진작부터 쉬운 우리 말로 썼더라면 이제는 누구나 '풀어버리기'로 쓸 것이다.

20. 우리 말이 병들어간다

신문이나 잡지, 책을 읽을 때마다 답답하고 한심스럽고 때로는 화가 나기도 한다. 거기 씌어 있는 글들이 깨끗한 우리 말로 된 경우가 거의 없고, 흔히 아주 잘못되어 도무지 우리 말이라 할 수 없기 때문이다. 이러다가 우리 말이 어찌 될까? 말이 죽으면 겨레가 살아 있다고 할 수 없다.

일제강점기까지만 해도 글은 글대로 말은 말대로였다. 그래서 글이 잘못되어도 말은 살아 있었다. 그런데 지금은 말이 글을 따라가고 글에 끌려가기만 한다. 그것은 방송만 들어도 환히 알 수 있다. 방송말은 중국글자말과 일본말과 서양말로 범벅이 되어 있다. 지식인들의 말과 학생들의 말은 글에서 나온 말이다. 이제는 노동자나 농민들도 병든 글말을 쓰기 시작했고, 어린아이들까지도 오염된 말을 배우게 되었다.

잠시 여기 최근에 나온 신문을 보기로 하자.

- 아! 슬프다. 산 채로 매장되어진 역사 혼에 어찌 땅을 치고 통곡하지 않으랴!

이것은 신문에 난 책 광고문이다. '매장된'이라고 써야 할 것을 왜 매장되어진이라 썼는가? 이것은 우리 말이 아니다. 말을 말로서 배우지 않고 글로서 배웠기 때문에 이런 글을 쓴다. 우리가 지금까지 읽어온 글은 우리 말로 된 글이 아니고 일본말을 직역한 글로 되어 있었다. 그래서 이제는 말은 죽고 병든 글만 살아 모든 사람을 짓누르고 있다. '매장된'보다도 '파묻힌'이라면 더욱 낫지.

- 참교육을 위해 썩어져가는 밀알이 되겠습니다.

역시 신문에 난 책 광고문이다. '썩어가는'이면 될 것을 썩어져가는이라 했다. 책을 만드는 이들이 글을 이렇게 쓰니 어찌 책이 제대로 되겠는가?

• 우리 앞에 놓여진 교육을 고민하는……

이것도 책 광고문이다. '놓다'에서 '놓인'이라 하면 입음꼴이 된다. 여기에 또 지다를 덧붙일 필요가 없다.

• 이 도감은 지역마다 서로 다르게 불리는 원예식물의 이름이 하나로 통일되는 계기가 되었으면 합니다.

여기 나온 불리는도 일본말을 직역한 말이다. '말하는'이라야 우리 말이다.

• 농촌 활동을 간 본교 학우들의 열심히 일하는 모습

어느 대학신문에 난 사진 설명문이다. '학우들이'라고 써야 할 것인데, 이것 역시 일본말의 영향임이 분명하다.

• 나 또한 그대로 인해 잠 못 드는 이 밤 그 겨울에의 대비를 서둘러야겠다.

어느 신문에 난 글이다. 이것도 일본말 직역이다. 그럼 "이런 경우 어떻게 쓰는가" 하고 말할는지 모른다. 우리 말이 없어서 못 쓸까? 우리 말을 모르면 글을 쓰지 말 일이다. '겨울의' 하면 그만 아닌가. '겨울을 위한'이라 해도 되고, '겨울에 대비하기를' 해도 된다.

• 그러나 예술에의 존경과 서적에 대한 관심만은……

이 글은 벌써 반세기 전에 나온 잡지 『문장』 창간호에 쓰인 발행인의 글이다.

에의가 일제강점기부터 썼던 것임을 알 수 있다. 반세기가 아니라 온 세기가 지나도 우리 것 아니라면 딱 잘라버려야지. 아직도 민중은 이따위 말을 쓰지는 않고 있다.

우리 말의 또 하나 큰 고질은 중국글자말이다.

- 안양교도소에서 문 목사와 <u>해후를 한 뒤</u>……
- 산이 많기 때문에 <u>밭작물</u>이 많다.

신문에 나온 글들이다. '만난' '밭곡식'이라고 써야 한다.

- "남당리에서 잡은 해물과 갈산, 서부, 경성 등지에서 생산한 농산물들이 갈미장에서 성황리에 매매됐다"고 말한다.

이것은 지방의 어느 읍에서 참 좋은 생각으로 애써 내고 있는 주간신문의 글이다. 결코 어렵게 쓴 글은 아니다. 그러나 지식인들이 쓰는 유식한 글이 되어 있는 것만은 사실이다. 농민들이 읽든지 지식인들이 읽든지 이렇게 써서는 안 된다. 더구나 이것이 입으로 한 말로 소개되어 있는데, 실제 이렇게 말했을까? 만약 말을 이런 꼴로 했다고 하더라도 쉬운 말로 써 보여서 우리 말을 찾아주는 것이 옳다. 앞의 글을 쉽게 고쳐 본다.

- "남당리에서 잡은 <u>물고기</u>나 갈산, 서부, 경성, <u>여러 곳에서</u> <u>나온</u> 곡식들이 갈미장에서 <u>아주 많이 팔렸다</u>"고 말한다.

여기서 해물을 '물고기'로, 성황리에를 '아주 많이'로 고쳐서 되겠는가

할는지 모른다. 이런 태도가 문제다. 먼저 중국글자말을 써놓고 그 말뜻을 꼭 그대로 우리 말로 옮겨 써야 한다는 태도가 아주 잘못되었다. 위에서 쉽게 다시 써놓은 글과 본디 신문에 났던 글을 견주어 보라. 어느 것이 더 알맞은 우리 말로 되어 있는가 생각할 여지가 없을 것이다.

우리 말을 살리기 위해 마음을 써야 할 몇 가지를 들어본다. 내가 보기로 글을 쓰는 사람은 거의 모두 남에게 자기를 자랑해 보이려고 하는 버릇이 굳어져 있다. 그래서 근사한 말, 멋있는 말, 남들이 잘 안 쓰는 어려운 말을 쓰려고 하는데, 이 못된 버릇을 고쳐야 한다. 그래서 정말 거듭난 몸가짐으로 애써 쉬운 말을 쓰려고 하지 않으면, 지금까지 써온 버릇대로 저절로 어려운 말이 되고 글이 된다. 즉 어려운 글을 쓰기는 쉽고, 쉬운 글을 쓰기는 어렵게 되어 있는, 참으로 이상하고도 슬픈 상태가 되어 있는 것이다. 그래서 글을 되는 대로 쉽게—즉 어렵게 쓰지 말고, 정말 애를 써서 쉽게—쓰라고 말하고 싶다. 입으로 하는 말은 하나하나 다듬어가면서 말할 수 없지만 글을 써놓고는 얼마든지 다듬을 수 있다. 반드시 두세 차례 읽어보고 쉬운 말로 고쳐야 한다. 이럴 때 한글학회에서 낸 『쉬운말 사전』이 많은 도움을 줄 것이다.

두 번째는 말을 하듯이 글을 써야 하겠는데, 그 말도 많은 사람들 앞에서 큰 소리로 말하듯이 하는 말이 아니고, 두세 사람이 마주앉아 정답게 이야기하듯이 하는 말로 쓰는 것이 가장 좋다.

끝으로, 글을 조금도 흠 없이 깨끗하게 쓰는 이는 아무도 없다. 그러니 모두 서로 잘못을 알려주고 가르쳐주고, 또 그렇게 지적해주는 것을 고맙게 여겨야 한다.

말을 창조해서 쓰지 못하는 민족은 삶을 창조할 수 없고, 민주사회를 이룩할 수 없다. 그리고 우리가 창조하는 말은 오직 순수한 우리 말을 찾아 쓰는 데 있다.

21. 아직도 중국글자 망령에 사로잡힌 사람들

지난번 충북 진천·음성과 대구 서갑구, 두 곳에서 국회의원 보궐선거가 있었는데, 그 무렵 여러 신문들이 후보자들의 이름을 꼭꼭 중국글자로만 쓰고 있어 참 딱해 보였다. 그리고 당선된 두 사람의 이름도 중국글자로 나온 것은 물론이다. '許洉' '文熹甲' 이 이름들에 나오는 '洉' 자와 '熹' 자를 사전 찾아보지 않고 읽을 사람이 우리 국민 100명 가운데 한 사람이 있을까? 그래서 우리 신문들이 답답하다는 것이다.

며칠 전 『ㅎ일보』에 '자동차 공장에 鼻隔穿孔 환자 발생'이란 기사제목이 나왔다. 여기 나오는 이런 복잡한 중국글자는 이런 글자를 만들어낸 중국 본토에서도 안 쓰게 된 지 오래라고 알고 있다. 물론 이걸 '비격천공'이라 우리 글자로 써도 안 된다. 무슨 말인지 알 수 없다. 같은 날짜로 나온 『ㄷ신문』에는 「코뼈구멍病 환자 판명」이란 제목으로 나왔다. 그러나 이 제목에 나온 "病" 자도 우리 글자로 써야 한다. 최근 대한해부학회에서 『해부학용어집』을 내었는데, 그 책에는 의사들이 쓰는 중국글자말을 모두 쉬운 우리 말로 바꿔놓았다고 한다. 참으로 귀한 일을 했다. 『ㅈ일보』는 4월 21일의 사설에서 이 일을 다루었는데, 그 사설 제목이 이렇다.

- 「口峽」은 목구멍이다
  ─우리 말로 바꾼 解剖학회의 凱歌

의사들이 쓰는 중국글자말을 우리 말로 바꾼 일을 칭찬하면서, 어째서 신문은 어려운 중국글자를 그대로 쓰는지 알 수 없다. "凱歌"를 개가로 쓰면 무슨 말인지 모르고 '이긴 노래'로 쓸 수도 없지 않는가 할는지 모른다. 먼저 중국글자말을 머리에 떠올리고 그다음에 거기에 맞는 우리 말을 찾는 것이 글러먹었다. 그러니 망령에 사로잡혔다는 것이다. "解剖학회의 凱歌"를 '해부학회의 자랑스러움'이라면 안 되는가? 개가보다는 '자랑스러움'이 여기서는 더 알맞는 말이다. 이와 같이 우리 말에서는 중국글자말을 많이 쓰게 되면 표현이 틀에 박혀서 흔히 올바르지 못한 글이 된다는 점도 생각해야 한다.

이번 현대중공업 노사분규에서 똑같은 날인 4월 27일에 발표한 임원 일동으로 된 성명서와 노동조합원 일동으로 된 성명서는 그 내용이야 그만두고 우선 문장이 너무 달라 대조가 되었다. "任員一同" 이름으로 나온 글은 온통 중국글자투성이로 되어 있어, 읽지 않아도 그 내용이 얼마나 완고하고 낡은 것인가를 느끼게 한다. 여기서 그 한 대문만 들어 보자.

- 저희 會社는 지난 六·二九宣言以後 民主社會 發展의 一環으로 現代산하 各職場에 勞勳組合 結成을 育成獎勵하여 왔습니다. 그러나 意外로 勞組結成 및 運營의 未熟과 勞使紛糾로 인한······

이렇게 시대에 뒤떨어진 글이 '노사' 싸움에도 불리하다 싶었던지 바로 다음날에는 우리 글자로 모두 고쳐 발표한 것을 보았다. 그런데 '현대중공업 노동조합원 일동' 이름으로 나온「국민 여러분께 드리는 말씀」은 어떤가? 역시 한 대문만 들어 보자.

국민 여러분! 우리의 행동을 불법 분규라고 선전하는 정권 앞에서 우리가 법을 어기며 모두 들고 일어날 수밖에 없었던 이유는 무엇이겠습니까? 국민 여러분께서도 잘 아시다시피 올해 들어 합법적인 노조 활동이 가능한 곳은 거의 없다고 생각했기 때문이며······

이 글은 중국글자가 없을뿐더러, 거의 모두 입으로 하는 말같이 씌어져 있다. 이것은 노조 쪽이 임원 쪽보다 더 정직함을 증명하는 것이다.

누구나 알아야 할 말이나 글이 누구나 알 수 없는 글자와 내용으로 어렵게 씌어 있다면 그 속에는 어디엔가 속임수가 숨겨 있기 때문이라고 보아야 한다. 이 점에서 오늘날 말과 글을 유식하게 쓰고 싶어 하는 사람들, 어렵게 쓰는 사람들 모두가 자기 자신을 살펴볼 필요가 있다.

5월 4일 각 신문에 광고된 '全國私立中高等學校長 一同' 이름으로 나온 「聲明書」도 그 제목부터 온통 중국글자투성이였다. 이걸 보면 교육행정을 하는 사람들이 얼마나 케케묵은 생각에 사로잡혀 있는가, 교장들이 일반교사들과 학생들 위에 군림해 앉아서 그 권위를 보이고 싶어 하는가 잘 알 수 있다.

그런데 중국글자만 안 쓰면 다 되는 것이 아니다. 어려운 중국글자말을 읽은 그대로 우리 글자로 쓰면 무슨 말인지 모르는 수가 많으니, 될 수 있는 대로 쉽고 순수한 우리 말을 찾아 써야 한다. 이 점은 더구나 기독교인들이 보는 신문 같은 데서 좋은 본을 보일 필요가 있다. 일간신문에서 정치, 사회 기사를 쓸 때 흔히 나오는 무산, 돌입, 고조 따위부터 그대로 따라 쓰지 말고 '못 열어' '들어가' '높아져'와 같이 부드러운 우리 말을 쓰면 좋겠다.

며칠 전에는 한글학회에서 온 인쇄 편지를 받았는데, 그 내용은 요즘 정부에서 법정 공휴일로 되어 있는 한글날을 기념일로 낮추어버리려는 움직임이 있으니 우리 모두 뜻을 모아 대통령에게 전하자는 것이었다. 나는 서명용지에 이름을 적어 보내면서, 우리 말글을 푸대접하는 정부 관리들이 한심하다는 생각과 함께, 한글학회란 단체가 기껏 이런 일로 서명운동이나 해야 하는 단체인가 싶어 서글픈 마음 어쩔 수 없었다.

22. 우리 말이 숨 쉬는 마지막 자리

버스를 타면 정류장마다 알리는 방송을 듣는다.

"다음은 사당 전철역입니다. 지하철 4호선이나 2호선을 타실 분은 이

곳에서 하차하여주시기 바랍니다."

이럴 때 나는 한사코 하차란 말이 걸린다. 왜 '내린다'는 말을 할 줄 모르고 이런 말을 쓰는지, 이렇게 제 나라 말을 마구 헌신짝같이 버리는 겨레가 무슨 문화를 창조할 수 있는지 나는 의심한다.

버스 안에서 손잡이를 잡고 서 있으면 눈앞에 글자가 보인다.

"내리실 분은 미리 벨을 눌러주십시오."

여기서는 벨이 문제다. 아무리 서양사람이 만들어낸 물건이라 하더라도 이런 것쯤 우리 말 이름을 지어 쓸 수 없어서야 무슨 역사를 만들어 가겠는가? '종'이라면 얼마나 좋은가.

내릴 곳이 가까워지면 문 앞으로 나가 서 있게 되는데, 문짝 위에 또 이렇게 적혀 있다.

"부자가 울리면 문은 자동개폐됩니다."

부자가 뭔가? 자동개폐도 문제다.

'종이 울리면 문은 저절로 여닫깁니다.'

이렇게 쓰면 얼마나 좋은가. 우리 말은 이래서 자랑스럽다. 이 좋은 말을 버리고 남의 나라 말글을 마구잡이로 따라 쓰고 있으니 너무 한심스럽다.

내가 살고 있는 과천에서 시내로 버스를 타고 가고 오는 길에 참 구수한 마을 이름을 들을 수 있는데, '배나무골'과 '정금마을'이다. 배나무골에는 배나무가 얼마나 있는지 모르지만 따스한 정을 가진 토박이 사람들이 아직도 많이 살고 있는 마을같이 느껴지고, '정금마을'은 옛날 정금이란 이름을 가졌던 효녀라도 살았던 마을같이 정답게 느껴진다.

그런데 이런 순수한 우리 말 이름을 가진 버스 정류장은 매우 드물다. 서울시내 거의 모든 버스 정류장과 전철역 이름이 중국글자음으로 되어 있다. 80년 전 일본인들이 이 땅에 들어와서 식민지 정치를 하기 시작했을 때, 온 나라의 마을 이름과 땅 이름을 중국글자로 지어 붙였다. 그래도 식민지 36년 동안에는 중국글자이름보다 우리 말 이름을 더 많이 썼는데, 정작 우리 말 땅 이름과 마을 이름이 사라진 것은 분단 45년 동안이다.

며칠 전 시내 어느 건물을 찾아간 일이 있다. 두세 번 갔던 곳인데도 그곳 가까이 가서 찾지 못해, 길바닥에 물건을 펴놓고 장사를 하고 있는 젊은이한테 물었더니 이렇게 대답했다.

"이 길을 건너서 130미터 직진하시면 그 건물이 나옵니다."

길을 가르쳐주는 말치고는 아주 정확한 말이라 고맙다고 인사를 하면서도 나는 웃음을 참을 수 없었다. '똑바로 가시면' 할 것을 직진하시면 했기 때문이다.

나는 걸어가면서, 대체 이 젊은이가 어디서 직진이란 말을 배웠을까, 하고 생각해보았다. 집에서 부모한테? 아니다. 학교에서? 아니다. 아니 학교에서 배웠을지도 몰라. 고등학교 교련 시간에. 그렇다, 이런 말은 군대에서 배운 게 틀림없다. 학교의 교련이나 체육 시간에 쓰는 구령도 모두 군대에서 쓰는 것을 그대로 따라 쓰는 것이니까.

이번 달에 나온 어느 어린이 잡지를 폈더니 앞머리에 취재기사가 실렸는데, 그 제목이 「담양 죽물 박물관」이다. "담양" 했으니 "죽물"이라면 어른들은 거의 모두 '대그릇'이라고 알겠지만 아이들은 모를 것이다. 안다고 하더라도 "죽물"이 뭔가! '대그릇 박물관'이면 위신이 깎이는가? 위신이 깎인다고 생각했다면 무엇 때문에 그런 박물관을 세웠는가? 이건 석가모니 나신 날을 '석탄일' '불탄절' 하는 것과 같고, 모든 신문에서 전쟁이나 무슨 사건이 '일어났다'고 쓰지 않고 '발발했다'고 쓰는 것과 똑같은 꼴이다. 쌀을 '백미'라 하고, 보리는 '대맥'이라 하고 밀은 소맥, 밀가루는 소맥분, 콩은 대두, 팥은 소두…… 어디 이런 보기가 끝이 있는가? 입에 들어가는 먹을거리부터 이름이 이 지경이니!

우리 말을 끊임없이 짓밟고, 그 숨소리조차 들리지 않도록 목을 조르고 있는 것은 관청의 관리들과 지식인들과 군대뿐 아니다. 심지어 국어를 연구한다는 일부 학자들까지도 우리 말을 병들게 하는 일에 한몫을

거들고 있다. 그래서 이제는 젊은이들이 예사로 지껄이는 말까지 어이없게도 서양말법이 되어버렸다.

"중간에 휴식 시간 갖지 말고 계속 쏘아야 했었는데."

이것은 북경아시아경기에서 북한의 어느 이름난 사격선수가 뜻밖에도 경기 성적이 좋지 않았던 사실을 두고 신문기자가 질문했을 때 대답한 말이다. 여기 나오는 "휴식"과 했었는데는 남쪽이고 북쪽이고 함께 쓰고 있는 말인데, 그중에서도 '했는데'라고 할 것을 했었는데 하는 것은 우리 나라 국문학자들이 서양문법을 따라 우리 말 문법을 만들어 학생들에게 가르치도록 했기 때문이다.

"과학에의 초대"

"자기에의 배려"

"아시아에 있어서의 핵군축"

이것은 모두 책 이름이다. 책 이름부터 이렇게 어설픈 남의 나라 말투로 되어 있으니 책 속에 씌어 있는 글이야 어떠하겠는가?

얼마 전까지만 해도 우리 말을 가장 깨끗하게 쓰고 있던 사람들은 농민들이었는데, 요즘은 시골 사람들의 말도 텔레비전 때문에 엄청나게 오염이 되었다. 이제 우리 말을 어디서 찾고 누가 지키겠는가? 모조리 유식한 글말, 바로 옮겨온 남의 나라 말을 자랑스럽게 쓰고 있으니.

나는 여기서 우리 말이 숨쉬는 마지막 자리를 아이들의 말과 글에서 찾고 싶다. 아이들의 말이 거치니 어떠니 해도 아직은 어른들 말같이 병이 들지는 않았다. 아이들은 밥이면 밥이라 했지 '식사'란 말은 안 쓰고, 더구나 '조찬'이니 '만찬'이니 하는 따위 말은 모른다. 만난다고 했지 '조우'니 '해후'니는 안 쓴다. -에의, -에로의, -에 있어서 따위도 쓸 줄 모르고, 그녀도 안 쓰고 보다를 어찌씨(부사)로 쓰는 일도 없다. 그러니까 우리는 어른들이 쓰는 말을 아이들이 따라 쓰게 할 것이 아니라 아이들의 말을 거꾸로 어른들이 배워야 한다. 같은 어른들끼리 말을 할 경우에도 아이들까지 알 수 있게 쉬운 말로 하고, 글을 쓸 때도 소설이고 수필이고 논문이고 할 것 없이 쉬운 말로 쓰도록 애써야 한다. 이렇게 하지 않고 우리 말 우리 넋을 살릴 길은 없다.

그리고 무엇보다도 아이들의 말을 텔레비전에서 책에서 지켜야 한다. "아직도 어른들에게 잡아먹히지 않은 아이들을 살리자"고 한 노신의 말이 생각난다.

23. 신문과 방송의 말

우리가 살고 있는 이 사회에는 온갖 말과 글이 넘쳐 있다. 그 많은 말과 글 가운데서 가장 많은 사람들이 듣고 있는 말이 방송 말이고, 가장 많은 사람들이 읽고 있는 글이 신문기사다. 신문과 방송이 얼마나 중요한가 하는 것은 다시 말할 필요가 없다. 언론이 살아야 백성이 살고 민주주의가 산다고 모두가 말하는데, 언론은 바로 신문과 방송을 말한다고 할 수 있다.

여기서는 '신문과 방송에 나오는 말의 알맹이가 무엇인가' 하는 문제는 일단 제쳐두고 말의 껍질만을 이야기해보려고 한다. 곧 '무엇을' 말하느냐가 아니라 '어떻게' 말하느냐 하는 문제가 되겠다. 그런데 말에서도 '어떻게'는 '무엇을'에 따라 결정되는 것이니, '어떻게' 하는 형식을 논하는 것이 그대로 '무엇을' 논의하는 것이 된다. 다시 말하면 껍질을 보고 속 알맹이를 알게 된다는 말이다.

또 "말"과 "글"이라 했는데, '글'이 '말'에서 나온 것이니 '글'이 제대로 씌어졌는가 하는 문제는 바로 '말'이 제대로 씌어졌는가 하는 문제가 된다. 따라서 신문과 방송에 나타난 말의 문제를 생각하는 이 글이 노리는 요점은 첫째, '신문과 방송의 말이 진정한 우리 말이 되어 있는가' 하는 것이고, 둘째는, '그래서 모든 사람들이 즐겨 듣고 읽는 말이 되어 있는가' 하는 두 가지다.

마구잡이로 쓰는 중국글자

『한겨레』이외의 모든 일간 신문은 중국글자를 섞어 쓰고 있는데, 어느 신문이고 쓰지 않아도 될 중국글자를 마구잡이로 쓰고 있다. 그 예를 들어본다.

大學, 旅送, 農家, 歷史, 國民, 作品, 陸上, 鐵道, 經濟, 平和, 南北, 土地, 政府……

이런 일상의 말들을 우리 글자로 쓴다고 해서 그 뜻을 뒤섞게 될 염려는 조금도 없다. 쉬운 우리 말을 왜 굳이 중국글자로 쓰는지 도무지 알 수 없다. 심지어 '전세' '축구' '파업' '경색' '기적소리' 같은 말조차 "傳貰" "蹴毬" "罷業" "梗塞" "汽笛"으로 쓰고 있다. "蹴" "罷" "梗" "塞" 따위 글자는 일본에서는 물론이고 중국에서도 그대로는 쓰지 않을 것 같다. "汽笛소리"는 또 무엇인가? 중국글자 되찾아 쓰기 경쟁이라도 하는 꼴 아닌가.

이래서 나라 이름도 '미국' '소련' '중국'이라 쓰면 될 것을 언제나 "美" "蘇" "中國"으로 쓰고, 땅 이름도 "艮峴" "溟州" "平壤" "玄海灘"으로 쓴다. 사람의 이름도 꼭 한문글자로 "文貴童" "全敬煥" 이렇게 내고 있다.

- 鼻中隔穿孔症 14명 발견

이것은 어느 신문에서 중금속 공해병을 알린 기사 제목인데, 이것을 "비중격천공증"으로 읽어낼 사람이 드물 것이다. 우리 글자로 썼다고 하더라도 무슨 말인지 짐작도 못 하리라. 같은 내용을 『한겨레』에서는 "코물렁뼈구멍 환자가 38명이라니"라고 써놓았다. 신문에서 중국글자를 쓰는 것을 보면 첫째는 전혀 제한 없이 쓰고 있음을 알 수 있고, 다음에는 어떤 원칙이 없는 것 같다. 있다면 눈으로 보기 편하도록 한 것뿐이다. 긴 제목 중간 중간에 중국글자를 적당히 섞어서, 중국글자로 책을 읽고 자라난 세대들의 눈에 맞추려고 하는 것뿐이다. 이것은 신문이 해내어야 할 참된 문화 창조의 사명을 잊어버리고, 다만 장삿속만을 차리는 짓이라 아니 할 수 없다.

이렇게 되고 보니 당연히 쉬운 우리 말로 써야 할 것인데도 어려운 중국글자말을 마구 쓰는 버릇이 굳어졌다. 신문기사의 제목은 온통 유식한 중국글자말의 전시장 같다. 終戰(→싸움 끝나), 埋沒死(→묻혀 죽어), 書信(→편지), 死地(→죽음의 땅), 異見(→생각 달라, 의견 달라), 油價(→기름값), 價格(→값), 梗塞(→막혀, 굳어져), 豪雨(→큰비), 持久戰(→오랜 전쟁), 壓死(→치어 죽다, 눌려 죽다), 溺死(→빠져 죽어)…… 보기를 들자면 한이 없다.

身柄(→몸, 사람, 신분), 持分(→몫), 持入金(→갖고 온 돈) 같은 일본식 중국글자말도 마구 쓰고 있다.

- 5歲就學, 빠르면 90년 실시

어느 일간신문의 제목이다. "5歲就學"을 '5살에 입학'이라고 왜 못 쓰는가?

- 洋弓 88金 獨食 희망 있다

어느 신문의 체육기사 제목이다. "獨食"이 뭔가. '독차지' 하면 무식한 사람이나 보는 신문이 되는가?

서양말 퍼뜨리는 짓

신문은 이와 같이 백성들이 쓰는 살아 있는 말을 기피하고 글만 읽고 쓰면서 살아가는 사람들이나 좋아할 중국글자말을 보전하는 노릇을 할 뿐 아니라, 또 서양말을 퍼뜨리는 짓도 잘 하고 있다.

- 88티켓 확보

어느 신문의 체육기사 제목이다. '88 출전권 확보'로 써야 마땅하다.

- 마이카 時代
- 캠프村

이런 마이카, 캠프 따위 널리 알려진 말이라도 우리 말로 쓰는 것이 옳다. '자가용차 시대' '천막촌' '야영 마을'과 같이.

- 88 文化올림픽 캘린더

어느 신문의 특집기사 제목이다. 캘린더 대신에 '달력'이란 말을 쓰면 올림픽을 여는 나라의 체면이라도 깎인다고 생각하는가.

- 새 치료 프로그램 소개…… 위해성 경고, 가두 캠페인도

이것은 어느 신문에서 「마약사범 확산에 퇴치운동 맞바람」이란 기사 제목 다음에 작은 제목으로 낸 글이다. 우리 글자로만 쓴 것은 좋은데 어려운 중국글자말과 바깥말이 거슬린다. 내가 쓴다면 이렇게 쓸 것이다.

* 새 치료 계획 소개……위험성 알리고, 거리 선전도

- 고르바초프는 유서 깊은 붉은 광장에 대해 레이건에게 "여기만큼

은 페레스트로이카(개혁)가 없고"라고 조크했다.

바깥말 가운데는 어쩔 수 없이 그대로 써야 할 말이 있는데, 여기 나오는 '페레스트로이카'와 같은 말이다. 이런 말 다음에 묶음표로 풀이를 해놓은 것은 참 잘 되었다. 그런데 조크했다는 '농담했다'로 고쳐야 한다. 외신을 번역할 때 될 수 있는 대로 서양말을 그대로 쓰지 않도록 해야 한다.

아베크 코스(→동반길, 쌍쌍이 길), 로비(→휴게실, 대기실), 랭킹(→순위), 러닝메이트(→부통령 후보, 짝), 캠퍼스(→학교 안, 교정)…… 잠시 신문을 펴도 서양말이 너무 많이 나오고 있다.

- 칼날 같은 컨트롤의 언더스로

이것은 어느 신문의 체육기사 제목이다. 이렇게밖에 쓰지 못한다면 우리는 벌써 우리 말뿐 아니라 혼까지도 다 서양에 팔아버린 것이다.

외국말투 퍼뜨리는 문장

신문기사의 문장은 낱말뿐 아니라 글의 짜임까지 남의 나라 말투를 따르면서 우리 말을 어지럽히고 병들게 하고 있다. 물론 다른 책들, 더구나 번역 책들의 문장에 비교하면 그래도 덜하다 할 수 있지만, 바른 우리 글을 쓰지 못하고 있어서 똑같이 우리 말을 잘못 이끌어가고 있는 책임을 묻지 않을 수 없다.

- 與野 모두의 패배
- 양편의 잘못을 서로의 얘기로 풀어가야……

이런 말법은 우리 것이 아니다. '모두 패배' '서로 얘기해서 풀어가야'

로 써야 한다.

- 12·16 대통령 선거에서의 패배로……

여기 나오는 선거에서의는 '선거의'로 써야 우리 말이 된다.

- 현실 노선으로의 복귀를 주장해……

이것은 '노선으로 복귀할 것을'이라고 써야 한다.

- 이 같은 중학교까지로의 의무교육 확대는……

이것은 '중학교까지의'로 써야 한다.

- 안이한 형식에의 굴복

이것은 '형식에'다.

- 국가보안법의 출판규제 독소조항 폐지돼야

왜 폐지돼야인가? '폐지해야'다.

- 현실에 무관심한 철학은 극복되어야 한다.

이것도 극복되어야가 아니고 '극복해야'다.

- 방사선 양은 같은 검사에 있어서도 100배 이상……

검사에 있어서도가 아니라 '검사에서도'가 맞다.

- 운율 조성의 기초 원리에 있어서는……

이것도 '기초 원리에서는'이다.

- 중공에 냉대받고, 우방에게서조차 외면당하면

우방에게서조차가 아니라 '우방에조차'로 써야 한다.

- 민정복귀를 위해 보다 강경한 조치를 취할 것을……

여기 나오는 보다는 '더'로 써야 우리 말이 된다.

- 그의 문학은 그의 삶에 다름 아니다.

다름 아니다는 일본말법이다. '지나지 않는다'든지 '-과 같다'고 써야 된다.

신문을 얘기하다보니 방송에 대한 얘기를 할 자리가 별로 남지 않았다. 그런데 지금까지 말한 바깥말 함부로 쓰는 문제나 남의 나라 말투를 그대로 쓰는 신문기사의 문제는 그대로 방송말의 문제로도 되어 있다고 본다.

예를 들면 며칠 전 잠시 들은 방송인데, 어느 교수님과 방송원이 주고 받는 말이 똑같이 외국말에 오염되어 있었다.
"그렇게 보여집니다."

"저도 그렇다고 생각되어집니다."

"그런 전제 속에서……"

"보다 진지하게……"

"문학사에 편입되어지면……"

8·15 분단 이후 '아버지'를 안 쓰고 아기들의 말인 아빠를 쓰도록 한 것과, 먹었었다식의 서양말법을 널리 퍼뜨린 것도 방송이 저지른 일이다. 지금은 거의 모든 어머니들을 대신해서 온 나라 아이들에게 우리의 모국어를 가르치고 있는 사람이 방송인들이라, 실로 엄청난 일을 하고 있는 터이지만 이 일에 대한 깨달음과 연구가 어느 정도 되고 있는지 걱정스럽다.

다만 방송말이 신문의 글말과 같은 잘못을 가지고 있는 것 말고 또 하나 일반으로 지닌 문제점에 대해 말하고 싶다. 문제는 농촌 마을의 유선방송이나 도시의 아파트 방송, 학교방송들에서 입으로 자연스럽게 나오는 말이 아니고 글로 써서 만든 말이거나 관공서의 공문서에서 쓰고 있는 말 같은 것을 읽거나 외듯이 하는, 말이 아닌 말을 쓴다는 것이다. 가령 농촌에서 아침저녁으로 무슨 돈을 납부하라, 무슨 농약을 치라는 따위의 말을 딱딱한 목소리로 방송하는 것이라든지, 도시의 아파트에서 때때로 무슨 문서를 읽어주듯 하는 방송 말이다.

"금일 공 일곱 시부터 새마을 대청소를 실시하겠사오니 입주자 여러분께서 무루 참석하여주시기 바랍니다."

"상가에서 생선을 염가로 공급하고자 하오니 많은 이용 있으시기 바랍니다."

이게 무슨 말인가? 이런 재미없는 말, 죽은 말을 시도 때도 없이 들어야 하는 것은 큰 고통이다.

학교 가까이 있는 집들에서는 날마다 선생님들의 성난 고함소리를 확성기로 들어야 하는 괴로움도 있다. 또 학교의 선생님들은 수업 중에 걸핏하면 교감 교장 선생님의 지시를 방송으로 들어야 한다고 한다.

"곧 폐품을 수합해주시기 바랍니다."

"장학적금을 수합해서 빨리 제출하시기 바랍니다."

말은 죽었고 되지 못한 글이 살아, 사람을 마구 짓밟는 세상이 되었다.

24. 우리 말 살리는 운동을 어떻게 해야 할까

지난해에는 우리 말 살리기 운동을 널리 펴볼까 해서 취지문을 만들고 뜻있는 여러 사람들과 만나서 의논도 하고 했으나 끝내 실패하고 말았다. 여기 그 경과를 적어서 뒷날에 참고하려고 한다.

1) 첫모임

『우리 글 바로 쓰기』 초판(1989. 10. 20. 발행)이 나간 지 1년 남짓 되었을 때, 나는 우리 말과 글을 살리는 일을 하나의 사회운동으로 펴나가도록 해야겠다는 생각을 실제로 해보기로 했다. 이렇게 마음먹은 까닭은 말과 글을 바로잡는 일을 내가 쓰는 글만으로는 해내기가 어렵다고 판단했기 때문이다. 한 해 동안 내 책을 읽은 많은 사람들이 옳은 주장이라고 성원을 보내왔지만, 내 소견이 잘못되었다고 비판한 사람은 아무도 없었다. 그러면서도 신문이고 잡지에 실려나오는 글은 조금도 달라지지 않았다. 잘못된 말을 버리고 우리 말을 찾아 쓰려는 조그만 노력조차 하려는 눈치가 안 보였다. 이건 아무래도 내가 혼자 할 일이 아니라 뜻있는 많은 사람들이 힘을 모아 해야 할 일이구나 하고 깨달았다.

이런 나를 더욱 채찍질한 것이 내 책을 읽어준 분들이다. "우리 말을 살리는 일에 모두 힘을 모을 수는 없을까요?" "그런 자리가 있으면 저를 불러주세요." 이런 인사말을 편지로 전화로 적지 않게 받았다. 그래서 내가 이 일을 앞장서 잘해나가지 못하더라도, 각 지방에 있는 좋은 뜻 가진 젊은이들을 한자리에 모이도록 해서 일을 하도록 주선하는 심부름만은 해야 되겠구나, 나밖에 할 사람이 없겠구나, 생각했던 것이다. 이래서 이 일을 함께 의논하고 추진할 만한 사람들을 연락해서 한자리에 모은 날이 1991년 1월 20일이었다.

첫모임에 사람이 너무 많아서도 안 된다 싶어 아홉 사람이 모였다. 시간 자리를 옮겨가면서 모임의 목표와 성격, 앞으로 할 일, 운동 방법, 경비 문제 따위를 자유롭게 얘기했다. 이날 모임은 앞으로 결성할 모임을 준비하는 자리였다. 그래서 취지문을 만드는 일, 광고하는 일, 회원으로 참가할 사람의 자격, 모임의 이름 같은 것도 논의가 되었다. 모임 이름은 '우리 말 바로 쓰기 모임' '우리 말글 한모임' 두 가지 의견이 나왔는데, 앞으로 더 생각해서 알맞는 이름을 정하기로 하고, '어쨌든 모임의 성격이 뚜렷이 나타나는 이름이 좋겠다'는 쪽으로 의견을 모았다.

모임의 성격에 관한 말이 나왔을 때는 우리 말과 글에 관한 여러 가지 일을 하는 모임들을 연합해놓은 모임인가, 아니면 한 가지 일을 하는 사람들의 모임인가를 작정해야 한다고 했지만 뚜렷한 결론은 짓지 않았고, 다만 우리가 하는 일만은 분명하게 잡아야 한다는 의견에 모두 생각을 같이했다.

이날 부산에서 온 ㄱ 씨가 인쇄물까지 가져와서, 이런 일을 하자면 무엇보다도 먼저 우리 말이 어떤 말인가를 분명하게 잡아놓아야 한다면서 매우 유익한 이야기를 해주었다. ㄱ 씨의 말 요지는 1) 우리 말은 교양인들이 쓰는 말이 아니라 우리 국민 모두가 쓰는 말이다. 2) 숨어 있는 말을 찾아내야 한다. 3) 말지도를 만들어야 한다.—대강 이 세 가지였다. ㄱ 씨의 주장에서 1)은 내가 늘 주장하는 우리 말에 대한 생각과 거의 같은 것이 아닌가 싶었다. 나는 우리 말은 "지식인들이 많이 쓰는 글말이 아니고, 학교 교육을 받지 않고 책을 별로 읽지 않은 이른바 무식한 사람들이 쓰는 말이 가장 깨끗한 우리 말"이라고 했던 것이다. 그런데 "2) 숨어 있는 말을 찾아내야 한다"고 주장한 것에 대해서는, 그런 일도 필요하기는 하지만 나로서는 그보다 더 급하고 큰일이 있다고 본다. 그것은 지금 우리 말을 마구 짓밟아 학대하는 신문과 방송의 말을 바로잡는 일이다. 마땅히 써야 할 말도 안 쓰고 남의 나라 글자말이나 남의 나라 말법으로 마구 쓰는데, 숨어 있는 말 찾아내어 보인다고 누가 그걸 쓰겠는가 하는 생각이 들었다. 그러나 그런 일이 도움은 되겠지. "3) 말지도를 만드는 일"은 잘 모르겠다. 그것이 우리 말을 살리는 국민들의 실천운동에서 얼마나 필요한지 알아봐야겠다.

또 이날 ㅅ 씨는 '전차'를 '번개차'로, '버스'를 '큰수레'로, '택시'를 '작은수레'로, '선생'은 '스승'으로 말해야 한다고 했다. 그 의견이 매우 신선하고 이론에서 잘못은 없지만, 우리 말을 쓰자는 대중운동의 자리에서 그런 주장을 하면 운동이 제대로 안 될 것이라고 모두가 말했다.

아무튼 앞으로 여러 차례 더 만나서 생각을 나누고 의논할 필요가 있다는 결론을 내리고 헤어졌다.

2) 취지문

그 뒤 1~2월 사이에 몇 차례 모이는 가운데, 이 일을 빨리 추진하자고 하는 의견과 좀더 신중히 하자는 의견이 나왔다. 신중하게 추진하자고 하는 이들은, 이 일을 하는 사람들 가운데 우리 말을 살리는 일보다도, 새로운 말을 만들어 퍼뜨리는 일을 하려는 분이 여럿 있고 그런 일을 우리 말글 운동이라고 생각하는 젊은이들이 이들을 따르고 있다고 보았다. 그래서 우선 모임의 이름을 정하는 것도 서로 의견이 달라 잘 되지 않았다. 나는 무엇보다도 먼저 해야 할 일이, 이 운동의 목표와 방향과 할 일을 정하는 취지문을 만드는 것임을 깨닫고, 몇 분에게 "취지문을 써보라"고 말하고 나도 썼다. 내가 쓴 취지문을 여러 사람에게 보였더니 더러 불만스러워 하는 분이 있어서, 다른 분들에게도 꼭 써달라고 했다. 몇 분이 쓴 취지문을 견주어 보고, 그 가운데서 어느 것 하나를 가려내든지, 여러 안에서 좋은 점을 뽑아 모아 새 안을 만들든지 하면 되겠다 싶었다. 이래서 또 두 분이 취지문을 써 돌렸다. 세 사람이 쓴 취지문을 견주어 보니 그 내용이 많이 달랐다.

'같은 일을 하자고 모인 사람들의 생각이 이렇게 다르구나' 싶었고, 이대로 이 일을 밀고 간다는 것은 정말 어렵겠고, 밀고 간다 하더라도 열매를 맺기가 쉽지 않겠다는 생각이 들었다. 그보다 실제로 일을 할 사람이 거의 없다는 사실을 깨달았다. 이래서 나는 그만 이 일에 당분간 관심을 두지 않기로 했다. 이런 일을 하더라도 아주 다른 자리에서 뜻이 맞는 사람들만 모여 하리라, 마음먹었던 것이다.

그러다 7월이 되어 몇 분이 재촉해서 다시 두 차례 모였다. 7월 13일과 19일이다. 13일 모임에서는 모임의 임시 이름을 '우리 말 사랑 겨레 모임'으로 정했다. 19일에는 내가 썼던 취지문을 (모두가 내가 쓴 안이 좋다고 해서) 같이 읽어가면서 문장을 좀 다듬는 정도로 고쳤다. 그리고 발기인대회를 8월 15일에 열기로 하고, 창립대회는 9월 중에 하자고 했다.

다음은 내가 쓴 취지문이다.

'우리 말 사랑 겨레 모임'(임시 이름)을 일으키는 뜻
―말이 살아야 겨레가 삽니다

우리 말은 우리 겨레의 피요 생명입니다. 우리 겨레가 반만년의 역사를 살아오면서 이 땅을 지켜온 것도 겨레의 얼을 이어준 배달말을 가졌기 때문입니다.

그러나 불행하게도 우리 배달말은 오랫동안 남의 말글에 시달림을 받아 차츰 그 말이 비뚤어지고 줄어들고, 그 본디 모습을 많이 잃어버리게 되었습니다. 지금도 배달말은 한자말에 멍들고 일본말에 짓밟히고 서양말에 쫓겨나 끊임없이 죽어가고 있습니다. 더구나 최근에 와서 온 나라가 도시산업사회로 바뀜에 따라 우리 말의 속살을 이어오던 터전인 농촌이 사라지면서 우리 말은 밑뿌리가 아주 뽑혀버릴 지경에 이르렀습니다. 이제 우리 말은 가장 귀한 대접을 받아야 할 교과서와 사전과 문학작품에서조차 제자리를 지키지 못하게 되었고, 방송과 신문

과 잡지와 온갖 상품광고들은 우리 말을 엉망으로 다루는 일을 예사로 하고 있습니다.

말은 삶에서 나옵니다. 따라서 삶이 바로잡혀야 말도 바로잡힙니다. 그러나 삶이 오랫동안 비뚤어져 있으면 말이 깊이 병들어버리고, 그 병든 말과 글이 거꾸로 삶을 규정하고 지배하게 됩니다. 말은 삶에서 나올 뿐 아니라 삶을 열어가는 수단이요, 바탕입니다. 이래서 우리는 삶을 바로잡는 일 못지않게 말을 바로잡는 일을 하지 않을 수 없게 되었습니다.

말을 살리는 일이 겨레를 살리는 일입니다. 배달말을 살리지 않고 배달겨레가 살아날 수 없습니다. 말을 살리지 않고는 어떤 교육도 학문도 문학도 예술도 종교도 사상도 우리 것이 될 수 없고, 제자리에 설 수 없다고 봅니다. 더구나 우리 겨레가 대륙과 섬나라로 흩어지고, 남과 북으로 갈라져 눈물과 한숨으로 살아온 지 반세기가 다 되어가는 지금은 그 어떤 일보다도 겨레말을 바로잡아야 할 때입니다. 우리 얼을 찾아 가지는, 말 살리는 일이 곧 민주주의와 통일을 앞당기는 가장 확실한 길이라고 믿습니다.

나라와 겨레를 사랑하는 모든 분들이 우리 말을 살리는 일에 함께 해주시기 바랍니다.

우리가 할 일

1. 우리 말이 어떤 말인가, 우리 말이 아니거나 우리 말이 될 수 없는 말이 어떻게 쓰이고 있는가를 알아서, 우리 스스로 바르고 깨끗한 말을 쓴다.

2. 우리 말을 병들게 하는 글과 말을 퍼뜨리는 모든 대중전달 수단을 바로잡는 일을 한다.

3. 우리 말을 바로 쓰는 데 필요한 자료를 조사하고 모으고 연구하여 널리 퍼뜨린다.

4. 모든 일터와 모임에서 우리 말을 바로 쓰는 운동을 펴나가도록 한다.
　　5. 어린이와 젊은이들이 겨레말을 제대로 이어받을 수 있도록 한다.
　　6. 가정에서 우리 말을 바로 가르칠 수 있도록 한다.
　　7. 말과 글에 관한 법령과 정책을 바로잡도록 한다.
　　8. 위와 같은 일을 하면서 우리 말이 얼마나 넉넉하고 아름답고 자랑스러운가를 모든 사람들이 깨닫도록 한다.

3) 발기인대회

　발기인의 수를 어느 정도로 하는가 하는 문제를 두고 의견이 맞지 않다가 결국 많을수록 좋다고 해서 준비모임에 참가한 분들이 제각기 아는 사람들 앞으로 초청장을 보내기로 했는데, 대개 한 분이 열 사람 안팎으로 보냈던 것 같다. 그런데 발기인대회를 준비하는 사무를 맡은 젊은이들은 초청장을 약 600명 앞으로 보냈다. 대부분이 한글운동에 관심을 둔 사람들이었다. 나는 네 사람에게만 보냈는데, 취지문과 발기인 동의서와 함께 내가 쓴 편지도 같이 넣었다. 그 편지는 다음과 같은 내용이었다.

　　취지문을 제가 썼습니다만 일을 밀고 나가는 젊은이들은 이 취지문과는 다른 길로 나가는 듯해서 별로 미덥지 못합니다. 그러나 발기인대회를 하게 되어 있어서 처음부터 제가 권유해서 나와주신 분들께 알리지 않을 수 없어 이렇게 편지를 드립니다. 잘 생각해보시고 뜻대로 해주시기 바랍니다. 앞으로 저는 그저 지켜보는 정도로 하려고 합니다.

　예정대로 발기인대회는 8월 15일 한글회관에서 열렸지만 나는 참석하지 않았다. 모인 사람은 30~40명이라고 들었다. 이 대회에서 창립대회를 9월 중에 열기로 하고, 공동추진위원장으로 '송현' '이대로' 두 분을 뽑았다고 했다.

4) 창립대회

9월 14일 창립대회를 한글문화원에서 열었으나 이번에도 나는 나가지 않았다. 나가지 않은 까닭은 다음과 같다.

첫째, 초청장이 오지 않았다. 이대로 씨가 그 전날 전화로 알려서 알았는데, 꼭 와달라고 했지만 초청장도 보내지 않으면서 그러는 것이 그저 인사로 하는 말인가도 싶었다. 실무를 맡은 젊은이들이 왜 나한테 연락을 안 했을까? 내가 나가면 불편한 일이 일어날는지 모른다 싶어 일부러 알리지 않았을 것 같기도 했다. 초청이 있어도 갈 생각이 없었는데, 마침 잘 되었다 싶어 안 가기로 했다. 뒤에 여러 가지 얘기를 들어서 판단해 보니 초청장을 일부러 보내지 않은 것은 아닌 듯했다. 나 말고도 마땅히 받아야 할 사람들이 여럿 받지 못했다니 말이다. 그러나 사무를 이렇게 성의 없이 보는 사람들이 앞으로 무슨 일을 하려는 것일까.

둘째, 일을 밀고 나가는 이들이 모두 한글쓰기 운동이나 이름 짓는 일 같은 데 관심을 가진 젊은이들이라 내가 가는 길과는 달랐다.

셋째, 모임을 꾸려나가려고 하는 사람들이 앞으로 무슨 일을 할 것인가를 생각하는 것보다 어떻게 하든지 사람을 많이 끌어모으는 데 관심이 기울어져 있어 보였다. 우리 말 살리는 일을 무엇으로 하겠는가? 결국 글을 써서 세상 사람들에게 보여주는 일이 가장 큰 일로 될 수밖에 없는데, 그런 일에는 관심이 없고 사람 많이 모아서 감투나 만들고 하는 것이 무슨 뜻이 있는가 하는 의심이 들었던 것이다.

그런데 창립대회가 있던 날 저녁 이대로 씨가 전화를 걸어 대회 경과를 알려왔다. 그 내용은 대회를 잘 마쳤다는 것, 회장에는 만장일치로 나를 추대하기로 했고, 부회장은 이대로 씨와 밝한샘 씨가 뽑혔다고 했다. 모임의 이름을 '한말글 사랑 겨레모임'으로 결정했다는 말도 덧붙였다.

나는 대답으로, 나가지도 않은 사람을 회장으로 추대하다니 어디 그럴 수가 있는가, 나는 그런 모임의 회장은 맡을 수 없다고 했다. 그러니까 이 씨는 말했다.

"앞으로 회칙을 만드는 일이나 이사 선정이나 그밖에 모든 일을 일체 회장한테 맡기기로 했으니 선생님 뜻대로 해주시면 됩니다. 이 일을 의논하기 위해 저희 부회장 두 사람이 지금 곧 선생님을 뵈러 찾아가겠습니다."

나를 회장으로 앉혀놓고 모든 일을 마음대로 하도록 맡긴다? 세상에 참 별난 모임이 다 있구나 싶었지만, 어쩌면 이렇게 해서 내 뜻을 펼 수도 있겠다는 생각이 들었다. 그리고 당장 부회장 두 사람이 찾아온다는 것이 미안해서, 꼭 그렇다면 내가 나가서 만나겠다고 대답하고 나갔던 것이다.

그날 저녁 부회장 두 분의 말을 듣고 어쩔 수 없이 우선 회장을 받아들이기로 했다. 다음날에는 회칙을 만들었다. 창립총회에서 회의 이름을 '한말글 사랑 겨레모임'으로 정했다지만 회칙 첫머리에 회의 이름을 취지문대로 밝혀놓으면 된다 싶었다. 이대로 씨도 회의 이름은 새로 구성한 이사회에서 다시 토의하면 된다고 말했다.

그런데 며칠 뒤 회칙안을 가지고 회장단이 모여 의논하는데, 총회에서 정한 회의 이름만은 그대로 두어야 하지 않겠나 하는 말이 나왔다. 아마도 내가 총회에서 결정한 회의 이름마저 고치려고 한다는 소문을 듣고, 그럴 수 없다는 말이 '한말글'을 주장하는 이들한테서 있었던 모양이었다. 회칙을 회장한테 맡겼으면 그대로 따를 일이지, 이사회에서 다시 논의한다는 건 말이 안 되는 것이다. 이래서 아차, 내가 또 실수를 했구나 하고 깨달았다. 대관절 한 단체의 일을 회장 한 사람이 마음대로 한다는 것 자체가 있을 수도 없고, 더구나 운동이란 것을 그렇게 해서는 할 수 없는 것 아닌가. 나는 그만 어떤 일이 있어도 이제는 이 모임에서 아주 손을 떼야겠다고 마음먹고, 회칙안을 두고 의논하는 회장단의 첫 모임에서 내 생각을 분명히 밝히고는 물러났던 것이다.

5) 내가 보낸 편지

　이래서 내 손으로 취지문을 쓰고, 회칙을 만들고 했던 모임에서 나는 아무것도 못하고 나와버렸다. 내가 나왔지만 그 모임에서 그 창립 취지문을 따라 일을 해주었으면 얼마나 좋겠는가. 그러나 그 모임을 움직여 가는 사람들의 성향으로 보아 거의 희망을 걸 수 없다.
　나는 이번 일에 아주 매듭을 짓기로 했다. 무엇보다도 내가 잠시라도 회장이란 자리를 받아들였다가 다시 생각을 바꾸었으니 그대로 있을 수가 없어, 내 처지를 밝히는 편지를 써서 이번 일에 처음부터 참가했던 분들에게 보내게 되었다. 그 편지가 다음에 든 대로다.

　'우리 말 사랑 겨레모임' 창립총회에 나오신 여러분께 드립니다.
　지난 9월 14일 창립총회에 참석하지도 않은 저를 회장으로 뽑아주신 데 대해 고맙게 생각하며 인사드립니다. 그런데 저는 회장이란 자리를 맡을 수 없기에 그 까닭을 말씀드리려 합니다. 그날 총회에서 '우리 말 사랑 겨레모임'이란 이름을 '한말글 사랑 겨레모임'이라 고쳤다고 하는데, 저는 처음부터 '우리 말'을 바로잡는 일을 하려고 한 것이지 '한말글' 운동을 하자고 한 것은 아니었습니다. 그것은 취지문에 뚜렷하게 나타나 있습니다. 대관절 '한말글'이 무슨 말입니까? 나같이 평생 책 읽고 글 쓰면서 살아온 사람도 귀에 설게 느끼는 이런 말을 온 백성 상대로 일을 해나가려는 모임의 이름으로 내걸고 싶어 하는 분들의 속뜻을 저는 알 수 없습니다. "말이 안 돼도 새로 만들어 자꾸 퍼뜨리면 결국은 쓰게 된다"고 할 것 같은데 그런 태도는 분명히 우리 말을 바로잡는 일을 해친다고 봅니다.
　우리가 말을 새로 만들어내는 데는 원칙이 있어야 합니다. 없던 물건이 새로 생겼거나 밖에서 들어온 새 물건이 있을 때, 또는 새로운 사태가 일어나서 그 일을 가리키는 말이 있어야 한다면 그때는 말을 지어내야지요. 그럴 경우에도 지식인들이 다만 머리로 생각해서 만드는 것은 위험하고, 어디까지나 백성들이 자연스럽게 받아들이고 쓸 수 있는 말이 되도록 해야 할 것입니다.

지금 우리 말이 엉망으로 되어 있는 판에서 우리 말을 살리는 일에는 마음을 두지 않고 엉뚱한 새말을 만들어 퍼뜨리는 것을 겨레의 이름으로 한다는 것은 저로서 용납할 수 없습니다. '한말글' 운동은 잘못된 만든 말 퍼뜨리기를 해서, 지식인들이 백성들의 말을 배우면서 그 자신들의 말을 깨끗이 하려는 것이 아니라, 백성들 위에 올라서서 백성들을 엉뚱한 곳으로 끌고 가려는 일을 하려는 것이 아닌가 의심합니다. 총회에서 회칙을 수정 보완하는 일을 회장단에 맡겼지만 회의 이름을 정한 것만은 고칠 수 없다고 하는 말이 뒤에 와서 들립니다. 아무래도 '한말글' 운동을 하고 싶어 하는 여러분과 '우리 말'을 살리려는 저와는 같은 자리에서 일하기가 매우 불편하니, 회장을 다시 뽑아서 잘 해나가시길 바라면서, 이만 저의 처지를 밝힙니다.

1991. 9. 30.
이오덕

6) 앞으로 하고 싶은 일

우리 말을 살리기 위해 내가 앞으로 하고 싶은 일은 이렇다. 온 나라에 우리 말에 대하여 나와 같은 생각을 가진 사람(우리 말은 지식인들이 유식하게 지껄이거나 글로 쓰는 말이 아니고, 학교 공부를 하지 않은 사람, 일 하면서 살아가는 무식한 사람들이 하는 말이 가장 깨끗한 우리 말이라 믿는 사람) 이런 사람들 가운데서 어느 정도 깨끗한 우리 말로 글을 쓸 수 있는 사람(쓰고 싶어 하는 사람)을 널리 알려서 모은다. 이런 사람이 열만 있으면 되지만 서른쯤 되면 더욱 좋다. 내 생각에 이런 동지 스무 사람은 어렵지 않게 모을 수 있을 것 같다.

우리 말을 살리고 싶어 하는 사람들의 모임이 이뤄지면 그다음에는 이

사람들이 달마다 한 편씩 글을 써 내도록 한다. 어떤 종류의 글이라도 좋다. 생활글이라도 좋고 편지라도 좋고 소설, 동화, 수필이라 하는 글, 어떤 글이라도 좋다. 다만 깨끗한 우리 말로 써서 어른이고 아이고 재미있게 읽을 수 있는 글이면 된다. 이런 글을 모아서 달마다 조그만 책을 내는 것이다. 우리 나라에서 가장 깨끗한 우리 말로 쓴 책, 그래서 어른도 읽고 아이도 읽는 재미있는 책, 읽는 동안에 저절로 우리 말을 배우게 되는 책, 그런 책을 잡지 모양으로 내고 싶다. 그러니까 이 책에는 아이들이 쓴 글도 싣게 된다. 깨끗한 글을 쓰고 싶어 하는 사람, 깨끗한 글을 읽고 싶어 하는 사람, 우리 말이 귀하다는 것을 알고 있는 사람은 아이들이 쓴 글을 즐겨 읽는다. 아이들도 깨끗한 우리 말로 쓴 어른들의 글을 읽고 싶어 한다. 이렇게 이 책의 독자는 점점 불어나고, 책에 글을 쓰는 사람도 많아진다.

  내가 생각하는 우리 말 살리기 운동은 이렇게 하는 것이다. 이것이 안 되면 말 살리는 일은 할 수 없다. 말 살리는 운동은 거리에 나가서 데모를 하는 것도 아니니 사람을 많이 끌어모을 필요가 없다. 무슨 회장이니 부장이니 하는 이름도 소용이 없다. 다만 우리 말과 우리 것에 대한 믿음과 이바지(봉사)하는 마음을 가진 사람만 있으면 다 되는 것이다.

제2장 듣는 말, 들려주는 말

1. 말을 어떻게 살리나

얼마 전 어느 문학상 수상식 자리에 가본 일이 있다. 내가 갔을 때는 식이 많이 진행되어 상을 받는 분들이 상장과 상품을 받고 있었고 곧이어 상을 받은 세 분의 인사말을 듣게 되었다.

세 분이 차례로 나와서 인사말을 하는데, 첫 번째 나온 분과 그다음에 나온 분은 미리 적어온 글을 읽었고, 마지막에 나온 분은 그냥 말로 했다. 그때 나는 세 분의 인사말을 듣고 내 딴은 아주 중요한 사실을 깨달았다. 그것은, 앞의 두 분이 읽는 글(혹은 글 따라 하는 말)을 듣는 것과 뒤의 한 분이 말로 하는 것을 듣는 느낌이 너무나 다른 데서 온 것이다. 두 분이 인사말을 읽을 때는 별 생각 없이 듣다가 나중에 한 분이 말을 할 때는 갑자기 내 귀가 번쩍 열리고, 이게 바로 우리가 해야 할 말이구나, 살아 있는 말이구나, 하고 깨달았던 것이다.

먼저 한두 사람의 인사말에 별다른 내용이 없다든지, 뒤의 한 분이 남다른 말재주를 보였다든지 한 것이 아니다. 말에 조리가 서 있고 빈틈이 없기로야 그냥 생각나는 대로 하는 말이 어찌 다듬어놓은 글에 견줄 수 있겠는가? 그런데 귀로 듣는 말은 읽는 글과는 그 느낌이 다르다. 가령 말하는 사람이 좀 더듬거리고 때로는 같은 말을 되풀이한다고 하더라도,

조리있는 글을 읽는 것보다 더 듣기 좋다. 남들은 어떤지 몰라도 나는 그렇다.

이야기 말을 듣는 느낌과 읽는 글을 듣는 느낌이 다름은, 우리가 편지를 받았을 때 손으로 쓴 글씨를 읽는 느낌과 타자로 친 글자를 읽는 느낌이 다른 만큼, 아니 그보다 훨씬 크게 다른 느낌을 우리에게 준다고 본다.

그 까닭이 어디에 있을까? 결국 읽는 글말과 듣는 입말이 다른 데서 오는 것이라고 할 수밖에 없다. 아무리 '언문일치'된 글을 쓴다 하더라도 글은 글이지 입으로 하는 말과는 다르다. 또 우리가 지금 쓰고 있는 글은 100년 전부터 '언문일치'를 목표로 하여 써왔다고 하지만, 입으로 하는 말과는 거리가 멀게, 쓰는 버릇이 좀처럼 바뀌지 않고 있다. 마땅히 입으로 하는 말같이 써야 하는 데도 그렇게 안 쓰고 글에서만 쓰는 글말로 쓰고 있다. 아니, 일부러 글말을 찾아쓰기를 좋아한다. 쉬운 말, 입말로 쓰면 가치가 없는 글이 되고, 무식한 사람이나 쓰는 글이 되는 줄 알고 같은 값이면 어려운 말로, 글에서만 쓰는 말로 쓰려고 한다.

내가 시골 학교에서 아이들을 가르치면서 겪었던 일이 생각난다. 시골 아이들이 하도 말을 안 해서 생각한 끝에 한 가지 방법을 아이들에게 가르친 것이, 종이쪽지에 글을 써서 읽게 한 것이다. 운동장 조회 때 주번 대표가 나가서 생활지도에 관한 말을 해야 할 때나, 어린이회 때 각 학급 대표들이 생활보고를 할 때, 미리 얘기할 것을 종이에 적어서 그걸 읽으면 되도록 한 것이다. 이렇게 하면 아무리 말을 못하는 아이라도 쉽게 할 수 있겠지, 생각했다. 그리고 그렇게 되풀이하는 가운데 차츰 여러 사람 앞에서 말하는 데 익숙해져서 얼마 안 가서 종이에 쓰지 않아도 말이 쉽게 나오리라 생각했다.

그런데 아무리 그걸 되풀이해도 여전히 아이들은 말을 할 줄 몰랐다. 종이에 써서 읽는 것도 제대로 되지 않았다. 그러다가 한 번은—어린이회장을 선거할 때였다고 기억한다. 종이에 쓰지도 않고 아이들이 나가서 인사말을 하는데, 깜짝 놀랄 만큼 잘했다. 아주 자연스럽게, 보통 때 하는 말같이 술술 말이 쏟아져 나오는 것 아닌가. 저놈들이 저렇게 말을 잘하면서 왜 지금까지는 조회 때나 어린이회 때 벙어리처럼 되어 있었던가? 참으로 이상하다. 아이들이 갑자기 이렇게 달라졌는가? 내가 아이들을 잘못 보았는가?

생각 끝에 그 까닭을 나는 이렇게 풀었다. 누구든지 말이란 것은 하고 싶을 때라야 저절로 나오는 것이지, 하고 싶지도 않은 말은 할 수 없다. 하고 싶지 않으면 할 말이 없다. 할 말이 없는데 말을 하라니 그런 꼴이 될 수밖에 없다. 가령 종이에 써서 읽는다 해도 말이 잘 나올 리가 만무하다. 그런데 하고 싶은 말이 꽉 차 있으면 하지 말라고 해도 한다. 어른이고 아이고 다 그렇다. 내가 그 뒤로 아이들의 말하기 지도방법을 바꾼 것은 물론이다.

건망증이라 할까. 깨달음이 둔하다고 할까. 아이들 교육에서 그런 귀한 체험을 해놓고도 나 자신이 하는 말은 여전히 엉망이다. 워낙 오랫동안 책 속에서 글 속에서 살아왔기 때문에 말을 할 줄 모른다. 그래 어쩌다가 많은 사람 앞에 나가 얘기를 해야 할 때는 아주 쩔쩔맨다. 어쩔 수 없이 글을 적어서 그걸 봐가면서 읽듯이 말하는 버릇도 생겼다. 그런데 글 따라 말하는 노릇은 남이 그렇게 하나 내가 그렇게 하나 아무래도 신통치 못하다. 그러다가 바로 그 수상식 때 몇 분이 인사말 하는 것을 들은 뒤로는 어떤 자리에서 무슨 말을 하더라도 글을 적어서 읽지는 않으리라 마음먹고 지금까지 그렇게 하고 있는 중이다.

더러 말을 하다가 잊어버리면 좀 쩔쩔매는 수가 있겠지. 그러면 말머리를 돌려 딴 이야기를 하면 될 것 아닌가. 말이 좀 엉성하고, 군소리가 더러 들어가고, 때로는 엉뚱한 말이 나오더라도 좋다. 살아 있는 말을 하자. 그래서 말을 살리자―이것이 지금 내가 가지고 있는 말에 대한 생각이다.

말이 글을 따라가지 않고 글이 말을 따라오도록 해야 한다. 그래야 말이 살아나고 글도 살아나고 우리 겨레의 혼이 살아난다.

2. 말은 주고받는 것이다

말은 본래 주고받는 것이다. 말은 사람과 사람이 주고받는 데서 생겨나고 발달되고 전해진다. 혼자 살아간다면 말이 필요가 없고 생겨날 수도 없다.

소설이나 동화의 문장에서 흔히 마주이야기(대화)가 나오는데, 이 마주이야기가 다른 바탕글보다 더 시원스럽고 재미있게 읽히기가 예사다. 그 까닭은 사람이 입으로 한 말을 그대로 옮겨놓았기 때문이다. 곧 가장 살아 있는 말이 되어 있기 때문이다.

"할아버지, 쌀 주셔요."
"오냐, 몇 되냐?"
"몇 되가 아녀요."
"그럼 몇 말이냐? 네가 그렇게 무거운 쌀을 어떻게 가져가려고 그러니?"
"반 되만 주셔요. 아니, 반 되보다 적게 주셔요. 돈이 모자라요."
  • 이주홍 동화, 「꽃이 된 소녀」 부분

만약 문학작품에 나오는 마주이야기가 별로 재미 없다면 살아 있는 말을 그대로 잡지 못했기 때문이라 할밖에 없다. 그런데 말이 발달하고 보니 주고받지 않고 한쪽에서만 말하게도 되어 있다. 이렇게 주로 한쪽에서 말하고, 다른 사람들은 듣기만 하는 말 가운데서 누구나 잘 알고 있는 것이 '옛이야기'다. 이 옛이야기와 같은 '이야기'는 먼 옛날부터 사람들이 말로써 창조해온 가장 훌륭한 예술이었다고 할 수 있다.

다음은 이야기한 말을 녹음해서 옮겨놓은 한 토막이다.

아 참, 한 날은 참 어딜 가는데, 낚시질을 허러 갔드래. 낚시질을 허러 갔는데, 잉어 한 마리가 툭 잡히드라 이거야. 아, 근데 잉어는 잡아서 좋긴 좋은데 갖다 잡아먹기가 너무 뭘 해서 도루 물에다 놔줬다는구먼. 고 다음번에 또 낚시질을 허러 갔는데 원 어린아이가 나오나서 거기 섰드래거덩.

- 「정승의 말이 들리는 요술 보자기」, 『한국구비문학대계』, 경기 강화군 편

이 이야기 말을 좀 살펴보기로 하자. 이것은 오늘날 우리가 읽는 소설이나 동화의 문장과는 사뭇 다르다. 우선 글월의 끝이 "갔드래" "이거야" "놔줬다는구먼" "섰드래거덩" 이렇게 여러 가지로 나타나서, 거의 모든 글월을 −다로만 끝맺는 오늘날의 소설이나 동화와는 우선 형태부터 아주 다르다. 이렇게 여러 가지로 달리 나타나는 맺음말 끝을 가진 이야기 말은 어떤 자리에서 그런 말이 될 수밖에 없는 어떤 필연성을 지니고 있다고 보아야 한다. 그 필연성이란 무엇인가?

이 이야기 말이 몇 사람 앞(속)에서 한 사람이 지껄이는 말이기는 하지만, 그 말은 그 한 사람이 제멋대로 토해내는 태도로 하는 말은 결코 아니다. 이 이야기 말들은 바로 곁에 앉아 있는 사람들에게 말해주어서 그 말을 알아들었는지 듣는 사람들의 얼굴 표정을 살피면서 확인하는 듯한 말씨로, 또는 듣는 사람들과 같이 그 이야기를 즐기는 듯한 말씨가 되어 있다. 다시 말하면 듣는 사람과 말하는 사람이 앉아 있는 거리가 분명하게 나타나고, 오가는 기분이 나타나 있다. 실제로 이렇게 이야기하는 가운데 듣는 이들은 함께 맞장구를 쳐주기도 하고, 알 수 없는 말은 묻기도 하고, 잘못된 말은 보충해주기도 하는 것이다. 그러니까 이 이야기 말도 한갓 주고받는 말이요, 주고받는 말의 연장이라 할 수 있다. 따라서 오늘날 동화나 소설문장에서 글월의 끝맺음이 −다로만 되어, 읽는 이들이야 알든 모르든, 내가 하고 싶은 말만 쓰면 그만이란 태도의 말과는 아주 다른 것이다.

다음 드는 글 두 대문은 올해 일간신문 신춘문예 당선 동화 한 편과 단편소설 한 편의 첫머리다. 이 글들을 여기 보기로 드는 까닭은 우리 겨레가 이어온 이야기 말이 오늘날 산문 문학에서 얼마나 달라진 형태로 나타나 있는가를 생각해보려고 한 것일 뿐이지, 이 문장으로 된 작품에 무슨 큰 결함이 있다고 해서 드는 것이 아니다. 솔직히 말해서 나는 이 작품들을 첫머리밖에 안 읽었다.

우리는 그의 이름을 부르지 않았다. 그는 삐삐 마르고 귀가 커서 장대 같았다. 키재기를 한 것은 아니다. 누구도 그의 곁에 가지 못했다. 그는 우리에게 두려움이었다. 오른쪽 팔목이 돌아간 끝에 접시꽃처럼 쭉 펴진 손가락이 구부러질 줄 몰랐다. 그는 항상 기다란 막대기를 들고 다녔으며 등하굣길에서 사나운 개처럼 우리를 놀래켰다. 지레 겁먹은 우리는 그의 모습이 보이기만 하면 가던 길을 되돌아서 먼 길로 갔다. 학교 가는 길은 세 갈래의 길이 있다. 어느 동화

오늘, 나는 아내의 생기 있는 모습을 본다. 글쎄, 다른 날과 진짜 확연하게 생기가 있는 것인지 그건 모르겠다. 다만 그렇게 느껴지는 행동들을 했고, 그럴 만한 이유가 있기도 해서 나는 오늘은 좀 별나네, 하고 생각하는 것이다.
나는 어젯밤에도 열한 시 반에─내가 있는 연구실 건물을 폐쇄하는 시간이다─정확하게 연구실을 나와 열두 시 십 분경에 집에 도착했는데 그녀는 날 기다릴 생각조차 하지 않은 양 깊은 잠에 빠져 있었다. 아내는 내가 매일 밤 왜 늦는지 좀체 궁금해 하지 않는다. 어느 단편소설

이 두 편의 문장은 제법 입으로 말을 하는 것같이 쓰려고 했다. 그런데도 도무지 말이 될 수 없는 말, 당연히 입으로 하는 말로 써야 할 것을 남의 나라말 번역한 글투로 쓴 대문이 있는데, 더구나 앞쪽에 든 동화가 심

하다. 그리고 이런 잘못된 말이나 말법은 단지 그 낱말만이 문제가 되는 것이 아니라 글 전체의 분위기와 짜임을 파괴하여 외국말 번역체로 만드는 결과를 가져오는 것이다. 보기글에서 우리 말이 될 수 없는 말이란 매김자리토(관형격조사) 의와 사람을 가리키는 대이름씨 그, 그녀다.

"우리는 그의 이름을 부르지 않았다."
"그의 곁에 가지 못했다."

여기 나오는 그의는 우리가 입으로 하지 않는 말이다. 마땅히 '그 아이'라고 써야 할 것이다(다만 '그의 곁에'만은 '그 곁에'로도 쓴다. 이때 "그"는 대이름씨가 아니라 매김씨〔관형사〕가 된다).

"그는 우리에게 두려움이었다."

이것도 말이 안 된다. '그 아이를 우리는 두려워했다'고 써야 말이 된다.

"오늘 나는 아내의 생기 있는 모습을 본다."

이것은 아내의가 아니라 '아내가' 해야 말이 된다. 우리가 지금까지 숱하게 읽어온 그 글은 될는지 모르지만 '말'은 안 된다는 것, 그리고 소설은 그 어떤 글보다도 말을 살려야 하는 글임을 생각할 필요가 있다.

"그녀는 날 기다릴 생각조차 하지 않는 양……"

우리 말에는 그녀란 사람대이름씨가 없다. 소설가들이 반세기를 일본말, 서양말 따라 제멋대로 써왔지만, 아직도 입으로는 아무도 쓰지 않는 말이라면 지금쯤 마땅히 반성해서 쓰지 말아야 할 것 아닌가.

문학작품뿐 아니라 우리가 쓰고 있는 모든 글에서 '말'을 살려야 한다. 그 말은 지식인들이 쓰는 글말이 아니라 입으로 주고받는 말임을 명심해야 할 것이다.

3. 주기만 하는 말에 듣기만 하는 말

지난번에는 우리가 쓰는 글이 주고받는 말이 아니라 주기만 하는 말로 되어 있다는 것을 지적했는데, 이번에는 말의 실상을 살펴보기로 한다.

말은 본래 주고받는 것이고, 주고받는 데서 발달했다. 말을 서로 주고받으려면 두 사람, 많아도 다섯을 넘으면 불편하고, 열을 넘으면 주고받는 말을 자연스럽게 하기가 어렵다. 그래서 사람이 많이 모인 자리에서는 말을 하는 규칙을 정해서 그 규칙에 따르도록 한다. 이렇게 해서 회의를 하거나 좌담을 하는 자리는 매우 불편하기는 하지만 그래도 어느 정도 생각을 나눌 수 있는 자리가 된다.

그런데 아예 처음부터 한 사람만이 계속해서 말하고 다른 사람은 가만히 앉아 듣기만 하는 자리가 있다. 아니, 자리가 있는 정도가 아니라 우리가 듣는 말이라는 것이 온통 한쪽에서 지껄이기만 하는 말이 거의 전부라고 해야 할 판이 되었다.

우선 학교에서 교육하는 틀부터 그렇다. 학생 중심의 학습지도란 말뿐이고, 50명, 60명의 아이들을 앉혀놓고 교과서의 내용을 대강이라도 훑어서 가르치려면 교사는 저 혼자 교단에서 자꾸 말을 하게 된다. 더구나 우리 나라에서는 일제강점기부터 교사들이 명령만 하는 수업으로 길이 들었고, 지금은 점수 쟁탈을 위한 지식주입과 암기를 경쟁으로 시키는 교육이 되고 보니, 수업시간에 학생들이 말을 하는 기회가 아주 제한되어 있다. 교실에 들어간 학생들은 말을 하는 대신에 책을 읽거나 교과서 베껴 쓰기만을 해야 착한 학생으로 칭찬받는다. 거기에다 생활지도가 되면 교사들이 아이들에게 훈화를 하는 것쯤으로 알고 있다. 운동장에서 조회를 하는 아침 교장 선생이 단 위에 올라가면 아이들은 꼼짝도 못하는 부동자세로 지겨운 훈화를 들어야 한다. 말을 못 하고 언제나 듣기만 하면서 자라나는 것이 우리 아이들이다.

이런 사정은 학교 밖에 나가도 다름이 없다. 무슨 학원에 가도, 강습소나 연수장에 가도, 교회에 가도 강의나 설교를 듣기만 한다. 강연회니 정견 발표회니 하는 따위도 그렇다. 그런 자리에 나가면 말하는 사람은 하나인데 듣는 사람은 수십 명, 수백 명, 때로는 수천 명도 되고 수만 명도 된다. 그래서 말하는 사람은 마이크 앞에서 잠시도 쉬지 않고 떠들고 고함을 치는 활극을 연출한다.

어디 그뿐인가. 라디오가 있고 텔레비전이 있다. 그래서 밤낮, 집에 있으나 다방에 가나 음식점에 가나 차를 타고 있어도 끊임없이 그 누가 지껄이는 말을 들어야 한다. 온통 말의 홍수 속에서 우리는 살고 있다. 그 말은 서로 주고받는 말이 아니라 한쪽에서 주기만 하는 말, 사람의 따스한 정에서 우러난 말이 아니라 머리로 꾸며 만든 말, 서로 필요해서 자연스럽게 터져나온 말이 아니라 제멋대로 된 말, 어떤 속셈에서 교묘하게 재주를 부리는 말…… 이런 말이 대부분이다. 소박하고 겸손한 말은 좀처럼 들을 수 없게 되었다. 유식함을 은근히 내보이는 말, 사람을 위압하는 말, 권위 있는 말에 눌려서 우리는 살고 있다.

이렇게 삭막한 말을 듣기만 할 뿐이고 정작 말을 할 자리가 없고 보니 어느새 우리의 말도 변질이 되어 어쩌다가 말을 할 자리가 있어도 사람다운 말은 안 나온다. 진솔하고 다정한 말은 다 잊어버리고 차가운 말이나 유식한 말만 튀어나온다. 또 말하는 자리가 흔히 여러 사람 앞에서 자기도 혼자 지껄이는 말을 하게 되고 보니 그 말버릇이 고약하게 된다. 될 수 있는 대로 유식하게 재빨리 지껄이려 애쓰고, 또 배짱으로 말한다. 사실 여러 사람 앞에서 뭔가 근사하게 남들같이 지껄이려고 하면 배짱 없이 안 된다. 이래서 우리는 사람의 말을 잃고 '비인간'의 길을 달려가고 있다.

우리는 이제 집에서 한 가족끼리도 말을 잃고 산다. 말은 가족끼리 주고받는 것이 아니라 라디오와 텔레비전에서 듣는 것으로 되어 있다. 그래서 가족끼리고 이웃끼리고 한 반의 학생들끼리고 모여앉아 말을 주고받고 의논하고 토론할 줄 모른다. 우리 나라 사람들처럼 의논이나 회의를 할 줄 모르는 사람들이 또 있을 것 같지 않다. 말하기를 직업으로 삼고 있는 사람들, 말을 글로 쓰는 일을 직업으로 삼고 있는 사람들, 가령 교사나 문인들이 모여 좌담이나 토론을 하는 것을 보면 주고받는 말이 도무지 되어 있지 않은 경우가 보통이다. 남이야 무슨 말을 하든지 자기가 하고 싶은 말만 하면 그만이란 태도다. 남의 말을 듣는 태도가 되어 있지 않다. 이래 가지고 무슨 민주주의가 되겠는가. 민주주의는 말을 살리는 데서부터 시작하는 것이다. 우리가 살려야 할 말은 높은 자리에서 큰 소리로 하는 말이 아니라 평범한 사람들, 될 수 있으면 낮은 자리에 있는 힘없는 사람들의 입에서 나오는 자연스런 말, 정직한 말, 아이들도 알아들을 수 있는 단순하고 소박한 말이다.

나는 여기서 인도사람들의 이야기를 하고 싶다. 인도에 가서 한 해쯤 살다가 온 어느 분이 들려준 이야기다. 그곳 사람들은 둘이서 마주앉아 이야기할 때 서로 주고받기도 하지만 때로는 한 사람이 오랫동안 이야기하고 다른 쪽은 듣기만 하는 경우도 많은데, 그럴 때는 듣는 사람이 가만히 앉아 듣기만 하는 것이 아니라 자주 고개를 옆으로 이쪽저쪽 좌우로 갸우뚱갸우뚱 기울이면서 입으로 "앗차! 앗차!" 하고 말하더라는 것이다. 처음에는 그 "앗차!" 하는 소리가 "나는 당신 의견에 뜻을 같이한다"는 말인 줄 알았더니 그것이 아니고 "나는 지금 당신 말을 잘 듣고 있다"는 뜻을 나타내는 말임을 알게 되었고, 고개를 이쪽저쪽으로 갸우뚱거리는 것도 그런 태도를 보여주는 것이었다고 한다. 그리고 이런 마주이야기(대화)의 태도는 어른들만 그러는 것이 아니라 아이들끼리도 그러하더라 했다. 학교에 갔더니 선생님이 말하는데 듣고 있는 아이들이 모두 고갯짓을 하면서 "앗차! 앗차!" 하는 것도 봤다고 한다.

참 재미있는 이야기다. 상대방의 말을 가만히 앉아 듣기만 하는 우리와는 얼마나 다른가? 고개를 갸웃거리면서 "앗차! 앗차!" 하면 듣는 사람도 지루하지 않을 것이고 말하는 쪽에서도 보람을 느끼고 재미있어하고 신이 날 것이다. 이것은 얼마나 훌륭한 대화인가!

더 들으니 그곳 사람들은 토론을 할 때 서로 의견이 안 맞으면 두 시간이고 세 시간이고 차분한 태도로 끝없이 말을 해서 상대방을 설복시키려고 하지, 결코 말다툼이 되고 싸움이 되는 일은 없다고 한다. 한 해 동안

인도 각 지방을 다니면서 그런 대화나 토론 광경을 많이 봤지만 한 번도 싸우는 경우는 보지 못했다는 것이다. 몇 시간이고 토론을 하다가 아무래도 안 된다 싶으면 두 사람이 의논을 해서 그 지방에서 훌륭하다고 모두가 알고 있는 사람을 찾아가서 그 어진 어른의 말을 듣고 따른다고 한다. 우리들이 하는 것과 얼마나 다른가?

말을 할 줄 모르고 남의 말을 들을 줄 모르면 싸움이 나게 마련이다. 싸움밖에는 해결할 길이 없을 테니까. 그러나 이것은 아무래도 한 단계 낮은 인간이 하는 짓이다.

말을 살리는 일이 사람을 살리는 일이다.

4. 방송말, 어떻게 살릴까

1) 방송인들이 지고 있는 이 엄청난 짐

라디오고 텔레비전이고 나만큼 안 듣는 사람은 아마 썩 드물 것이다. 어쩌다가 한 번씩 듣는다고는 해야 하겠지. 그래서 우리 말에 관심이 있는 사람들이 더러 "방송과 신문이 우리 말을 다 버리고 있다"고 할 때도 나는 으레 그럴 것이라고 생각해서 "정말 큰일 났어요" 하고 맞장구를 쳤던 것 같다. 그런데 이 글을 쓰기 위해 요 며칠 좀 자주 들어보았더니 방송말이 사람들이 일상에서 하는 말보다 더 잘못되었다는 느낌은 들지 않았고, 더구나 신문이나 잡지에 나오는 글말보다는 그래도 조금은 나은 편이란 생각이 들었다. 글보다야 말이 더 말다운 것은 당연하다고 할 터이지만, 오늘날에는 우리가 하는 말이란 것이 강연이고 좌담이고 방송이고 할 것 없이 모조리 글의 영향을 받고 글에서 나오는 것으로 되어 있기 때문에 이런 말을 하는 것이다.

그런데 "방송말이 글보다는 낫다, 방송을 듣고 있을 때의 고통이 글을 읽는 고통보다는 견디기가 낫다"고 하는 정도가 되어서는 안 된다. 우리는 방송말이 좀더 깨끗한 겨레말이 되어주기를 바란다. 그래서 모든 국민들이 방송을 들으면서 우리 말을 배우게 되었으면 좋겠다. 이것은 너무 큰 욕심이고 이상일지 모르지만 우리가 살아가는 사회가 방송인들과 방송에 이런 엄청나고도 영광스러운 짐을 지울 수밖에 없는 것은 사실이다.

정말 오늘날은 방송말이 온 국민의 말을 이끌어간다. 에누리 없이 방송인들은 우리 겨레말을 가르치는 스승이 되어 있다. 아이들까지도 이제는 부모들이 들려주는 이야기를 들으면서 말을 배우는 것이 아니라 텔레비전을 쳐다보고 거기서 들려오는 말을 배우는 것으로 겨레말을 이어받고 있다. 이러니 어찌하겠는가? 우리 아이들이 제정신을 가진 사람의 자식이 되는가, 아니면 모조리 넋이 빠진 동물이 되는가, 우리 아이들이 겨레의 피를 이어받게 되는가, 아니면 서양아이인지 일본아이인지 구별할 수 없는 괴물이 되는가, 하는 것이 모두 겨레말을 가르쳐야 하는 스승이 스승 노릇을 제대로 하는가, 못 하는가에 달렸다고 할 수 있다.

젊은이와 어른들도 마찬가지다. 이제는 말을 창조하고 전하던 백성들이 사라지고, 글과 방송이 말을 마음대로 짓고 부리는 시대가 되었으니 말이다.

이 글에서는 방송말에서 우리 말이 아니거나 우리 말이 될 수 없는 말들을 가리켜 보겠다. 물론 내가 어쩌다가 들은 것과 최근에 들어서 적어 놓은 것인데, 누가 언제 어느 방송에서 말했는가 하는 것은 일체 필요가 없다고 보아, 문제가 되는 말만 적었다. 차례는 '중국글자말' '일본말법 따라서 쓴 말' '그밖의 말'로 되어 있다.

2) 중국글자말

- 북한말에 많이 <u>접할</u> 수 있고…… (→[-을 많이] 들을)

이 접하다는 아나운서고 진행자고 출연자고 간에 가장 많이 쓰는 괴상한 말이다. 보기를 한 가지만 더 든다.

- 문화재는 <u>접하면 접할수록</u> 우리에게 새로움을 주고…… (→보면 볼수록)
- 이건 꼭 <u>시도해볼</u> 만한 일이야. (→해)

시도하다란 말도 자주 나온다. 뒤에 "해보다"가 있으니 시도는 아무 소용이 없는 말인데, 버릇이 되어 자꾸 쓴다. 더구나 체육경기 해설에 이 말이 안 나올 때가 없다.

- 수비 위주로 반격을 <u>시도했더라면</u>…… (→했더라면)
- 슈팅을 <u>시도했으면</u> 좋겠다는 생각이…… (→했으면)
- 위기에 <u>처한</u> 상황에서…… (→빠진 형편에서)
- 중국의 <u>3연패는 기정사실화된</u> 것이나 마찬가지라고…… (→3연승은 이미 사실로 된)
- 우리 자신을 <u>꼭두각시화시키는</u> 것이라고 (→꼭두각시가 되게 하는, 꼭두각시로 만드는)
- 이제 후반전에 <u>돌입하겠습니다.</u> (→들어가겠습니다.)
- <u>조기에</u> 치료해서…… (→일찍이)
- <u>집중호우로 가옥 두 채가</u>…… (→큰비가 쏟아져 집 두 채가)
- 시급히 해결해야 할 것은 페널티킥의 성공률 <u>제고입니다.</u> (→[-을] 높이는 일입니다.)
- 우리가 <u>지양해야 할</u> 문화와 <u>지향해야 할</u> 문화가 있지 않습니까? (→넘어서야 할 | →목표로 삼아야 할)

지양과 지향은 귀로 얼핏 들어서는 알 수 없는 말이다. 우리 말로 쓰면 문제가 없다.

- 치안 관계 장관들과 <u>조찬을</u> 같이하고…… (→아침식사를)

- 한강으로 유입되는…… (→흘러드는)
- 동북아의 냉전을 종식시키는…… (→끝내는)
- 중금속을 마구 배출하고 있고…… (→쏟아내고)
- 그런 것을 막는 방법이 가능할 수 있습니다. (→될)
- 서리가 내릴 가능성도 매우 높습니다.

이럴 때는 말 전체를 바꾸어야 한다. 곧 글말을 입말로 써야 하는 것이다. '아마도 서리가 내릴 것 같습니다' 이렇게.

- 부녀부원들의 도움이 없이는 불가능합니다. (→안 됩니다, 못 합니다.)
- 그럼에도 불구하고 사실은 그렇게 되어 있지 않습니다. (→그런데도, 그렇지만)

이 그럼에도 불구하고도 잘 쓰는 말이다. 제발 안 썼으면 좋겠다.

- 이러한 좋은 작품이 있음에도 불구하고…… (→있는데도, 있지만)
- 국민들의 다양한 문화욕구를…… (→여러 가지)
- 청소년들은 대중음악을 선호합니다. (→좋아합니다.)
- 기존의 대중가요가…… (→지금까지의)
- 사회의 일각에서 이런 일을 하는…… (→사회 한쪽에서)
- 지금 이 시점에서는…… (→때에는)
- 우리가 이성이란 말을 참 많이 사용합니다. (→씁니다.)
- 인간의 역사에 대한 철학적 조명을 가해보는 것입니다.

이것도 말이 아니라 글이 되어 있으니, 다음과 같이 전체를 고치면 될 것이다.

* 인간의 역사를 철학으로 비춰보는 것입니다.

- 창당 작업에 박차를 가하고 있는 민주당은…… (→〔-을〕 서두르고)
- 시선을 끌고 있습니다. (→눈길을)
- 헌법 조항에 위배된다고 했습니다. (→어긋난다고)
- 좋은 날씨일 것으로 전망됩니다. (→보입니다, 내다보입니다, 〔날씨가 좋을 것으로〕 보입니다.)
- 전반적인 상승세를 보였으나…… (→전반으로 오름세를)

하락세는 '내림세'라 하면 된다.

- 이번 수사의 관건으로 보고…… (→열쇠로)
- 모두 6,615만 원에 달해…… (→〔-이〕 되어)

3) 일본식 중국글자말
- 어린이의 얼굴에는 미소가 번집니다. (→웃음이)
- 경찰에 의해 체포되었습니다. (→경찰에)
- 청소년들의 입장에서는…… (→처지에서는)
- 바다 매립지 위에 세워진…… (→〔-를〕 메운 땅)

세워진은 '세운'이라 하는 것이 좋다.

- 매출액이 점차 늘고…… (→판 돈)
- 대체적으로 피해 상황을 보면…… (→대체로)

이 -적을 모두 너무 많이 쓰고 있다. 중국글자말 문장의 기둥 노릇을 하는 이 말을 무너뜨려야 우리 말이 살아난다.

- <u>모방하는</u> 노래가 아니라…… (→흉내 내는)
- 좀 <u>예비적으로</u>…… (→예비로)
- <u>실제적으로도</u> 그렇지만…… (→실제로도)
- <u>집중적으로</u> 단속하기로…… (→집중해서)
- <u>특히</u> 중부지방에는…… (→더구나)

누구나 많이 쓰는 이 특히도 일본글을 그대로 옮긴 말이다. '더구나' 하면 된다.

4) 일본말법
- 이 대회에서 가장 난적이 이란이 아닌가 <u>보여지고 있습니다.</u> (→보입니다.)

난적은 '힘드는 적' 또는 '버거운 적'이라면 된다.

- 그렇게 <u>보여집니다.</u> (→보입니다.)
- 이렇게 <u>되어지는</u> 것은…… (→되는)
- 대중가요가 전부 나쁘다고 <u>생각되어지지는</u> 않고요. (→생각되지는, 생각하지는)
- 그것은 역사를 통해서만 <u>대답되어질</u> 수 있는 물음이라고 생각합니다. (→대답할)
- 그렇다면 <u>증권시세에 있어서의 호재</u>가 되는 것입니다. (→증권시세에서 좋은 재료)

—에 있어서의, 이게 어떻게 우리 말이 될 수 있는가? 그런데 놀랍게도 이 말을 방송에서까지 쓰고 있다.

- 남한에 있어서는 아직도…… (→남한에서는)
- 우리 선수가 기회를 포착하는데 있어서…… (→잡는 데서)
- 품질 문제에 있어서 투자를 하지 않을 수 없었습니다. (→문제에서, 문제를 위해서, 〔품질을 높이기 위해서〕)
- 사업장 밖에서의 활동을 허용하도록…… (→밖의, 밖에서 〔활동하는 것을〕)
- 경기장 안에서의 폭력 사건에 대해…… (→안의, 안에서 〔일어나는〕)
- 강북으로의 시신 안치를 반대하고 있습니다. (→강북에 〔시신을 안치하는 것을〕)
- 한국인으로서의 긍지를 갖고 있다고…… (→한국인으로서, 한국인의)
- 나름대로의 자체검사가 있어야 할 것으로…… (→나름대로)
- 보다 많이 일해서…… (→더욱)
- 화면에서 보여지는 보다 선명한…… (→더욱)

보여지는은 '보이는'이라 말해야 한다.

- 청소년들에게 보다 건강한 문화를…… (→더욱)

이 보다를 어찌씨(부사)로 쓰는 말법을 하루빨리 고쳐야 한다.

- 이건 시간과의 싸움이에요. (→시간과 〔싸우는 것이에요.〕)
- 독일 통일을 하나의 모델로 삼을 수 있다고 봅니다 라고 했을 때…… (→봅니다고 했을 때, 봅니다 했을 때, 본다 했을 때)

5) '었었다'를 쓰는 경우
- 그런 말을 했었거든. (→했거든.)

이 -었었다도 우리 말법이 아니니 절대로 쓰지 말아야 한다.

- 제가 조금 전에 중국 연변에 갔거든요. 거기 가서 백두산에 올라갔었어요. (→올라갔어요.)
- 오빠가 미남이라 넋을 잃었었어. (→잃었어.)
- 그때 우리는 네 살쯤 되어 있었었는데 (→있었는데)
- 우연히 하고 말았었지. (→말았지.)
- 허준 선생의 선서를 하면 어떤가 하는 말도 나왔었습니다. (→나왔습니다.)

6) 관청에서 퍼뜨리는 말

오늘날 관청은 오염된 말을 퍼뜨리는 근원이 되어 있다. 방송국에서는 관청의 말을 그대로 쓰지 말고 될 수 있는 대로 한 번 걸러서 살아 있는 우리 말로 만들어 내보내야 한다.

- 일하는 기풍을 진작하기 위해…… (→북돋우기, 일으키기, 떨쳐 일으키기)
- 물가안정에 만전을 기하기로 했습니다. (→온 힘을 쏟기로, 〔-을〕 빈틈없이 하기로)
- 출국검사를 강화하기로 했습니다. (→단단히 하기로)
- 기업활동의 애로사항을 규명하기 위해…… (→어려운 점)

규명하기로는 '밝히기로'라고 쓰면 된다.

- 애들 키우는 데도 <u>애로사항</u>이 많고요.(→어려운 점, 어려운 일)

이것은 어느 아주머니가 한 말이다. 관청의 말이 이렇게 퍼진 것이다.

이 글을 읽어본 분들은 누구나 여러 번 말했을 것 같다.

"이런 말도 쓰지 말란 말인가? 이 말도 일본말인가?"

"이래서야 어디 말을 할 수 있겠는가?"

사실 이 땅에서 살고 있는 사람 가운데 조금이라도 학교 공부를 한 사람이라면, 더구나 책을 읽고 글을 쓰는 사람이라면 그 어떤 사람도 아주 깨끗한 말을 하는 사람은 없다. 따라서 모두가 우리 말을 새로 배운다는 결심을 단단히 해야 하겠지만, 처음부터 너무 욕심을 내지 말고 한두 가지씩 천천히 고쳐가도록 했으면 좋겠다. 가령 -었었다와 접하다를 안 쓰도록 해서 그것이 되면 다음에는 보다와 -에 있어서를 바로잡고, 이렇게 말이다.

아무튼 우리는 사나운 짐승들과 간악한 무리들에게 짓밟혀 엉망으로 된 말의 밭을 유산으로 물려받은, 지구상에서 보기 드문 겨레다. 지금부터라도 이 말밭을 지키고 가꾸지 않고서는 우리가 바라는 역사의 열매를 단 한 알도 거둘 수 없을 것이다.

5. 함정에 빠진 말의 세계

1) 방송말의 함정

먼저, 말이 가지고 있는 성격을 한번 생각해본다. 누구나 잘 아는 바이지만 말이란 눈으로 보는 것이 아니고, 코로 맡는 것이 아니고, 혀로 맛보는 것도 아니고, 손으로 만지는 것도 아니다. 말은 오직 귀로 듣는 것이다. 귀로 듣는다는 것은 자기가 아닌 다른 사람이 있어 입으로 그 말을 들려준다는 것이기도 하다. 곧 말이란 두 사람이나 그 이상의 사람이 주고받는 것이다. 주고받는 것, 대화, 이것을 떠나 말이 있을 수 없다.

사람이 이 세상에서 혼자 살아간다면 말이 필요가 없고, 말이 있을 수도 없다. 물론 이미 사람들 속에서 말을 하면서 살아오던 사람이 어떤 사정으로 혼자 떨어져 살면서 가끔 어쩌다가 '혼잣말'이란 것을 할 수는 있다. 이렇게 혼자서 말을 중얼거리는 경우에도 그런 말을 엄밀하게 따져보면 어떤 상대, 즉 가정한 인물이나, 사람처럼 여기는 동물이나 식물이나 자연물을 상대로 해서 말을 건네거나 호소하는 꼴이 되어 있다고 하겠다.

그런데 옛날과는 달리 오늘날에는 얼핏 보아 주고받는 말이 아닌 말, 한쪽에서 혼자서만 말 하는 경우가 너무 많다. 학생들이 교실에서 듣는 강의, 방 안이고 바깥이고 어디에서나 한곳에 모인 청중들이 듣기만 하는 연설, 신자들이 듣는 설교, 그리고 방송이 그러하다. 한쪽에서만 계속해서 말을 하고, 다른 한쪽에서는 듣기만 하는 말, 주고받는 것이 아니고 주기만 하거나 받기만 하는 말, 말이 병들고 비뚤어질 바탕이 여기 마련되어 있다.

오늘날 우리 사회에서는 주고받는 삶의 말이 막혀서 한쪽에서만 끊임없이 주는(또는 받는) 사람답지 못한 말의 틀이 온갖 모양으로 짜여 있는데, 그 가운데서도 가장 대표가 될 만한 것이 방송이다. 교실이나 예배당이나 강연장에서 하는 말은 비록 혼자서 주는 말이 되어 있지만, 말하는 사람이 듣는 사람들의 표정이라도 볼 수 있고, 그래서 듣는 사람들의 반응을 참고해서 거기에 어느 정도 알맞게 말할 수가 있다. 그런데 방송은 듣는 사람들의 얼굴이고 몸짓이고 전혀 보지 못하는 자리에서 완전히 주기만 하는 말이 되어 있는 것이다. 듣는 사람들을 눈앞에서 보지 않아 가장 자유롭고 마음 편하고 쉬울 것 같은 방송말이 사실은 가장 힘들고 잘못되기 쉽고, 그래서 두려운 말이 되어 있는 까닭이 이러하다. 이것이 바로 방송말의 함정이다.

2) 설교조, 웅변조, 강의조, 낭독조

그러면 함정에 빠진 말이 실제로 어떻게 나타나는가?

설교조란 것이 있다. "저 사람 말은 꼭 설교조다"고 우리는 더러 말한다. 늘 설교를 하는 사람이 언제나 같은 말씨로 이상한 억양을 붙여 말하는 것을 가리킨다. 그런 이상야릇한 말씨가 좀 심해져서 마치 노래를 부르는 것 같은 느낌이 드는 경우도 흔히 있다.

물론 이런 설교조가 모조리 똑같은 가락으로 되어 있는 것이 아니다. 설교하는 사람마다 그 가락이 다르지만, 그것들은 주고받는 살아 있는 말과는 전혀 다른, 자연스럽지 못한 말의 가락으로 이뤄져 있다는 사실만은 모든 설교조에 공통된다고 하겠다.

언젠가 나는 라디오에서 흘러나오는 설교를 들었는데, 그것은 의심할 여지가 없이 서양의 선교사가 우리 말로 설교를 하는 말씨였다. 서양 사람이 우리 말을 참 잘 익혔구나 싶었다. 그런데 설교가 끝나서 소개를 할 때 우리 나라 사람이어서 무척 놀랐다. 세상에, 우리 나라 사람이 어째서 서양사람같이 말할까? 말하자면 이런 것이 설교조의 한 가지 보기다.

웅변조란 것이 있다. 듣는 사람들의 생각이나 정서와는 아주 다른 질서로 된 말(흔히 그것은 글말로 되어 있다)을 미사여구로 꾸미고 위인들의 말을 인용하고 해서 손짓 몸짓까지 보태어 고함을 치면서 한바탕 활극을 벌이는 것이다. 이 웅변조는 흔히 선거철이 되면 온통 거리에 넘쳐 우리들을 괴롭히지만, 학생들의 교육현장에서도 병든 의식교육과 교육선전의 수단으로 이용되고 있다. 그래서 웅변학원이 도시마다 번성한다.

강의조란 것도 있다. 주로 대학에서 강의를 하는 분들이 책에 씌어 있는 글을 그대로 옮겨와서 말을 하는 데서 생겨난 말씨다. 보기를 들면 −에 있어서라든가 으로부터의라든가 그럼에도 불구하고라든가 및과 같은, 글에서만 쓰는 말을 외워서 입으로 말하는 것이다. 물론 −에 있어서나 그럼에도 불구하고와 같은 말은 다른 말의 경우에도 어쩌다가 나오지만 강의조에 더 많이 나온다. 그리고 이 강의조는 어떤 글의 대문을 이용하고는 반드시 "하였다, 라고" 하는, 이 라고 말체를 퍼뜨리기도 했다.

낭독조가 또 있다. 학생들이 책을 읽는 듯한 이상한 말씨다.

훈시조도 생각할 수 있다. 교장 선생님이 아이들 앞에서 하는 훈시, 관청의 상급관리가 아랫사람에게 주는 훈시, 군대의 지휘관이 사병들에게 주는 훈시 따위가 모두 각기 다르지만, 아무튼 권위를 보이려고 하고 위압을 주려고 하는 말씨를 훈시조라 할 수 있다.

설교, 강의, 강연, 웅변, 훈화…… 이런 형식의 말은 우리가 살고 있는 사회에서 피할 수 없는 것인지 모른다. 피할 수 없다면 그런 말을 할 때는 끊임없이 듣는 이들의 표정과 반응을 살펴서 그들의 바람과 말없는 말에 대답하는 말을 해야 할 것이다. 듣는 사람의 마음은 전혀 생각하지 않고 처음부터 자기 생각만을 펴나가면서 그것을 억지로 주기만 하려고 하니까 참된 '말'이 안 된다. 무슨 조 무슨 조란 것이 이렇게 되어 생겨난다.

방송말이 무슨 '-조'가 되는 것은 두 사람 이상이 말을 주고받는 것을 방송하는 경우에는 드물고, 대개 한 사람이 독차지로 말을 하는 경우에 나타난다.

3) 낭독조의 말

여기서 최근에 들은 아침 라디오 방송 두 가지에 대한 의견을 적고 싶다. 하나는 아침 6시에 나온 KBS 제2라디오「경제 전망대」인데 지난 10월 31일에서 11월 5일 사이, 겨우 며칠 동안 들은 것이다.

이 프로의 진행을 맡은 분은 경제학을 전공하는 어느 교수님이었는데, 그때그때 국민들의 관심거리가 될 만한 문제를 가지고 여기저기 기업을 운영하는 사람이나 현장에서 일하는 사람들을 찾아가 묻고 대답하는 말도 끼워놓고 해서, 주로 정부의 경제정책을 알리는 관점에서 말하는 내용으로 되어 있었다.

내가 이 방송에서 무엇보다도 가장 크게 느낀 것은, 어떤 현장에 가서 주고받는 말씨와 진행자 자신이 미리 준비해서 들려주는 말씨가 너무나 다르다는 것이다. 현장에서 어떤 사람을 만나 자기 생각을 말하고 질문을 할 때는 보통 우리가 하는 말, 즉 살아 있는 말 그대로 나오는데, 그것이 끝나고 혼자 의견을 말할 때는 아주 딴사람같이, 그것도 이상한 낭독조가 되고 만다. 언제나 그랬다. 원고를 써가지고 읽는 일이야 보통 그렇게 할 터이지만, 방송으로 나가는 말이니까 말을 하는 것처럼 원고도 그렇게 써야 할 것이고, 읽을 때도 말을 하듯이 해야 될 것 아닌가. 꼭 학생들이 교과서 읽듯이 읽어서야 듣는 사람이 무슨 맛으로 듣겠는가.

그런 낭독조로 된 말이 더구나 중간에 끼어 있는 생생한 대화로 말미암아 더한층 드러나 어색하게 느껴지는 것을 어찌할 수 없었다. 방송말이 이럴 수가 없다. 이건 죽은 말이지.

물론 현장에 가서 문답한 사람은 진행자가 아닐 수도 있다. 그렇다고 해도 낭독조의 말이 듣는 사람들의 귀에 부자연스런 느낌을 주는 것은 마찬가지다.

문제는, 방송말이 왜 이렇게 살아 있는 말이 안 되고 낭독조가 되는가 하는 것이다. 낭독조는 한마디로 자기 말이 아니다. 자기의 온몸에서, 삶의 체험에서, 제 것으로 된 생각에서 나온 말이 아니다. 그럼 어디서 온 말인가? 책에서, 남들이 써놓은 글에서 온 것이다. 따라서 말을 낭독조로 하는 까닭은 신념이 서 있지 않기 때문이라고 할 수 있다. 여기서 「경제전망대」의 진행자가 정부의 경제정책을 옹호하는 말이 과연 자신의 신념에서 우러난 말이었던가 의심하게도 된다. 적어도 말의 내용과 말씨의 관계를 말의 본질에서 생각할 때 이런 의문이 생겨난다.

다음은 진행자가 한 말에서 입으로 하는 말이 될 수 없는 말, 곧 글말이나 잘못된 일본말투 그리고 좀더 쉬운 말로 썼으면 싶은 말들을 들어본다.

- ……에 **달하고** 있습니다. (→이르고)
- 문제가 **발생하고** 있는 것은…… (→일어나고)
- **특히** 지난 9월 중에…… (→더구나)

- 상호 어떤 작용으로…… (→서로)
- 단기적으로 (→단기로, 짧은 시일에)
- 가격 앙등 요소가 상존하고 있어…… (→값이 오를 조건이 아직도 있어)
- 그럴 것으로 전망하면서…… (→내다보면서)
- 소비자 물가는 10%를 넘을 가능성이 있는 것으로 전망합니다. (→넘을 수 있는 | →내다봅니다.)
- 수출시장에서의 과다경쟁에 따른…… (→수출시장에서 지나친 경쟁을 하는 데 따른)
- 예방경영에 보다 많은 신경을 써야 할 것으로…… (→더욱)
- 할 것으로 보여지는데요. (→보이는데요.)
- 협의에 들어갔으며…… (→들어갔고)
- 가격만 맞으면 가능성이 있다는 판단 아래…… (→할 수 | →판단으로)
- 성장 목표를 저성장 내지 안정 성장으로 전환하고…… (→이나, 또는 | →바꾸고)
- 기업들은 그러나 국내에서…… (→그러나 기업들은)
- -에 육박할 전망입니다. (→이나 될 듯합니다.)
- 점차 감축해나갈 방침입니다. (→차츰 줄여)
- 필수적인 것으로 대두되고 있습니다. (→꼭 해야 할 | →나타나고)
- 증폭되는 위기감을 조기 진화하는 길이라고…… (→커지는 | →빨리 가라앉히는)
- 양상이 고착화되는…… (→모양이 굳어지는)
- 갈등이 고조되는…… (→심해지는)
- 안정으로의 대책만이 이 문제를 해결할 것이 아닌가. (→안정을 위한)

다음은 현장에 가서 대담할 때, 묻는 말에 대답한 이들의 말 가운데서 문제가 될 것을 들어본다. 대담한 이들 가운데서도 말씨가 낭독조로 된 분들이 가끔 있어, 이상하다는 생각이 들었다.

- 기업들의 가장 큰 <u>애로요인으로</u> 들 수 있는 것이…… (→어려움으로)
- 고급품을 <u>구매함으로써</u>…… (→삼으로써, 사기 때문에)
- <u>조속히 입수해서</u>…… (→빨리 손에 넣어)
- 우리 나라에서는 티퀴엠이란 말을 자주 <u>사용하고 있음을 접하고</u> 있습니다. (→쓰고 있는 것을 듣고)
- 다음과 같은 몇 가지로 <u>구분하여</u> 생각하기로 하겠습니다. (→나누어)
- 그리 효과가 크지 <u>못하며</u>…… (→못하고)
- 짧은 <u>시간 내에 해결이 가능하지만</u>…… (→시간 안에 해결할 수 있지만)
- 각종 <u>보고에 있어서도</u>…… (→보고에서도)
- 이건 하나의 증상이라고 <u>보아지거든요.</u> (→보이거든요.)
- <u>필요하다라는 것을</u>…… (→필요하다는)
- 제가 보는 데는 상당히 좋게 <u>보아지는데요</u>…… 이렇게 <u>보아집니다.</u> (→보이는데요. | →보입니다.)
- 맛이나 향기를 내주는 <u>기능 등등</u> 뭐 이렇게…… (→솜씨 같은 거)
- <u>최소화 내지는 전무하게 해서</u>…… (→가장 적게 하든지 아주 없애서)
- 식품첨가물을 <u>고려해본다면</u>…… (→생각해)
- 내부 조사에 <u>의해서</u>…… (→따라서)
- 89년에 <u>비해서</u>…… (→견주어서)
- <u>호의적인 반응을 보이고</u> 있습니다. (→호의를 보이고, 반가워하고)

4) 웅변조의 말

다음은 아침 7시 15분부터 20분 동안 방송된 MBC 라디오「홈런 출발」에 대한 의견을 적어본다. 내가 들었던 것은 지난 10월 31일부터 이 방송이 끝난 11월 30일까지 한 달 동안이었다. 나는 평소에 워낙 방송을 잘 안 듣고 정치란 것도 모르는 사람이라 이 프로를 듣는 동안에는 말하는 사람이 무엇을 하는 사람인지 몰랐는데, 마지막 날에야 자기소개를 해서 비로소 국회의원을 세 번이나 지낸 유명인사임을 알았고, 이 프로도 8개월 동안 계속했다는 사실을 알았다. 그러니까 내가 들었던 것은 8개월 가운데 마지막 한 달 것이었다.

이「홈런 출발」은 사이사이 음악이 나오지만 20분 동안 계속해서 한 사람이 웅변을 토하는 시간이었다. 그 내용은 정치·경제·사회·문화…… 모든 영역에 걸친 것이었고, 그때그때 언론의 보도거리가 되고 있는 것을 잡아 종횡무진으로 비판하는 식이었다. 그래서 개인의 덕목에 관한 이야기가 되면 정직이라든가 부지런함이라든가 성실함 같은 것을 강조하지만, 정책에 관련되는 문제가 되기만 하면 언제나 정부의 시책을 옹호하는 태도로 잘못된 사람들을 마구 꾸짖었다.

여기서 나는 무엇보다도 이 방송에 나온 웅변의 내용─분명히 정치에서 편파성을 띠고 있는 논리가 어떤 말씨로, 웅변의 형태로 나타났는가를 밝히고 싶다. 사람이 가진 이데올로기는 그것을 나타내는 말법과 말씨와 태도에 어쩔 수 없이 나타난다고 나는 믿는다.

첫째로 말해야 할 것은, 이 프로가 나간 시간에 대해서다. 아침 7시가 조금 지난 시간이라면 요즘 같아서는 새벽이다. 이런 시간에는 누구든지 방송을 듣더라도 조용한 음악이나 이야기를 듣고 싶어 한다. 귀를 꽝꽝 울리는 그 고함소리로 된 웅변을 듣고 싶어 하는 사람이 어디 있겠는가? 아이고 어른이고 남자고 여자고 만약 새벽에 고함소리를 듣고 싶어 하는 사람이 있다면 그 사람은 정신상태가 정상이 아닐 것이다. 설령 그 말의 내용이 아무리 이치에 맞고 옳은 생각을 담았다고 하더라도 새벽 방송에 고함소리는 안 될 일이다.

그러니까 이 웅변 방송은 국민들의 생활과 정서를 아주 무시하고 시작한 것이다. 듣는 사람들을 아주 없이 보고 소리소리 지르는 그 웅변의 내용이 얼마나 국민들의 마음과 동떨어져 있는가 하는 것은 우선 그것을 방송한 시간을 보아도 환히 알 수 있다. 나도 사실은 이 글을 쓰기 위해서 한 달 동안 아침마다 고함소리를 듣는 고통을 참아야 했다.

다음은 이 웅변의 말법인데, -에도 불구하고와 같은 중국글자말 문장투와 일본말 번역투의 글말이 자주 나온다. 이것은 살아 있는 우리 말이 되어 있지 않다는 증거가 된다. 그리고 것입니다가 자주 나오는데, 이런 말투도 자기 혼자서 주기만 하려는 글의 질서에서 오는 것으로, 많은 사람을 앞에 두고 하는 '말'로서는 문제가 있다.

또 한 가지는 낱말의 발음을 잘못하는 것인데, 이것이 가장 크게 두드러져 있는 문제라 하겠다. 말을 하면서 어느 낱말에서 특별히 힘을 주어 말하는 소리마디가 있는데, 그것이 우리 말의 말법에 아주 어긋나 있어 엉뚱하고 부자연스럽게 들린다. 가령 '자본주의'란 말을 한다는 것이 '자'에 힘을 주어 말하다보니 "자아본주의"가 되는 따위인데, 이런 잘못을 수없이 되풀이하는 것이다.

말을 이렇게 이상하게 하는 까닭은 그 말을 들어주어야 할 일반 국민들과는 아주 다른 말의 질서를 가지고 있다는 사실을 보여준다. 왜 웅변 연사는 일반 국민들과 다른 말의 질서를 가졌는가? 그것은 그런 괴상한 말의 질서로밖에 나타낼 수 없는 생각이나 의식이 국민들의 것과는 아주 거리가 먼 데 있기 때문이다. 그렇게 생각하지 않을 수 없다. 사람들 속에서 살면서 그 사람들과 말을 함께 나누고 생각을 주고받아야 비로소 입에서 나오는 말이 온 백성의 것으로 살아날 터인데, 자기중심으로 살아가면서 자기 생각을 남에게 주기만 하려니까 그 말의 질서가 제멋대로 될 수밖에 없다. 이 방송에서 낱말을 이상하게 소리 낸 것은 그 자체가 하나의 병든 언어질서를 만들어놓았고, 그것은 곧 국민들이 살고 있는 세계에서 멀리 떠나 있는 웅변 연사의 정신세계를 나타내고 있었다.

이제, 발음이 잘못된 말들을 지적할 차례다. 아울러 쉽게 써도 될 말, 일본말 번역한 말투 따위도 들어놓는다.

- <u>가구</u>도 이제는…… (→'가아구'라고 말함)
- <u>호화</u> 사치품을 수입해서…… (→'호오화'라고 함)
- <u>종자</u>를 개량하고 농약을 <u>살포</u>해서…… (→씨앗 | →뿌려서)
- 압력을 <u>가해</u>오고 있습니다. (→주고)
- 흰색으로 <u>다양한 내의</u>를 만들어 내고…… (→여러 가지 속옷을)
- 그 어려운 <u>와중에서도</u>…… (→북새판에서도)
- 현대의 재벌을 <u>과시하는</u> 것같이 보이는데…… (→자랑하는)
- <u>부정</u> 입시의 요인이 없어질 것이고…… (→'부우정'이라 함)
- <u>일생</u>을 허비했기 때문에…… (→'일쌩'이라 함)
- <u>선망</u>의 계층에 <u>속합니다</u>. (→남들이 부러워하는 | 들어갑니다.)
- 단번에 영감님이라 <u>불리는</u> 판사 검사가 될 수 있기 때문에……
  (→말하는)
- 국세청에서는 1,361억 원을 추정세액으로 <u>부과</u>하기도 했답니다.
  (→'부우과'라고 함)
- 재벌이 이렇게 <u>적나라하게</u> 드러난 것은…… (→숨김없이)
- 중년들은 <u>미소</u>를 보내는 광경을…… (→웃음을)
- <u>감나무</u>를 바라보면…… (→'가암나무'라고 함)
- 기본적으로 <u>자본주의</u> 특성은…… (→'자아본주의'라고 함)
- 이번에 잡힌 범인은 <u>보증금</u> 백만 원에 월세 십만 원짜리 셋방에 살고 있었다고 합니다. (→'보오증금'이라 말함)
- 중국인 5만이 <u>아사하고</u>…… (→굶어죽고)
- 언론은 <u>자본주의</u>로부터…… (→이 '자본주의'란 말은 언제나 '자

아본주의'라고 함)
- 이삼십 리를 걸어서 학교에 다녔습니다. (→'이이삼십 리'라고 함)
- 성인들의 향락지대는 확실히 구분되어 있다는 점입니다. (→'서엉인'이라 함)
- 우리 과거 민초들의…… (→백성)
- 의사들도 마찬가지 아니겠습니까. (→'의이사'라고 말함)
- -란 점에서 재고되어야 할 것입니다. (→다시 생각해야)
- 무자격자들을 마구 승선시키고…… (→'무우자격자'라고 함 | →배에 태우고)
- 진상보고를 하는 것을 보면…… (→'지인상'이라고 말함)
- 해상의 안전을 감시하는 방법도 있겠고…… (→'가암시'라고 함)
- 외설스런 언동을 했다 해서…… (→'외애설'이라 말함)
- 에이즈라는 병은 현대의 페스트로 불립니다. (→라고 말합니다.)
- 감시 대상으로…… (→'가암시'라 말함)
- 우리 나라 음식점이 퇴폐화돼 있으며…… (→퇴폐돼, 문란해져)
- 한 장의 사진으로부터 얘기를 풀어보겠습니다. (→사진에서)
- 신병치료차 나갔으며…… (→신병치료 하러)
- 아쉬운 점이 있다면…… (→'아아쉬운'이라 함)
- 치유하여 고쳐가는 길이…… (→치료하여 고쳐가는, 고쳐가는)
- 이런 허황된 이론으로…… (→허황한)
- 가출 구 일 만에…… (→'가아출'이라 함)
- 빛을 발하는…… (→내는)
- 방해를 해서…… (→'바앙해'라고 함)
- 농가를 지켜야 할 것입니다. (→'지이켜야'로 말함)
- 한마디로 조건이 없는 것이어야…… (→'조오건'이라 말함)
- 쌀은 우리가 먹는 최상의 먹거리로…… (→가장 좋은 먹을거리로)
- 지켜봤습니다. (→'지이켜'로 말함)

- 강도를 위장했는데…… (→'가앙도'라고 말함)
- 여생이 길지 못한가 하는…… (→'여어생'이라고 말함)
- 오늘 같은 일요일에도…… (→'이일요일'이라 함)
- 전문가들의 우려가 있자…… (→걱정이 있자, -들이 걱정을 하자)
- 약속을 지켜 주기 바랍니다. (→'지이켜'라고 함)
- 양경제는 더 이상 성장할 수 없는 성인형으로 되었고…… (→'서 엉인형'이라 함)
- 둘째는 가속적인…… (→'가아속'이라고 함)
- 자체적으로 여러 명이나 되는 변호사를…… (→자체로, 자체에서)
- 장기적으로 생각할 때…… (→'자앙기적'이라고 함)
- 신문은 정직하고 편집국원의 소신으로 만들어져야 된다. (→만들 어야)
- 사태를 지켜보고 있는…… (→'지이켜'라 함)
- 유쾌하지 않습니다. (→'유우쾌'라고 함)
- 자랑스럽게 여겼던…… (→'자아랑'이라고 함)
- 변방을 헤매며…… (→'벼언방'이라고 함)
- 혁명 논리는 순치시켜야…… (→길들여야)
- 20년 단위가 됩니다. (→'딴위'라고 함)
- 신문에 연재를 하기 시작했습니다. (→'여언재'라고 함)
- 하이힐의 뒤축이 보도블록에 끼어 번번이 벗겨졌었는데…… (→ 벗겨졌는데)
- 매일 술을 마시게 됐었고…… (→날마다 | →됐고)
- 구체화된 태평양 지역으로…… (→'구우체화된'이라 함)
- 고물가 고임금 만성적자에 시달리고 있던 멕시코는…… (→'고오 물가고오임금'이라 말함. '높은 물가, 높은 임금'이라고 하면 좋지 않을까)
- 호화사치를 추방하고…… (→'호오화'라고 함)

- 한국전쟁이 <u>발발하자</u>…… (→터지자)
- 미국 헌병이 <u>신병을 인수해</u> 간다든지…… (→사람을 넘겨받아)
- 기독교 <u>개신교</u>과 (→여기서는 '개'를 짧게 발음했다.)
- <u>진실된</u> 사랑이 있기 때문에…… (→진실한)
- <u>이혼</u>으로 끝나고 마는 것이…… (→'이이혼'이라고 함)
- <u>재시도하는</u> 것이…… (→다시 하려 하는, 다시 하는)
- 다소 <u>의아하게</u> 보겠지만…… (→이상하게)
- <u>위정자</u>들에게 책임이…… (→'위이정자'라고 함)
- 셋째는 <u>절약</u>을 더 하고…… (→'절략'이라고 함)
- <u>재계</u>는 재계대로 반성을 해야 했고…… (→'재애계'라고 함)
- 과거에는 그런 것이 <u>상례화됐었다는</u> 것이…… (→상례로 되었다는, 예사로 되었다는)
- 바로 그 <u>자금</u>이 정치권에…… (→'자아금'이라고 함)
- <u>유화</u> 제품에서만…… (→'유우화'라고 함)
- 노력해<u>왔음에도 불구하고</u>…… (→왔는데도, 왔지만)
- 범죄와의 전쟁을 <u>선포했음에도 불구하고</u>…… (→선포했는데도, 선포했지만)
- 모스크바에도 <u>갔었고</u>…… (→갔고)
- <u>우리의 시각에 포착되기</u> 시작했는데…… (→우리 눈에 보이기)
- <u>세련된</u> 몸매로…… (→'세련뒨'이라 함)
- 그 <u>중차대한</u> 순간에서…… (→중요한)
- 공포를 <u>제거하는</u> 일을…… (→'제에거'라고 함, '없애는'이라고 하면 더욱 좋겠다.)
- 그것은 <u>법에 의해서</u> 처리할 일이지…… (→법에 따라)
- <u>가문</u>의 영광으로도…… (→'가아문'이라고 함)
- 외국의 <u>고가</u> 사치품 (→'고오가'라 함)

제3부 지식인의 말과 백성의 말

제1장 지식인의 글과 백성의 말

1. 일본말 찌꺼기 왜 못 버리나

(1) 자기 말 버리면 끝장이다

우리 겨레가 지난 한 세기 동안에 섬나라 미치광이 군국주의자들에게 당한 일들을 생각해본다. 동경지진 때는 품팔이로 겨우 목숨을 이어가던 우리 동포들이 수만 명 학살당했다. 3·1독립운동 때는 또 얼마나 죽었던가? 다시 중일전쟁과 태평양전쟁 때 중국의 벌판이며 남쪽바다와 섬들에서 얼마나 많은 젊은이들이 징병으로 위안부로 끌려가 희생당했던가? 구주와 북해도와 사할린의 탄광에서, 나가노 땅굴대본영 죽음의 노역장에서 얼마나 많은 생목숨들이 학살되었던가? 총에 맞고 칼에 찔리고 생매장당하고 굶어죽고 병신 되어 죽고 별의별 짓을 다 당하다 죽어간 수없는 목숨들을 생각할 때 온몸이 떨린다. 우리는 그렇게 피눈물이 나도록 억울하게 죽어간 동포들의 숫자라도 알아보기나 하였던가? 참으로 부끄럽고 원통한 일이다. 이래 가지고서 우리가 사람으로 살아간다고 할 수 없다. 지금도 그 억울한 원혼들은 잠들지 못하고 어느 하늘을 떠돌아다닐 것이 분명한데, 우리가 하고 있는 꼴이 무엇인가?

따지고 보면 수백 만 동족이 죽어간 6·25 전쟁도 일본제국 군대가 이 땅에 오지 않았다면 결코 일어나지 않을 일이었다. 그러니 우리 겨레가 남북으로 갈라져 나라꼴이 엉망진창 된 것도 악마의 제국 일본 때문이다.
　이렇게 말하는 것은 우리들 잘못은 덮어두고 남 탓하기만 하려는 것이 아니다. 친일파와 반역자들의 죄악을 따지고 우리의 잘못을 살피는 일도 일본제국을 바로 보지 않고는 할 수 없는 일이기 때문이다. 우리가 지금 무슨 원수를 갚아야 한다고 이러는 것이 결단코 아니다. 오직 우리가 안고 있는 겨레의 문제를 풀어나가기 위해서 하는 말이다. 일본제국은 자기 나라로 돌아가 추악한 제국의 옷을 벗어버리고 새로 출발한 것 같더니, 경제대국이 되어 또다시 무기를 갖고서 그 옛날의 미치광이 행세를 조금씩 하며 일어나고 있다. 그런데도 우리는 그 옛날 그들이 남겨놓은 찌꺼기를 쓸어다 버리기는커녕, 지난 47년 동안 줄곧 그 찌꺼기만 핥고 매달리고 그 속에 빠져서, 이제는 그 찌꺼기로 더러운 속살을 채우고 뼈대를 세워가려 하고 있으니 얼마나 한심한가?
　더구나 말과 글이 변질된 실상을 살펴보면 어이가 없어 말을 할 수 없을 지경이다. 생각하면 이보다 더 큰 비극이 없다. 20세기에 들어와 우리 겨레가 일본 놈들의 총칼에 학살된 숫자가 셀 수 없을 만큼 엄청나다고 했다. 아무리 많은 동포가 죽었다고 하더라도, 그것이 사람의 입으로나 글로 나타낼 수 없을 만큼 처참한 사건들이요 비통한 역사임이 틀림없지만, 우리 겨레가 그로 말미암아 아주 멸망하거나 변질될 수는 없다. 그런데 겨레의 넋을 이어가는 말과 글이 우리 것을 버리고 남의 것을 따른다면 그때는 우리가 뿌리 없는 겨레가 되어 흔들흔들 하는 나무처럼 뽑혀버릴 수밖에 없다.
　이제부터 좀 차근차근 우리 말의 문제점을 살피기로 한다. 우리가 얼마나 일본말과 일본글에 빠져 있는가, 일본글이 얼마나 우리 말을 파괴하고 있는가, 달리 말하면 우리가 얼마나 일본말과 일본글의 몽둥이를 휘둘러 우리 말을 때려잡고 있는가 하는 문제다.

(2) 일본말 '찌꺼기' 가르기

일본말 찌꺼기라고 하면 사람들은 보통 "와리바시" "사시미" "히야시" "시보리" "가다" "우와기" 따위로 음식점에 가면 흔히 들을 수 있는 말이나 그밖에 집을 짓거나 옷이고 책이고 무엇을 만드는 현장에서 일하는 사람들이 전문으로 쓰는 말이라고 알고 있다. 그러나 일본말은 그런 정도가 아니고, 우리들 말과 글에 엄청나게 깊게 파고들어와 있고 또 넓게 퍼져 있다. "와리바시"니 "도꾸이"니 "아시바"니 따위라면 우리가 걱정할 것 조금도 없다.

사실은 일본말 '찌꺼기'라고 하는 말이 잘못되어 있다. 찌꺼기가 아니다. 일본말은 지난 80년 동안 온갖 모양으로 우리 나라 지식인들과 벼슬아치들의 정신에 파고들어 우리 말을 잡아먹는 일본도깨비 노릇을 해왔고, 지금도 하고 있는 것이다.

다음에 우리가 알게 모르게 쓰고 있는 일본말과, 일본글 따라 쓰는 병든 말글을 몇 가지로 나누어 풀이하겠다.

1 귀로 들었던 것을 그대로 쓰는 말

그러니까 '말→말' 이렇게 되어 일본말이 그대로 우리 말 속에 들어와 쓰이고 있는 것이다. 이것은 다시 세 가지로 나눌 수 있다.

1) 보통사람들이 일상생활에서 예사로 쓰고 있는 것. 보기를 들면 사라(접시), 오봉(쟁반), 야키이모(군고구마), 가다(본, 틀), 우와기(웃옷, 양복저고리), 아카징키(머큐롬) 따위다. 이런 말들은 대체로 도시 사람들이 일제강점기부터 쓰던 말들이다.

2) 어떤 특수한 직업인이나 기술직에 있는 사람들이 그런 일을 하는 가운데 쓰는 말. 보기를 들면 가꾸자이(각재), 아시바(발판), 도키다시(갈고닦기)〔이상 건축〕, 도비라(속표지), 혼스리(본인쇄), 구로마루(검은 동그라미)〔이상 인쇄〕, 흑판(칠판), 낭하(골마루, 복도), 소제(청소)〔이상

교육]. 이밖에 토목·전기·농업·공업·경제·의학·행정·체육·음악·미술 따위 각 분야에서 쓰는 일본말들이 있어, 그중에는 우리 말로 많이 바꿔서 쓰는 분야도 있지만 아직도 대부분 일본말을 그대로 쓰는 분야도 있다.

농업분야에서는 실제 농사일을 하는 농민들은 '심기' '벼농사' '곡식'이라고 말하는데, 농사일을 지도한다는 관리들이나 농업을 연구한다는 사람들이 '식부'(植付)니 '도작'(稻作)이니 '작물'(作物)이니 하여 일본말을 쓴다.

3) 귀로 들어서 말하게 되는 것이지만 맨 처음에는 일본글로 적어놓은 중국글자를 보고 그것을 우리가 읽는 중국글자 소리로 읽어서 말하게 된 것이 그만 우리 말같이 여기고 쓰는 말이 많다. 보기를 들면 입장(立場), 입구(入口), 인상(引上), 인하(引下), 인출(引出), 인양(引揚), 매입(買入), 매상(買上), 역할(役割), 할인(割引), 지분(持分), 취소(取消), 수속(手續), 승환(乘換), 치환(置換), 추월(追越), 지입(持入), 불하(拂下), 수순(手順), 매기(買氣), 적자(赤字), 차출(差出), 신병(身柄), 취급(取扱), 할증(割增), 매장(賣場), 왕왕(往往), 옥외(屋外), 옥상(屋上), 취입(吹入), 산보(散步), 하치장(荷置場), 선착장(船着場), 적환장(積換場) 이런 따위인데, 이른바 일본식 중국글자말에서 가장 많은 말들이 이 갈래에 들어간다. 그러니까 '글→말→말' 이렇게 전파되어온 말들이다. 따라서 거의 모든 사람들이 이런 말들을 일본말인 줄 모르고 쓰는 것이다.

2 아직은 입말이 되어 있지 않고 대체로 글에서만 쓰고 있는 말이 있다. 물론 요즘은 방송이나 강연이나 강의나 설교 따위 말들이 살아 있는 입말이 아니고 글말을 그대로 쓰는 경향이 심해서 이런 말들 가운데는 입에서도 어쩌다가 나오는 말이 있기는 하다. 이런 말은 다시 다섯 가지 갈래로 나눌 수 있다.

1) 지식인들이 쓰는 중국글자말

발발(勃發), 미소(微笑), 연인(戀人), 미풍(微風), 일응(一應), 종용(慫慂), 민초(民草), 무기미(無氣味)…….

이 가운데서 종용과 같은 말은 그 말의 근원이 일본에 있지 않다고 하더라도 '권하다' '권유하다'고 말하면 될 것을, 우리 말로서는 도무지 그 말느낌으로('조용하다'와 비슷한 말로 들리기도 해서) 받아들일 수 없는 말을 글에서 자꾸 쓰고 있는 것은 분명히 일본글에 자주 나오고 일본사람들이 많이 쓰기 때문에 따라서 쓰는 말이다. 이런 따위 말에 조우(遭遇), 해후(邂逅), 만끽(滿喫)도 있다.

2) 두 낱말 또는 세 낱말로 이어진 말

다음과 같은 몇 가지가 있는데, 이것이 아주 많이 씌어져서 우리 말을 일본말 직역투로 만들고 있다.

- -에 있어서, -에 의하여, -에 다름 아니다, 그럼에도 불구하고, 주목에 값한다, -도 불사(不辭)하고

3) 움직씨의 입음꼴(동사의 피동형)을 함부로 쓰는 경우
- 불린다. (기적이라 불리는 이 사건이……→기적이라고 말하는 이 사건이……)
- 된다. (악법은 철폐되어야 한다.→악법은 철폐해야 한다.)
- 진다. (민주연합정당 꼭 만들어져야 한다.→민주연합정당 꼭 만들어야 한다.)
- 되어진다. (놀이시설이 확장되어진다면……→놀이시설이 확장된다면)

4) 일본말 토(助詞)를 따라 쓰는 것
- -의, -에의, -로의, -에로, -에로의, -에서의, -에게의, -에게서의, -으로부터의, -에 있어서의

이런 토들은 우리 말에 없는 것이다.

5) 대이름씨(대명사) '그녀'〔彼女〕와 어찌씨〔副詞〕 '보다'
이 두 가지도 우리 말에는 없다.

위 다섯 가지 말들은 '글→글' 이렇게 쓰이고 전하는 말인데, 더러 방송이나 강의나 강연에서 쓰기는 하지만 아직은 대체로 입말로 굳어져 있는 것은 아니다. 다만 이 가운데서 20대나 30대 젊은이들의 입말로 많이 퍼져가고 있는 것이 불리다, 지다, 되다인데, 이렇게 해서 입말로까지 아주 굳어지면 우리 말의 꼴이 어찌 될까? 그리고 아직 다른 말들이 입말로는 그렇게 잘 쓰이고 있지는 않다고 하더라도 글을 쓰는 사람들이 거의 모두 이런 말들을 아무 생각도 비판도 없이 그대로 쓰고 있으니, 그런 글만을 아주 어릴 때부터 읽고 쓰고 외우면서 자라나고 있는 학생들이 어른이 되었을 때 우리 말이 어떻게 될는지, 참으로 앞날이 캄캄하다는 생각을 어찌할 수가 없다.

3 중국글자를 섞어서 쓰는 글

아직도 우리 나라에서는 중국글자를 우리 글에다 섞어 쓰고 있는 글이 아주 완고하게 자리를 잡고 있다. 이런 글의 성격은, 그것이 어떤 자리를 차지하고 있고 어떤 사람들이 쓰고 있는가를 보면 저절로 드러난다.

첫째, 사람들이 가장 많이 읽는 일간신문을 보면 『한겨레』만 우리 글을 쓰고, 그밖에는 모든 신문이 중국글자를 섞어서 쓰고 있다. 이것은 우리 나라의 신문들이 얼마나 권위주의에 빠져 있고 보수의 편에 서 있는가를 잘 말해주는 증거가 된다.

둘째, 월간이고 계간이고 잡지에서는 특수한 자리가 아니면 중국글자를 쓴 책을 본 기억이 없고, 단권책에도 일반 사람들이 읽는 책에서 중국글자를 섞어놓은 책은 보지 못했다. 그런데 딱 하나, 계간 『아동문학평론』(兒童文學評論)은 차례에서 온통 중국글자투성이가 되어 있고, 내용에서도 논문의 성격을 띤 글은 중국글자를 섞어놓았다. 다른 책들이 죄다 중국글자를 쓰더라도 아동문학에 대한 책만은 중국글자를 쓰지 말아야 할 터인데, 이 사실 하나만 보더라도 우리 아동문학이 얼마나 아동문학답지 않고, 잘못된 길을 가고 있는가를 알 수 있다.

셋째, 관공서 안에 걸려 있는 행정방침이나 건물 바깥에 내걸어놓은 표어들이 몇 해 전부터 중국글자로 바뀌었다. 이것은 행정이 그 어느 때보다도 권위주의로 돌아가고 반민주를 지향하고 있음을 잘 말해주고 있다.

넷째, 단체나 회사나 기관에서 내는 성명서나 호소문이나 광고문 같은 글은 죄다 한글만으로 나온다. 그런데 요즈음 중국글자를 섞어놓은 광고문을 딱 한 번 보았다. 그것은 지난 4월 29일 노동부장관 이름으로 여러 신문에 낸 노동실태조사 실시안내 광고문인데, 제목에서부터 마지막 날짜에 이르기까지 온통 중국글자로 새까맣게 된 글이었다. 이 광고문 하나만 가지고도 노동부란 곳이 무엇을 하는 곳인가, 노동자를 어떻게 보고 대하는 사람들이 있는 곳인가 환히 알 것 같았다.

다섯째, 물론 우리 글자로만 쓴다고 해서 그런 책이나 신문들이 죄다 바람직한 길을 가고 있다고 할 수 없다. 우리 글만 쓴다고 하더라도 중국글자말을 그대로 써서 "霧散"을 '무산'으로 "勃發"을 '발발'로 "手順"을 '수순'으로 "買入"을 '매입'으로 쓰기만 한다면, 한 걸음도 나아가지 못했다고 해야 하겠다.

어쨌든 중국글자는 쓰지 말아야 한다. 중국글자를 쓰니까 우리 말을 안 쓰게 되고, 우리 글자만 쓰는 신문이나 잡지들도 그 영향을 받아 중국글자말을 그대로 따라서 쓰게 된다. 그런데 거의 모든 책과 인쇄물들이 우리 글자로 씌어져 나오는데 유독 신문만 중국글자를 쓴다. 정부에서 나오는 표어와 광고들이 중국글자로 되어 있는 것과 아울러 생각해보면 신문이 얼마나 권력기관에 밀착해 있는가를 짐작하게 한다.

지금까지 중국글자 섞어 쓴 글을 문제 삼은 것은, 이것이 또 일본글 따라서 쓰는 것이란 사실을 말하고 싶어서다. 이른바 '국한혼용문'이란 것은 100년 전에도 썼고, 그보다도 훈민정음을 만든 그때부터 중국글자와 우리 글자를 섞어서 쓴 것은 사실이다. 그러나 내가 보기로 1896년 4월에 『독립신문』이 순전한 우리 글로 나오고부터 우리 글쓰기의 역사를 생각할 때, 만약 일본제국이 이 땅에 침략해 들어오지 않았더라면 우리 겨레는 틀림없이 그『독립신문』의 전통을 이어받아 진작부터 깨끗한 우리 말 우리 글자로 모든 글을 썼을 것이고, 신문이고 책이고 중국글자는 안 썼을 것이다. 그 증거를 다음 몇 가지로 들 수 있다.

첫째, 일본제국이 이 땅을 식민지로 만들고 학교를 세워 일본말을 가르치고, 모든 신문과 잡지를 검열하고, 나중에는 우리 말을 못 하게 하고 우리 글로 된 신문이고 잡지고 못 내게 했다는 것은 누구나 다 아는 바다. 그런데 우리가 어쩔 수 없이 배우고 써야 했던 일본글은 중국글자 없이 쓸 수 없는 글이었다. 그래서 일제강점기에 가장 훌륭한 문장을 썼다는 사람들도 중국글자투성이 글을 예사로 썼던 것이고, 일본식 중국글자말을 조금도 깨달음 없이 그대로 썼던 것이다. 오늘날 우리 신문들이 100년 전에 나왔던『독립신문』보다 훨씬 못하게 중국글자말투성이 글을 쓰는 것은 일제 36년에 이은 분단 47년 동안에도 여전히 일본글의 영향에서 우리가 벗어나지 못하고, 일본식 글쓰기에 갇혀 있기 때문이다.

둘째, 이래서 일제강점기에는 모든 학자와 교육자와 문인들이 일본글에 빠져들어가 그 글을 그대로 직역하는 글을 쓰면서 조금도 그 잘못을 깨닫지 못했는데, 심지어 우리 글을 연구한 학자들도 한문을 물리쳐야 한다면서 일본글 따라 우리 말글이란 것을 썼다. 어떤 사람이고 학교 공부를 하고 책을 읽어서 글을 쓴 사람치고 순수한 우리 말로 글 쓴 사람은 없다. 대관절 어째서 그 지경이 됐는가? 근본 까닭은 이렇다. 우리 글이란 우리 말을 그대로 쓰는 것이고, 그 우리 말은 글을 읽어서 그 머리가 유식하게 되어 있는 사람들이 하는 말이 아니라 진정 무식한 사람들, 농사를 짓는 농민들을 중심으로 한 백성(민중)들이 하는 말이란 사실을 깨닫지 못한 때문이다. 그러니까 백 날 천 날 우리 말을 소중히 여겨서 배우고 쓰자고 떠들어봐야 쓴다는 것이 일본글 번역한 것밖에 안 되고 '표준말'로 썼다는 글이 중국글자와 중국글자말 엮어 달아놓은 글밖에 될 수 없던 것이다.

셋째, 오늘날 중국글자를 써야 한다고 주장하는 사람들이 더러 그 까닭을 말하면서 "일본 같은 나라도 한자(중국글자)를 쓰기 때문에 그 나라가 그렇게 학문이 진보하고 국력이 세어졌다"고 한다. 가끔 듣는 말이 그렇지, 사실은 오늘날 중국글자 섞인 일간신문을 읽고 있는 사람들 대부분이 이런 허망한 생각을 가지고 있을 것이다. 이것은 글을 배우고 책을 읽었다는 중년층 이상의 사람들이 얼마나 중국글자 섞인 일본식 문장 표현에 길들여졌는가를 말해준다. 중년층과 노년층이 이러하니 그 아래 젊은이들도 어쩔 수 없이 그 영향을 받을 것이란 사실은 짐작하고도 남는다. 우리가 지난날 일본의 식민지가 되어 있지 않았다면 "주관적" "낭만적" "전국적" 이런 따위 무슨 −적하는 중국글자말은 결코 쓰지 않았을 것이다.

4 서양말 즐겨 쓰는 버릇

서양말 즐겨 쓰는 버릇도 일본 탓이라고 말하면 무엇이든지 못된 짓은 남의 탓으로 돌린다고 할 터이지만, 이것도 일본글 번역투에서 벗어나지 못하는 글쓰기 습성에서 더한층 심해졌다고 보아야 한다. 무엇이든지 내 것은 천하게 보고 남의 것은 높이 보게 한 일제식민지노예교육의 해독까지 들먹일 것 없다. 일본말 가르치고 일본말 쓰게 한 것이 우리 말 버리고 중국글자말이고 서양말이고 남의 말 즐겨 쓰게 하는 교육이 되었던 것이다. 한 가지만 보기를 들면, 내가 어렸을 때는 "일년감" 또는 "땅감"

이라고 하던 것을, 학교에 들어가자 "도마도"라 배우니 그렇게 말하게 되었고, 이제는 '토마토'가 되었다. "양버들" "미류나무" 하던 것도 일본사람들이 "뽀뿌라"라고 하니 그렇게 되었다(요즘은 '포플러'가 되었지만). 모든 것이 근본을 버리고 우리 것을 천하게 여기니 중국 것 따르다가 일본 것 따르고, 다시 서양 것 쫓아다니는 꼴이 되었는데, 일본제국은 이런 슬픈 종살이 버릇을 36년 동안 아이들에게는 채찍으로, 어른들에게는 총칼과 자본으로 몸에 배게 훈련시킨 것이다.

　요즘 일본의 신문과 책들을 보면 그들이 영어를 많이 쓰고 있는 데 놀라지 않을 수 없다. 경제대국으로 세계를 무대로 돈벌이를 하고 있는 그들이 영어를 중국글자말 다음으로 많이 쓰는 것은 당연하다. 이것을 보고 넋이 빠져 있는 우리 지식인들이 다투어 서양말 흉내를 내고 있으니 그 꼴이 참 가관이다. 일본이야 아무리 겉으로 중국글자를 많이 쓰고 서양말 많이 섞어 써도 그 바탕은 자기들 것으로 튼튼히 뿌리를 내리고 있지만, 우리는 지금 우리 말법을 버리고 일본 것을 따르고 서양 것에 홀려 있는 상태가 되어 있다. 같은 서양말을 쓴다고 하지만 일본은 서양말로 말미암아 자기 것이 침해되지 않고 넉넉해질 수도 있지만, 우리가 서양말을 쓰는 것은 영락없이 우리 말을 짓밟고 우리 말을 죽여없애는 짓이 되어 있는데, 이것을 모르니 참 땅 팔 노릇이다.

(3) 소귀에 경 읽기인가

　신문기사, 논문, 문학작품, 성명서…… 이런 모든 글이 잘못 씌어져 나온다. 그것이 아주 잘못된 말이다, 부끄러운 일본말이라고 아무리 외쳐봐도 소용이 없다. 도무지 반응이란 것이 없다. 모두 귀를 막고 있는가? 들어도 못 들은 척하는가? 그렇다면 어째서 그럴까? 지적한 대로 쓰려 하다가는 글 한 줄도 못 쓸 판인가? 지금까지 갖고 있던 권위가 송두리째 무너질 판이라 그 권위를 지켜야 할 사정인가? 하도 말이 돼먹지 않아서 들어줄 가치도 없다는 말일까? 그러나저러나 어디 조금이라도—

한두 가지 말이라도 바로 써보려는 낌새가 보여야 하는데 도무지 그런 노력을 하는 것 같지 않다. 내가 아주 엉뚱한 말만 하고 미친놈 소리를 한다면 미친놈이란 말이라도 해줘야 할 일 아닌가?

- 6·25전쟁이 발발하자……
- 전쟁이 발발한 다음에……

해마다 6월 25일이 오면 신문마다 발발이요, 어디서 전쟁이 터지면 또 발발이다. 이걸 몰라서라고 말할 수 있는가? 제 나라 말을 쓰려는 손톱만큼의 성의도 없는 탓이다.

- 40년 만의 해후
- 예정된 수순……
- 민초들의 삶 그려……

해후란 말을 제발 쓰지 말라고 해도 모두가 유식병이 고질로 되어 어느 신문이고 안 쓰는 신문이 없다. 수순도 민초도 마찬가지다. 이쯤 되면 일본말 따라 쓰는 것을 자랑하는 꼴 아니고 무엇인가?

어제는 어느 신문기사 제목에 음반 취입이란 말이 나와, 젊은 기자들이 모르고 썼겠지, 잘못은 이런 말을 가르친 사람들에게 있다고 생각하면서 '혹시 사전에 이런 말이 올라 있는가' 싶어 찾아봤더니 내가 걱정한 대로 국내에서 가장 많이 보는 두 사전에 버젓이 우리 말로 나와 있었다. 우리가 늘 보고 믿고 기대고 있는 『우리말 사전』이 많이 잘못되어 있는 줄이야 진작부터 알고 있었지만 이렇게 엉터리인 데는 놀라지 않을 수 없었다. 더구나 한 사전에는 취입 다음에 묶음표로 적어놓는 중국글자가 일본식 중국글자 그대로 '吹込'이라 해놓았다. 하기야 '吹入'도 있을 수 없는 말이라 일본글자 적어둔 것은 오히려 정직하다 할지 모르겠다.

이것은 어쩌다 내 눈에 띈 것일 뿐이다. 어디 이런 일본말을 우리 말 호적에 올려둔 것이 한두 가지겠는가? 진짜 수많은 우리 말은 사투리라 해서 싹쓸이로 땅속에 파묻어버리고 말이다.

- '無所屬동우회'<u>에의</u> 기대
- 남북체육단일팀에서 보듯 통일<u>에의</u> 분위기가 무르익고……

하나는 어느 신문의 사설 제목이고, 다음 하나는 기사 문장의 한 대문이다. 여기 나오는 -에의란 토가 우리 말인가? 아니라면 쓰지 말아야 할 것 아닌가? 어째서 이 부끄러운 일본말 그대로 옮겨놓은 토를 예사로 신문기사에 책 이름에 써놓고 태연한가?

- 쌀 박사라 <u>불리는</u> 李賢裕 박사가……
- '미니월드컵'이라 <u>불리는</u> 제6회 세계 청소년 축구대회가……
- 자연환경의 오염은 인간의 죄악<u>에 다름 아니다</u>.

모두 신문에 나온 글이다. 여기 나오는 불리다와 -에 다름 아니다가 일본말이 아니라면 누구든지 말해보라. 일본말이라고 알게 되었다면 제발 쓰지 말라.

- 우리<u>에게 있어서</u> <u>보다</u> 나은 질서란……

이 글에 나온 -에게 있어서와 어찌씨로 쓴 보다란 말이 일본말이 아니라면 아니라고 말해보라. 이런 말 안 쓰고는 글이 안 된다면 그런 글은 안 쓰는 것이 백 배 더 겨레와 사회를 위한 일이 된다.

(4) 지식인과 관료계급의 반민중성

　글을 쓰면서 살아가는 사람들의 반민중성을 생각한다. 우리 말은 글 때문에 다 짓밟히고 쫓겨나고 파묻히고 죽어갔다. 글을 쓰는 사람은 백성(민중)들의 말이 '품위'가 없고 '권위'가 없는 말이라 보았다. 무식하고 야만스럽고 쓸모 없는 말이라 생각했고, 고상한 학문이나 세상의 이치를 나타내는 데는 적당하지 못한 말이라 여겼다. 봉건왕조 시대에 그랬고, 일제 식민지시대에 그랬고, 지금도 그런 생각이 거의 모든 글쟁이들의 마음을 차지하고 있다. 그렇지 않고서야 '집이 무너졌다'고 할 것을 "가옥이 붕괴됐다"고 쓸 수가 없고, '낱장으로 떼어 쓸 수 있습니다'를 "낱장으로 절취 가능합니다"고 쓸 수가 없다. 누구나 다 알고 있는 쉬운 우리 말은 될 수 있는 대로 피해서 중국글자말이나 남의 나라에서 들어온 말로, 같은 중국글자말도 남들이 잘 안 쓰는 어려운 말로 쓰고 싶어 하는 글쟁이들의 이 반민중성이 그들을 이용하려는 나라 안팎의 지배세력과 언제나 잘도 통해서 우리 역사의 앞길을 꽉 가로막는 노릇을 했다. 지식인들이 백성의 말을 쓰기가 얼마나 힘드는가 하는 보기를 딱 한 가지만 들어본다.

　입장이란 말이 있다. 지금도 신문에서 가장 많이 쓰고 있는 말인데, '타치바'(立場)란 일본말이다. '해방' 바로 뒤에 어느 곳에서 낸 책『우리 말 도로 찾기』에도 이 말은 일본말이니 "처지"란 우리 말로 쓰자고 해서 나와 있었던 것으로 기억한다. 그 뒤 이 말이 가끔 논란이 되었지만, 결국 오늘에 와서는 모든 글쟁이들이 이 말을 당연히 써야 하는 말로 알고 쓰고 있다. '지식인이란 이와 같이 잘못된 말 단 한 가지도 바로잡지 못하는 참으로 어찌할 수 없는 존재인가' 하는 절망스러운 생각까지 들기도 하는 것이다.

　어떤 사람은 말하기를 입장과 '처지'와는 그 뜻이 많이 다르다. '처지'는 소극적인 형편을 말할 때만 쓰는 것이라 입장을 안 쓸 수 없다고 한다. 그렇다면 '태도'라고 하면 될 것 아닌가? 날마다 신문에 수없이 나오는 입장이란 말을 '태도'와 '처지' 둘 중 어느 하나로 바꿔 써서 말이 안 되는 경우가 있다면 누구든지 말해보라. 두 번 다시 나는 "일본말이 어떻고 우리 말을 왜 안 쓰나" 하고 말하지 않을 것이다. 그런데 '태도'와 '처지'로 바꿔쓰면 입장 하나로만 쓰는 것보다 훨씬 더 알맞은 말이 된다.

여기서도 말이 없는 것이 아니라 생각이 없고 정신이 없어서 우리가 우리 말을 버리고 남의 말을 쓰고 있는 것이 분명하다.

이 입장은 백성들이 귀로 들어서 쓴 말이 아니라 지식인들이 일본글을 읽어서 그것을 그대로 잘못 옮겨 써서 퍼뜨린 글말이 그만 흔히 쓰는 입말까지 된 것이다. 이 입장뿐 아니라 일본식 중국글자말의 대부분이 지식인들, 그 가운데서도 글을 쓰는 사람들이 퍼뜨려놓은 것이란 사실을 알아야 하겠다.

무슨 모더니즘이고 민족문학이고 또 무슨 주의고 이론을 늘어놓기 전에 글을 쓰는 사람이 앞으로 가장 힘을 들여야 할 것이 우리 말을 도로 찾는 일이고, 남의 나라 말법의 굴레에서 벗어나는 일이라 생각한다. 크나큰 위기에 빠져 있는 겨레말을 살리는 것보다 더 급하고 큰일이 어디 있겠는가.

2. 지식인의 글과 백성의 말

(1) 어느 쪽이 더 깨끗한 우리 말인가

1991년 12월호 『사회평론』지에 고길섶 씨가 「이오덕 선생의 언어관 비판」이란 제목의 글을 발표했는데, 그 글에 대한 대답으로 이 글을 쓰게 되었다. 오늘날 책만 읽어서 관념세계에 빠져 있는 사람들이 "하도 그런 글만 읽어서 나도 모르게 어려운 말을 쓰는 버릇이 들어 고치기가 힘들다"고 하는 말은 많이 들어왔다. 그런데 "남의 나라 말이고 말법이고 마구잡이로 쓰면서 그게 어째서 잘못된 거냐. 그런 글이야말로 한 단계 높은 자리에 있는 말로 된 글이고, 시골 사람들이 하는 말은 자연발생으로 된 소박한 말에 지나지 않는다"고 하고는 마르크스까지 끌어와서 나같이 변증법도 철학도 모르는 사람을 겁주려 하는 고 씨의 글은 우리 말에 대한 싸움을 선포한 것이라 본다.

이 글을 읽는 분들은 우리 말이 어디에 있는가 하는 물음에 대한 대답을 찾아주기 바란다. 문제의 핵심은 아주 간단하다. 내가 주장하는 대로 책을 읽지 않은 이른바 '무식'한 사람들, 몸으로 일을 하면서 살아가는 사람들의 말이 더 깨끗한 우리 말인가. 아니면 고 씨가 주장하는 대로 지식인들이 어렵게 쓰는 글말이 더 가치가 있는 우리 말인가. 판단해주기 바란다. 이 문제는 오늘날 이 땅에서 살아가는 우리 겨레로서는 그 어떤 사람도 다 부딪치는 절실한 문제가 되어 있다. 반드시 여기에 대한 자기 나름의 견해를 가져야 한다고 본다.

고 씨의 주장은 세 가지로 나뉘어 있는데, 첫째는 "'백성'이 옳은가 '민중'이 옳은가"이고, 둘째는 "농경사회의 언어는 우리 말의 중심인가"이고, 셋째는 "지식인이 만드는 '새 말'도 정당하다"다. 이 글도 같은 차례를 따라 쓸 것이다.

(2) '백성'과 '민중'에 대하여

우리 말에서 백성을 가리키는 말에 '국민' '민중' '인민' '민초' 같은 말들이 있는데 모두 중국글자말이다. 이 가운데서 그래도 중국글자말이란 느낌조차 들지 않고, 가장 우리 말다운 말은 역시 옛날부터 써온 '백성'이다. 이 말을 쓰는 것이 좋겠는데 요즘은 글을 쓰는 사람들이 모두 '민중'을 많이 쓰고 있으니 이 말도 쓸 수밖에 없다. 그러나 될 수 있는 대로 '백성'이란 말도 살리는 것이 옳다. 내가『말』지(1991년 5월호)에서 쓴 글의 요지가 이렇다. 그런데 고 씨는 그 글을 비판하면서 민중과 백성은 개념이 아주 다르고, 백성은 옛날 봉건시대에나 쓰던, 그때 사람들을 가리키던 말이니 쓸 수 없다. 그런 말을 고집하는 것은 "역사와 사회

발전의 진보적 변화·발전마저도 인정하지 않겠다는 의미이다"고 써놓았다.

　나는 사실 이 "백성"과 "민중"에 대해서는 어느 쪽을 쓰든지 그다지 중요한 문제가 아니라고 보고 있다(『말』지에서 쓴 글도 민초(民草)란 말을 비판하는 데 중심을 두었던 것이다). 다만 '백성'을 쓰고 싶은 것은 이 말이 본래 우리가 쓰던 말이고, 아직도 우리 입에서 일상의 말로 자연스럽게 나오는 말이기 때문이다.

　그러나 말이 으뜸이 되고 글이 거기에 따르는 것이 아니라 글이 말을 지배하는 역사가 되어 있어서 앞으로 글에서 쓰는 '민중'이 차츰 널리 쓰게 되고, 따라서 '백성'을 버릴 지경에 이른다면 모두가 쓰는 대로 따르는 수밖에 없다. 그래서 나는 글을 쓸 때 어떤 때는 "민중"(백성)이라고 쓰고, 또 어떤 때는 "백성"(민중)이라고 하여 이 두 가지 말을 함께 쓰고 있다. 말을 할 때는 어떤 글의 내용에 언급하거나 그와 같은 이론을 말하는 경우가 아니면 "백성"이라고 한다. '백성'이란 말이 자연스럽게 입에서 나오는 것이다. 이것이 역사의 진보와 발전을 인정하지 않는 태도가 되는가?

　고 씨는 한 학자의 글을 인용하면서 백성은 원래 고려시대 이전에는 "촌락의 지배자층"을 가리켰으나 조선왕조가 되고부터 일반 민(民) 또는 농민 일반을 가리키는 말이 되었는데, 이 백성이 17~18세기에 와서 봉건사회의 모순이 점점 심하게 되자 그 봉건의 구속과 억눌림에서 벗어나려는 생각을 하게 되었다고 썼다. 이렇게 해서 생겨난 계급이 '민중'이라면서 "민중은 1876년 개항을 계기로 세계 자본주의 체제에 종속·편입됨에 따라 자본주의적 관계 속에서 새로운 계급적 편제를 촉구하여 노동자 계급이 역사의 무대에 등장하게 되고 백성과는 다른 '민중'이 되었다"는 것이다. 결국 노동자 계급이 역사를 추진하는 중심세력이 되었을 때부터 '민중의 시대'라고 하는 모양이다. 그렇다면 언제부터가 민중인가? 내가 알기로 지난 1960년대까지만 해도 우리 나라에서는 노동자보다 농민이 더 많았다. 그렇다면 민중의 시대는 1970년대부터이고, 그 이전의 약 100년 동안은 백성에서 민중으로 옮겨가는 중간시대였던가?

'백성'이란 말과 '민중'이란 말은 그렇게 역사가 바뀜에 따라 우리 백성들 스스로 자각해 바꿔 쓰게 된 말이 결코 아니다. '백성'이란 말은 어디까지나 옛날부터 쓰던 우리 말이지만 '민중'은 글에서 나온 글말이다. 중국글자로 "民"이라고 써놓고 우리는 "백성 민"이라 읽는다. 중국글자가 이 땅에 들어오기 전에는 '백성'(百姓)이라고 하지 않고 순전한 우리 말이 뭔가 있었을 터인데 그걸 우리는 모른다. 어쨌든 '백성'이라는 말은 '부모' '자식' '형제' '식구'와 같이 아주 우리 것으로 되어버린 말이다. 시대에 따라 정치의 틀이 바뀌면 '임금'은 '대통령'이 되고, 또는 '수상'이니 그밖의 이름으로도 바뀔 수 있지만 '백성'만은 바뀌지 않는다. 언제까지나 같은 이름이다. 그것은 '땅'이라는 말이 바뀔 수 없듯이, '하늘'이란 말이 바뀔 수 없듯이 바뀌지 않는 이름이라야 옳다. 그게 원칙이다. 그리고 사실 우리 말 '백성'은 우리가 알고 있는 데까지는 이 한 가지 말뿐이었던 것이다.

어느 학자가 썼다는 글대로 "'백성'이 고려시대 이전에는 촌락의 지배자층을 가리키는 말"이었다면 그럼 고려 때는 '民' 자를 "백성 민" 자라 하지 않고 무슨 말로 읽었던가? 그러나 그런 것 다 양보해서 "촌락의 지배자층"을 백성이라고 말한 때가 있었다고 하더라도 그 뒤로 말뜻이 달라져 오늘날 우리가 알고 있는 민중(인민)이란 말로 쓰게 되었다면 그만 아닌가? 우리가 말을 할 때는 그 말이 우리가 잘 알고 있는 말, 어렸을 때부터 즐겨 써온 우리 말이기 때문에 쓰는 것이다. 그 말이 500년이고 천년 전에도 어떤 다른 뜻으로 쓰지는 않았다는 것을 살피고 확인한 다음에 쓰는 것은 아니다.

그런데 '민중'은 글말이다. 그 글은 물론 일본사람들이 쓴 글이다. 일제강점기에 우리 지식인들이 쓴 글에는 숱하게 "민중"이란 말이 나오는데, 그때가 민중의 시대가 되어서, 민중이란 말을 하게 되어서 그들이 글에다 민중이란 말을 쓴 것이 아니다. 책에 죄다 민중이라고 되어 있으니 따라서 썼을 뿐이다. 그러나 입으로 하는 말에는 온 백성의 8할을 차지했던 농민들 가운데 그 어떤 사람도 "우리 민중이……" 하고 말하지는 않았을 것이다. 장사꾼이고 노동자까지도 그랬다고 본다. 그런데 지식인들만이 언제나 '민중'을 쓰지 않고는 글을 쓸 줄 몰랐다. 그것은 사회적, 낭만적, 그럼에도 불구하고, 역사에 있어서 따위 말들을 안 쓰고는 논문 한 편 쓸 수 없었던 사정과 같다. 그런 글의 틀은 모조리 일본사람들이 쓴 글에서 그대로 옮겨온 것이다.

일제강점기야 백성의 시대도 아니고 민중의 시대일 수도 없었다. 굳이 말하면 식민지 종살이 '국민'의 시대였다고나 할까. 그때 "우리 일본국민은" 하는 사람은 친일파가 아니라면 철없는 어린 학생들밖에 없었을 것이다. 어디까지나 "우리 백성은" 했다. 그렇다고 '그때 백성들의 저항이 없었나' 하면 결코 그렇지 않다. 3·1독립운동이고 광주학생항쟁이고, 또 그밖의 각 지방의 농민운동이고 노동쟁의고, 그런 역사를 우리가 '민중의 싸움'이라고 하는 것은 뒷날 역사를 정리해서 글로 기록하는 사람들이 그렇게 쓴 것이지, 그런 싸움을 하던 그때 사람들 스스로 "민중"이라고 입으로 말하지는 않았던 것이다. 이런 말의 쓰임은 8·15 이후에도 마찬가지다. "노동자" "농민" "철거민" "시민" "동민" 이렇게 말했고, 이런 모든 사람을 통틀어 가리킬 때도 '민중'이란 말보다는 '국민'이나 '백성'을 썼다고 본다. 이것이 엄연한 우리 말의 역사고 실상이다.

결국 우리 역사에서 백성과 민중이 아주 다른 시대의 사람이 될 수가 없고, 다만 같은 사람을 두고 글을 쓰는 이들이 차츰 달리 말해왔다는 것이다. 그러니까 백성이 민중으로 아주 바뀐 것도 아니고, 백성을 민중이라고 부른다고 해서 역사의 진보를 인정하는 사람이고, 그냥 백성이라고 한다 해서 진보를 부정하는 사람이라고 생각할 수는 없다. '백성'과 '민중'이란 말뿐 아니다. '일한다'는 말과 노동한다 또는 작업한다란 말의 관계, '싸운다'란 말과 투쟁한다란 말의 관계, (일용노동자와 '날품노동자' 또는 '날품팔이'란 말의 관계에서도 마찬가지다. '일한다' '싸운다' '날품팔이'…… 이런 말을 쓰는 것보다 노동한다, 투쟁한다, 일용노동자…… 이런 말을 쓰는 것이 진보한 것이고, 역사의 진보를 인정하는 것이 된다고는 도무지 생각할 수 없다. 진보가 무슨 진보인가. 겨레말을 지켜야 할 역사에서 볼 때 이것은 의심할 여지 없이 뒷걸음질 친 것이다.

여기서 한 가지 보탤 것이 있다. 이 글을 쓰면서 "백성"이란 말을 사전에서는 어떻게 풀이해두었는가 싶어 찾아보았더니 다음과 같이 나와 있다.

- 백성(百姓)【명】일반 국민의 예스러운 말. 이희승 감수, 『민중국어사전』

이 사전에서는 '백성'을 "예스러운 말"이라 했는데, "예스럽다"는 말은 아주 옛말이란 뜻이 아니고 '옛말 같은 느낌이 드는 말'이란 뜻이겠다. 그러니 이 풀이말은 '가장 우리 말다운 말'이란 뜻이라고도 할 수 있다. 그러나 한편 '옛말이 되어가는 말'이란 느낌도 든다. '백성'이 옛말로 되어간다면 그럼 오늘날에는 무엇이라고 하나? 이 사전에는 '국민'이 되는 모양이다. 나는 이 사전의 풀이가 썩 잘 되었다고 보지 않는다. 다른 사전을 보자.

- 백성(百姓)【명】인민(人民). 백성의 입 막기는 내 막기보다 어렵다. 〔속〕 여론의 무서움을 이르는 말. 『새우리말 큰사전』

내가 보기에는 이 사전의 풀이가 더 잘 되어 있다. 속담까지 들어서 말의 성격을 보여주려고 했지만, 무엇보다도 '백성'이란 말을 지난날에나 쓰던 말같이 잘못 알리지 않은 것이 다행이다. 지금 우리는 그 어느 때보다도 사라져가는 우리 말을 지키고 가꾸는 데 힘을 기울여야 할 때다. 벌써 옛말이 되어버려 낯설은 말조차 경우에 따라서는 살려 쓸 사정이 되었는데, 아직도 그대로 쓰고 있으며 모두가 잘 알고 있는 말을 옛말이라고 버릴 까닭이 어디 있는가? 그리고 이런 말을 지식인들의 글에서 별로 쓰지 않고 있다고 해서 사전에다가 "예스러운 말"이라고 풀이해놓은 것은 결코 현명한 일이 아니라고 본다. 예스럽다면 그 많은 예스런 말을 다 두고 어째서 하필 '백성'이란 말만 예스럽다고 할까?

아무튼 우리 나라에서 가장 많이 쓰고 있는 두 사전에서도 '백성'이란 말을 풀이하면서 '민중의 옛말'이라고는 쓰지 않았다.

(3) 농경사회의 말은 우리 말의 중심이 될 수 없다는 비판에 대하여

"농경사회의 언어는 우리의 중심인가"라는 두 번째 문제에서 고 씨의 글 첫머리는 내가 쓴 글을 인용하는 것으로 시작된다. 그렇게 인용된 글은 "'백성'에서 '농경사회의 말'로 이어지는" 글이라고 했지만, 그것은 『우리 글 바로 쓰기·1』(202~203쪽)에서 서양말의 문제를 언급하기 시작한 자리에 나오는 말이다. 읽는 분들의 이해를 돕기 위해서 그것을 다시 여기에 들어놓아야겠다.

이제는 서양말이 바로 물밀듯 밀려 들어오는 형편에 따르는 우리 말의 위기가 심각하다. 우리 말은 지금 그 말들이 생겨나고 이어지고 살아 숨쉬던 농경사회가 사라짐에 따라 그것이 뿌리를 내리고 있던 터전을 잃고 급격히 시들어지고 사라져가는 길에 놓여 있다. 사라져가는 순수한 우리 말 대신에 어떤 말이 생겨나고 어떤 말이 남게 되는가? 도시 산업사회의 병든 소비문화는 판에 박힌 획일의 말과 삶에서 떠난 추상의 말에다가 천박한 기분을 나타내는 감각적인 말만을 남겨 놓는다. 서양말이 판을 쳐서 주인 노릇을 하는 자리가 바로 이런 도시 사회다.

이 글을 들어놓고 비판하기를 "도시산업사회, 즉 자본주의사회로 이행

함은 생산력 발달에 의한 인간역사의 필연적 결과이며, 질적 발전이라는 점에서 진보성을 담고 있다"하고는 "농경사회의 언어에서 도시산업사회의 언어로 그 중심축이 옮겨가는 것은 앞에서 언급한 대로 언어가 객관적 실재를 반영하며, 사회역사적인 구체적 현실성을 띤다는 점에서 정당하다"고 말해놓았다.

농촌 중심의 사회에서 도시 중심의 산업사회로 된 것이 "질적 발전"이고 "진보성"을 담았는지, 그런 것은 나보다 역사와 문화를 연구하는 분들이 더 잘 판단하리라. 다만 나는 오늘날 우리가 사는 이 사회가 도무지 사람이 사람답게 살아갈 수 없는 사회라고 본다. 옛날에는 굶주렸는데 오늘날에는 잘 먹고 잘살게 된 것 아닌가, 국민소득이 얼마가 되고 우리도 선진국의 대열에 들어갔는데 진보한 게 아닌가, 할는지 모른다. 그러나 아무리 굶주렸다 하더라도 그 옛날에는 자살하는 아이들이 없었다. 온 나라의 땅을 다 더럽혀서 사람이 발붙여 살아갈 수 없도록 해놓았을 뿐 아니라, 사람의 정신을 죄다 병들게 해놓은 이 도시산업사회를 어떻게 제대로 된 인간사회라 할 수 있겠는가?

더구나 우리 말을 돌이킬 수 없이 파괴하고 있는 사실에 생각이 미치면 우리 겨레 앞에 어떤 운명이 기다리고 있는지 가슴이 꽉 막힌다. 그런데 생산력이 발달해서 진보 어쩌고 하니 너무너무 한심스럽다. 책만 들여다보고 있으니 그런 철없는 말도 나오는가 싶다. 내가 이렇게 말하는 것은 봉건사회로 되돌아가자는 것이 아니다. 봉건으로 되돌아가자니, 미친 사람이 아니고 누가 그런 말을 하며 그런 생각을 하겠는가? 그런데 고 씨는 나를 정신이 돈 사람으로 보고 있다. 고 씨가 쓴 글을 보자.

200년 전 '호반 시인파'와 더불어 성립되었던 '영국의 낭만주의' 조류가 있었다. 그들은 자본주의적 산업화에 오염되지 않은 평화롭고 목가적인 자연에 대한 예찬과 생활양식의 급격한 변화에 대한 두려움에서 비롯된 모든 새로운 것의 거부, 즉 생산력과 생산관계의 자본주의적 혁신을 통해 생겨난 모든 생활방식을 배격하고 가부장적인 신분사회로 되돌아가자고 외쳤다. 도시산업사회를 병든 소비문화의 진원지로 곧바로 등치시켜 농경사회로의 복귀를 촉구하는 이오덕 선생과 그들이 무엇이 다른가.

우선 이 글에서 내가 "도시산업사회를 병든 소비문화의 진원지로 곧바로 등치시켜"놓았다고 비난했는데, 그렇다면 "소비문화의 진원지"가 아닌 도시가 있는가? 나는 남의 나라에 가보지 않았지만 이 지구 위에서 소비문화를 부추기지 않는 도시는 없다고 본다. 영국이고 미국이고 소련이고 어느 나라 도시도 다 그럴 것이다. 고 씨가 말하고 있는 200년 전 영국 이야기란 게 무엇인가? '호반의 시인파'니 낭만주의자니 하는 사람들이 목가적인 자연에 돌아가고 싶어 했다는 것도 필경 타락한 소비문화를 부추기는 도시가 싫어서 그랬다는 말이 아닌가? 그렇지 않고 그때 영국의 산업사회는 그 옛날같이 소박한 생활을 하는 사람들의 사회였다면 "생활양식의 급격한 변화에 대한 두려움"이란 무엇을 말하는가?

가령 고 씨가 상상하는 대로 이 지구 위에 타락한 소비문화를 부추기지 않는 도시가 있다고 치자. 그게 내가 쓴 글과 무슨 상관이 있는가? 나는 남의 나라 이야기를 하고 있는 것이 아니고 우리 이야기를 하고 있는 것이다. 무슨 팔자가 좋아 남의 나라 걱정까지 하겠는가? 더구나 우리 말 걱정을 하는 자리에서!

같은 글줄의 다음 말에서 고 씨는 내가 "도시산업사회를 소비문화의 '진원지'로 보면서 농경사회(이 농경사회는 그가 일부러 설명까지 해놓은 대로 봉건사회다)로 되돌아가자고 하는 사람이니 영국의 낭만주의자들과 다름없다"고 했다. 병든 도시사회를 비판하면 그게 곧 봉건사회로 되돌아가자는 말이 되는가? 우리 말이 파괴되어가고 있으니 우리 말을 살려야 한다고 말하면 영국의 호반 시인이 되는가? 이것은 말의 폭력이다. "이 나라가 썩고 병들었으니 정치를 바로잡아야 한다"고 하면 좌익이요 공산주의자라고 하는 태도와 무엇이 다른가? 사회가 달라졌으니 말도 달라져야 한다. 그걸 누가 모르는가? 우리 말의 알맹이, 우리 말의 틀을 그대로 이어가도록 해야 한다는 말이다.

아무래도 이것은 우리 말이 무엇인가, 우리가 어떤 말로 글을 써야 하는가를 모르는 것 같으니 여기서 설명할 수밖에 없다. 가령 보기를 들자면 다음과 같다. 묶음표 안에 적어놓은 말은 될 수 있는 대로 쓰지 말아야 할 말이다.

길(도로), 풀밭(초원), 찬물(냉수), 땅(대지), 어른(성인, 대인), 아이(유아, 아동), 나무(수목), 앞날(미래), 말(언어), 큰비(호우), 가뭄(한발), 가을(추계) 따위 이름씨(명사).

걸어간다(보행한다), 멈춘다(정지한다), 쉰다(휴식한다), 일한다(노동한다, 작업한다), 만난다(상봉한다, 조우한다, 해후한다), 웃는다(미소한다), 싸운다(투쟁한다), 시작한다(개시한다, 돌입한다), 쓴다(사용한다), 견준다(비교한다), 읽는다(독서한다), 씨뿌린다(파종한다), 본다(목격한다), 본다, 듣는다, 만난다(접한다), 때린다(구타한다), 잡는다(포획한다, 포착한다), 돕는다(일조한다), 참는다(인내한다) 따위 움직씨(동사).

부지런하다(근면하다), 게으르다(나태하다), 바쁘다(다망하다), 조용하다(정숙하다), 시끄럽다(소란하다), 할 수 있다(가능하다), 할 수 없다(불가능하다), 있다(존재하다, 위치하다) 따위 그림씨(형용사)나 그림씨 노릇을 하는 말들.

반드시(필히), 함께(공히), 더구나(특히) 따위 어찌씨(부사).

이런 말들을 우리 말로 쓰자는 것이다. 이런 말들은 모두 우리가 어릴 때부터 써온 말이요, 땅을 갈아 씨를 뿌리고 곡식을 가꾸고 거두면서 살아온 조상들이 써온 말이다. 또 있다. 우리가 토로 쓰는 말 '-가' '-이'

'-에' '-에서' '-부터' '-까지' '-으로' 이런 말과 말의 관계를 나타내는 말도 대단히 중요하다. 절대로 이런 말들을 남의 나라 말로 바꿔치기 해서는 안 된다. 아무리 세상이 바뀌어(고 씨 말대로 "'진보'하고 '발달'한 자본의 세상이 되어") 높은 빌딩에서 서양요리를 먹고 소비문화를 즐기며 살게 된다 하더라도 이런 말만은 우리 것으로 지켜야 희망이 있다. 이게 억지스런 주장인가? 정신 돈 사람의 헛소리인가?

여기 들어놓은 말의 보기는 그저 생각나는 대로 몇 가지씩 들어놓은 것뿐이다. 내가 쓴 책 『우리 글 바로 쓰기』에는 훨씬 더 많은 말들을 들어놓았다. 책에 써놓은 말을 인용하면서 고 씨는, 내 책을 도무지 안 읽은 사람같이 엉뚱한 말을 하고 있다. 고 씨가 나를 "'목가' 시대로 돌아가고 싶어 하는 18세기 영국의 무슨 주의자와 다름없다"고 한 증거를 대고 있는 대문이 다음과 같다.

그러나 현재 한국사회의 객관적 실재, 즉 발달한 자본주의의 물질운동을 설명하면서, '극소전자자동화' '노동자' '독점자본' '임금수준' '자본간의 경쟁' '노동조합' 따위의 '자본주의적 언어'를 동원하지 않고 어떻게 설명이 가능하겠는가. 첨예화된 물질운동에 대해서 뭐라고 말할 수 있을 것인가. 그렇다고 농경사회의 언어인 '쟁기' '감자' '지주' '질화로' '황소' '낫' '닭쌈' '마름' '농민' 따위로써 설명을 할 것인가. 국가독점자본주의사회에서 사용해야 할 언어를 농경사회의 언어로부터 찾는다면 그야말로 스무 살짜리 청년이 아홉 살 때 입던 옷을 찾는 꼴이나 마찬가지다. 언어는 현실의 직접적 묘사다.

여기서는 내가 마치 자본주의의 물질운동을 설명하는 데 "극소전자자동화' '노동자' '독점자본' 따위 한자말을 써서는 안 된다"고 한 것처럼 말하고 있다. 그리고 '쟁기' '감자' 따위 말로 "첨예화된 물질운동"이란 것을 말해야 한다고 한 것처럼 보이고 있다. 말은 이래서 폭행이 된다. 입으로 남을 속이는 짓은 한두 사람을 다치게 하지만 글로써 하는 속임수는 천만 사람을 해친다. 쇠몽둥이를 휘두르는 깡패보다 천 배 만 배 더 해악을 끼치는 것이 머릿속에 잡동사니 지식과 관념만 꽉 들어찬 사람이 글로써 그 재주를 마구 휘두르는 짓이라고 나는 생각한다.

이제는 바로 고 씨가 쓴 글에서 우리 말을 어떻게 써야 하는가를 말해 보겠다. •표 다음에 적은 것이 고 씨의 글이다.

• 여기에 바로 '백성' 개념이 <u>함의하는</u> 역사적 특수성이 존재한다.

여기 나오는 함의하는이란 무슨 말일까? 온갖 중국글자말을 다 올려놓는 사전에도 없다. 아마도 **含意**인 듯한데, 이런 말을 굳이 써야 될까? 지식인들이 될 수 있는 대로 어려운 말을 써서 유식한 척하려는 병통에 걸려 있다는 것이 바로 이것이다. "존재한다" 따위 말도 안 써도 된다. "역사적"이란 말도 나 같으면 안 쓴다. "개념"이란 말도 쓸 자리가 있겠지만 이 글에서는 다른 말로 써도 된다. 위의 글을 쉽게 써보자.

＊ 여기에 바로 '백성'이라는 말뜻이 지니는 역사의 특수성이 있다.

이렇게 쉽게 쓴 글이 고 씨가 본래 써놓은 글에 견주어 그 뜻이 달라졌다고는 생각되지 않는다. 글이 가볍게 느껴진다든지 품위가 없다든지 뜻이 분명하지 않다든지 하는 것도 아니다. 아니, 얼마나 분명하고 시원하게 읽히는가? 이렇게 "쉬운 말로 쓰는 것이 봉건시대로 돌아가는 것이고, 봉건시대의 생각을 나타내는 말이 된다"고는 꿈에도 생각할 수 없다.

• '백성'과 '민중'이라는 <u>언어</u>는 서로 다른 역사적 구체성을 <u>함의</u>하는 한편 그것의 전화적 관계를 말해주고 있다.

여기에도 함의가 나온다. '뜻을 가졌다'는 말이면 그렇게 뜻을 가졌다고 쓰면 그만이다. 전화란 말도 얼마든지 다른 말로 쓸 수 있다. 언어란 말은 여기뿐 아니고 고 씨의 글 전체에서 자주 나오는데, 모두 아는 말이지만 '말'이라고 쓰는 것이 좋다. 나는 언어란 말을 사전에서 지워버리자고 하는 것이 아니다. '언어학'이라고 할 때는 써야 하겠지. 그러나 오늘날 거의 모든 사람들이 그냥 '말'이라고 해도 될 자리에 언어라고 쓴다. '쉬운 말을 쓰자'고 할 것을 "평이한 언어를 사용하자" 이렇게 글뿐 아니라 말까지도 입에서 나오는 것이다. 이게 모두 지식인이 잘못된 글말을 퍼뜨린 때문이다. 그리고 여기도 －적 하는 것이 두 군데 나온다.

위의 글을 쉬운 우리 말로 써본다.

  * 백성과 민중이라는 말은 역사에서 서로 다른 뚜렷한 뜻을 가지는 한편, 그중 하나가 다른 것으로 바뀌어 달리 된 관계를 말해주고 있다.

  • 양면투쟁이란, 무비판적 지식인 무리와 무조건적 '프롤레타리아주의' 모두를 비판하고……

이것은 마르크스와 엥겔스의 말을 설명해놓은 대문인데, 여기 나오는 "무비판적"이니 "무조건적"이란 무슨 말일까?
"무조건적 프롤레타리아주의"란 덮어놓고 "프롤레타리아주의"를 믿는다는 말이겠는데, "무비판적 지식인"이라니, 이것은 '비판할 줄 모르는 지식인'이라고밖에는 읽을 수 없는데, 뒤에 나오는 글을 보니 그것도 아니다. 마르크스가 지식인을 덮어놓고 배제해서는 안 된다는 말을 했다는 것이다. 그러니 이 글은 잘못 썼거나 원고가 책에 옮겨지는 사이에 "무비판적 지식인 무리의 배제와"라고 쓴 말에서 "배제"가 빠져버렸거나 했을 것이라 본다.

여기서도 －적 하는 말이 두 군데나 나오는데, 이런 말도 나는 자본주의 사회를 말할 때 반드시 써야 하는 말법이라고는 결코 생각하지 않는다. 이 -적도 일본사람들이 쓴 것을 우리가 따라 쓰게 된 것이다. 우리가 제대로 된 우리 말로 글을 쓰려면 이런 말도 아주 깨끗이 없애야 할 터이지만 워낙 오랫동안 써왔으니까 갑자기 죄다 없앨 수는 없겠지. 다만 글을 쓰는 사람은 될 수 있는 대로 이런 요란스런 일본식 중국글자말 문장의 틀에서 빠져나오려는 노력만은 게을리 해서는 안 된다. 고 씨의 글에서도 이 -적이란 말이(인용한 글을 빼고) 98개나 나온다.

위의 말을 쉽게 쓰면 다음과 같이 된다. 말이 되도록 '배제'란 낱말을 넣어서 썼다.

* 양면투쟁이란, 덮어놓고 지식인들을 배제하는 것과 조건 없이 '프롤레타리아주의'를 믿고 따르는 것 모두를 비판하고……

나는 이런 책을 읽은 바가 없으니 이 말이 마르크스가 한 말을 그대로 나타낸 것인지 알 수 없다. 다만 적혀 있는 글을 그대로 쓰려 했을 뿐이다.

• 언어는 현실의 직접적 묘사다.

이것은 다음과 같이 쓰는 것이 좋겠다.

* 말은 현실을 바로 그려낸 것이다.

• 낭만주의 조류가 있었다.

여기 나오는 조류란 말이 문제다. '흐름'이란 우리 말을 쓴다고 이 글이 손해 볼 것 조금도 없다.

제1장 지식인의 글과 백성의 말 299

- <u>그럼에도 불구하고</u> 이오덕 선생은……

이 그럼에도 불구하고란 말도 중국글자말 문장들을 만드는 큰 구실을 한다. 이 말이 앞에 나오면 흔히 그다음에는 -에 있어서는이 나오고, -적이 잇달아 나와서 요란스런 중국글자말 문장이 되는 것이다. 우리 말 '그런데도' '그런데' '그러한데도'를 쓰면 얼마든지 된다.

- 정창렬은 '백성의식·평민의식·민중의식'에서 '백성'에서 '<u>민중</u>' <u>으로의 발전·전화 과정</u>을 잘 밝혀주고 있다.

여기서는 무엇보다도 "민중으로의"가 문제된다. 이것은 우리 말이 아니다. 위의 글을 우리 말로 쓴다면

* <u>민중으로 발전하고 바꿔져가는 과정을</u>……

이렇게 된다.

- 도시산업사회를 병든 소비문화의 진원지로 곧바로 등치시켜 농경사회로의 복귀를 촉구하는 이오덕 선생과 그들이 무엇이 다른가.

이 글에서는 진원지, 등치시켜, 복귀, 촉구하는 따위 말을 죄다 쉬운 말로 바꾸는 것이 좋다. 그리고 농경사회로의 하는 것이 우리 말법이 아니다. 이 글을 쉽게, 그리고 우리 말법으로 써본다.

* 도시산업사회를 병든 소비문화의 근원으로 곧바로 같이 보고 농경사회로 돌아갈 것을 재촉하는……

- 국가독점주의사회에서 사용해야 할 언어를 농경사회의 언어<u>로부터</u> 찾는다면……

여기 씌어 있는 언어로부터란 말은 마땅히 '언어에서'(→말에서)라고 써야 옳다. 책만 읽어서 글을 쓰는 사람은 이와 같이 우리 말 토를 제대로 못 쓴다. "사용해야 할 언어"는 말할 것도 없이 '써야 할 말'이라 하는 것이 좋다.

- 언어<u>에 있어서도</u> 자생적 수준의 언어발생을 지양하고……
- 언어창조자의 주체설정<u>에 있어서</u> '민중유일성'을 주장하는 것은……

이 두 가지 글에 나오는 -에 있어서도 우리 말이 아니다. 이런 말을 안 쓰면 글을 쓸 수 없다면 그런 사람은 글을 안 쓰는 것이 좋다. 주체 설정에 있어서는 '주체 설정에서' 하면 될 것이고, 언어에 있어서도는 '말에서도' 하면 된다.

- 시대적 변화에 <u>추동</u>되지 않는 언어의 불변성을 고집하려는 <u>입장</u>은 이미 언어의 생명력마저 꺾어버리고 만다.

이 글에 나오는 추동이란 무슨 말인가? 한 사전에 "推動"이라는 말이 있는데, "어떤 일을 추진하기 위하여 고무하고 격려함"이라 풀이해놓았다. 그러나 여기서는 그런 뜻이 아니다. 시대가 달라지는 데 따라간다는 뜻으로 쓴 말이겠는데, 어째서 이런 알 수 없는 말을 썼는지 도무지 이해할 도리가 없다. 입장도 일본식 말이니 '태도'라고 써야 한다. 이 글을 쉽게 다시 써보자.

시대가 변하는 데에 따라가지 않는 말의 불변성을(굳어진 말을) 고집하려는 태도는 이미 말의 생명력마저 꺾어버리고 만다.

이렇게 쉽게 우리 말로 글을 쓰고 말을 하는 것이 말의 생명을 죽이는 것일까? 남들이 알 수 없는 어려운 말을 쓰고, 남의 나라 말을 따라 쓰는 것이 "시대적 변화에 추동"하는 것이고, "언어의 생명력"을 살리는 것이 되는가?

고 씨의 글을 여기 죄다 들어서 바로잡을 수는 없고 그럴 필요도 없으니 이쯤 해두고, 한 가지만 더 말해둘 것이 있다. 그것은 목가시대니 목가적이니 하는 말에 대한 것이다.

우리는 가끔 "이 작품에는 목가적인 세계가 나타나 있다"든지, "그것은 목가시대에서나 부를 노래야" 하는 말을 듣는다. 이런 말을 하는 사람의 마음속에는 막연하게라도 우리 나라의 지난날에 그 목가시대가 있던 것처럼 잘못 생각하고 있는 것이다. 고 씨가 나를 비판할 때 "지난날 영국에서 목가시대를 그리워하던 어떤 사람들과 같다"고 한 것도 우리 나라 역사에서 '영국의 목가시대와 비슷한 세월이 있었다'고 잘못 생각하고 있는 것이 분명하다. 그렇지 않고서야 그런 서양나라 이야기를 할 리가 없다.

목가, 목가적 이것도 일본사람들의 글에서 나왔다. 목동이 양떼를 몰고 들판을 거닐며 노래를 부르던 땅이 우리 나라 어디에 있었고 그런 때가 언제 있었던가? **목동**이란 말도 지식인들이 쓴 글말이고, 초원이니 대지니 하는 말이 모두 번역한 글에서 나온 말이다. 이래서 지식인들이 문제가 된다. 나는 역사에서 지식인이 맡은 일을 죄다 부정하는 것이 아니다. 그런데 말에 관해서만은 지식인들이 해를 끼쳤다. 다른 나라는 어떤지 몰라도(아마 어떤 나라고 말과 글이 남의 것으로 더럽혀지고 짓밟혀온 사정이 우리 같은 나라는 없으리라) 우리 나라에서만은 책만 읽고 글을 쓰는 사람들이 우리 말을 해치는 노릇을 해왔다는 사실을 인정하지 않고서는 우리가 결코 참지식인으로서 바로 서지 못할 것이라 생각한다.

(4) "지식인이 만드는 '새 말'도 정당하다"는 주장에 대하여

여기서는 고 씨가 1991년 4월호 『말』지에 쓴 내 글을 비판했다. 거기서 내가 쓴 글은 요즘 우리 말 운동을 하는 사람들이 '회원'이란 말 대신에 "모람"이란 말을 만들어내어 자꾸 퍼뜨리려 하고 있고, 농민운동이나 공해추방운동을 하는 사람들은 '먹거리'란 말을 쓰고 있다고 하여, 지식인들이 말을 만들어내어서는 안 된다고 했던 것이다. 여기에 대해서 고 씨는 내가 지식인들이 쓰고 있는 추상언어들을 모조리 부정하는 것처럼 오해하여 엉뚱한 마르크스의 이론까지 들추어내어서는 비난하고 있다.

'이성' '역사' '계급투쟁' '실천' '잉여가치' '자본주의' '변증법' '논리' '운동' '역사유물론' 등등(순수한 우리 말의 체계가 아니라서 유감이지만 이는 엄연한 현실이다.) 셀 수 없을 만큼 많은 말들, 이들 언어에 의해서 우리는 세계의 객관적 진리를 인식하여왔다. 이것들은 민중이 직접 만들어낸 언어는 아니지만 민중의 역사적 실천에 근거하여 지식인들이 만들어낸 언어들이다. 이것들을 포기한다면 결국 객관적 진리에의 인식, 나아가 의식에로의 구체적 상승을 포기하는 것과 다름없다.

내가 어디서 "'이성' '역사' '계급투쟁' 같은 말을 써서는 안 된다"고 했던가? 그리고 나는 이런 말들을 가리켜 지식인들이 만들어낸 "새 말"이라고는 하지 않았고, 그렇게 생각하지도 않는다. 나쁜 아니라 아무도 그렇게 볼 사람은 없을 것이다. "잉여가치" "변증법" 이런 말은 지식인들이 주로 쓰는 말이고, 맨 처음에는 어떤 한 사람이 정신노동을 하는 과정에서 쓰게 된 것일 터이고, 그 뒤로 많은 사람들에게 그런 말을 쓰게 된 이론과 함께 퍼져서 널리 쓰게 되었을 것이다. 그것은 민중들이 그들의 삶

속에서 말을 하게 되는 역사와 크게 다름이 없다. (물론 우리 나라 사람들이 이런 중국글자말을 쓰게 된 것은 일본책을 읽고 거기서 배운 것이다.) 그런 것을 가지고 "모람"이니 "먹거리" "읽거리"니 하는 말과 같은 '만든 말'이라고 내가 보는 것처럼 말해놓고, 잘못된 언어관을 가졌다고 비난하고 있으니 어이가 없다.

위의 글에서 "순수한 우리 말의 체계가 아니라서 유감이지만" 했는데, 진정으로 이런 말을 했다면 그래서 우리 말을 손톱만큼이라도 아낄 생각이 있다면 잉여가치고 역사고 하는 말을 유감스럽게 여길 것이 아니라 진리에의라든가 의식에로의 따위 일본말 직역한 괴상한 말을 제발 부끄럽게 여겨서 쓰지 말아야 했을 것이다. 우리 말을 아주 망쳐놓는 이런 글을 예사로 쓰는 사람이 제멋대로 이러니저러니 말하면서 마치 자신이 우리 말을 극진히 사랑하는 사람처럼 보이려 하고 있다.

여기서 '새 말'을 만들어내는 경우를 생각해본다. 남의 나라에서 새로운 물건이 들어오면 옛날에는 흔히 "부수레"(기차)와 같이 알맞는 말로 그 이름을 지어서 불렀다. 그런데 요즘은 남의 나라 말 그대로 쓴다. 이것은 우리가 그만큼 제 정신을 잃어서 그렇다고 할 수 있다. 물론 밖에서 들어온 무슨 물건이든지 죄다 우리 말 이름을 지을 수는 없겠지만, 더러는 알맞는 우리 말 이름을 지어 붙일 수 있을 것이다. 또 우리가 아주 새로운 물건을 만들어내었다고 할 때도 그 이름을 짓는 것은 당연하다. 새 말을 만들어낼 수 있고, 또 만들어내어야 하는 것은 이런 경우가 되겠는데, 내가 『말』지에서 지식인들이 멋대로 새 말을 만들어낸다고 한 것이 이런 경우가 아니란 것쯤은 누가 읽어도 알 것이다.

그런데 이미 있는 우리 말을 두고 또 하나 말을 만들어낸다는 것은 결코 해서 안 된다. 지식인들이 이런 새 말을 만들어서 성공한 보기는 거의 없다. 내가 알기로 새 말을 만들어 퍼뜨려서 성공한 단 하나의 보기가 '어린이'란 말이다. 그러나 이 '어린이'란 말도 따지고 보면 아주 엉뚱하게 새로 만든 말은 아니다. '늙은이' '젊은이' '지은이' '글쓴이' 하듯이 '어린이'도 우리 말법에 맞는 자연스러운 말로 되어 있다. 그런데도 방정환 선생이 이 말을 만들어서 쓰기 시작하여 70년 가까이 된 오늘날에도, 입으로 하는 말로 자연스럽게 쓰이는 말이 되지는 못하고 있다. 그리고 이 밖에도 이 '어린이'란 만든 말이 가져온 문제점이 있으나 여기서는 줄이겠다.

아무튼 지식인들이 말을 만들어쓰는 일은 이렇게 어렵다. 할 수도 없고 해서도 안 되는 일을 하기 때문이다. 왜 해서는 안 되는가? 말이란 방 안에 앉아 책을 읽고 글을 쓰는 사람들이 창조하는 것이 아니고 온몸으로 일하며 살아가는 백성(민중)들이 창조하는 것이기 때문이다. 그래서 "지식인들은 백성(민중)들이 쓰는 말을 다만 따라가고 살펴서 그것을 깨닫고 배울 뿐"이어야 한다고 말한 것이다. 나는 지금도 이 점을 확신하고 있고, 앞으로도 절대로 이 믿음은 변하지 않을 것이다. 만약 지식인들이 말을 만들 수 있다면, 자기가 어떤 물건을 만들어냈을 때뿐이다.

고 씨는 결론 부분에서 내가 "자신의 주관적인 언어관을 무기로 삼고 있다"면서 "이오덕류의 언어관이 언어가 구성되는 현실의 영역을 역사의 변증법적 과정으로 확장시키지 못하는 소박한 견해에 파묻혀 있기 때문이다"라고 했다. 나는 변증법이란 것을 모르고 알고 싶지도 않다. 우리말을 살리는 데 그런 것을 알 필요를 느끼지 않는다. 다만 나는 내가 어렸을 때 부모와 이웃들에게서 배워 알고 있는 말이 우리 말의 알맹이가 되어 있다는 믿음만 가지고 있을 뿐이다. 내가 알고 있는 내 겨레 내 나라 말, 어떤 일이 있어도 기어코 살려내어야 할 우리들의 말―이것밖에. 이것을 업신여기고 짓밟으려는 어떤 학설도 이론도 관념도 주의도, 고 씨 같은 사람들이 신주 모시듯 하는 그 무슨 주의도 나는 단연코 거절한다. 필경 그것은 허깨비고 거짓이고 핑계일 뿐이니까. 대관절 그 요란한 중국글자말 문장으로 된, 일본말법으로 된 글말만이 "의식성의 수준으로" 높아진 말이고, "객관적 진리를 인식"하는 말이 되고, "민중의 이익"

이 되는 말이라면 그게 사기꾼의 말이 아니고 무엇인가?

'민중'을 입에 발라놓고 지껄이듯 하면서 알 수도 없는 어려운 말을 자랑스럽게 쓰고, 온갖 요란하고 어색한 남의 나라 말과 말법을 동원하여 남들이 쌓아놓은 관념의 신기루를 민중의 이름으로 제멋대로 휘둘러대는 사람, 이런 사람이 사실은 얼마나 민중들의 말과 그 말이 보여주는 삶을 시시하게 여기고 멸시하는 것일까? 입으로는 주의가 어떻고 진보가 어떻고 하는 사람이, 실은 썩어빠진 문명에 심취해서 가진 자들이 던져주는 고깃덩어리를 받아먹으며 말과 글을 팔기에 정신을 잃고 있는가? 그런 생각을 고 씨가 쓴 글을 읽고 하게 되었다.

3. '나'와 '필자'에 대하여

1992년 1월호 『사회평론』지에는 내가 쓴 글 「지식인의 글과 백성의 말」이 실려 있다. 책에 실려 나온 그 글을 읽고 많이 놀랐다. 내가 써서는 안 된다고 한 말, 내가 쓸 리 없는 말이 내 글에 나와 있었기 때문이다. 바로 필자라는 말이다. 내가 쓴 원고는 "나"였는데, 편집부에서 모조리 필자로 고쳤다. 모두 33군데나.

그 원고를 갖다주었을 때 편집부 사람들과 잠시 앉아 글 이야기를 하는 가운데 나는, 신문사나 잡지사에서 글을 쓴 사람에게 물어보지도 않고 얼마나 멋대로 남의 원고 고치는가를 보기를 들어 말했다. 내 얘기를 듣고 한 분이 "선생님 글은 한 자도 고쳐서는 안 된다"고 하기에 '내가 『사회평론』을 두고 한 말은 아니었는데' 싶어서 "잘못된 곳을 지적해준다면 얼마나 다행하고 고맙습니까. 그런 데가 있으면 전화로 의논해야 하지요. 아무도 완전한 글을 쓰는 사람은 없습니다"고 했던 것이다. 그런 일도 있고 해서 '역시 『사회평론』은 다르구나' 하고 믿음직스럽게 생각했던 터인데, 책을 받아보니 그 모양이라 더욱 놀랐다.

필자라는 말은 두 가지로 쓰는데, 그 하나는 '글을 쓴 사람'이라는 보통의 명사로 "이 책의 필자는 누굽니까"라든지 "우리 잡지는 쉼표 하나라도 필자에게 물어서 고칩니다"라고 할 때 쓰는 말이다.

다음 하나는 글을 쓰는 사람이 글 가운데서 자기 자신을 가리키는 말로, 곧 1인칭대명사로 쓰는 말이다.

이 둘 가운데 첫 번째의 일반 명사로 쓰는 경우는 그대로 쓴다고 해서 크게 문제될 것이 없지만, 이 경우에도 될 수 있는 대로 안 쓰는 것이 좋다. "이 책을 쓴 사람이 누굽니까?" "우리 잡지는 쉼표 하나라도 쓴 사람에게 물어서 고칩니다." 이렇게 말이다.

그런데 두 번째 경우는 결코 쓰지 말아야 한다고 본다. 논문을 쓰는 모든 사람이 글 가운데서 자기 자신을 가리켜 필자라고 하는데, 그런데도 나는 이 말을 쓰지 말아야 한다고 주장한다. 그 까닭은 이렇다. 우리가 무슨 글을 쓰든지 될 수 있는 대로 입으로 하는 말로 써야 한다. 소설이나 수필이나 생활글을 모두 입말로 쓰는 것처럼 논문도 그렇게 쓰는 것이 옳다. 입말이 없는 경우에야 할 수 없지. 그러나 입으로 하는 말이 있고 그 말을 얼마든지 쓸 수 있는데 안 쓰고, 글에서만 나오는 말을 쓰는 것은 아주 잘못되었다. 더구나 '나'라는 말은 우리가 어렸을 때 배워 잘 알고 있는 겨레말의 바탕이 되어 있는 말이다. 이 말을 써서 논문이 안 된다고 하면 뭔가 크게 잘못되었다고 아니 할 수 없다.

필자는 하고 글을 쓸 때와 '나는' 하고 쓸 때는 쓰는 사람의 몸가짐부터 아주 달라진다. 필자는 하고 쓰는 몸가짐은 마치 상급관리나 회사의 중역이나 군대의 지휘관들이 아랫사람들을 모아놓고 본인은 하거나 본관은 하고 말할 때의 태도와 별로 다름이 없다. 그런 몸가짐으로서는 온전한 사람다운 글을 쓰기가 어렵다.

논문은 냉철한 머리로 쓰는 글이라고 한다. 그러나 그 냉철함이 사람다운 마음을 떠난 자리에 있는 냉철함이라면 문제가 된다. 또 필자라고 쓴다 해서 냉철한 논리의 글이 되는 것도 아니다. 냉철한 글은 정확한 말을 쓰는 데서 나올 수밖에 없고, 말의 정확성이라면 중국글자말보다 순수한 우리 말이 뛰어나다. 필자는 하고 쓴 글은 저절로 중국글자말이 뼈대를 이룬 문장이 될 수밖에 없지만 '나는' 하고 쓰는 글은 순수한 우리 말이 저절로 많이 나오게 되어 있다.

나는 이 점에서 우리가 지금까지 써온 모든 글, 그 가운데서도 더구나 논문의 문장 세계를 검토해봐야 하지 않을까 생각한다. '나'를 쓰나 필자를 쓰나 하는 문제는 마침내 우리 말, 우리 것에 대한 믿음이 있나 없나 하는 마음가짐에 이어지는 문제가 될 것이다. 우리 말에 대한 믿음이 없이 쓰는 글이 무엇이 되겠는가?

나는 글을 참 어지간히도 못 쓴다. 나 자신 글재주가 없다는 것을 잘 알고 있다. 그러나 거짓된 글만은 안 쓰려 하고, 또 될 수 있으면 깨끗한 우리 말로 쓰려고 애쓴다. 지난 1월호에 나간 글도 보통 우리가 늘 하는 말로 썼던 것이다. 그런데 그렇게 쓴 글에 여기저기 엉뚱한 **필자**란 말이 자꾸 나오니, 조선옷에 넥타이 맨 꼴이 아니고 무엇인가?

나는 여기서 편집과 교정 일 하는 모든 분들에게 다시 한 번 말하고 싶다. 제발 남의 글을 함부로 고치지 말라고. 초등학교 때부터 잘못된 가르침을 받아 몸에 밴 그 야만스런 버릇—남의 원고 마구 난도질하는 짓을 그만두지 않고는 우리 글쓰기 문화가 결코 한 걸음도 앞으로 나아갈 수 없을 것이다.

그리고 이번에는 나 자신 결심한 것이 하나 있다. 이제부터는 어디서 글을 써 달라고 하든지 원고료를 보통 사람들이 받는 곱절을 주지 않으면 결코 쓰지 않겠다. 지금까지 원고료에 대해서는 거의 관심이 없었는데 왜 이런 결심을 하게 되었는가 하면, 모두 쉽게 읽을 수 있는 글은 사람들이 시시하게 보기 때문이다. 사실은 쉬운 우리 말로 쓰는 것이 훨씬 힘들고 어렵다. 그래서 모두 어렵게 쓴다. 그러면서 쉬운 우리 말로 쓴 글을 멸시하니, 사람들의 이런 잘못된 태도를 바로잡아야겠다고 결심한 것이다. 글을 써달라고 하는 사람이 없으면 도리어 다행스럽게 여기겠다. 글재주 없는 사람이 글쓰기 노동에 시달리지 않게 된다면 얼마나 기쁜 일인가. 한 달에 한 장을 써도 '진짜 살아 있는 글을 써야지' 하고 단단히 마음먹고 있다.

4. 잡지를 만드는 사람의 횡포

『사회평론』지 92년 1월호에는 내가 쓴 「지식인의 글과 백성의 말」이란 글이 실려 있다. 그 글은 그 앞에 나온 91년 12월호에 실린 고길섶 씨의 글 「이오덕 선생의 언어관 비판」이 잘못되었음을 지적한 글이었다. 그런데 내 글이 책에 나온 것을 읽고 많이 놀랐다. 내가 쓴 글에서 한 낱말을 서른세 군데나 고쳐놓았기 때문이다. 바로 '나'라는 1인칭명사를 필자로 고친 것이다. '어디 이럴 수가 있나' 싶어 잡지사에 가서 내 글을 교정한 분을 만났다. 왜 원고를 고쳤나 했더니 처음엔(잊었겠지) 고치지 않았다고 했다가, 원고를 가져오게 해서 대조해 보이며 지적했더니

"그건 우리 편집부에서 정한 방침에 따라 고친 것입니다" 했다.

"뭐, 편집부에서 '나'를 '필자'로 고치는 방침을 정해놓았다고요?"

어이가 없었다. 대답이 궁해서 나온 말이 그만 이렇게 되었는지, 실제로 편집부에서 정해놓은 원고 교정 원칙이 이런지 따지고도 싶었지만, 어차피 잘못한 것을 궁지로 몰아갈 필요는 없겠다 싶었고, 말도 안 되는 잘못임이 뻔하기 때문에 다음 말을 했다.

"나는 이대로 넘길 수 없습니다. 내 글이 그 모양으로 나간 사실을 어떤 자리에서라도 밝히겠습니다. 내가 평소에 수필이든 논문이든 글 쓴 사람 자신을 가리킬 때는 '필자'란 말을 쓰지 말고 '나'라고 써야 한다고 주장했는데, 내가 쓴 글이 그 꼴로 나갔으니 사람들이 나를 어떻게 보겠어요?"

내 목소리가 좀 컸던지, 편집부의 여러분이 모여들었다.

한 분이 말했다.

"다음 호에 잘못한 사실을 알리는 광고를 조그맣게 내어봐야 읽어줄

사람이 별로 없을 테니 이 문제에 대해 선생님이 글을 한번 써주시지요."

쓰기가 잔뜩 싫은데, 어쩔 수 없이 쓰기로 했다.

"그럼 쓰지요. 책 뒤쪽에 독자란이 있는데, 거기 싣는 거지요? 몇 장이면 됩니까?"

"다섯 장이나 열두 장 써주세요."

이래서 12장짜리 원고 「'나'와 '필자'에 대하여」를 썼던 것이다.

이 원고를 가지고 『사회평론』을 찾아갔던 날은 편집부의 책임자 한 분과 마주앉았다. 나는 원고를 주면서 읽어보라고 했다. 그는 읽고 나더니

"원고를 고친 저희들은 야만인같이 되었네요."

했다. 나는 주저 없이 대답했다.

"남의 글 함부로 고치는 사람은 어떤 사람이고 그렇게 보지 않을 수 없습니다."

"이 글이 나가면 우리 잡지사의 입장도 밝혀야 하는데요?"

"그렇게 하시지요. 여기 편집부 방침이 '필자'라고 쓰게 되어 있다든가, 그밖에 또 사정이 있는 대로 밝히세요."

"그런 자리가 없는데, 선생님 원고를 10장으로 줄여주실 수 있을까요?"

"그렇게 합시다. 이 원고 끝 부분에서 원고료 얘기 쓴 것을 빼면 10장쯤 될 테니까, 남은 자리에 편집부 처지를 밝혀주세요."

나는 그 자리에서 원고 끝 부분 2장을 줄을 그어 지워버렸다. 그리고 나왔던 것이다. 그런데 그 뒤 2월호를 받아보았더니 내 글이 나왔는데, 원고 끝에 삭제하기로 했던 부분이 삭제되지 않고 그대로 나왔고, 편집부에서 입장을 밝히겠다는 글이 보이지 않았다. 웬일인가 싶어 책장을 넘기니까 다른 자리에 조의연이란 사람이 쓴 글이 실려 있는데, 제목은 「말과 지식인, 그리고 말의 사회성」이었고, 작은 제목으로 "이오덕 선생과 고길섶 씨의 논쟁을 보고" 이렇게 나와 있었다.

나는 처음에 조의연이란 분을 『사회평론』 기획주간(조희연)으로 잘못 알았는데, 누가 알려주어서 딴사람임을 알았다. 조의연이란 분의 약력을

보니 대학 영문학과를 나와 미국에까지 가서 공부한 분으로 지금은 동국대 영문과 교수라고 되어 있었다. 나는 조 교수가 쓴 글을 읽고 한심하다는 생각이 들었다. 대체 그런 글을 무엇 때문에 썼을까? 내가 고 씨를 비판하면서 주장한 내용에 대해서는 싹 비켜버리고 순전히 고길섶 씨가 처음에 써놓은 말을 되풀이해놓았다. 그래서 나와 고 씨가 논쟁한 것을 보고 '누가 옳고 그른가'를 심판하는 것 같은 태도로 쓰면서 내가 아주 잘못된 생각을 한 것이라 해놓았다. 그러니까 나는 조 교수가 쓴 글의 내용에 대해서 단 한 마디도 언급할 필요를 느끼지 않는다. 내가 할 말은 이미 1월호에서 다 했으니까. 그리고 조 교수와 같이 영문학을 전공하는 분들의 생각은 대개 그렇게 되어 있다고 본다.

다만 나는 이번 일에서 『사회평론』 편집부가 취한 태도를 결코 이대로 보아넘길 수는 없다고 생각한다. 그래서 내가 『사회평론』에 글을 쓰게 된 까닭을 처음부터 좀 자세하게 밝히려 한다. 학문을 하든지 잡지를 만들든지, 그밖에 무슨 일을 하든지, 우리가 바라는 참된 세상을 만들기 위해 살아가는 데에는 바로 '그 일'이라고 믿고 있는 일을 하는 것도 중요하지만, 그런 일을 하면서 사람이 지켜야 할 도리를 지키는 일은 대단히 중요하며, 이런 올바른 삶의 태도가 사실은 그 사람이 가지고 있는 사상이나 이론을 떠받치는 바탕이 되어 있다고 보기 때문이다. 지난해 11월 어느 날이던가 『사회평론』 편집부에서 전화가 걸려왔다.

"선생님의 『우리 글 바로 쓰기』 주장을 비판하는 한 독자의 글이 들어와서 그것을 실을까 말까 편집부에서 의논을 하다가 아주 짧게 줄여 '독자 편지'라 해서 뒤에다 싣기로 했는데, 이것이 나간 다음 선생님이 보시고 비판하는 글을 써주시면 좋겠습니다."

"그래요? 지금까지 내 책에 대해서 비판한 글은 없었는데, 그 내용이 어떻든 발표되는 것이 좋다고 봅니다. 부디 글을 줄이지 마시고 전문을 그대로 실어주시면 좋겠습니다."

"이 글이 나가면 선생님이 반론을 써주실 수 있습니까?"

"내가 쓰고 안 쓰고는 그 글을 보고 결정할 일이지만, 쓴다고 하더라도 요즘은 바쁘기 때문에 곧 쓰기는 어려울 것 같고, 한두 달 뒤에 가서나 쓸 수 있을 것 같습니다."

"꼭 써주세요. 원고 길이는 제한하지 않습니다. 그 글뿐 아니라 우리 잡지의 다른 글도 보시고 우리 문장 전반에 대해 언급해주시면 좋겠습니다."

이래서 그 뒤 12월호가 나왔고, 나는 고 씨의 글을 읽고서 '이건 뒤로 미룰 수 없는 일이구나' 싶어 다른 일을 제쳐두고 고 씨 글에 대한 의견을 썼던 것이다.

내가 원고를 90장까지 썼을 때 전화로 출판사에 알렸다. 지금 원고를 거의 다 쓰고 있는데, 아마도 120장쯤 될 듯하다고 했다. 그랬더니 편집부의 대답이 아주 뜻밖이었다.

"우리 잡지에는 그렇게 긴 원고는 싣지 않습니다. 곤란한데요."

나는 전화로 이 말을 듣는 순간 이 나라의 사회과학 이론을 앞장서 이끌어간다는 한 잡지사에 대한 믿음이 한꺼번에 무너져버리는 것 같았다. 어디 이럴 수가 있는가? 그동안 나는 세 번이나 『사회평론』 편집부에서 걸어온 전화를 받았고, 그때마다 "원고 길이는 얼마든지" 써 달라는 요청을 받았던 것이다. 그래서 어떤 분이

"그런 수작에 말려들어가지 마세요. 되지도 않은 글은 아주 무시해버리는 것이 상책입니다. 잡지사에서 싸움 붙여놓고 구경꾼 모아 책 팔아먹으려는 짓입니다."

이렇게 말했지만 잡지사를 믿고 글을 썼던 것인데, 갑자기 엉뚱한 말을 듣고는 '아차, 이거 내가 정말 어떤 함정에 빠지고 있는 것은 아닌가' 하는 느낌이 들었다. 나는 전화를 받고 몹시 불쾌했다.

"보세요. 이제 와서 그런 말을 하면 어찌 됩니까? 그동안 여러 번 나한테 원고 길이는 얼마든지 써도 좋다고 말해놓고, 다 써놓으니 긴 글을 못 신겠다고 해서야 말이 됩니까?"

"그랬던가요?"

"그랬던가요"라니 참 어이가 없었다. 결국 내가 양보해서 80장쯤으로 줄이기로 했다. 서둘러 결론을 맺고 여기저기 줄여서 87장을 만들어내었던 것이다.

잡지사가 싸움 붙여서 구경꾼 모으는 짓을 설마 『사회평론』까지 하겠는가 싶었던 내 생각이 어리석었다. 지난해 12월호에 실렸던 고길섶 씨의 글은, 글의 내용으로나 길이로서나, 또 그것을 다룬 자리로서나 그 달치 다른 글들에 견주어 가벼운 글일 수밖에 없었는데, 12월호가 나올 무렵 신문에 난 광고에서 그 글이 대단한 글인 것처럼 큰 글자로 사람들의 관심을 모았다.

누가 나한테, "그 광고를 보고 책을 샀더니 고길섶 씨 글이 '독자편지'였고, 내용도 선생님 책을 읽어보기나 했는지 의심스러운 글이었어요. 책 팔기 위해 광고를 그렇게 냈다는 걸 알았어요" 했다.

이번 2월호 광고도 신문에 난 것을 보고 어이없다는 생각을 했다. 아무리 형편없는 글이라도 잘 쓴 것이라 우기는 것이야 어찌할 수 없지만, 길이가 겨우 4쪽밖에 안 되는 글의 제목을 광고문에다 다른 글과는 어울리지 않게 그렇게 크게 내는 속뜻이 어디 있는가? 책 팔아 장사하려는 잡지들이야 그보다 더한 속임수 광고도 내는 터이지만, 수많은 지성인들의 이름을 내걸어서 만들고 있는 잡지가 그런 얄팍한 수단을 써서 되겠는가?

내가 원고를 가져갔던 날 한 편집부 직원은 바로 나한테 이런 솔직한 말도 해주었다.

"사실은 선생님 글을 받아내기 위해 고길섶 씨 글을 실었습니다."

그럴 것이다. 잡지를 만드는 이들이 글 쓰는 사람을 이용할는지 모른다는 생각을 내가 처음부터 전혀 안 한 것은 아니다. 그러나 이렇게까지 할 줄은 몰랐다. 대관절 내 원고를 그렇게 멋대로 고쳐놓고, 거기에 대해 항의하고 비판하는 내 태도가 잘못되었다면(편집부에서 원고를 고친 까닭이 버젓이 있다면) 약속대로 그것을 잡지에 실어야 할 것 아닌가. 어째서 거기에 대해서는 한 마디도 쓰지 않고 나를 비판하는 다른 글을(그것도 지난달 글에서 다 논의가 된 것을) 또 다른 사람을 시켜 쓰게 하고는 그것을 신문에다 그렇게 크게 광고하는가? 이것이 사회과학이란 학문을 하는 사람들의 태도인가?

우리 나라에서 나오는 잡지 가운데서 가장 읽기 어려운 문장으로 씌어져 나오는 것이 『사회평론』이라고 하는 말을 듣고 있다. "다 같은 좌담인데 『창작과비평』에 실리는 좌담은 읽기 쉬워요. 그런데 『사회평론』에 나온 좌담은 너무 어려워서 읽기가 힘들어요. 실제로 말을 그렇게 어렵게 하는지, 좌담기사를 실제로 한 말과는 달리 그렇게 어렵게 만들어 썼는지 알 수 없어요."

이것은 바로 어제 어느 분한테서 들은 말이다. 이 말을 한 분은 글도 잘 쓰고 책도 많이 읽는 분이다. 이런 분이 이런 말을 하는 것을 『사회평론』은 어떻게 받아들일지 모르겠다. 쉽게 쓴 글을 도로 어렵게 고쳐놓고, 그것이 잘못되었다고 하면 거기에 대한 대답은 하지 않고 글을 쉽게 써야 한다는 평소의 내 주장을 아주 남을 시켜서(시켰다는 것은 물론 증거를 댈 수 없으니 내 추측이다) 같은 잡지에다 비판하게 하는 일, 이래서 되겠는가? 우리가 민주주의를 하려면 모든 자리에서 자기비판을 해야 한다. 잡지를 만드는 사람도 "그 잡지에 나오는 글이 어렵다, 잘못된 말도 썼다"고 하면 솔직하게 그 의견을 받아들여야 독자들도 그 잡지를 믿어줄 것 아닌가.

또 한 가지 이번 문제에서 적어둘 이야기가 있다. 내가 두 번째 쓴 글 「'나'와 '필자'에 대하여」 원고를 가져가서 편집 책임자와 마주앉았을 때다. 편집자는 내 원고를 읽다가 한 군데 잘못 썼다면서 그곳을 고치려고 했다.

"여기는 문장을 이어놓아야지요."
"어디 봅시다."
편집자가 고쳐야 한다는 곳은 바로 다음 대문이었다. 글의 흐름을 알아야 하겠기에 문제가 된 그 대문이 있는 문단 전체를 들어놓는다. 밑줄을 친 데가 문제의 대문이다.

그런데 두 번째 경우는 결코 안 써야 한다고 본다. 논문을 쓰는 모든 사람들이 글 가운데서 자기 자신을 가리켜 '필자'라고 하는데, 그런데도 나는 이 말을 쓰지 말아야 한다고 주장한다. 그 까닭은 이렇다. 우리가 무슨 글을 쓰든지 될 수 있는 대로 입으로 하는 말로 써야 한다. 소설이나 수필이나 생활글을 모두 입말로 쓰는 것같이 논문도 그렇게 쓰는 것이 옳다. 입말이 없는 경우에야 할 수 <u>없지. 그러나 입으로 하</u>는 말이 있고 그 말을 얼마든지 쓸 수 있는데 안 쓰고 글에서만 나오는 말을 쓰는 것은 아주 잘못되었다. 더구나 '나'라는 말은 우리가 어렸을 때 배워 잘 알고 있는 겨레말의 바탕이 되어 있는 말이다. 이 말을 써서 논문이 안 된다고 하면 뭔가 크게 잘못되었다고 아니 할 수 없다.

이 글에서 편집자가 고쳐야 한다고 지적한 곳은 "할 수 없지. 그러나 입으로 하는" 이 대문이다. 이렇게 문장을 끊지 말고 '할 수 없지만 입으로 하는'으로 이어놓아야 한다고 했다. 그래서 내가 물었다.
"왜 그렇게 써야 하지요?"
"이렇게 '할 수 없지' 하니까 아무래도 좀 이상하네요."
나는 이 말을 듣는 순간 내 앞에 엄청나게 높고 두꺼운 벽이 가로막고 있다는 사실을 느끼고 머리가 핑 도는 듯했다. 그 높고 두꺼운 벽이란, 어려운 중국글자말과 일본말법을 마구 섞어서 쓰는 글쓰기에 길이 든 우리 나라의 많은 지식인들이, 이제는 우리 말이 될 수가 없는 그런 글에는 아주 친근감을 느끼면서 정작 가장 쉬운 우리 말로 써놓은 글은 '이상하게' 느끼는 것이다. 참으로 어처구니가 없는 일이다. 이 일을 어떻게 하면 좋은가? 우리 말을 이와 같이 낯설고 이상하다고 느끼는 사람이 이 편집자 하나뿐이라면 문제 될 것이 없다. 우선 '나'라고 써놓은 말을 모조리 필자라고 고친 사람만 해도 우리 말을 이상하게 느끼는 사람일 터이고, 고길섶 씨나 고 씨 편을 들어 같은 글을 쓴 교수도 그렇다. 그밖에도 글을 쓰는 얼마나 많은 사람들이 우리 말을 '이상하게 여기고 있을까' 하고 생각할 때 눈앞이 아찔했던 것이다.

나는 그때 아주 침착하게 (나는 본래 흥분을 잘 하는데 그때는 나 자신도 딴사람이 되었구나 싶을 만치 침착했다.) 이렇게 말해주었다.

"말씀하신 것처럼 문장을 이어놓아도 됩니다. 그렇게 해도 좋아요. 그러나 내가 써놓은 대로 두어도 말이 되니까 굳이 고칠 것은 없잖습니까? 글이 아주 틀렸다면 모르지만 남이 쓴 글이 좀 이상하다고 해서 고쳐서는 안 됩니다. 그리고 이게 더 살아 있는 우리 말인데 어째서 이상하지요?"

상대편에서 대답이 없자 나는 또 말을 이었다.

"사실은 본래 이 부분을 선생님이 주장하신 것처럼 이어서 써놓았습니다. 그런데 써놓고 읽어보니 앞뒤에 같은 말이 나와서 그만 중간을 끊기로 했지요. 끊으면서 말끝을 '-다'로 하지 않고 '-지'로 한 것은 입말을 살려 쓰고 싶어서 일부러 그렇게 쓴 것입니다. 우리 글은 소설이고 수필이고 논문이고 글월 끝이 모조리 '-다'가 되어 재미가 없어요. 그래서 나는 될 수 있으면 가끔 다른 말끝을 쓰려고 해요. 그런데 '-요'는 '습니다' 체에서나 쓸 수 있으니 자연스럽게 나오는 것이 '-지'란 말끝이지요. 그래서 여기에 '-지'를 쓴 겁니다."

두 번째로 내가 쓴 글이 고쳐지지 않고 그대로 나오게 되었던 사연이 이와 같다. 가령 내가 쓴 글이 자기들이 쓰는 문체와는 달라 좀 낯설게 느껴진다고 하더라도 어찌 그럴 수 있는가? 심지어 바로 그전에 '나'를 필자로 고쳤다고 해서 내가 그처럼 항의를 했고, 원고를 고친 일에 대해 내가 잘못을 지적하는 글을 써가지고 그 글을 읽어보라는 자리에서, 글 쓴 사람을 앉혀놓고 그 글마저 고치고 싶어 했다. 이런 일을 어떻게 생각해야 하며, 어떻게 이 일을 예사로운 일이라고 잊어버릴 수 있겠는가?

내가 쓴 글이 산문이나 잡지에서 마구잡이로 고쳐져 나온 일이야 어디 한두 번인가. 그러나 이번처럼 내가 여러 번 놀림감이 되었다는 느낌을 가진 일은 처음이다.

그러나 까짓것 놀림감이야 앞으로 열 번이고 백 번이고 당할 작정이다. 목숨이 붙어 있는 날까지 우리 말 살리는 일을 할 수밖에.

제2장 대학신문과 교지의 글

1. 대학신문의 글

대학에서 나오는 신문들의 글에서 잘못된 말을 쓰고 있으면 좀 지적해 달라는 부탁을 받고 다음과 같이 쓰기로 했다.

첫째, 내가 받은 신문 자료는 1990년 11월에서 1991년 1월 사이에 나온, 서울에 있는 13개 대학, 지방에 있는 9개 대학의 신문 각 1부씩이다. 이것을 별다른 원칙 없이, 받아놓은 차례대로 보아나가면서 지면이 허락하는 데까지 쓰려고 한다.

둘째, 요청한 대로 기자가 쓴 글만 다루기로 하여, 일반 기사 한두 가지, 단평 기사나 광고 한두 가지씩만 살피기로 한다.

셋째, 반드시 고쳐야 할 말, 가장 널리 잘못 쓰고 있는 말만 지적하기로 한다.

『대학주보』, 경희대학교 1991. 1. 1.
• 교수협, 조영식 총장 재추대 (→다시 추대)

재출발(→다시 출발), 재선(→다시 뽑혀), 이렇게 재-를 붙여서 중국 글자말을 만들지 말고 '다시'라고 쓰는 것이 좋다. 중국글자만 벌여놓은 글에서 이렇게 중국글자 한 자만을 우리 말로 고쳐놓아도 그 글 전체가 부드러워진다는 것을 알 수 있다. 이 제목으로 쓴 기사에 나오는 "재추대됐다"도 '다시 추대됐다'로 쓰면 될 것이다. "재추대안을 의결했다"고 쓴 것은 실제로 회의를 할 때 그렇게 말하더라도 '다시 추대하는 안을 의결했다'고 쓰는 것이 좋겠다.

- 총장선출 방식에 대한 구체적 방법은 언급되지 <u>않았었다</u>. (→않았다.)

이 았었다(었었다)는 의심의 여지가 없이 영어문법을 따라서 쓰는 잘못된 말법이다. 아무리 책에 이 말이 자주 나오더라도 결단코 쓰지 말아야 한다.

- 재학생의 경우 학교 달력을 <u>접할</u> 기회는 거의 없는 듯하다. (→얻을)

이 접하다란 말을 어째서 그렇게도 즐겨 쓰는지 도무지 알 수 없다. 그 소식을 접하고(→그 소식을 듣고), 그 책을 접하고(→그 책을 읽고), 그 일을 접하고 보니(→그 일에 부딪치고 보니)…… 이렇게 여러 가지로 알맞게 써야 할 말들을 다 버리고 세상에도 괴상한 말 한 가지로만 통일해 쓴다는 것은 얼마나 우리 말에 무지하고 둔감한 것인가? 이게 모두 학교에서 공부란 것을 하고 책을 읽은 사람만이 저지르는 '모국어학대죄'라 아니 할 수 없다.

- 또한 재학생에게 달력을 받을 기회가 있는 사람들도 그 학교에 대해 <u>재인식하게</u> 됨으로써 학교 홍보에 큰 <u>역할을</u> 담당하게 되는 셈이다. (→다시 인식하게, 다시 알게 | →구실을 맡게)
- 이제는 예년과 다른 좀더 새로운 기획을 <u>시도해볼</u> 때도 되지 않았

나 싶다. (→해)

신문기사에 잘 나오는 이 시도란 말은 거의 모두 쓸데없이 붙어 있는 말이다.

- 재학생에 있어 학교와의 연대감은 학교 발전에 중요한 역할을 한다. (→재학생이 학교와 연대감을 갖는 일은)

역할은 일본식 중국글자말이니 '노릇'이라고 써야 한다.

- 신선함을 던져주는 달력뿐 아니라 예쁜 기획 상품까지 제작하는 타 대학이 부럽게 느껴지는 것은 교시탑子가 아직 어른이 되지 않은 까닭인지. (→다른 대학이)

타국, 타지방 같은 말은 모두 '다른 나라' '다른 지방'으로 써야 한다. "교시탑子"라고 쓴 것이 문제다. '교시탑 생'이라고 써도 될 듯하다.

『외대학보』, 외대 신문사 1990. 12. 4.
- 학생·학과장 학원민주화 및 과 발전 위한 공동노력 합의서 채택 (→와)

및은 중국글자말도 아니고 틀린 말도 아니다. '와'와 같은 우리 말이지만 중국글새김말이다. 같은 우리 말이라도 일상에서 쓰는 말이 좋다. 및을 '와'로 고쳐놓고 읽어 보면 글이 훨씬 더 부드럽고 자연스럽다는 것을 누구든지 느낄 것이다. 그런데 왜 모두 및을 쓸까?

- 신문방송학과 사태 해결을 위한 학교 측과 학생 측 간의 공방전이

- 2학기 종강을 맞아 신방과 학과장, 신방과 학생회장 공동명의의 합의서를 체결함으로써 다소 소강상태에 놓여졌으나…… (→학교 쪽과 학생 쪽 사이의 | 맺음으로써 얼마쯤)
- 유가인상의 경제적 원인 (→기름 값 올린 경제원인)
- 대중성 확보 위한 구체적 대안 수립 미흡 (→대중성 지니기 위한 뚜렷한 대안 못 세워 아쉽다.)
- 범죄와의 술자리판 (→범죄의, 범죄와 〔벌인〕)
- 화성 연쇄살인사건 등이 일간지·방송국마다 크게 보도된 적이 있었다. (→들이)
- 초등학생이 비관 자살한 사건 등은…… (→들은)

이 등도 일본글을 그대로 옮겨서 쓴 말이다.

- 폭력사건이 빈번하게 발생하고…… (→자주 일어나고)
- 이러한 사실을 접한 일반시민들의 표정은 냉소 섞인 쓴웃음만 가득하다. (→대하는 | 비웃음)

"비웃음 섞인 쓴웃음"이 이상하다. '비웃음과 쓴웃음이 있을 뿐이다'고 쓰면 될까.

- 어느 누구도 우리의 인생을 책임지지 못하는 상황에서 우리가 해야 할 일은 명백히 주어져 있다. (→명백하다.)

주어지다란 말은 우리 말법이 아니다.

- 또한 인천의 폭력조직인 '꼴망파' '토지회관파'가 박철언 민자당 의원 사조직인 '월계수회'와 연계되어 정치·조직사업에 동원되었

다는 사실이 밝혀져, 정치권의 마찰이 빚어졌었다. (→어울려, 연결되어 | 빚어졌다, 빚어지기도 했다.)

『서강학보』, 서강대학교 서강학보사, 1990. 11. 12.
- 올바른 먹거리 생산은 생명의 근원 (→먹을거리)

먹거리는 느낌이 좋지 않은, 만든 말이니 쓰지 않도록 해야 한다. '먹을거리' 하면 얼마든지 된다. 우리 말에서 동사의 어간에 '거리'와 같은 말을 붙여서는 어떤 경우에도 말이 안 된다. '죽다'에서 '죽+거리' 하면 '죽거리'가 되고, '잡다'에서 '잡+거리' 하면 '잡거리'가 되고, '가다'는 '가+거리'로 '가거리'가 되어 버리는 것과 같다. 말은 민중 속에서 생겨나는 것이다. 지식인이 제멋대로 말을 만들어내어서는 안 된다.

- 임금인상 몇 퍼센트 요구 아닌 노예적 삶 거부 몸짓 (→종살이, 노예의 삶, 노예생활)
- 교육재정 확보, 의견수렴이 관건 (→열쇠)
- 학생회 대중적 평가의 장 (→학생회를 모두가 평가하는 자리)
- 두 차례의 유세와 공청회는 연일 1천여 명씩 참가했고…… (→날마다)
- 젊은이가 없으면 그 나라가 망하듯이 참된 언론이 없으면 그 나라의 미래가 있을 수 없습니다. (→앞날이)
- 시험과목 및 장소는 추후 공개하며 기타 자세한 사항은 본사 편집국으로 문의하시기 바랍니다. (→과 | →이다음 | 그밖의 | →일 | →물으시기)
- 옆 그림은 매주 발행되는 『서강학보』 제작과정을 반영해주는 원고지와 대장오자 확인용 복사판, 그리고 오자를 발견하면서 느낀 수습기자의 『서강학보』에 대한 짧은 이야기를 담은 것입니다.

(→보여 | →틀린 글자 | →수습기자가)〔'대장오자'란 무슨 말인지 모르겠다.〕

이 글에서 "그리고 오자를 발견하면서 느낀 수습기자의 서강학보에 대한"이란 대문은 우리 말이 될 수 없는 번역글투다. 이 번역글투는 "수습기자의"란 말에 나오는 의를 '가'로 고치면 이 부분만은 말이 되지만 전체로는 무슨 말인지 알 수 없다.

- 하지만 서강학보 30년의 역사는 여러분과 함께 숨 쉬고, 살아가려는 <u>지난한 과정</u>이었습니다. (→매우 어려운 길)

『漢大新聞』, 한양대학교 한대신문사, 1990. 10. 16.
- 총학, 오늘부터 <u>교문선전전 및 유인물 배포</u> (→교문선전 싸움과 인쇄물 퍼뜨리기)

유인물보다는 '인쇄물'이 더 널리 쓰이는 쉬운 말이다.

- 군부독재 무너뜨리는 <u>계기</u>로 삼아야 (→기틀로, 기회로)
- 보안사, 학원프락치 강요 <u>비일비재</u> (→한두 번 아니다, 수두룩하다.)
- <u>화제의 책</u> (→얘깃거리 책, 책 이야기)
- <u>피폐화된</u> 교육현실 그려 (→피폐한, 낡아빠진)
- 장학금 인색하다⋯⋯ 18퍼센트만 <u>수혜</u> (→혜택 받아, 덕 봐)
- 통일운동을 <u>자리매김한다</u>. (→통일운동의 자리를 매긴다.)

이것은 이렇게 쓰는 것이 더 우리 말답게 될 것 같아 써본 것이다. 정의한다는 중국글자말을 번역해놓은 듯한 '자리매김한다'를 쓸 수도 있지만, '자리를 매긴다'고 하는 것이 더 알맞고 자연스런 말이다.

- 한무회-<u>동학 재해석</u>, 민중정서 표현 (→동학 다시 해석)
- 그리고 죽을 위기에 <u>처해</u> 있을 때에도 포숙은 이를 이해해주었고…… (→빠져, 놓여)
- 우정을 <u>중히</u> 여기는 것은 <u>인간으로서의</u> 도리이니까 말이다. (→귀하게 | 인간의, 인간으로서 〔지킬〕)
- 한양캠의 가을밤은 여학우들<u>에게 있어선</u> 공포의 시간입니다. (→여학우들에게는, 여학우들로서는)
- <u>사회제반</u> 문제를 비판하고 올바른 길로 가는 데 <u>일조하기</u> 위한 노력과 더불어…… (→사회 모든 | 도움을 주기, 도움이 되기)
- 이 점에 대해선 학교 당국의 <u>역할은</u> 그 무엇보다도 중요한 <u>위치에</u> 있다. (→〔학교 당국이〕 할 일은 | 자리에)

『東大新聞』, 동국대학교 동대신문사, 1991. 1. 1.
- 학교 당국, 등록금 20퍼센트 <u>인상할 듯</u>. 학생에게 교육재원확보전<u>가</u> 곤란. 총학, <u>인상근거</u> 요구하며 협상 전개 (→올릴 듯. | →떠넘겨 | →올린 근거)

인상, 인하 모두 일본말 따라 쓰는 말이다. 쉬운 우리 말이 있는데 왜 이런 말을 쓸까?

- '동국인의 밤' <u>열려</u> (→열어)

틀린 말은 아니지만 이렇게 모두 피동형으로만 쓰는 것은 일본말을 따라간 때문이다.

- 언론은 <u>반통일적인 왜곡보도</u> 말아야 (→통일을 배반하는 그릇된 보도)

- 올바른 사회진출 안내하는 역할 담당 (→일 맡아)
- 정파 간의 분열 딛고 '자주 동국' 매진해야 (→힘차게 나가야)
- 식당직영화 등 학생 복지사업 전개 (→펴나가)
- 아침햇살이 수정처럼 투명하고 눈부시게 파열되어 퍼진다. (→터져서)

파열되고 '터져서'고 이런 말이 없는 것이 낫다.

- 이 한 해에도 성장과 보람과 소원의 성취가 일기를 기원드린다. (→이뤄지기를 빈다.)
- 금년에도 우리 민족의 염원인 통일에의 길로 더욱 큰 발걸음을 내디딜 수 있기를 기원 드린다. (→통일의, 통일에 이르는 | →빈다.)
- 오랜 세월 동안 얼어붙었던 남북한민의 마음을 용해시키면서 눈물이 눈시울을 적시는 가운데…… (→녹이면서)
- 그 순간에 이데올로기라는 실체화된 妄分別에 의해 찢겨져 피 흘리고 고통 받아 왔던 우리 민족의 깊은 상처가 아물어지고…… (→실제 모습을 갖춘 망령된 가름을 따라)
- 낡은 사고에서 벗어나 (→생각에서)
- 하나의 지구촌 가운데 유일하게 남은 분단가족인 남북한이 (→단 하나)
- 소모적이고 낭비적인 군사비가 교육과 사회복지로 돌려짐으로써 오늘 우리 사회가 안고 있는 문제들이 더불어 해소되기를 이 91년의 정초를 맞아 염원해본다. (→소모하고 낭비만 하는 | →함께 풀어지기를)

『한성대신문』, 한성대학교 한성대신문사, 1990. 11. 12.
- 투쟁의 단일한 대오형성이 시급 (→투쟁대오〔투쟁대열〕 하나로

　　　　빨리 만들어야)
- 이날 다짐대회는 지금까지의 투쟁이 <u>기층의</u> 이해와 요구를 받아들이지 못하고 중앙의 준비 <u>미흡</u>, 투쟁방법의 문제, 명쾌한 <u>대안마련의 부재</u>, 중앙의 <u>책임력</u> 부족을 내용으로 하는 평가와 투쟁 <u>성과물을 기층이</u> 받는 투쟁으로 <u>전개할 것</u>, 입시관리위원회 관련자 전원 처벌요구, 이번 투쟁의 중심과 목표가 무엇인지를 다시 한 번 정리하고, 그와 더불어 현 정세에 대한 올바른 시각들을 정립해나갈 수 있는 구체적 <u>투쟁기조들을</u> 밝혔다. (→밑층의 | →모자람, 부족 | →대안마련 못함, 대안을 마련 못함 | →책임감 | →성과를 | →밑층이 | →펴나갈 것 | →세워 | →투쟁바탕

될 수 있는 대로 쉬운 말로 써야 한다. 그리고 한 글월이 너무 길다.

- 학생회는 우리들의 <u>의지들을</u> 민주적으로 <u>수렴하고</u> 이를 <u>조직적으로 결집시켜</u>, 우리들의 갈 길을 분명히 제시해줄 수 있는 학생들의 <u>유일한</u> 조직입니다. 그러므로 현재, 학생회라는 조직을 통해 <u>실현시켜야</u> 할 과제는 <u>학원자주화투쟁을</u> 완전히 쟁취하는 것입니다. (→뜻을 | →걷어 모으고 | →조직해 묶어서 | →단 하나인 | →실현해야 | →학원자주화를)

"학원자주화투쟁을 완전히 쟁취"하다니 무슨 말인가? "자주화"를 싸워서 얻으려고 하는 것이 아니라 "투쟁"으로 얻으려 한다면 잘못된 태도라 말하지 않을 수 없다. 아마도 잘못 쓴 것이겠지. 어려운 중국글자말을 자꾸 쓰다보면 이렇게 생각에도 없는 엉뚱한 표현이 되기도 한다.

『성대신문』, 성균관대학교 성대신문사, 1990. 11. 19.
- 학생운동, <u>이완된</u> 학생회 극복이 시급한 과제 (→풀어진)

- '비대위' '선본' 연결이 <u>관건</u> (→열쇠)
- <u>대중적</u> 기반 강화 방법으로 추진 (→대중)
- 전노협·12개 업종회의·대기업노조의 연대강화가 산별노조 전환을 <u>가속화하는</u> 열쇠이다. (→더욱 빠르게 하는)
- <u>환상적·관념적</u> 무용 지양
  <u>현실적</u> 주제와 몸짓으로 호응 (→환상과 관념의 | →현실의)
- <u>적극적</u> 참여로 힘 있는 '총학' 건설해야 (→적극)
- 대성로를 오르내리는 학우들의 모습에서 계절을 느낄 수 있다. 두터워진 옷가지, 꼭 잠긴 외투단추, 웅크려진 양 어깨가 한껏 싸늘한 육체를 더욱 차갑게 하고 학원 역시 황금색 빛으로 물들게 <u>했었던</u> 성균관의 은행나무의 초라한 모습이 스산함을 더욱 느끼게 한다. (→했던)
- 밤길을 걷는 남녀들도 <u>서로의</u> 손에 입김을 불며 카페와 커피숍으로 발을 옮기는 모습을 학교 앞에서 어렵지 않게 찾아볼 수 있다. (→서로)

이 말은 잘못 썼다. "서로"가 아니라 '저마다'로 써야 되겠지. 그런데 아무리 늦가을 밤이라 하더라도 저마다 손에 입김을 불며 걸어가지는 않을 것 같다. 글을 너무 제멋대로 썼다.

- 인간과 동물을 구별 짓게 하는 것은 <u>목적의식적인</u> 행동일 것이다. 그러할진대 우리는 <u>무의식중에</u> 자판기에서, 카페를 찾아가 커피를 찾아 마신다. (→목적을 생각한 | →저도 모르게)

이 글은 앞뒤가 맞는 것일까? 그러할진대가 아니라 '그런데'라고 써야 할 것 아닌가? 중국글자말이고 우리 말이고 보통으로 쓰는 쉬운 입말을 안 쓰고 유식한 말을 쓰려고 하는 것이 탈이다.

- 그것은 아마 사회적 관계 속에서 찾아질 수 있는 것이다. (→찾을)

사회적은 그냥 '사회'라고만 써도 된다.

- 그리고 우리의 고유의 것들은 이색적으로까지 느껴어진다. (→우리 고유의, 우리 자신의 | →색다른 것이라 느낀다.)
- 인문사회과학캠퍼스 진입로에 '다솔방'이란 전통찻집이 있다. (→들어가는 길에)

캠퍼스는 '교정' '구내' 따위로 써야 할 것이다. "커피 대신 전통차를 마시도록 바라는" 글이 이렇게 씌어져서는 좀 딱하다는 생각이 든다.

- 커피의 유입과 함께 철저하게 우리를 엄습한 개인주의·이기주의…… (→커피가 흘러들어옴과 | →덮친)

『중대신문』, 중앙대학교 중대신문사, 1990. 9. 27.
- 과다한 주점과 소비적 행사 문제……'범중앙인 한마당' 기대 (→너무 많은 술집〔주막〕과 소비만 하는 행사)

주점을 '술집'이나 '주막'이라 쓰면 안 될까?

- 민중언론인이 견지해야 할 자세 (→굳게 지녀야 할 몸가짐)
- 선전선동가로서의 민중기자 자세 견지해야 (→선전선동가로서, 선전선동가인)

"자세 견지해야"는 '몸가짐 굳게 가져야'로 쓰는 것이 좋겠다.

- 담배는 흡연자뿐만 아니라 타인에게도 피해를 준다. (→피우는 사람 | →남 | →해를 입힌다.)
- 해악 알면서도 못 끊는 게 더 큰 문제 (→나쁜 줄)
- 회사의 강경책 방송장악 의도 (→틀어쥘 속셈)
- 탄압에 굴하지 않는 만화가였다면…… (→굽히지)

굴하다는 중국글자로 된 말이고 '굽히다'는 우리 말이다.

- 사인진상규명 이루어져야 (→죽은 까닭 밝혀야)
- 별다른 발전 없이 계속되는 행사로서의 대동제를 극복하기 위하여 기존의 문제점을 토대로 전반적인 제언을 하고자 한다. (→행사가 되어버린 | →이미 드러난 | →전반에 걸친)
- 총학생회가 받는 평가 중 대표적인 것은 첫째, 일관된 지도가 부재하여 임의적으로 행사가 축소·취소되는 사례가 빈번히 일어났다는 것이다. (→대표가 될 만한 | →없어서 | →마음대로, 제멋대로 | →자주)
- 민중연대의 일환으로 진행되는 수익 사업의 경우 (→민중과 연대하는 한 가지로, 민중과 손잡는 한 가지로)
- 주점의 경우 지금처럼 좁은 공간에 다닥다닥 여러 개를 설치하는 것보다 단과대별, 동아리의 경우 분과별로 묶어 그 수를 대폭 축소하여 서로 간 유대의 장으로 자리 잡아야 할 것이다. (→두는 | →크게 줄여 | →서로 | →관계를 맺는 자리로 만들어야)

2. 대학교지의 글

(1) 들어가는 말

내가 평소에 훌륭한 분이라 생각하는 교수님 한 분이 어느 잡지에 교육을 걱정하는 글을 발표했기에 반가워서 읽은 적이 있다. 글이 너무 어렵게 씌어 있었지만 억지로 끝까지 읽었다. 그 뒤 어느 자리에서 그분을 만나 인사를 하면서 좋은 글을 읽었다고 했더니 내 마음을 다 안다는 듯,
"글이 어렵지요? 쉽게 쓰려 해도 안 돼요. 어렵게 쓰기는 쉬운데 쉽게 쓰는 게 어렵네요." 이렇게 말했다.

또 한 번은 어느 골목길에서 우연히 내가 잘 아는 소설가와 마주쳤다.
"× 선생님, 보내주신 소설책 잘 받았습니다."
"아이구 선생님, 그거 보시고 또 일본말투 들었다 하실까봐 겁나요."

물론 웃으면서 한 말이지만, 내가 남의 글을 꼬집고 헐뜯기만 하는(그러면서 자신도 옳게 쓰지 못하는) 사람으로 모두 알고 있을 것 같아 쓴웃음을 짓지 않을 수 없었다.

그런데 이번에 서강대학교 교지 편집실에서 "대학교의 교지들을 보고 잘못된 글을 바로잡아달라"는 부탁을 해왔다. 글을 팔아먹고 살아가는 어른들은 대체로 거의 모두 자기가 쓴 글의 잘못을 살펴보려고 하지 않는데, 이렇게 학생들은 스스로 나아가 잘못된 점을 가르쳐달라고 하니, 이보다 반가운 일이 또 어디 있는가. 학생들은 이래서 믿을 수밖에 없고, 우리 겨레의 희망이란 생각이 들었다.

내가 받은 교지는 『서강』 제20호, 『홍익』 제31호, 『연세』 제31호, 『명대』 제19호, 『감신』 제28호, 『자하』 제22호, 『이화』 제45호, 이 일곱 권이다. 단 한 권만 살피는 것도 예삿일이 아닌데, 일곱 권을 어떻게 하나?

"다 보지 마시고, 될 수 있는 대로 편집부에서 쓴 글을 중심으로 살펴주십시오."

편집실에서 온 전화가 이러하기에 각 교지 앞머리에 나오는 「차례」(글 제목)와 「머리말」(책을 내면서, 책머리에, 시작글, 디딤글)만 살펴보기로 했다.

글 제목과 머리말들을 살폈더니 대학교지에 실린 글들이 일반 신문이나 잡지, 낱권책 들에 씌어진 글에 나타난 문제점을 그대로 보여주고 있

다는 것을 알았다. 그래서 중국글자말과 일본글 번역투의 두 가지로 크게 나누어, 본문을 앞에 든 다음 그 글에서 문제된 낱말이나 구절에 밑줄을 그어, 그 말을 내 나름대로 고쳐 쓴 보기를 들기로 했다. 이 고침말이 더러는 '이런 말로 바꿔 쓸 수도 있다'는 한 가지 생각을 보인 것이기도 하니, 읽는 이들은 달리 바꿔 쓸 더 알맞은 말이 있으면 그렇게 해주기를 바란다. 또 '반드시 고쳐서 써야 할 말'과 '될 수 있는 대로 고쳐 쓰도록 해야 할 말'을 낱낱이 나누지 않았으니 이 점도 참고해주었으면 좋겠다.

(2) 청산해야 할 중국글자말

1) 논문 제목에 자주 나오는 '일고' '소고' '일고찰' '시론'
- 행정 윤리에 대한 <u>일고</u> (→생각, 살핌) 『자하』

이 제목 전체를 '행정 윤리에 대하여'라든지 '행정 윤리를 생각한다'고 써도 된다.

- 학내 언론출판운동에 관한 <u>소고</u> (→조그만 생각, 작은 생각, 조그만 의견) 『자하』

이 글 전체를 '학내 언론출판 운동을 생각한다'고 쓸 수도 있다.

- 경험을 통해 본 청소년 교육 목회 <u>소고</u> (→〔-에 대한〕 생각, 조그만 생각, 의견) 『감신』
- 민중민주주의 변혁론에 대한 <u>일고찰</u> (→살핌, 한 가지 살핌) 『명대』

이 제목 전체를 '민중민주주의 변혁론을 살펴본다'로 쓰면 좋겠다.

- 청년학생 자주적 교류운동에 관한 <u>일시론</u> (→한 가지 의견, 의견

한 가지) 『서강』

자주적은 '중심의'로 쓰는 것이 좋겠다.

- 자주적 <u>학생회론</u> (→학생회를 논함) 『서강』

나 같으면 이 글 제목 전체를 '스스로 서는 학생회를 논함'이라 쓰겠다.

2) '-적'을 안 쓰면 글이 부드러워진다
- 올해로 10년을 맞는 광주항쟁의 <u>기만적 종결</u>, 그리고 수입개방과 한미 군사비 부담으로 대표되는…… (→〔-을〕 속임수로 끝내기) 『서강』
- 조국통일의 <u>실천적</u> 과제로서 (→실천) 『서강』
- 「분노는 계속된다」를 통해서는 <u>기만적인</u> 반민주 3당 야합의 동인은 무엇이며…… (→속임수) 『연세』

동인이란 말도 '원인'이라 쓰는 것이 좋겠다.

- <u>전체적으로</u> 『자하』 22호는 상명대중과 격리되지 않은 참여 속에서…… (→전체로 보아) 『자하』
- 광주항쟁의 피의 교훈으로 자라난 80년대 민중운동의 역사는 <u>질적, 양적</u> 발전을 가속화하여 90년대를 맞이하였다. (→질과 양에서) 『명대』

"발전을 가속화하여"는 '발전의 속도를 더하여'로 쓰면 좋겠다.

- 주체주의자의 <u>철학적</u> 원리에 대한 비판 (→철학) 『감신』

- 조직적 연대를 형성한 노동형제는…… (→조직으로 연대를 이룬)『감신』
- 그러나 지금 이 순간에도 파쇼의 폭력적 탄압과 기만적 술책은 오히려 그 기세를 더하고 있다. (→〔파쇼가〕 폭력으로 탄압하고 속임수를 쓰는 술책)『명대』

이 경우에는 좀 길어졌지만 −적이 연달아 나오는 글보다는 훨씬 읽기 좋다.

- 해방 이전 시기의 항일운동사의 사적 의의를 고찰하고…… (→항일운동 역사의 뜻을 살피고)『명대』
- 이를 조직적으로 엮어내고…… (→잘 조직해서)『감신』
- 학우 여러분의 애정 어린 비판과 계속적인 관심을 부탁한다. (→계속되는, 끊임없는)『명대』
- 우리는 철저히 변혁적 언론으로 자리매김하려 한다. (→변혁하는, 뜯어고치는)『감신』
- 기독교 운동을 객관적으로 평가하면서…… (→객관으로)『감신』
- 주체사상과 기독교운동의 만남이 가능할 수 있는 철학적 근거를 말하면서 양자를 동시적으로 비판하고 있다. (→철학의 | →함께)『감신』

"기독교 운동의 만남이 가능할 수 있는"은 '기독교 운동이 만날 수 있는'이라고 써야 한다.
양자는 '두 편'이라고 쓰면 된다.

- 1980년대 노동조합의 조직적 전개 (→짜임새 있는)『자하』
- 노학연대와 민중의 정치적 진출 (→정치)『이화』

- 민중민주운동 진영은 현실의 객관적 상황을 돌파해나갈 목적의식적이고 계획적인 투쟁을 일관되게 제시해야…… (→객관 상황을 뚫고 나갈 목적과 계획이 있는 싸움을 한결같이 보여주어야) 『감신』
- 조선 토지조사 사업의 경제사적 고찰 (→경제사 고찰, 경제사 살피기, 〔-을〕 경제사에서 살피기) 『홍익』
- 정기적으로 간행되는 잡지라는…… (→정기로) 『연세』

3) 늘 쓰는 버릇이 된 말 '일조' '재-' '제-' '-성' '시도' '시기' '기존' '결과물' '도약' '다양'

- 남한 변혁운동에 조금이라도 일조하지 않을까 하는…… (→도움 되지 않을까) 『명대』
- 그들의 변혁의지에 일조할 수 있는 교지가 되기 위한 몸부림은 계속될 것임을 반성의 말로 대신하고자 한다. (→도움 될, 〔-를〕 도와줄) 『명대』
- 다시 말해 '監神'이 한반도 변혁에 일조하려고 하는 언론으로 자리매김하기 위해서는…… (→도움 되려고, 〔-을〕 도와주려고) 『감신』
- 4·19 재평가 (→4·19 다시 평가한다.) 『홍익』
- 역으로 유물론자의 종교비판을 재비판하는 근거와 그들의 비판에서 수용할 문제는 무엇인가 깨닫게 되는 문건이라 생각한다. (→다시 비판하는) 『감신』

역으로는 '거꾸로'라고 쓰는 것이 좋고, 수용할 '받아들일'이라고 쓰면 되고, 문건은 '글'이라 써야 한다.

- 그 위상을 재정립하기를 강요받는 학생운동의 올바른 방향성, 노학연대의 의미를 살피고자 했으며…… (→다시 정립하기를, 다시

세우기를) 『이화』
- 믿어 의심치 않을 <u>서강의 재도약을 위해</u>…… (→서강이 다시 뛰어오르기 위해) 『서강』

이 글 전체를 '다시 뛰어오를 서강을 믿어 의심치 않으면서'로 쓸 수도 있다. 글만 되어서는 안 된다. 말이 되어야 한다.

- <u>제사회불안의</u> 주된 원인으로…… (→여러 가지 사회불안의, 모든 사회불안의) 『이화』
- 지금처럼 사회 <u>제모순</u>들이 극명해지는 때…… (→여러 모순, 모든 모순) 『이화』

극명해지는은 '환히 밝혀지는'이라고 쓰는 것이 좋겠다.

- 대학생이 가지는 학문과 진리 탐구의 특권은 현실의 <u>제모순</u>과 철저히 <u>유리되어</u> 진행되는 강의실과 도서관에 <u>존재되지</u> 않습니다. (→여러 모순, 모든 모순) 『이화』

유리되어는 '떨어져서'나 '동떨어져서'로, 존재되지는 '있지'로 쓰는 것이 좋다.

- 마르크스주의 종교비판의 <u>제문제</u> (→여러 문제, 모든 문제) 『감신』
- 이번 호는 그간 정리하지 못했던 전체운동과 기독교운동에 <u>대한 관계성</u> 문제를 주된 주제로 설정하였다. (→의 관계에 대한 [문제를]) 『감신』
- 교지의 <u>한계성을 극복하고</u>…… (→한계를 이겨내고) 『명대』
- 그러나 <u>한계성의 인식이</u>…… (→한계를 인식하는 것이, 한계를

- 깨닫는 일이) 『명대』
- 기존의 한계성을 여전히 담고 있음이 (→지난날의 한계를) 『명대』
- 운동의 올바른 방향성을 모색하고자 하였다. (→방향을 더듬어 찾고자) 『명대』
- 노동자의 삶을 위한 멈출 수 없는 투쟁의 노력과 방향성을 살펴보려 하였습니다. (→방향을) 『홍익』
- 우리는 28호, 29호, 30호에서 시도되었던 교지의 대중화에 대해…… (→하려 하였던) 『연세』
- 이 시도의 첫 번째 결과물인 '45집'에서는…… (→계획의 | →결과인, 산물인, 열매인) 『이화』
- 그러나 한계성의 인식이 극복의 결과물로 생산되기엔…… (→결과로) 『명대』

이 대문 전체가 '그러나 한계를 깨닫는 것이 극복의 결과가 되기에는'이라고 쓸 말인 듯하다.

- '연세의 참 자부심을 위하여'와 '공부벌레가 됩시다' 등의 편집실 기획이 그 구체적인 결과물이다. (→뚜렷한 결과다, 뚜렷한 산물이다.) 『연세』
- '監神' 제28호는 이러한 문제제기와 나름대로의 고민의 결과물을 묶어…… (→나름대로 고민한 결과를 묶어) 『감신』
- 이는 급속하게 전개되는 학문적 성과물을 담아내기에는 적절치 못하며…… (→학문의 성과를) 『감신』
- 변혁의 불씨가 타오르는 시점에서 이를 조직적으로 엮어내고…… (→때에) 『감신』

조직적으로는 '조직해서'로 쓰면 된다.

- 현 시기 학생운동, 무엇을 할 것인가. (→지금) 『이화』
- 현 시기는 지속되는 민주세력에 대한 탄압 속에서도 전교조 사수, 전노협 건설 등 많은 성과를 거두었으며…… (→지금은) 『홍익』
- 참교육만이 참세상을 만들 수 있는 지름길이라는 믿음에서 시기의 불일치를 불구하고 참교육의 중요성을 다시 한번 새기기 위해…… (→때가 맞지 않지만) 『홍익』
- 1990년을 만들어야 할 시기가 되었습니다. (→때) 『자하』
- 우리들의 일상, 매시기는 과감한 결단을 요구하는 시간들이며…… (→그때그때는, 그때마다) 『이화』
- 이밖에도 매시기 교지의 단절성을 극복하기 위해…… (→그때마다 교지가 끊어지는 성격을 해결하기 위해) 『이화』
- 엮는 글에서는 기존의 제도교육에서 가리워진 해방 이전 시기의 항일운동사의 사적 의의를 고찰하고…… (→지난날의 | →해방 전) 『명대』

"사적 의의를 고찰하고"는 앞에서 다루었음.

- 기존의 '서평'은 분야를 확대하여 영화와 연극을 포함한 '자하문화평'으로 발전시켰고…… (→전부터 있는) 『자하』

확대하여는 '넓혀서'로 쓰는 것이 좋겠다.

- 모음글로는 87년 7·8·9월 노동자 대투쟁 이후 기존의 변혁운동의 주도체에서…… (→이미 있었던, 지금까지 하여온) 『이화』

"변혁운동의 주도체에서"는 '변혁운동을 이끄는 주체에서'로 쓰면 좋겠다.

- 22호 자체의 변화로는 <u>기존의</u> 운동론의 일방적인 전달을 지양하고…… (→지금까지 하여온)『자하』

"운동론의 일방적인 전달을"은 '운동론을 한쪽에서만 알리는 것을'이라고 쓰는 것이 좋다.

- 북한 바로알기 운동의 새로운 <u>도약을</u> 위하여…… (→뜀뛰기를)『명대』

이 제목 전체를 '북한 바로알기 운동이 한 단계 높이 뛰어오르기 위하여'로 쓰면 좋겠다.

- 교지가 20호를 맞이하는 <u>도약의</u> 90년에…… (→높이 뛰어오르는)『서강』

도약이란 말이 들어가면 관청의 행정구호 같은 느낌이 든다.

- '홍익'은 학우들의 생각, 학우들의 말, 학우들의 글로 이루어질 것이며 <u>다양한</u> 형식과 주제 소재의 제약을 극복 발전시키며…… (→여러 가지)『홍익』
- 다양해진 언론매체들 앞에서…… (→여러 가지로 된)『연세』
- 연세인의 <u>다양한</u> 관심분야를 위한…… (→여러 가지)『연세』
- 많은 연세인들에게 읽힐 수 있는 <u>다양한</u> 형식과…… (→여러 가지)『연세』
- 통일된 주제를 놓고 여러 사람들의 <u>다양한</u> 의견을 담는 '테마에세이'는 '여성'으로 테마를 잡았습니다. (→여러 가지)『자하』

통일된 주제는 '한 가지 제목'이라고 써야 한다. 테마는 '주제' 또는 '제목'으로 쓰는 것이 좋겠고, 테마에세이도 '제목이 있는 수필(수상)'이라 쓰면 된다.

- 다양한 문제를 다루어왔다. (→여러 가지) 『감신』

4) '위상'이란 말도 쉬운 말로 쓰는 것이 좋다
- 오늘날 여성의 위상 (→자리, 자리상) 『자하』

이 위상이란 말은 글 제목에 많이 나와 있다. 제목부터 쉬운 말로 써놓으면 글이 부드럽게 나온다.

- 상명 내 직원노조의 위상과 역할 (→자리와 할 일) 『자하』
- 남한사회 변혁운동에서 노동운동의 위상 (→모양과 내다보기) 『명대』
- 그 위상을 재정립하기를 강요받는 학생운동의 올바른 방향성 (→자리를 다시 세워나가도록) 『이화』

방향성은 '방향'이라고 쓰면 된다.

- 새로운 교지 위상 정책을 위해 노력하였다. (→자리 잡기를) 『감신』
- 기독교운동의 위상과 전망 (→자리와 앞날) 『감신』
- 권두기획 '말'은 대학언론의 위상에 대한 기존의 이야기를 다시 한번 확인하면서…… (→자리, 모습) 『감신』

"기존"은 '지금까지'로 쓰면 된다.

5) 그밖의 중국글자말

- **최후**의 발악임을 우리는 믿는다. (→마지막) 『명대』
- 『명대』 19집은 <u>일반학우대중의 의식으로부터 유리될</u> 수밖에 없었던 지난 시기 교지의 한계성을 극복하고…… (→일반학우들의 생각에서 따로 떨어질 수밖에 없었던 지난 때) 『명대』

여기서 대중이란 말은 쓸 필요가 없다.
한계성을 '한계'로 쓰면 된다는 것은 앞에서 말한 바 있다.

- 새삼스런 명제를 <u>각인하며</u>…… (→새기며, 마음에 새기며) 『명대』
- 이해를 <u>도모하고</u>…… (→이해하려 하고) 『명대』
- <u>현</u> 남한사회에서 <u>물적상황을 토대로 한</u> 변혁대상의 과학적 분석을 통해…… (→현재, 지금 | →물질 형편을 바탕으로 한) 『명대』
- '자하'는 상명문화의 <u>초석</u>(→주춧돌) 『자하』
- 공권력은 모든 이러한 움직임을 좌경·용공으로 <u>매도하고</u>…… (→꾸짖어대고) 『자하』
- 온갖 수단을 다 <u>사용하여</u>…… (→써서) 『자하』
- 전국의 사업장에서 많은 이 땅의 젊은 노동자들이 '인간해방' '노동해방'을 온몸으로 외치며 불꽃으로 산화해갔습니다. (→피고 지고 했습니다, 스러져갔습니다.) 『자하』
- 이 모든 <u>왜곡된</u> 현실에서…… (→비뚤어진) 『자하』
- 참여의 폭을 <u>확대하기</u> 위해…… (→넓히기) 『자하』
- 관심분야를 <u>확대하기</u> 위해…… (→넓히기) 『자하』
- 남자학우들의 의견도 <u>첨가하여</u> 다양성을 꾀했습니다. (→보태어) 『자하』

"다양성을 꾀했습니다"는 '여러 가지가 되도록 했습니다'라고 쓰면 좋겠다.

- 그중 사건의 중요성과 지명도를 고려하여…… (→중요함과 알려진 정도를 생각하여)『자하』

지명도는 '이름이 알려진 정도'인지 '가리킨 정도'인지 알 수 없다.

- 『노동의 역사』를 발췌하여 역사 속에서 노동의 가치창출을 모색하고자 했습니다. (→뽑아내어, 가려 뽑아 | →가치를 새로 만들어내려고 애썼습니다.) 『자하』
- 변혁기 교지의 역할을 다하려…… (→노릇을, 〔교지가〕 맡은 일을) 『자하』
- 실제생활이 제기되는 요구에 부응하고 다시 실천적 경험에 의하여 검증되면서…… (→따르고 | →실천한 경험으로 검증하면서) 『자하』
- 이 땅의 자주·민주·통일을 염원하는…… (→바라는) 『서강』
- 더 이상 민족과 조국의 자주성을 유린당하며 살 수 없음을…… (→짓밟히며) 『서강』
- 그러므로 90년은 민족자주정권과 조국통일을 준비하는 커다란 분기점이며…… (→갈림점) 『서강』
- 노태우 정권의 위기감의 발현인 온갖 억압과 착취를 꺾고…… (→나타남인, 〔노태우 정권이 위태롭다는 느낌을〕 나타낸) 『서강』
- 90년대 전망은…… (→내다보기는) 『서강』
- 80년대를 총괄 평가하고…… (→한데 묶어) 『서강』
- 현재의 학생회를 올바르게 학우대중의 학생회로 세워내고…… (→학우 여러분의, 학우 전체의) 『서강』
- 한반도의 변화를 고찰하고…… (→살피고) 『서강』

- 많은 한계와 <u>오류</u>를 실감하였다.…… (→잘못을) 『서강』
- <u>내외의 상황으로</u> 싣지 못한 원고나…… (→안팎의 형편으로) 『서강』
- 『서강』 20호는 <u>최대한</u> 서강이 지향해야 할 바와…… (→한껏 서강이 향해 가야 할) 『서강』
- 제도언론은 5공으로 <u>회귀한</u> 지 또한 오래며…… (→돌아간 지) 『서강』
- 짜임글 둘은 어느 사회, 어느 경제 체제에서나 가장 <u>중요시 여기</u>는 교육문제를 기획으로 잡았습니다. (→중요하게 보는, 중요하게 여기는) 『서강』
- 또 전에 없었던 만화, 낙서, 시 <u>등은</u>…… (→들은) 『서강』

이 등, 등등은 일본글투다.

- 문예마당·열린공간·홍익논단 <u>등은</u>…… (→들은) 『서강』
- <u>이외에</u> 몇 편의 글과 시 <u>등도</u> 소재의 제약과 검열·지도과정에서 삭제되었음을 매우 죄송하게 생각합니다. (→이밖에 | →들도 | →글감) 『서강』
- 많이 <u>지체되었음을</u> 학우 여러분께 사과드립니다. (→늦었음을) 『서강』
- 변혁의 주체는 <u>자명하다</u>. (→분명하다, 환하다.) 『감신』
- 변혁주체 논쟁에 <u>종지부를 찍고</u> (→끝장을 내고) 『감신』
- 투쟁에서 획득한 계급적 자각과…… (→싸움에서 얻어가진 계급의 자각과) 『감신』
- 노동악법철폐 투쟁의 <u>기치</u> 아래…… (→깃발) 『감신』
- 전노협 건설을 위한 <u>투쟁을 가열차게 전개하고</u> 있다.…… (→싸움을 세차게 펼치고) 『감신』

가열차게란 말은 틀리게 쓰는 말이다.

- 투쟁을 일관되게 제시해야 함에도 불구하고 사상적 통일의 부재로 인하여 당면 정치투쟁을 올바르게 제시하지 못하고 있는 실정이다. (→한결같이 내놓아야 하는데도 사상 통일이 없는 까닭으로〔사상을 통일하지 못해서〕|→내놓을〕)『감신』
- 현 지배구조의 이데올로기를 격파하고…… (→현재 지배구조의 관념형태를 쳐부수고)『감신』
- 두 개의 큰 축이 될 것이다. (→심대가)『감신』
- 혁신의 기치를 높이 들며…… (→깃발을)『감신』
- 그간『감신』은 "학문성과 실천"을 중심적 과제로 놓고 발간되어왔다. (→"학문과 실천"을 중심 과제로 놓고 발간해왔다.)『감신』
- 진보된 학문적 성과물을 체계적으로 정리하고 이를 활자화하는 작업을 통해 대중을 의식화하는 작업을 수행해왔다. (→앞선 학문의 성과를 체계로 세워|→활자가 되게 하는 일을|→깨우치는 일을 해왔다.)『감신』
- 그러나 정돈된 자기 사상의 부재로 인하여 변혁운동의 과제를 일면적으로 고찰한 우를 범해왔으며…… (→생각이 없어서|→한쪽에서만 살피는 어리석은 짓을 해왔으며)『감신』
- 먼저 전체운동의 흐름을 체득하고 이를 토대로 부문운동의 과제를 다루어야 함에도 불구하고 부문운동에 자족했던 지난 활동을 비판하려는 것이다. (→밑바탕으로|→하는데도, 하는데|→스스로 만족했던)『감신』
- 논쟁을 일으킬 수 있는 계기를 마련하려 한다. (→기회를)『감신』
- 독자들의 비판을 수용하고…… (→받아들이고)『감신』
- 일 년에 두 번(봄 가을) 발행하는 격계간호 발간을 위한 노력을 전개하고 있으며…… (→두 번 내는 봄·가을호|→벌이고, 펼치고)『감신』
- 학우들의 관심사를 좀더 다양하고 빠르게 수용하고…… (→관심

- 독자들의 요구를 <u>수렴하기</u> 위한 노력의 <u>일환으로</u>…… (→거두어 들이기 | →한 가지로) 『감신』
- 세계관의 문제에 관해서도 <u>심도 있게</u> 다루었다. (→깊이 있게) 『감신』
- <u>과학적 세계관의 입장에서 비판을 가해본 것도 의미 있는 일이었다.</u> (→과학의 세계관에서 비판을 해본 것도 뜻있는 일이었다.) 『감신』
- 주체사상과 기독교운동의 <u>만남이 가능할 수 있는</u>…… (→〔-이〕 만날 수 있는) 『감신』
- 우리의 학문과 실천을 <u>점검하는 계기가 될 것이다.</u> (→낱낱이 검사하는 기회가) 『감신』
- 제도교육의 모순을 <u>감지하고 있는</u> 청소년들의 글을 통해…… (→느껴 알고) 『감신』
- 학우들에게 전달하려는 노력의 <u>일환이다.</u> (→한 가지다.) 『감신』
- <u>전통적 기독교의 입장에서 적대적인</u> 유물론자의 종교관을 볼 수 있는데…… (→전통인 기독교의 처지에서 적대하는) 『감신』
- 필자 사정으로…… (→글쓴이) 『감신』
- 그런 문제의식을 청년학생이라는 <u>위치에서 실천적으로 체화하는 데</u> 도움을 주는 것이다. (→자리에서 실천으로 뚜렷하게 나타내는 데) 『연세』

"체화하는 데"는 아마도 '구체화하는 데'를 잘못 쓴 것이라 짐작한다.

- 교지의 내용과 <u>체제</u>, 글의 형식이 지나치게 이론중심이었고 <u>다소 경직되어</u> 있었던 모습에 대한 비판이 <u>제기되었다.</u> (→틀 | →조금 굳어져 | →나왔다.) 『연세』
- 연세인들의 광범위한 참여를 <u>적극적으로</u> 유도하기 위해서…… (→적극으로 이끌기) 『연세』

- 교육연구 전자계산소 자원봉사회, 천문대기학과학회 전공학술분과, 연세문학회와 영화패 등에서 기고한 글들이…… (→들에서) 『연세』
- 고민해보는 계기가 되고자…… (→기회가) 『연세』
- 그 현재적 의미를 찾는 데 주력할 것이다. (→현재의 뜻을 | →힘쓸) 『연세』
- 중요한 사실들을 문답화했다. (→문답으로 적었다.) 『연세』
- 북한에 대한 막연하고 근거 없는 환상에서 탈피, 구체적 문헌과 자료에 근거, 북한에 대한 올바른 인식을 갖는 데 도움이 되게 하였다. (→벗어나 | →뚜렷한 | →자료를 바탕으로) 『연세』
- 통일운동에는 남북 서로간의 정확한 사회인식이 전제되어야 할 것이다. (→서로 사이의, 서로의, 서로가〔정확하게 사회를 아는 일〕] | →앞서야) 『연세』
- 이 외에도…… (→이밖에도, 그밖에도) 『연세』
- 구체적인 소재를 찾는 데…… (→뚜렷한 이야깃거리를) 『연세』
- 그간의 교지에 대한…… (→그동안의) 『연세』
- 가진 자의 허위와 기만은 자본주의 구조의 본질적 폐해들을 개인의 나태함으로…… (→거짓과 속임수는 | →본바탕에서 오는 | →게으름으로) 『이화』
- 역사를 관통하는 절대절명의 진리를 우리에게 제시합니다. (→꿰뚫는, 어찌할 수 없는) 『이화』
- 발전할 때, 도서관의 학문과 역사의 합법칙성은 동일할 수 있습니다. (→같을 수, 하나가 될 수) 『이화』
- 개개 이화인들의 소중한 의견을 만오천이 함께 공유하고자 했습니다. (→이화인 한 사람 한 사람의 | →함께 가지고자) 『이화』
- 각 매체에 나타난 왜곡된 대학생의 모습 비판, 제반 민중생존압살의 주요요인은 물가폭등의 원인규명 등이 44집의 주요내용입니

다. (→비뚤어진 | →모든 | →원인 | →까닭 밝히기 들이)『이화』
- 건전한 사상들을 잡아내고 제시하고자 하는 지난한 고민이 편집위원들 간에 이루어졌음을 고백하면서…… (→매우 어려운 | →편집위원들 사이에)『이화』
- 현대골계적 수수께끼 유형 연구 (→익살 | →갈래)『자하』
- 고려·조선왕조 교체기 지식인의 한 동향 (→바꿀 때 | →움직임)『자하』
- 현 교육의 문제점 (→현재, 지금, 오늘날)『홍익』
- 반민주 3당 야합과 민족민주 운동의 대응 (→맞서기, 맞대하기)『연세』
- 90년대 학생운동의 과제와 전망 (→내다보기)『연세』
- 니카라과와 제3세계 혁명의 전망 (→혁명을 내다봄)『연세』

(3) 잘 모르고 쓰는 일본말 번역투

1) ' –되다' '–지다' '–되어지다' '–되다' '시키다'
- 청소년 목회에 대한 전망에 대해서도 언급되었다. (→언급했다, 말했다.)『감신』

"청소년 목회에 대한 전망에 대해서도"는 '청소년 목회의 앞날에 대해서도'로 써야 할 것이다.

- 그간 '監神'은 연1회 발행되어왔다. (→발행해)『감신』

이것은 문법으로 보아서 틀렸다는 것이 아니다. '-하다'로 써도 될 것을 모조리 -되다로 쓰니까 이런 남의 나라말병에서 벗어나기 위해서 될 수 있는 대로 -되다를 쓰지 말자고 권하고 싶다.

그간은 '그동안'이라 쓰는 것이 좋다.

- 투쟁에서 획득한 계급적 자각과 단결을 무기로 자신들의 존재로 부터 요구되어지는 변혁운동을 조직적으로 수행하는 모범적 실천을 보여주고 있다. (→요구되는, 〔존재가〕 요구하는) 『감신』

요구되어지는이라는 말은 아주 잘못 쓴 말이다.
"투쟁에서 획득한 계급적 자각"은 '싸움에서 얻은 계급의 깨달음'으로 쓰면 되겠고, "조직적으로 수행하는"은 '조직으로 해내는'이라 쓰면 될 것이다.

- 44, 45, 46집에 연재물로 실리는…… (→신는) 『이화』
- 던져짐으로 끝나는 책이 아니라…… (→던짐으로) 『이화』
- 그러나 가히 홍수라 불릴 만큼 풍성해진 사회과학 출판물과…… (→할) 『연세』

가히는 '넉넉히'나 '바로'라고 써야 한다.

- 이번 '연세' 31호는 그러한 점을 깊이 생각하며 기획되고 편집되었다. (→기획하고 편집하였다.) 『연세』
- '홍익'은 엄연한 오늘의 현실을 함께 고민하고 토론할 수 있는 홍익인들의 열려진 마당인 것입니다. (→열린) 『홍익』
- 참 교육의 중요성을 다시 한 번 새기기 위해 기획되었습니다. (→기획했습니다.) 『홍익』

이것은 당연히 '기획했습니다'로 써야 한다.

- 문예마당·열린공간·홍익논단 등은 모든 학우들이 글과 생각으로 메워져야 하는 공간이지만…… (→메워야) 『홍익』

이 경우도 메워져야는 말이 안 된다.

- 이러한 현실에서 복무하는 데 도움이 되고자 『자하』 22호가 만들어졌습니다. (→22호를 만들었습니다.) 『자하』
- 그간 수없이 개폐논의가 쟁점화된 악법 중 우리의 일상에 밀접히 연관된 4개의 법을 정리하였습니다. (→쟁점화한, 쟁점으로 된) 『자하』
- I과 II로 나뉘었던 특집을 통일하여 강화시켰습니다. (→강화했습니다, 강하게 했습니다.) 『자하』
- 학우들에게 읽혀지는…… (→읽히는) 『명대』
- 몸부림은 계속될 것임을…… (→계속할) 『명대』
- 해방 이후 남한사회에 유포되어진 반공반북 이데올로기의 실체를 해부하고자 하였다. (→유포된, 퍼뜨려진, 퍼뜨린) 『명대』

2) '-에 있어서' '-에 있어서의'
- 한국 민주화에 있어서 청년학생들의 역할 (→민주화에서) 『연세』

"청년학생들의 역할"을 '청년학생들이 할 일'로 쓰면 좋겠다.

- 현 단계 마케팅에 있어서의 구조적 반성 (→마케팅의 구조 반성, 시장 활동의 구조 반성) 『홍익』
- 오히려 그런 것들을 다룸에 있어서…… (→다루는 데서) 『연세』
- 지금까지 한반도에 있어서 변혁주체 논쟁에 종지부를 찍고…… (→한반도에서) 『감신』
- 또한 기획 과정에 있어서 학우들의 참여폭을 넓히기 위해…… (→과정에서) 『감신』
- 특별히 제3세계의 기독교 운동을 평가하는 데 있어 과학적 세계

관의 입장에서 비판을 가해본 것도 의미 있는 일이었다. (→평가하는 데서)『감신』

"과학적 세계관의 입장에서"부터는 앞에서 바로잡은 바 있다.

- 실천과제를 <u>고민함에</u> 있어 어떻게 기독교적으로 풀어나가야겠는가를…… (→고민하는 데)『감신』

3) -의
- 80년대의 민중문학론의 전개과정 (→80년대 민중문학론이 전개된 과정)『홍익』
- 노동, 우리<u>의</u> 삶의 터전『자하』

이 제목도 다음과 같이 쓰면 의가 없어진다.

* 노동, 우리가 살아가는 터전

- 그리고 자주적 학생회를 주제로 한 기획에서는 현재의 학생회를 올바르게 학우대중의 학생회로 세워내고 <u>그의</u> 과학적인 정립을 이루고자 했으며, <u>그의</u> 실천적 측면으로 전공학회와 학번학회를 다루었다. (→그)『서강』

학우대중은 '학우 전체'로 써야 한다.

- 최근 진행되고 있는 변혁은 논쟁에 <u>또 하나의</u> 풀지 못한 과제를 던지는 듯한 두려움과…… (→또 하나)『명대』
- 교지의 대중화에 대해 <u>나름대로의</u> 자체평가를 하면서…… (→나

- 역동하는 국제정세의 파악을 위한 '국제정세' (→국제정세를 파악하기 위한) 『연세』
- 굴러다니는 돌멩이의 이용부터 황소를 앞세우고 쟁기를 이끌던 시대를 지나…… (→돌멩이를 이용할 때부터) 『이화』
- 몇몇의 지배자에게 그 주도권의 정당성을 확인해주었을 뿐입니다. (→주도권이 정당함을) 『이화』
- 이러한 야합에 대한 민중들의 대응은 그들의 가야 할 길에 대한 명확한 인식과…… (→그들이) 『이화』
- 지식인의 나약한 환상이 생산현장의 노동자의 처절한 절규와 까칠한 농민의 손을 만나 그들을 진정한 역사의 주인으로 인식하고…… (→생산현장에 있는) 『이화』

이렇게 의가 거듭해 나오면 우리 말로서 생기를 잃어버린다.

- 학생과 노동자, 농민, 도시빈민, 시민들과의 연대의 힘을 발휘하는 한 해였습니다. (→시민들이 연대하는 힘을 보여준) 『자하』
- 이에 『홍익』은 일방적인 인식의 강요를 거부하고…… (→한쪽 생각만 강요하기를 거부하고) 『홍익』

4) '–과의' '–에서의' '–로서의' '–로부터의' '–로의' '–에게서'
- 진정한 인간과 거짓된 인간과의 조화 (→인간의) 『홍익』
- 한국변혁운동 선상에서의 기독교 선교 (→선상의, 길 위에 있는) 『감신』
- 신식민지에서의 국가 (→신식민지의, 신식민지)
- 신식민지 국가독점자본주의에서의 계급문제 (→국가독점자본주의의, 국가독점자본주의 사회의) 『명대』

- 친미·분단 이데올로기 <u>침투경로로서의</u> 대학교과 과정과…… (→침투경로인, 침투경로가 되는)『서강』
- 전체 <u>변혁운동에서의</u> 부문운동으로…… (→변혁운동의)『이화』
- 이제 <u>이화에게서</u> 이화로 가는 교지는…… (→이화에서)『이화』
- 이후에도 열린 <u>공간으로서의</u> 교지에 대한 여러분의 아낌없는 비판은…… (→공간인)『이화』
- 남한사회운동의 당면과제 고찰과 이를 실천하고자 하는 <u>부문운동으로서의</u> 기독운동에 대한 문제제기를 큰 주제로 설정하였다. (→부문운동으로서, 부문운동인)『감신』
- <u>변혁운동 내에서의</u> 편향들을 고려하면서…… (→변혁운동 안의)『감신』

고려하면서는 '생각하면서'로 쓰는 것이 좋다.

- 우리가 <u>속했던 곳으로부터의</u> 비판과 우리가 <u>속하지 못한 곳으로부터의</u> 비판을 받게 되는데…… (→곳에서 오는)『감신』

속했던은 '딸렸던'으로, 속하지 못한은 '딸리지 못한'으로 쓰면 된다.

- <u>앞으로의</u> '홍익'은…… (→앞으로)『홍익』

5) '보다'와 '및'
- <u>보다</u> 명확한 이론으로 자리 잡을 수 있는 것입니다. (→더)『자하』
- 도약의 90년에 <u>보다</u> 알차고 <u>보다</u> 좋은 형식으로 다가가지 못하는 것은…… (→더욱)『서강』
- 도시빈민들의 강제철거반대 <u>및</u> 영구임대주택 쟁취투쟁 (→-와)『감신』

6) 잘못된 영어 번역투 '−었었다'
- 그러나 한계성의 인식이 극복의 결과물로 생산되기엔 우리의 역량이, 창조성이 많아 <u>부족했었다</u>. (→부족했다, 모자랐다.) 『명대』

"역량이, 창조성이"는 '역량과 창조성이'라고 쓰는 것이 좋다.

(4) 맺는 말

지금까지 이 글을 읽어온 분들은 아마도 거의 모두가 말할 것 같다.

   1) "아이고, 우리가 쓰는 글이 이렇게 잘못되었나? 그렇다면 바로 쓰는 사람이 그 누구일까?"
   2) "남이 쓴 글은 죄다 잘못이라고 말한다."
   3) "제멋대로 고쳤다. 자기도 못 쓰는 주제에."
   4) "이래서야 누가 글을 쓰겠는가?"
   5) "다 옳은 의견이지만 글 버릇이 벌써 그렇게 굳어져서 이젠 고칠 수 없다."

  사실은 이 글을 쓰기 전부터 내가 쓰는 글에 대한 반응이 이러하리라 짐작하고 있었다. 그렇다면 뭘 하려고 썼나? 물론 써달라는 요청이 없었더라면 쓰지 않았을 것이지만 무엇보다도 우리 말과 글에 대한 믿음 때문에 썼다.
  글을 고쳐도 너무 많이 고쳤다고 하면 모르지만 "제멋대로 고쳤다"고 하는 말에는 따를 수 없다. 나도 글을 써내면 신문이나 잡지를 편집하는 분들이 제멋대로 고쳐서 아주 병신글로 발표된 일을 한두 번 당한 것이 아니다. 그래서 우리 글쓰기회 회원들한테도 아이들 글을 고치려고 하지 말고 될 수 있는 대로 그 글을 이해하려고 해야 한다는 말을 자주 하는 터다. 자기가 쓴 글을 남들에게 함부로 난도질당했을 때처럼 불쾌한 일이 어디 또 있겠는가. 그런데 나는 여기서 남의 글을 이렇게 많이 고쳤다. 다만 나는 그 어느 한 가지 말도 결코 '내 멋'이나 '내 글 버릇'으로 고친 것은 없다. 사람의 말투나 글 버릇은 사람마다 다르고, 또 다른 것이 당연하다. 남의 글을 제 마음에 안 든다고 하여 자기 버릇대로 고치려고 한다면 그것은 분명히 폭행이다. 내가 여기서 글 고치기를 한 잣대는 오직 '살아 있는 우리 말'이다. 이것은 멋도 버릇도 아닌 과학이다.

'살아 있는 말'이라니 어떤 말인가? 사전에만 올라 있는 말이 아니고, 책만 들여다보는 지식인들의 글에서나 볼 수 있는 글말이 아니고, 삶에서 쓰는 말, 입으로 하는 말이다. 이 '살아 있는 말'이 아닌 죽은 말, 우리 말이 될 수 없고 되어서도 안 되는 말을 나는 바로잡아놓은 것이다.

우리 말이 될 수 없는 말을 크게 몇 가지로 나누면 1) 어려운 한자말 2) 귀로 듣거나 우리 글로 적어놓은 것을 보아서는 곧 알아차릴 수 없는 중국글자말 3) 일본사람들만이 쓰던 중국글자말을 그대로 중국글자음으로 읽고 쓰는 말 4) 일본식 말법을 그대로 따라 쓰는 말 5) 서양말법 따라 쓰는 말 6) 일본말이나 서양말을(버젓한 우리 말이 있고 우리 말로 쓸 수 있는데도) 그대로 쓰는 말—이 여섯 가지다. 지금 우리가 쓰고 있는 글은 이 여섯 가지 죽은 말, 도무지 우리 것이 될 수 없는, 바탕이 다른 불순한 말이 함부로 뒤섞여 엉망진창이 되어 있다. 그러나 우리는 아무리 어렵다 하더라도 우리 말을 지키는 일만은 해내야 한다. 이것보다 더 큰 일이 없다.

왜 우리가 우리 말을 하고 우리 글을 쓰는 일이 이다지도 어려운가? 교과서에서 배운 대로 텔레비전에서 들은 대로, 신문이나 잡지에서 읽은 대로 우리가 익혀서 머릿속에 기억해둔 그 말들이 다 우리 말이라고 해서 함부로 쓰다가는 말이고 넋이고 다 잃어버린다. 그만큼 우리는 참으로 불행한 전통과 역사를 이어받았다. 이제부터 아기들이 부모한테서 말을 배우듯이 그렇게 우리 말을 배워야 한다. 그래서 살아 있는 말, 백성의 말을 쓰도록 해야 한다. 정신을 바짝 차려서.

이것은 현실을 몰라보는 지나친 욕심일까? 그렇다면 사람마다 깨달은 정도에 알맞게 고쳐나가는 수밖에 없다.

우선 중국글자말에서는 신문 잡지에서 더러운 버릇이 들어 기계같이 쓰고 있는 말들을 정신없이 따라 쓰지 말아야 한다. 돌입, 무산, 발발, 수수, 해후, 조우, 향후, 의의, 미소, 일조, 의아…… 따위다. 무슨 -적 하는 것은 하도 많이 써서 아주 버리기가 어려우면 가끔 생각날 때 고치고 하면 될 것이다.

그런데 우리 말의 짜임을 바탕부터 깨뜨려버리는 일본말 번역투는 아주 한겨울날 얼음물을 덮어쓰는 작정만큼이나 하고 고쳐야 한다. -지다, -되다, 되어지다를 아무 데나 마구 붙여 쓰는 것이 이제는 입말에까지 버릇이 되어가고 있으니 말이다. -의를 함부로 쓰는 것도 일본말 따라가는 부끄러운 짓이다. -에 있어서, -에의, -로의, -에로의 따위는 웬만하면 고칠 수 있겠지.

그런데 보다를 어찌씨(부사)로 쓰는 짓을 아직도 고치지 못하고 있는 것을 보면 너무 한심스러워 말을 못할 지경이다. 대관절 아직도 몰라서 쓰고 있는가, 알면서도 그대로 쓰고 있는가? 어느 쪽이라도 이런 사람은 글을 쓸 자격이 없다.

-었었다라는 괴상한 말법도 이제는 입말이 되어가고 있지만 절대로 그대로 둘 수 없다. 서양귀신에 홀려 우리 말의 특징이고 자랑이고 다 소용없다고 내버릴 생각이라면 모르지만, 적어도 우리 말이 우리 말 되게 하려면 이런 말법은 싹 버려야 한다.

여러 대학의 교지 '머리글'을 읽어보니 그 안에 공통된 사연 한 가지가 있다. 그것은 교지가 글쓰기를 취미로 즐기는 일부 학생들의 것이 되어서는 안 되고, 모든 학생들의 교지가 되어야 한다는 것이다. 이렇게 모든 학생들이 친근하게 대할 수 있는 교지가 되기 위해서도 글을 글로서 쓰지 말고 살아 있는 말로 써야 할 것이라 생각한다.

제4부 소설로 본 우리 문장

제1장 옛소설과 신소설, 이광수·김동인의 소설 문장
―우리 소설은 어떤 '말'로 써왔는가

1. 거꾸로 된 '문언일치'

말을 가장 싱싱한 모양으로, 살아 있는 그대로 보여주는 글이 소설이다. 그러기에 중국글이 아니면 글 행세를 못 하던 옛날의 왕조시대에도 소설만은 비록 중국글자말이 많이 섞이기는 했지만 우리 글로 썼던 것이고, 모든 인쇄물의 문장에 중국글자를 섞어 쓰던 일제강점기에도 소설만은 우리 글로 쓰는 전통을 이어왔던 것이다.

그런데 우리 글자로 쓴다고 해서 반드시 깨끗한 우리 말이 되는 것이 아님은 말할 것도 없다. 100년 전쯤 개화기에 많은 지식인들이 말과 글은 하나가 되어야 한다는 '언문일치'를 우리 글쓰기의 뚜렷한 방향으로 잡은 것도 중국글자를 쓰지 말자는 것보다는, 우리 말을 쓰도록 하자는 주장이었던 것이다. 그 뒤 서재필 씨는 『독립신문』에서 참으로 훌륭한 우리 글의 본보기를 남겼지만, 소설에서는 신소설의 여러 작가들 뒤를 이은 이광수 씨와 김동인 씨가 '언문일치'의 글을 완성했다고 모두가 믿고 있다. 그래서 지금까지 모든 소설가들이 이 두 사람이 닦아 놓은 길을 아무 의심도 없이 마음 놓고 걸어왔던 것이다.

과연 오늘날 우리가 쓰고 있는 소설문장이 "말과 하나"로 되어 있는가? "언문일치"란 대관절 어떤 글을 말하는가? 나는 오늘날 지식인들이 쓰는 모든 글이 엄청나게 잘못되어 있다고 본다. 물론 최근에 와서 우리 말과 글이 갑자기 크게 더럽혀진 까닭은 우리 말이 생겨나고 이어져온 근원이 되고 바탕이 되어 있는 농촌사회가 무너지고 상공업을 위주로 하는 도시의 산업사회가 되어버린 때문이기는 하다. 그런데 말과 글이 더럽혀지고 변질되는 방향은 '언문일치'가 아니라 오히려 '언문불일치'라 할까, 말과 글이 서로 떨어져 어긋나고 어울리지 못하고, 그러면서 글이 말을 따르는 것이 아니라 말이 글을 따라가기 때문이라고 본다. '언문일치'라면 어디까지나 글이 말을 따라가는 것이지, 말이 글을 따라가서 하나가 되는 것이 아니다. 말이 글을 따라가서 하나된다는 것은 있을 수 없고 있어서도 안 된다.

그런데 있을 수 없고 있어서도 안 되는 일이 참 어처구니없게도 우리에게는 현실로 일어나고 있다. 어찌 보면 지금 우리는 참 철저하게 '언문일치'를 실천하고 있다. 신문기사로 쓰는 글이 방송말이 되어 나오고, 그것이 또 그대로 젊은이들의 입에서 튀어나온다. 그러나 이것은 얼마나 잘못된 '언문일치'인가? 뒤집어지고 거꾸로 된 '문언일치'다. 말을 따라 쓰지 못하는 오늘날 지식인들의 모든 글은 병들어 있으며, 이렇게 글을 잘못된 방향으로 가게 한 일에 가장 큰 책임을 져야 할 사람이 소설가라고 나는 본다. 앞에서도 말한 바와 같이 소설이야말로 살아 있는 말을 써야 하는 글이기 때문이다.

소설에서 우리 말이 어떻게 씌어지고 어떻게 따돌려졌는가를 살피기 위해서는 무엇보다도 먼저 낱말을 중심으로 생각해봐야 한다. 모든 글은 낱말이 모여서 이뤄져 있는 것이고, 낱말이 기본이고 바탕이 되어 있기 때문이다. 글의 짜임도 사상의 표현도 필경 낱말을 떠나서 생각할 수 없다. 이 글에서는 우리의 소설을 옛날부터 오늘날에 이르기까지 훑어 살피면서, 소설이 우리 말을 어떻게 살리고 있는가 하는 것보다는 어떻게 따돌려버렸는가 하는 문제를 주로 낱말을 중심으로 하여 생각해보려고 한다. 따라서 소설문장을 다음 몇 가지 문제에서 논하게 될 것이다.

첫째, 소설에서 독자들이 읽어도 알 수 없는 중국글자말은 어디서 온 것일까?

둘째, 서민들이 쓰는 쉬운 말을 쓰지 않고 유식한 중국글자말이나 그 밖에 들온말을 쓰는 까닭은 무엇인가?

셋째, 일본말과 말법을 소설가들은 어떻게 써서 퍼뜨려왔는가?

넷째, 오늘날 소설문체로 굳어진 맺음꼴 –다와 과거형 었다는 언제부터 썼는가? 그리고 었었다는 어떤 작가들이 써왔는가?

다섯째, 삼인칭대명사를 어떻게 봐야 할까?

여섯째, 그밖에 사물을 잘못 보여주고 있는 말이나 글의 표현 문제.

2. 옛소설에 나타난 중국글투

먼저, 『흥부전』『홍길동전』『심청전』…… 이런 옛날 소설들이 어느 정도로 '말'에 가깝게 씌어 있는가를 살펴보기로 한다. 글이라면 중국글이고 책이라면 중국글로 된 책밖에 없던 봉건왕조 시대에는 우리 글자로 이야기책을 썼다는 것만으로도 하나의 큰 반역을 일으킨 사건이 되어 있었다고 할 수 있으니, 지금에 와서 그 옛날의 소설들이 얼마나 우리 말을 살려서 쓴 글로 되어 있는가 하고 따지는 일이 크게 중요한 노릇은 못 될는지 모른다. 그러나 아무리 남의 나라 글자와 글이 판을 친 세상이라 하더라도 "불휘기픈남ᄀᆫᄇᆞᄅ매아니뮐씨곶됴코여름하ᄂᆞ니"가 나온 때를 생각하고, 어느 시대고 사람의 이성이나 양심이란 것이 결코 아주 마비될 수 없다는 것을 생각하면 "세상이 다 그런 시대였는데" 하고 두고 보기만 할 수는 없다고 본다.

사실 같은 소설이라도 작품에 따라 말을 살린 정도가 다르기도 한 것이다. 16세기 광해군 때 사람 허균이 쓴 『홍길동전』은 우리 말로 쓴 맨 처음 소설이다. 이 소설은 당시 그릇된 사회질서를 대담하게 비판하며 새로운 질서를 세우고 싶어 하는 생각이 들어 있는 이야기인데, 이런 이야기가 남의 나라 글로 씌어질 수 없음은 당연하다. 이 소설은 그 내용으로나 글로서나 우리 문학사에서 분명히 커다란 구획을 지어놓은 놀라운 작품이라 아니 할 수 없다.

그러나 이 소설의 문장은 입으로 하는 말과는 거리가 멀다. 일반 백성들은 말할 것 없고 양반 선비들도 실제로 말을 이렇게 하지는 않았을 것이다. 다음에 한 대문을 들어보자.

"네 무슨 흥이 있어 야심토록 잠을 자지 아니하는가?"
길동이 공경 대 왈,
"소인이 마침 월색을 사랑함이어니와 대개 하늘이 만물을 나심에 오죽 사람이 귀하오나 소인에게 이르러는 귀하옴이 없사오니 어찌 사람이라 하오리잇가."
공이 그 말을 짐작하나 짐짓 책 왈,
"네 무슨 말인고?"
길동이 재배 고 왈,
"소인이 평생 설운 바는 대감 정기로 당당한 남자였사오매, 부생모육지은이 깊삽거늘, 그 부친을 부친이라 못하옵고 그 형을 형이라 못하오니, 어찌 사람이라 하오리잇가?"
하고 눈물을 흘려 단삼을 적시거늘, 공이 청파에 비록 측은하나 만일 그 뜻을 위로하면 마음이 방자할까 두려워 크게 꾸짖어 왈,
"재상가 천비소생이 비단 너뿐이 아니거든 네 어찌 방자함이 이 같으뇨? 차후 다시 이런 말이 있으면 안전에 용납치 못하리라."
하니, 길동이 감히 일언을 고치 못하고 다만 복지유체뿐이라 공이명하여 물러가라 하거늘 길동이 침소로 돌아와 슬퍼함을 마지아니하더라.

• '삼중당문고' 판

여기 나오는 바탕글에서 "공경 대 왈" "책 왈" "재배 고 왈" "일언을 고치 못하고" "복지유체뿐이라" 하는 말들이 입말이 아님은 말할 것도 없고, 마주이야기에 나오는 "월색을 사랑함이어니와" "남자였사오매" "깊삽거늘" 같은 말도 실제 입말로 더구나 아이가 이렇게 말했다고는 볼 수 없다. 기왕 우리 글로 쓸 바에야 '아주 대담하게 입으로 하는 말 그대로 썼더라면 얼마나 좋았을까' 하는 생각이 든다. 그러나 이 이야기를 쓸 때는 중국글만이 인정받던 시대였고, 더구나 지은이 허균은 중국글로 교양을 쌓은 집안에서 자라나 높은 벼슬까지 한 사람이라 이런 중국글자말과 중국글 새김말투는 아주 자연스럽게 씌어졌던 것이라 본다.

다음에 지은이와 지은 연대가 분명하지 않은 『흥부전』은 아마도 『홍길동전』에서 200년이나 뒤에 나온 듯하다. 옛날부터 전해 내려오던 민간 이야기가 판소리 말로 되었다가 소설이 된 것으로 알려져 있다. 조선시대 끝 무렵 평민문화가 한창 일어나고 있을 때 나온 소설이어서 그렇겠지만 입으로 하는 말이 쏟아져 나와 아주 신명나게 읽힌다. 맨 첫머리를 들어본다.

화설 경상 전라 양도지경에서 사는 사람이 있으니, 놀부는 형이요, 흥부는 아우라. 놀부 심새 무거하여 부모 생전 전답을 홀로 차지하고, 흥부 같은 어진 동생을 구박하여 건너산 언덕 밑에 내떠리고, 나가며 조롱하고 들어가며 비양하니, 어찌 아니 무지하리. 놀부 심사를 볼작시면, 초상난 데 춤추기, 불 붙는 데 부채질하기, 해산한 데 개닭 잡기, 장에 가면 억매 흥정하기, 집에서 몹쓸 노릇 하기, 우는 아해 볼기차기, 갓난 아해 똥먹이기, 무죄한 놈 뺨치기, 빚값에 계집 뺏기, 늙은 영감 덜미잦히기, 아해 밴 계집 배차기, 우물 밑에 똥누기, 오려논에 물터놓기, 잦힌 밥에 돌퍼붓기, 패는 곡식이삭 자르기, 논두렁에 구멍뚫기, 호박에 말뚝박기, 곱사장이 엎어놓고 발꿈치로 탕탕치기, 심사가 모과나무의 아들이라.

과장된 말로 마구 지껄이는 입심이 여간 재미있는 게 아니다. 판소리 말이 되어서 그렇기도 하겠지만, 이런 옛이야기 책은 본래 눈으로 읽는 글이 아니라, 한 사람이 소리 내어읽으면 여러 사람이 둘러앉아듣는 이야기로 되어 있다. 글로 적어둔 것이지만 그 글은 귀로 듣는 말이 되어 있다는 점에서 옛 소설은 생명을 가졌다. 읽어나가면(듣고 있으면) 그 말이 무슨 말인지 적어도 말법에서 이해할 수 있다. 이게 어찌 된 말인가 몰라 그다음을 읽고서야 '아하, 앞의 말은 이러저러한 뜻이었구나' 하고 깨닫게 되도록 쓰는 이런 글은 결코 없다.

앞에 든 글은 요즘 사람들이 읽기 쉽도록 글점을 찍고 띄어쓰기도 해 놓았지만, 본래 있던 옛이야기 책은 글점이 없고 띄어쓰기도 안 되어 있고 사뭇 달아적어놓은 글인데도 그것을 읽어나가면 잘 알 수 있다. 그만큼 살아 있는 말이 되어 있기 때문이라 생각한다. 여기서 살아 있는 말이 되어 있다는 것은 1) 흥을 돋우기 위해 비슷한 뜻을 가진 말을 되풀이하고, 2) 어디까지나 사물 그 자체를 보여주는 말로 적어 있고, 3) 허황한 꾸밈말이 없고, 4) 사람의 별난 심리를 꼬치꼬치 파고 캐는 따위 글이 없고, 5) 유식함을 내보이려고 하는 글이 아니라는 점이다. 우리 말이 글에서 살아남아 있다면 이런 이야기책밖에 거의 없다고 본다.

다시 『흥부전』에서 한 대문을 보기로 한다.

흥부 거동 보소 장자 집에 가서
"장자님 계시오?"
"게 누군고."
"흥부요."
"흥부 어찌 왔노."
"장자님 편히 계시오니잇가."
"자네는 어찌나 지내노."
"지내노라니 오죽하오. 짚 한 뭇만 주시면 짚신을 삼아 자식들을 살리겠소."

"그리하소, 불쌍하이."

하고, 종을 불러 좋은 짚으로 서너 뭇 갖다가 주니, 흥부 짚을 가지고 건너와서 짚신을 삼아 한 죽에 서돈 받고 팔아 양식을 팔아 밥을 지어 처자식과 먹은 후에 이리 하여도 살길 없어, 흥부 아내 하는 말이,

"우리 품이나 팔아 봅세."

여기 나오는 마주이야기말은 실제로 하는 입말을 그대로 살려 썼다. 이런 옛이야기 글에서 또 하나 깨닫게 되는 것은 모든 말이 현재진행으로 되어 끝이 없이 이어가고 있는 것이다. 서사시의 형태를 가졌다고도 볼 수 있는 이 이야기글체는, 그래서 지루한 정경묘사를 하지 않고, 긴장된 느낌을 이어가면서 듣는 이를 잘 끌어가는 매우 지혜로운 서사문의 틀이 되어 있다.

그러나 『흥부전』(다른 옛 소설도 마찬가지이지만)도 중국글새김말체라는 글말체에서 벗어나지 못한 것은 『홍길동전』과 다름없이 "대답하되" "호령하되" "하거늘" 따위가 나온다. 더구나 풀이를 달아야 짐작할 수 있는 중국의 옛 일을 뜻하는 중국글자말이 적지 않게 나오고 있는 점에서는 『홍길동전』보다 더 뒷걸음친 글이 되었다고 할 수 있다.

이런 옛이야기 책들에 씌어 있는 글이 우리 말과 어느 정도로 다른가를 다음 이야기 말과 견주어 판단할 수 있을 것이다.

어느 사람네가 사는데, 쥐가 그냥 밤낮 부뚜막으로 온단 말야. 그니깐 주인네가 밥을 먹였어. 한 숟갈씩 줬단 말야. 한 숟갈씩 주니깐 그걸 받아먹구, 받아먹구 그러구 인제 그래 나올 적마다 밥을 주었거든. 아 쥐가 그 사람네 신세를 갚기 위해서 한날은 마루에서부텀 춤을 추드래야. 쥐가 춤추는 게 좀 우습갔나 뵈? 춤을 추고 나오니까 그 사람네 식구가 그 쥐가 춤추는 게 우스워서 쫓아나가지 않난 말이야? 마

당으로 마당으로 쫓아나가니깐 마당 갱아리로(가로) 저리 나가드랴. 나가면서 추니깐 그냥 쫓아나가면서 추는데 집이 털썩 주저앉드래, 무너져서. 옛날 고려적 집이 돼서 주저앉드래, 집이. 그러니깐 쥐가 신세 갚지 않았냔 말야. 그 안에 있었으면 집이 주저앉아서 죽었을 거 아니냔 말야. 그 쥐가 은혜를 갚았디야.

- 「쥐의 보은」, 『한국구비문학대계』 경기도 강화군 길상면 김순이 (81) 씨가 1981년에 이야기함.

흥부전이 씌어졌던 시대에서 다시 200년이 지나 이 이야기 말이 채록되었다 하더라도, 그 200년 전에 살던 사람들의 말이 이런 이야기 말과 크게 틀리리라고는 볼 수 없다.

3. 이인직·이해조의 신소설

우리 소설에 나오는 중국글자말이라면 옛 소설에나 문제될 것이지 신소설 이후에는 별로 문제 삼을 것이 없다고 볼 사람이 많겠는데, 사실은 신소설 이후에 쓴 중국글자말이 더 큰 문제다. 그 까닭은 옛이야기 책에 나오는 중국글자말은 워낙 오랜 세월에서 써온 말이라 백성들의 귀에까지 익은 것이 많다. 그런데 신소설 이후에 일본에서 들어온 중국글자말들은 아주 간단한 것이라도 무슨 말인지 알 수 없도록 되어 있는데, 그것은 우리 말과는 아주 바탕부터 다르기 때문이다. 가령 "춘삼월호시절"이라든지 "엄동설한풍"이라면 시골의 농사꾼이라도 그 뜻을 알아듣지만 "혈의 누"라든지 "해에게서 소년에게"라면 도무지 무슨 말인지 알 수 없거나 엉뚱한 다른 말로 오해하게 되는 것이다.

우선 소설의 제목부터 생각해보자. 『血의 淚』, 『鬼의 聲』(이상 이인직 소설), 『燕의 脚』, 『花의 血』(이상 이해조 소설) ─ 이런 소설제목은 우리 말이라 할 수 없다. 말이란 입으로 소리 내는 것을 귀로 알아들을 수 있어야 하겠는데 "혈의 누" "귀의 성" "연의 각" "화의 혈"―이게 무슨 말인가? 다 같은 중국글자말이라도 옛날이야기 제목은 누구든지 들어서 알 수 있는 말로 되어 있다. 『춘향전』 『심청전』 『사씨남정기』 『임진록』······ 이와 같이. 『血의 淚』를 우리 말로 쓰자면 마땅히 '피눈물'이 되겠고, 『鬼의 聲』은 '귀신 소리'다. 우리 말로 쓰지 않고 중국글자를 한 자씩 써서 그 음으로 읽도록 해놓고는 그 중국글자를 잇는 토 의를 쓴 것이 바로 일본글을 그대로 따라 흉내 내었기 때문이다.

이인직이 일본에 유학 갔을 무렵, 그리고 신소설을 처음 발표했을 때 일본에서 나왔던 소설 이름을 참고로 몇 가지 들어보면, 『思出の記』(德富蘆花, 1900), 『火の柱』(木下尙江, 1904), 『野菊の花』(伊藤左千夫, 1906) 이런 것이 있고, 그 무렵 나오던 잡지에는 『都の花』 『心の花』 같은 것이 있었다. 이런 소설 제목이나 잡지 이름에 나오는 중국글자를 일본인들은 모두 그들 말로 새겨서 읽는다. 일본말로 읽는다기보다 일본말을 편의상 중국글자로 적은 것이다. 그런데 우리 나라 문인들은 우리 말로 읽을 수 없는 중국글자를 써놓고, 더구나 우리 말법에 나오지 않는 의를 중국글자와 범벅으로 써놓았으니 이게 무슨 꼴이 되겠는가?

우리 글에서 일본식 중국글자말과 일본식 맞춤말이 쓰이게 되는 것이 이렇게 하여 신소설 이후가 된다. 소설의 제목부터 일본말꼴로 되는 것은 이인직과 이해조 이후 끊임없이 나타난다. 『疑心의 少女』(김명순, 1916), 『少年의 悲哀』(이광수, 1917), 『愛慾의 彼岸』(이광수, 1936), 『無能者의 안해』(김동인, 1930), 『深夜의 太陽』(김기진, 1934), 『B女의 素描』(이무영, 1934), 『流鶯記』(계용묵, 1937), 『明日의 鋪道』(이무영, 1937), 『大地의 아들』(이기영, 1937), 『大地의 虐待』(오유권, 1964)······ 이밖에도 많이 있을 것인데, 비록 '귀의 성' 꼴은 아니지만 우리 글로 써서는 그 뜻을 알아보기 어렵거나, 쉬운 우리 말이 있는데도 공연히 어려운 중국글자말을 써놓고 의 토로 이어놓은 이런 말은 모두 일본글을 따라서 쓴 것이다.

이제 소설의 문장을 좀 살펴보자.

　겨울 추위 저녁 기운에 푸른 하늘이 새로이 취색하듯이 더욱 푸르렀는데 해가 뚝 떨어지며 북서풍이 슬슬 불더니 먼 산 뒤에서 검은 구름 한 장이 올라온다. 구름 뒤에 구름이 일어나고, 구름 옆에 구름이 일어나고, 구름 밑에서 구름이 치받쳐 올라오더니, 삽시간에 그 구름이 하늘을 뒤덮어서 푸른 하늘은 볼 수 없고 시커먼 구름 천지라. 해끗해끗한 눈발이 공중으로 회회 돌아 내려오는데, 떨어지는 배꽃 같고 날아오는 버들가지같이 힘없이 떨어지며 간 곳 없이 스러진다. 잘던 눈발이 굵어지고, 드물던 눈발이 아주 떨어지기 시작하며 공중에 가득 차게 내려오는 것이 눈뿐이요 땅에 쌓이는 것이 하얀 눈뿐이라. 쉴 새 없이 내리는데, 굵은 체 구멍으로 하얀 떡가루 쳐서 내려오듯 솔솔 내리더니 하늘 밑에 땅덩어리는 하얀 흰무리 땅덩어리같이 되었더라.

　이것은 『은세계』(銀世界) 첫머리다. 여기 그려놓은 구름의 모양이나 눈이 내리는 모양은 아주 눈앞에서 보는 것같이 자세하게 그려놓아 오늘날 소설에서 볼 수 있는 정경묘사와 크게 다름이 없는 듯하다. 그런데 여기 나타난 구름은 아무래도 여름 구름을 겨울 구름으로 잘못 생각해서 썼다. 겨울날 눈이 올 때는 구름이 이렇게 나타날 수가 없다. 오늘날 소설문장이 사실과는 달리 제멋대로 된 표현을 예사로 하는 말재주 놀이로 떨어진 경향이 벌써 이때부터 보이고 있다고 할밖에 없다.
　같은 작가가 썼고 『은세계』보다 5년 뒤에 나온 『모란봉』(牡丹峰) 첫머리는 다음과 같다.

　열요(熱鬧)하기로 유명한 샹푸란시쓰고(桑港)의 야소 교당 쇠북소리는 세간진루(世間塵累)가 조금도 없이 맑고 한가하고 고요하고 그윽한데, 여음(餘音)이 바람을 따라 흩어져 나가다가 수천미돌(米突)

밖의 나지막한 산을 은은(隱隱)히 울리며 스러지고, 산 아래 공원 (公園) 속에 가목무림(佳木茂林) 푸른빛만 보인다. 천기청명(天氣淸明)한 일요일에 공원에 산보(散步)하러 모여드는 신사(紳士)와 부인은 한가한 겨를을 타서 한가히 놀러 온 사람들이라. 그 사람 모인 공원은 다시 열요장되어 복잡한 사회현상(社會現象)이 또한 이 가운데에 보이는데, 유심한 사진가(寫眞家)가 전 사람의 자취 비밀히 감추인 것(前人踪跡秘密藏)을 후인에게 전하려고 사진 기계를 가지고 다니면서 이리저리 둘러보다가, 취미 있는 진상(眞狀)을 가려서 박고 박는데, 열요한 사람들은 간단(間斷)없이 활동(活動)이라.

여기 나오는 어려운 중국글자말들을 신소설 작가들은 마땅히 청산해야 했는데 그것을 못 했다. 마땅히 청산해야 했다는 말은 덮어놓고 하는 욕심이 아니다. 이『은세계』보다 12년이나 앞서 나온『독립신문』의 논설문이 이 신소설의 문장보다 훨씬 더 쉬운 우리 말로 씌어 있기 때문이다. 그리고 "열요" "세간진루" "가목무림" 따위 중국글자말도 문제지만 "천기" "산보" 따위 일본식 중국글자말을 쓰기 시작한 것이 더욱 큰 문제다.

소설의 제목에서 관형격조사 의를 일본말 'の'를 따라 함부로 썼다고 했지만, 신소설의 문장에서는 의를 그렇게 마구잡이로 쓰지는 않았다. 그러나 옛이야기와는 달리 의가 많이 나온다. 의심할 여지 없이 일본글의 영향이다. 몇 군데 보기를 든다.

- 사람이 생목숨을 버리는 것은 사람의 제일 설워하는 일인데……『혈의 누』
- 복문 안의 김광일의 집에는『혈의 누』
- 대동강 물에 빠져죽으려고 나가던 날의 세상 영결하는 말이라『혈의 누』
- 난장이 같은 그림자가 옥련의 뒤를 따라간다「모란봉」
- 김광일의 말은 옥련이가 떠나기 전에 성례하는 것이 가하다 하나,

구완서의 말은……「모란봉」
- 최본평의 내외가 억척으로 벌어서……「은세계」
- 강원감사로 내려오던 날부터 강원 일도 백성의 재물을 긁어들이느라고 눈이 벌개서 날뛰는 판에 영문 장사들이 각 읍의 밥술이나 먹는 백성을 잡으러 다니느라고……「은세계」
- 맹모의 삼천하시던 교육이 없이……「자유종」
- 민족의 부패함도 학문 없는 연고요,「자유종」
- 본래 가정의 학문이 상없지 않고……「빈상설」

우리 말에서 극히 드물게밖에 쓰지 않던 이 의는 신소설 이후 점점 많이 쓰게 되어 우리 말이 일본말 같은 짜임으로 되어버린다.

다음, 문장의 종결어미를 보면 "이라" "이더라" "이러자" "더라" "았더라" "는지라"와 같은 "라"형이 가장 많고, "는가" "런가" "던가" "아닌가"도 적지 않게 나오는데, 옛이야기에는 극히 드물게 나타나던 다 형이 "라"형 다음으로 많이 나온다. 이 다 형은 동사의 진행형으로 많이 쓰고, 가끔 형용사에서도 나타난다. 다를 이렇게 신소설에서 많이 쓰게 된 것도 일본글의 영향이라고 본다.

4. 이광수의 『무정』

1917년에 나온 이광수의 『무정』(無情)은 우리 신문학사에서 처음으로 나타난 장편소설이고, '언문일치' 문장을 완성한 작품으로 기념비가 될 만하다고 모두가 말하고 있다. 과연 이 작품에서 우리 말이 어떻게 씌어 있는가 살펴보자.

먼저, 중국글자말을 어느 정도로 걸러내었는가 하는 문제인데, 옛 소설이나 신소설같이 중국글투를 섞거나 중국글자말을 함부로 쓰지는 않았다. 그러나 우리 말로 써도 될 중국글자말이 가끔 나온다.

• 김 장로 딸 선형이가 명년에 미국 유학을 가기 위하여 영어를 준비할 차로 이형식을 매일 한 시간씩 가정교사로 고빙하여……

여기 나오는 말 고빙하여는 아무래도 답답하다. 유식한 양반들이 쓰는 말을 그대로 소설에 써서야 제대로 된 우리 말 문장이라 할 수 없다. 그리고 "준비할 차로"가 문제다. 이 차로는 그 당시 선비들 입에서 흔히 나온 말이었을 것이다. 『혈의 누』에도 "빠져죽을 차로"가 나오고, 『은세계』에도 "안심시키려던 차에"가 나온다. 그러나 아무리 입으로 쓴다고 하더라도 그보다 더 쉽고 깨끗한 일상의 말—곧 서민들의 말이 있으면 당연히 그 쉬운 우리 말을 써야 한다. '준비하려고' '준비하러' 이렇게 얼마든지 쓸 수 있다.

이 차로는 "여행차" "출장차" 같은 말로 아직도 글을 쓰는 모든 사람들이 버리지 못하고 있다. 입으로 하는 말에는 "여행하러" "출장하러"라고 쓰는데 글쟁이들은 차를 쓰고 있는 것이다.

• 형식은 지위와 재산의 압박을 받는 듯해 일변 무섭기도 하고……

요즘 글을 쓰는 이들이 왜 '한편'이란 말을 쓰지 않고 일변이라고만 쓰는가 참 답답하게 여겼더니, 신문학 초창기의 소설을 읽고 비로소 그 의문이 풀렸다. 작가들이 입말을 쓸 줄 모르고 책 속의 글말을 그대로 다시 글로 옮겨 쓰고 있다는 것을 여기서도 알게 되었다. 이 일변도 『은세계』부터 나온다.

• 선형의 눈썹과 입 언저리는 그 모친과 추호 불차하니, 이 눈썹과 입만 가지고도 미인 노릇을 할 수가 있으리라.

여기 나오는 "추호 불차하니"는 고대소설에나 나올 말이다. 족히도 일상에서 쓰는 말이 아니다.

- 이는 청년 남녀가 가까이 접할 때에 마치 음전과 양전이 가까워지기가 무섭게 서로 감응하며 불꽃을 날리는 것과 같이 면치 못할 일이며,

요즘 젊은이 말을 할 때도 흔히 "그 소식에 접해서" "그 책을 접했어요" 하고 말한다. '왜 우리 말이 이렇게 더럽게 되어가는가' 한탄했더니 그 근원이 이광수 때부터 써온 소설가들의 글에 있었다. '언문일치' 문장의 모범이 된다는 소설이 이런 꼴이 되어 우리 말을 더럽히는 일에 앞장서 왔던 것이다. 지금까지 '출원문고'(우신사)로 나온『무정 상』에서 12쪽까지 읽고 보기를 든 것이다.

다음은 관형격조사 의를 어떻게 썼는가 살펴본다.

- 북편 벽의 한 길이나 되는 책상에 신구서적이 쌓였다.

여기 나오는 "벽의"는 '벽에'로 써야 우리 말이 된다. 의를 이렇게 쓰는 것은 일본글에서 영향을 받은 것이 분명하다.

- 부인과 여학생도 읍하고, 장로의 가리키는 교의에 걸터앉는다.
- 형식은 영채의 지나온 이야기를 들으려 하여 묻기를 시작한다.
- 노파는 숨소리도 없이 영채의 기운 없이 말하는 입술만 보고 앉아서
- 그리고 형석은 어서 영채의 그 후에 지낸 내력을 듣고 싶었다. 영채의 하는 말은 꼭 자기의 생각한 바와 같으려니 하였다.

앞에 든 여러 대문에 나온 의는 모두 '가'로 써야 우리 말이 된다.

- 그네의 조상이 일찍 거지로 다른 부자의 대문에서 그 집 개로 더불어 식은 밥을 다룬 적이 있었고, 또 얼마 못하여 그네의 자손도 장차 그리 될 날이 있을 것이다.

 이 글을 우리가 하는 말대로 쓴다면 "그네의"에서 의를 없애고 '그네'로만 써야 하겠고, "부자의 대문"은 '부잣집 대문'이라 써야 할 것이다. '언문일치'를 목표로 썼다는 글이 이 모양으로 된 것은 "언"이란 것이 백성의 말, 민중의 말이란 사실을 전혀 깨닫지 못하고, 지식인들이 책, 곧 일본책만 읽고 그 책에서 배운 글을 그대로 자기의 말이라 생각하였기 때문이다.
 다음은 문장의 끝맺음을 어떤 모양으로 썼는지 알아보자.
 이인직과 이해조가 쓴 신소설에서는 "라"가 가장 많고 다는 주로 동사의 진행형으로 되어 "라" 다음으로 많이 나오는데, 『무정』에 와서는 "라"가 첫머리에 몇 번 나오더니 그 뒤로는 거의 안 나온다. 그래서 대부분의 맺음꼴이 다로 되어버렸다. 물론 오늘날의 소설에 견주면 "는고" "는지도" "리오" "는가" 들이 여기저기 나오고, 같은 다라도 "렷다"까지 섞여 적잖이 다르지만, 오늘날의 소설문체 다 형이 이광수의 『무정』에서 아주 굳어졌다는 것은 누가 보아도 뚜렷하다. 그리고 과거형 었다도 이광수 소설에서 처음 나온다.
 이와 같이 소설문장의 맺음꼴이 재미없는 다 한 가지로만 되어버린 까닭은 일본글의 영향뿐 아니라 다른 몇 가지 원인도 겹쳐 있다고 보지만, 여기서 그런 문제까지는 말할 필요가 없겠다. 이미 다 형 문체로 굳혔으니 었다를 쓴 것도 필연의 일이라 본다. 다만 여기서 이광수가 저지른 가장 큰 잘못을 한 가지 지적하지 않을 수 없으니, 그것은 과거완료형이라는 었었다를 아무런 원칙도 없이 여기저기 함부로 써놓은 것이다.

- 박 진사의 집에 남은 것은 두 며느리와 영채와 형식뿐, 영채의 모

친은 영채를 낳고 두 달이 못 되어 <u>별세하였었다</u>.
그 후에 박 진사의 사랑에 있던 학생도 몇 사람 붙들리고 형식도 증거인으로 불려<u>갔었다</u> 이틀 만에 놓였다.

이 있었다는 『무정』 전편에 걸쳐 가끔 불쑥 나타나고 하는데, 이것을 어떻게 보아야 할까? 신소설에는 단 한 군데도 나오지 않았다. 신소설에는 었다조차 안 나온다.

이 었었다는 일본말의 영향을 받은 것이 아니고 영어의 영향을 받은 것이다. 영어를 배우는 가운데 우리 말로 옮기면서 동사의 과거완료란 때매김을 이렇게 쓸 수도 있었겠지만 그보다도 우리 말법을 영문법에 맞추어 적어놓은 학자들의 책을 배운 결과가 이렇게 되었다고 본다. 그러니까 유길준의 『대한문전』(大韓文典, 1909)이나 주시경의 『국어문법』(國語文法, 1910)과 『조선어문법』(朝鮮語文法, 1911)이 나오기 전에는 어떤 소설이고 소설 아닌 글에도 결코 이 었었다를 쓰지 않았던 것이다.

『무정』이 나오고 70년도 더 지난 오늘날에도 거의 모든 소설가들이 었었다를 아무 원칙도 없이 쓰면서 그 정체를 깨닫지 못하고 있다. 이래서 70년도 넘게 끊임없이 글을 써서 우리 말을 오염시킨 결과 오늘날에는 20대나 30대의 젊은이들이 보통으로 하는 입말에서도 예사로 었었다가 나오게 되었다. 그러나 아직도 이 말은 글 속에서 자라지 않고 글로써 살아가지 않는 사람들은 결코 쓰지 않는다. 우리 말의 특성과 아름다움을 파괴하는 말은 아무리 글을 쓰는 사람들이 예사로 쓰고 있다고 해도 결단코 그것을 우리 말로 인정해서는 안 된다고 본다.

『무정』 이후에 나온 이광수의 소설을 한두 군데만 들어 지금까지 언급한 문제를 보충해본다.

• 최석(崔晳)<u>으로부터</u> 최후의 편지가 온 지가 벌써 일 년이 지났다.

이것은 1933년에 발표한 장편소설 『유정』(有情)의 첫머리다. 여기 나오는 -으로부터는 아직도 입말이 되어 있지는 않다. 당연히 '-한테서'라고 써야 할 것이다.

역시 같은 책을 한 장만 넘기면 다음과 같은 대문이 나온다.

- 작년 이맘때, <u>초추의</u> 바람이 아침저녁이면 쌀쌀할 때에 나는 최석의 편지를 받았고 그 후 한 달쯤 뒤에 최석을 따라서 떠났던 남정임<u>에게로부터</u> 또한 편지를 받았다.

먼저 초추란 말인데, 나는 얼마 전 어느 책에서 "초추란 말은 아름답다. 초가을이라 해도 될 것을 초추라고 하니 괜한 낭만이 생긴다"고 쓴 어떤 분의 수필을 읽고, 세상에 이런 사람도 있는가 하고 놀란 일이 있는데, 이광수 소설에서 이 초추를 발견하고 쓴웃음을 짓지 않을 수 없었다. 소설가들은 자기가 쓴 말이 이렇게 우리 온 국민들의 머리에 가슴에 스며들어가 있다는 것을 영광으로만 생각할 것이 아니라 참으로 두렵게 여겨야 할 것이다. 그리고 에게로부터가 나오는데, 이것도 '한테서'라고 써야 한다. 이러니까 오늘날 글을 쓰는 사람들은 입으로 하는 말 '한테서'는 안 쓰고 으로부터, 에게로부터와 같은 어설픈 글말만 쓰면서 유식함을 자랑한다.

다시 몇 줄 다음에 이런 대문이 나온다.

- 나는 이 사람의 편지를 다만 정리하는 <u>의미에 다소의 철자법적 수정을 가하면서</u> 될 수 있는 대로 본문을 상하지 아니하도록 옮겨 쓰려고 했다.

여기 나오는 "의미에 다소의 철자법적 수정을 가하면서"는 아무리 좋게 봐도 이것을 소설의 문장이라 할 수 없다. '뜻으로 얼마쯤 글자를 고치면서'로 써야 할 것이다. -적 하는 일본식 중국글자말이 소설에까지 나오게 되었다.

- 입감한 지 사흘째 되는 날, 나는 병감으로 보냄이 되었다.

이것은 『문장』(文章) 창간호(1939)에 실린 중편 「무명」(無明)의 첫머리다. 이 소설의 제목도 문제이지만, "보냄이 되었다"가 뭔가? 이런 글을 우리가 지금까지 '언문일치'의 문장이라 태산같이 믿고 따랐으니, 지금이라도 우리가 쓰고 있는 글을 철저히 따져보지 않는다면 우리 스스로 어떤 죄를 지을는지 모른다.

5. 김동인의 문장론과 문장

김동인은 이광수의 뒤를 따라 나온 소설가다. 김동인은 「나의 소설」이란 제목으로 쓴 글에서 이광수가 쓰기 시작한 "구어체"를 "자기가 다시 한 걸음 더 앞으로 나가도록 개혁해서 완성했다"고 하면서, "처음으로 우리 말 '문체'를 만들어 쓸 때 얼마나 힘들고 어려웠던가"를 말하고 있다. 여기서 김 씨가 말한 것을 몇 가지로 나누어, 과연 그가 혁신하거나 완성했다는 것이 어떤 것인가를 살펴보기로 하자.

첫째는 이광수가 썼던 "더라"를 안 쓰고 다로만 썼다는 말에 대해서다.

- 물론 그 '깨닫겠더라'의 '더라'도 구어(口語)에도 사용되는 것이지만, 우리의 양심은 '깨닫겠다'라 하여 철저히 하여 놓지 않으면 용인치 못하였다. 당시의 춘원의 작품은 구어체(口語體)라 하여도 아직 많은 문어체(文語體)의 흔적이 있었다. '이더라' '이라' '하는데' '말삼' 등을 그의 작품 도처에서 볼 수 있었다. 이러한 불철저한 것은 모두 배척하지 않을 수 없었다.

김동인의 첫 작품인 「약한 자의 슬픔」은 이광수의 『무정』보다 2년 뒤인 1919년에 나왔다. 앞에서도 말했지만 우리가 쓰는 소설의 문체 다 형은 『무정』에서 아주 자리가 잡혔다. 이 『무정』과 같은 해에 발표된 이광수의 단편 「소년의 비애」에는 "라" "건마는"이 몇 군데 나오고, 같은 다 어미라도 현재진행형인 "한다"가 많이 나온다. 또 어색한 중국글자말투성이에다가 일본글 번역투 의도 함부로 나오는데, 김동인 씨가 『무정』을 안 읽고 「소년의 비애」만 보았을 리가 없다. 그리고 가령 『무정』에 다가 아닌 여러 가지 맺음꼴이 더러 섞여 있다면 오히려 그것이 우리 말을 더 잘 나타낸 것이라고 보아야 할텐데, 그 여러 가지 재미있게 쓰인 맺음꼴을 모조리 없애고 다 한 가지로만 쓴 것을 "동인만의 문체" "구어체 문장의 완성"이라 자랑스럽게 말하고 있는 것은 큰 잘못이라고 본다. "다만 쓰면 '구어체'"라고 생각한 것부터 크게 잘못되었다. 이것은 자기도 모르게 일본글을 따르게 된 때문이다.

'깨닫겠더라'를 "깨닫겠다"라 하여 "철저히 해놓지 않으면 용인치 못하였다"고 했는데, '깨닫겠더라'와 "깨닫겠다"는 그 뜻이나 말의 느낌이 많이 다르다. '깨닫겠더라' 하면 지난 일을 돌이켜보는 뜻이 나타나고, 또 감탄하는 뜻도 들어 있는 말이 되니, "깨닫겠다" 하고 잘라 말하는 것과는 달리 써야 하는 것이다.

그다음에는 '한다' '이다'와 같은 '현재법 서사체(敍事體)'를 안 쓰고 풀이말의 맺음꼴을 모두 과거형으로 써서 "'구어체'가 완성되도록 했다"는 말에 대해서다. 그렇게 한 까닭은, 현재형을 써서는 "근대인의 날카로운 심리와 정서를 표현할 수 없고 주체와 객체의 구별이 명료치 못함을 깨달았기 때문"이라 했다. 그러나 이것은 도무지 그 근거가 있을 수 없는 말이다. 어떤 일이나 행동이 분명히 끝나거나, 몇 가지 일이나 행동이 차례로 일어나고 이뤄지는 것을 시간이 흐름에 따라 이야기할 때는 마땅히 과거형으로 써야 하고, 그렇게 쓰지 않을 수 없다. 그러다가 눈앞에 펼쳐진 어떤 상황을 그려 보일 때는 현재형으로 쓰는 것이 좋고, 또 저절로 그렇게 쓰게 된다. 우리가 입으로 지껄이는 이야기 말을 생각해보아도 그렇게 돼 있음을 깨달을 수 있다. 그런데 김동인 씨는 어째서 현재형을 모두 배척하고 과거형으로만 썼는가? 어째서 "구어체의 완성"이라고 착각했는가?

김 씨는 과거형으로 맺는 문체를 자리 잡기 위해 얼마나 애썼던가를 말하면서, 현재형으로 쓴 글과 과거형으로 쓴 글을 함께 나란히 써놓고 그것을 "심독음독(心讀音讀)을 몇 번이나 하였던가? 껍질을 깨뜨린다 하는 일은 과연 어려운 일이었다"고 돌이켜보고 있다. 그러나 소설에서 쓰는 글이 제대로 살아 있는 말이 되어 있는가를 알아보려면 그렇게 글을 써놓고 혼자 자꾸 읽고 생각하고 그래서 자기 기분을 확인할 것이 아니라, 차라리 글을 써서 시골 사람들에게 읽어 들려주고는 그 반응을 알아보든지, 시골 사람들이 이야기하는 말이 어떤가를 살펴서 그 말을 따라 씀이 옳다고 본다. 책만 읽고 글만 쓰는 사람이 그렇게 해서 혼자 글만 자꾸 쓰고 읽고 해서 스스로 만족하는 문체가 과연 민중이 읽어야 할 이야기글체가 된다고 할 수 있을까?

김 씨는 소설문장을 과거형으로 완성한 그 어려움을 말했지만 그것은 이미 이광수가 다 닦아놓은 길이다. 그리고 "일본에서는 아직도 'シタ'와 'スル'가 철저히 구획(區劃)되지 않았는데, 필자의 처녀작은 「약자의 슬픔」이다"라고 말했지만, 이것은 모르고 한 말이다. 일본 메이지 시대에 나온 소설부터 어느 것을 읽어도 'シタ'란 과거형과 'スル'란 현재형을 구별하지 않고 쓴 글은 없다. "구획하지 않고 썼다"란 말은 무슨 뜻인가? "한 작품 안에 현재형이나 과거형 중 그 어느 것 한 가지로만 통일해서 써야 한다"는 말이라면 서사문이란 것을 전혀 모르고 한 말이라고 할 밖에 없다.

어떤 소설이고 과거형으로만 썼을 때 그 글이 단조롭고 이야기 진행이 한결같아 재미가 덜할 것은 물론이고, 때로는 매우 불편할 것이 뻔하다. 그리고 사실은 그렇게 쓸 수도 없다. 김 씨는 자기가 "발명"했다는 그

문체로 쓴 작품의 보기로 「감자」를 들었는데, 바로 그 「감자」란 작품조차 마주이야기가 나오는 대문에서는 "그의 팔에 늘어진다"고 현재형을 쓰고 있다. 물론 이밖에 다른 작품에서도 현재형을 아주 없애지는 못했다.

이렇게 과거형을 고집하는 김동인 씨가 "과거완료형"이란 것을 어떻게 생각했는지 모르지만, 이광수의 소설과 다름없이 김동인 씨의 소설에도 여기저기 었었다가 불쑥불쑥 나오고 있다.

세 번째는 그라는 대명사를 자기가 처음으로 썼다고 말한 문제다.

- 춘원(春園)의 작(作)에 '그'라고 한 곳이 두세 군데 있기는 하지만 보편적으로 사용치 못하였다. 춘원은 지금의 '그'라고 쓸 곳을 대개 이름(고유명사)으로 하여버렸다. He와 She를 모두 '그'라고 보편적으로 사용하여버린 때의 용기는 지금 생각하여도 장쾌하였다.

이광수가 그를 안 쓰고 사람의 이름을 쓴 것은 잘한 일이었다. 우리의 이야기 말에는 삼인칭대명사가 안 나온다. '그 아이' '그 사람' '그 놈' '그 호랭이'와 같이 관형사로 쓰기는 했다. 그런데 사람이름을 안 쓰고 그란 대명사를 쓴 것을 아주 큰 공으로 생각한 모양인데, 이것 역시 일본 소설의 문장을 따라간 것이라 생각된다. 김동인 씨는 그만 썼지만 그 뒤의 소설가들은 서양말같이 남녀를 구별해서 그, 그녀로 써서 우리 소설문장이 점점 더 말에서 멀어져갔던 것이다.

여기서 그를 어떻게 썼는지, 「감자」에서 한 대문을 보기로 한다.

- 그는 열다섯 살 나는 해에 동네 홀아비에게 80원에 팔려서 시집이라는 것을 갔다. 그의 새서방(영감이라는 편이 적당할까)이라는 사람은 그보다 20년이나 위로서, 원래 아버지의 시대에는 상당한 농민으로 밭도 몇 마지기가 있었으나 그의 대로 내려오면서는 하나둘 줄기 시작하여서 마지막에 복녀를 판 80원이 그의 마지막

재산이었다. 그는 극도로 게으른 사람이었다. 동네 노인의 주선으로 소작밭개나 얻어주면 종자만 뿌려둔 뒤에는 후치질도 안 하고 김도 안 매고 그냥 버려두었다가는 가을에 가서는 되는 대로 거둬서 '금년엔 흉년입네' 하고 전주집에는 가져도 안 가고 혼자 먹어 버리곤 하였다. 그러니까 그는 한 밭을 이태를 연하여 붙여본 일이 없었다. 이리하여 몇 해를 지내는 동안 그는 동네에서는 밭을 못 얻으리만큼 인심과 신용을 잃고 말았다.

여기 든 글 가운데 그가 여덟 번 나오는데, 이렇게 한 대문에 나오는 그는 같은 사람을 가리키는 말이 되어야 하는데도 다른 사람으로 되어 있다. 처음 세 번 나오는 것은 복녀를 가리키고, 그다음부터는 복녀의 남편을 가리키는 말이 되어 있는 것이다. 이래서 대명사 그를 쓰면 때로는 글을 이해하는 데 혼란을 일으킨다고 해서 뒷날의 소설가들이 그녀란 말을 일본 소설과 서양 소설을 따라 또 하나 만들어 쓰는 구실을 주었다.

넷째는, 지난날 우리 소설가들이 어떤 말을 귀한 우리 말이라 깨닫고 있었던가를 생각하게 하는 대문이 있다.

• 형용사와 명사의 부족도 곤란이었다. 지금 보통으로 쓰는 형용사 가운데도 당시의 개척자의 땀이 얼마나 섞여 있는지? 이런 말 혹은 이런 형용사는 너무 상스럽지 않은지, 야비하지나 않은지, '그'라는 대명사는 과연 적당한지 ─ 필자의 당시의 기억을 보면 몇 번을 읽어보고 한 뒤에 자기 스스로가 암송하여져서 그 '야비됨과 그 상스러움'을 모르게 된 뒤에야 발표할 용기가 생겼다.

이처럼 낱말을 가려서 쓰는데 고심했다고 말했는데, 이 작가가 쓴 문장을 보아서 도무지 이해가 안 된다. 더구나 형용사와 명사가 모자란다고 했고, 우리 말이 상스럽고 야비한 느낌이 들어쓰기가 주저되었다니 무슨 소린가? 우리 말을 이처럼 보잘것없는 것으로 낮춰보는 사람이 소설을 썼다는 것은 놀라운 일이다. 모국어를 욕되게 하는 말이라고 할밖에 없는 이런 태도는 더 따지고 살필 것도 없이 옛날부터 양반과 지식인들이 가지고 있던 말과 글에 대한 뿌리 깊은 사대주의 관점—곧 중국 글자말과 그밖에 남의 나라 말과 글은 높이 우러러보면서 서민들이 쓰는 순수한 우리 말은 미개하고 야비한 말이라고 보는 관점에서 나온 것이다.

다음에 드는 이 작가의 문장에서 이 문제를 좀더 생각해보기로 하자. 묶음표 안의 말은 내가 써 넣은 것이다.

- 고함을 발하였다. (→질렀다.)
- 복습을 필한 후에…… (→끝낸)
- 마음속에서 쟁투하고 있었다. (→싸우고)
- 공상이 속속이 머리에 왕래하였다. (→연달아 | →오갔다.)
- 그와 동정도로 가고 싶었다. (→같은 정도로)
- 미안을 감하였다. (→미안하게 여겼다.)
- 혐오의 정과 수치의 염이 나지마는…… (→미운 감정과 부끄러운 느낌이)
- 전광과 같이…… (→번개같이) 「약한 자의 슬픔」

여기 든 글들에서 묶음표 안에 적어놓은 것과 같은 쉬운 말을 안 쓴 것은, 그런 말을 그 당시에 쓰지 않았거나 이 작가가 몰라서 그랬던 것은 결코 아닐 것이다. 다만 좀더 '품위'가 있는 말로, '상스럽지' 않은 말로 쓰려고 하다 보니 이런 중국글자말을 쓰게 되었으리라 본다.

이와 같이 명사와 동사와 부사뿐 아니라 토에서도 이른바 '상스러움'을 피하려고 했던 것 같다.

- 복녀는 얼굴이 새빨갛게 되면서 감독에게로 돌아갔다. 「감자」

이 에게로란 토가 문제인데, 이런 토는 아직까지도 우리가 쓰는 입말에는 안 나온다. 이 보기글의 경우라면 '감독에게' 하든지 '감독한테'라고 말한다. 에게보다 '한테'가 더 널리 쓰인다. 그런데 사전을 보면 '한테'를 설명해서 "'에게'의 통속적인 말"이라고 해놓았는데, 이렇게 소설가들이 살아 있는 백성의 말을 쓸 줄 모르고 이상한 글말만 쓰다보니 이제는 사전까지 올바른 우리 말을 잘못된 말인 것처럼 적어놓게 되었다.

- 그의 손에 얼른얼른하는 낫이 한 자루 들리워 있었다. 「감자」
- 복녀의 손에 들리워 있던 낫은…… 「감자」

이 대문에 나오는 들리워는 누가 보아도 '쥐여'나 '잡혀'로 써야 할 것이다. 소설가가 글을 쓸 때 정확한 말, 실제로 쓰는 살아 있는 말을 찾아 쓰려고 하지 않고 "상스럽지 않은 말" "야비하지 않은 말"을 골라 쓰려고 하다 보니 이렇게 된다.

- 혹은 그런 일을 하면 탁 죽어지는지도 모를 일로 알았다. 「감자」

여기 나오는 죽어지는지도는 우리가 보통으로 하는 말이 아니다. '죽어버릴지도'나 '죽게 될지도'라고 써야 한다.

- 그 집의 방의 배치를 익히 아는 엘리자벳트는…… 「약한 자의 슬픔」
- 이 소리에 엘리자벳트의 용기의 대부분은 꺾어졌다. 「약한 자의 슬픔」
- 그는 남작의 자기를 들여다보는 눈으로 남작의 요구를 깨달았다. 「약한 자의 슬픔」

이런 글들에 나오는 대부분의 의 토는 일본글 번역투가 된 데서 생겨난 것이다. 우리 말을 골라 쓰는 표준이 상스러운가 고상한가에 있고 보니 백성들이 쓸 리가 없고 알지도 못하는 일본글 번역투의 말이 고상하고 유식하게 느껴질 수밖에 없다.

- 말은 짧지마는 이 말을 남작에게 하는 것은 엘리자벳트에게 큰 부끄러움에 다름없었다. 「약한 자의 슬픔」

우리 말로는 부끄러움에 다름없었다라고 하지 않는다. 위의 글을 살펴보면 누가 생각해봐도 '큰 부끄러움이었다'고 하든지, 그보다도 '(-것이) 엘리자벳트는 크게 부끄러웠다'로 되어야 한다고 판단할 것이다. 일본말 '-에 다름 아니라'를 여기서 다름없었다로 하여 과거형을 만든 것은, 모든 말끝을 과거형으로 일부러 통일했기 때문이라 생각한다.

제2장 1920년대 대표 작가들의 소설 문장
－전영택·현진건·염상섭·나도향·주요섭

여기서는 1920년대부터 활동한 다음 다섯 사람의 작품에서 가장 널리 알려진 단편을 골라서 살펴보기로 한다.

1. 전영택「화수분」(1925)
2. 현진건「貧妻」(1921),「운수 좋은 날」(1924)
3. 염상섭「표본실의 청개구리」(1921),「두 破産」(1949)
4. 나도향「물레방아」(1924),「벙어리 三龍이」(1927)
5. 주요섭「인력거꾼_」(1925),「개밥」(1927),「사랑손님과 어머니」(1935)

우리 신문학의 길을 열어놓은 이광수·최남선과 두 사람의 뒤를 이은 김동인, 이들 모두 일본에 가서 공부를 하고 온 사람들이다. 이들의 뒤를 이어 소설을 쓴 전영택·현진건·염상섭·주요섭·나도향 들도 모두 일본에 가서 문학 공부를 하고 온 사람들이다. 따라서 이분들이 남겨놓은 소설의 문장들이 한 걸음 앞서 간 사람들과 다름없이 외국글의 영향을 받았으리란 것은 쉽게 짐작할 수 있다.

1. 전영택의 「화수분」

「화수분」은 전영택의 대표작이라고 모두가 보고 있다. 그런데 이 작품에는 1920년대에 발표된 거의 모든 소설에 빠짐없이 나오고 있는 움직씨의 씨끝(동사 어미) -었었다가 신통하게 단 한 군데도 안 나온다. 일본뿐 아니라 미국까지 가서 신학 공부를 한 사람이 이런 글을 쓸 수 있었던 것은, 다른 작가들과는 달리 그 직업이 목사였기 때문에 그럴 수 있었던 것이 아닌가 생각된다. 방 안에서 책만 읽고 글을 쓴 사람이 아니라 언제나 사람들 앞에서 입으로 말을 하고 이야기를 하면서 살아간 사람이기에 그가 쓴 글도 우리 말이 될 수밖에 없었을 것이다.

그런데 이 작가도 지식인들이 쓰는 글말의 세계에서 아주 벗어나지는 못했다. 그 시대부터 모든 작가들이 잘못 쓰고 있는 일본식 매김자리토(관형격조사) 의를 쓴 대문이 두어 군데 보이기 때문이다.

- 나는 벌떡 일어나서 귀를 기울였다. 과연 아범의 우는 소리다. 행랑에 있는 아범의 우는 소리다.

여기 나오는 아범의는 마땅히 '아범이'로 써야 할 말이다. 그리고 이 작품 마지막에 나오는 다음 구절에도 의가 들어가 우리 말이 아닌 글말로 만들어 버렸다고 본다.

- 이튿날 아침에 나무장사가 지나가다가 그 고개에 젊은 남녀의 껴안은 시체와 그 가운데 아직 막 자다 깨인 어린애가 등에 따뜻한 햇볕을 받고 앉아서 시체를 툭툭 치고 있는 것을 발견하여 어린 것만 소에 싣고 갔다.

여기 나오는 젊은 남녀의를 '젊은 남녀가'로 고쳐서 읽어보라. 그 느낌이 아주 다를 것이다. 이것이 글말과 입말, 곧 남의 나라 글을 옮겨놓은 말과 우리 민중이 쓰는 살아 있는 말이 다른 점이다.
 이것은 남의 나라 말이 아니지만, 한 가지만 더 지적해보자.

> • 이 말을 들을 때에 나는 그 계집애가 우리 마루 끝에 서서 우리 집 어린애가 감 먹는 것을 바라보다가 내버린 감꼭지를 <u>쳐다보면서</u> 집어가지고 나가던 것이 생각났다.

 여기 나오는 쳐다보면서란 말은 잘못 썼다. 이 말을 아주 빼어버리든지, 아니면 그냥 '보면서' 해도 틀리지는 않는데, 쳐다보면서라니, 이 글에 나오는 형편으로 봐서 어떻게 쳐다본다는 말을 쓸 수 있겠는가? 감꼭지를 땅바닥에 던져버린 것이 아니라 마룻바닥에 버렸다고 하더라도 그것은 내려다본다고 해야 옳지, 쳐다볼 수는 없는 노릇이다. 말 하나를 가지고 이렇게 논란을 하는 까닭은, 이 쳐다보다란 말을 비롯해서 많은 말들을 작가들이 틀리게 쓰는 경향이 점점 더 심해져 가고 있는데, 이런 경향이 벌써 우리 근대문학이 출발할 때부터 비롯되었다는 사실을 말하고 싶은 것이다.
 작품을 쓰는 사람들이 글만 쓰면서 민중에서 떨어져 있다는 것, 작가들이 말을 삶 속에서 배우고 쓰며 살아가지 못하고 글 속에서 말을 배워 그대로 쓰자니 정확하지 못하게 쓴다는 사실에 주의하고 싶다. 이 작가와 같이 민중의 삶을 이해하여 사실을 정확히 그려 보이려고 한 사람도 이러하였다. 글만 쓰면서 살아간다는 것이 얼마나 잘못될 수 있는가는 누구나 마음에 새겨둘 일이다.

2. 현진건의 「빈처」 「운수 좋은 날」

 현진건은 염상섭과 함께 우리 문학에서 처음으로 사실주의를 크게 이룬 작가라고 모두가 알고 있다. 그런데 문장을 보면 이 사실주의가 어디서 온 것인지 좀 머리를 갸웃거리게 한다. 다음은 1921년에 발표된 「빈처」(貧妻)에 나오는 글들이다.

- 단둘이 고적하게 그날그날을 보내는 우리에게는 더할 수 없이 반<u>가웠었다</u>.
- 이런 것 저런 것 한참 이야기하다가 <u>돌아갔었다</u>.
- 나는 지식의 바닷물을 얻어 마시려고 표연히 <u>떠났었다</u>.
- 그가 애를 쓰며 퉁명스러운 옆집 할멈에게 돈푼을 주고 <u>시켰었다</u>.
- 이런 고생을 하면서도 그는 나의 성공만 마음속으로 깊이깊이 빌<u>었었다</u>.
- 나는 처가에 가기가 <u>싫었었다</u>.
- 어제 일이 있은 후로 우리 사이에 무슨 벽이 생긴 듯하던 것이 그 벽이 점점 엷어져 가는 듯하며 가엾고 사랑스러운 생각이 <u>일어났었다</u>.
- 이틀 뒤 해 어스름에 처형은 우리 집에 놀러 <u>왔었다</u>.

아무 원칙도 없이 제멋대로 여기저기 불쑥 불쑥 나오는 이 었었다를 어떻게 보아야 할까? 잘못된 문법책과 이광수의 『무정』 이후로 나온 소설 문장을 따라쓰려고 하다 보니 이렇게 되는 것이다. 「빈처」에는 아직 신소설이 많이 읽히던 때라 "알겠더라" "다가앉았더라" "눈물이 고이었더라" "놀았더라"와 같이 "라"로 끝나는 문장이 몇 군데 보이는데, 이것은 우리 이야기 글말의 전통을 잇고 있는 것이라 오히려 잘 되었다고 본다. 그런데 었었다가 제멋대로 나오는 것은 우리 말 우리 글이 아니다.

다음은 토 의 문제다.

- 이런 곤란에 그는 근 이 년 견디어 왔건만 <u>나의</u> 하는 일은 오히려

아무 보람이 없고……
- 그는 자기의 잘하는 것을 자랑하고자 함인지……
- 아내의 인사하는 소리가 들리더니……

이런 보기글에 나오는 나의, 자기의, 아내의는 모두 '내가' '자기가' '아내가'로 써야 우리 말이 된다. 말이 안 되는 글을 쓴 것은 글을 글로써 배웠기 때문이다. 남의 나라 글로써!

중국글자말도 입으로는 말하지 않는 말을 적지 않게 쓰고 있다. 돌연히(갑자기), 비소(誹笑)하고(비웃고), 의연히(여전히), 의아한(이상한, 이상하다는), 이외의 감이(뜻밖이란 느낌이), 얼굴은 혹사하다(얼굴은 똑같다. 얼굴이 아주 비슷하다.), 일변(한편)…… 이런 말이 어째서 어려운가, 왜 써서는 안 되는가, 할는지 모른다. 글만 읽고 쓰고 있는 사람은 그렇게 말할 것이다. 그러나 70년 전이고 오늘날이고 이런 말들은 입으로 하는 보통의 말로는 쓰지 않는다는 것만은 분명하다.

「빈처」에서 3년 뒤인 1924년에 발표한 「운수 좋은 날」에도 '라' 씨끝(종결어미)이 몇 군데 보이지만, "눈물을 흘릴 만큼 기뻤었다" "나도 아주 먼네가 앓는단 말은 들었었는데"와 같은 어설픈 었었다 꼴이 나온다.

의를 잘못 쓰고 있는 것도 여전하다.

- …… 하고 치삼의 주워주는 돈을 받아……
- 추근추근하게도 그 여자의 들고 있는 일본식 버들고리짝에 제 손을 대었다.

이런 보기에서 치삼의는 '치삼이'로 써야 할 것이고, 여자의는 '여자가'로 써야 할 것이다. 중국글자말에서는 "올 기운조차 시진(澌盡)한 것 같다"고 한 말이 나온다. 의아한 듯이, 일변 같은 말은 오늘날까지 많은 작가들이 버리지 못하고 있지만, 의연히, 병인(→병자, 아픈 사람) 같은 일본식 한자말을 어째서 그렇게 예사로 썼는지 이해가 안 된다.

3. 염상섭의 「표본실의 청개구리」 「두 파산」

염상섭의 「표본실의 청개구리」(1921)는 워낙 등장인물이 지식인들이어서 그렇겠지만, 우리 글자로 썼을 때 무슨 말인지 알 수 없는 중국글자말에 영어까지 나와서, 한갓 지식으로 희롱한 글같이 불쾌한 느낌이 든다. 이런 소설이 사실주의의 고전이라면 우리는 얼마나 불행한 문학의 유산을 가졌는가. 구조(口調), 산보(散步), 조자(調子), 입구(入口)와 같은 일본말도 나온다.

- 또한 현실폭도의 비애를 <u>감하여</u> 그리하였다 하면……

이 대문에 나오는 감하여를 읽고는, 아하, 이것도 일본말이었구나 하고 깨닫게 된다. 중국글자말을 이렇게 쓴 글이 의를 마구잡이로 쓰게 된 것도 당연하다.

- 야자수 밑에 앉은 <u>나체의</u> 만인(蠻人)을 생각하고…… (→야자수 밑에 앉은 벌거벗은 야만인을 생각하고)
- 단 <u>일 분의</u> 정거도 아니 하고 (→단 일 분도 멈추지 않고)
- <u>그때의 그의</u> 눈에는 (→그때 그의 눈에는, 그때 그 눈에는)

그런데 다음 경우는 아무리 읽어봐도 그 뜻을 알 수 없다.

- H가 내 꽁무니의 앉았던 자리가 동그랗게 이슬에 젖은 것을 보고 놀라는 데에는 대꾸도 아니 하고 나는 좀 선선한 증이 나서 양지로 나서면서 가자고 H를 끌었다.

"내 꽁무니의 앉았던 자리"라니 무슨 말인가? H가 '내 꽁무니'에 앉았다는 말인가? 자기가 어떤 자리 꽁무니 쪽에 앉았다는 말인가? 자기 꽁무니가 앉았다는 말인가? 어쨌든 꽁무니의는 '꽁무니에'나 '꽁무니가'로 고쳐야 한다. 그러고 나서 무엇을 쓰려고 했는지 그 뜻이 분명하도록 다른 부분도 고쳐야 할 것이다. "선선한 증이 나서"는 또 무슨 말인가?

- 그것은 보다 더 선한 것이거나 혹은 보다 더 악한 것이거나 하여간……

일본말 따라서 보다를 어찌씨(부사)로 쓴 것이 이 작품이 처음일는지 모른다. 움직씨(동사)의 때매김(시제)에서 지난적끝남(과거완료)이란 것을 꼴사납게 여기저기 써놓은 것도 퍽 거슬리는데, 모두 스물여섯 군데나 된다. 어찌된 일인지 앉았다, 섰다, 드러누웠다와 같은 말들은 거의 모두 었었다 꼴을 만들어놓았다.

그런데 「표본실의 청개구리」가 나온 28년 뒤인 1949년에, 같은 작가가 낸 「두 파산 (破産)」에는 었었다가 단 한 군데도 안 나온다. 그뿐 아니라 토 의를 일본글 번역체같이 쓴 곳도 없고, 한자말까지 문제될 것이 거의 없다. 이것은 놀랄 만한 성장이다. 나는 아직 이분의 다른 작품을 검토해보지 않았지만, 이 두 편만 견주어 보아도 이 작가가 소설을 우리 말을 다루는 이야기로 오랫동안 얼마나 진지하게 대해왔던가를 짐작할 수 있다.

4. 나도향의 「물레방아」 「벙어리 삼룡이」

나도향의 대표작 「물레방아」(1924)와 「벙어리 삼룡(三龍)이」(1927)도 -의와 -있었다로 오염된 문장에서 벗어나지 못했다.

- "너의 마음은 어떠냐?" 「물레방아」

이것은 마주이야기에 나오는 말인데, "너의 마음"이 아니라 '네 마음'이라야 할 것이다.

- 그는 사랑을 엿보고, 다시 뒤로 돌아서 건넌방 창 밑에 와 <u>섰었다</u>. 「물레방아」
- 그리고는 자기 방에 무엇을 생각하는 것처럼 두어 시간이나 두 눈만 껌벅껌벅 하고 <u>앉았었다</u>. 「벙어리 삼룡이」

어쩌다가 나오는 말이기는 하지만 이런 –었었다는 분명히 우리 말에 대한 깨달음이 없음을 보여준다. 그러니까

- 그는 <u>무의식하게</u>
  "정말이냐?"
  하고, 한 걸음 더 가까이 나섰다. 「물레방아」

이와 같이 '저도 모르게' 하고 쓸 것을 무의식하게라고 쓰게도 된다.

5. 주요섭의 「인력거꾼」 「사랑손님과 어머니」 그밖

주요섭이 맨처음에 발표한 「인력거꾼」(1925)과 「개밥」(1927)은 같은 시대에 나왔던 다른 작가들의 작품에 견주어 그 글이 깨끗한 편이다. 「인력거꾼」에 나오는 무의식으로(→저도 모르게), 본능적으로(→본능으로) 하는 말까지야 깨달을 수 없었더라도 "목이 갈한 것을"은 '목이 마른 것을'로 쓸 수 있었을 텐데 하는 생각이 든다. "하나님의 성신의 불로 그들의 죄를"은 '하나님께서 성신의 불로'라고 쓸 수 있었으리란 생각이 든

다. 또 「개밥」에서는 "주었었다"란 말이 한 군데 나오고, "어멈은 이 주인 내외의 하는 것이 모두 미친 것같이 보였으나" 하는 말에서 "주인 내외의"는 '주인 내외가'로 써야 할 것이다. 일절이란 말도 일본말 발음을 따라 쓴 것(「인력거꾼」에도 일절이 나온다)이다. 그러나 이 정도의 잘못은 깨끗한 글에 든다고 본다.

이 작가가 1935년에 발표한 「사랑손님과 어머니」는 유치원에 다니는 어린애의 눈으로 본 어른들의 세계를 그린 특이한 작품이다. 어린애가 하는 말로 되어 있기에 무엇보다도 글이 '말'로서 살아 있을 수밖에 없는데, 깨끗한 우리 말을 보여주고 있는 점에서 뛰어난 작품이라고 할 수도 있다. 하지만 군데군데 '말'이 될 수 없는 '글'이 드러나고 있는 것이 옥에 묻은 티가 되어 있는데, 이런 티는 순진한 어린애가 하는 말 속에 나타나 있기에 더욱 두드러지게 그 흠이 돋보인다.

- 이튿날은 <u>일요일인고로</u> 나는 어머니와 함께……
- 우리 유치원 선생님이 앉아 <u>있는고로</u> 울고 싶은 것을 아주 참았답니다.

이런 글에 나오는 -인고로, 있는고로는 아이들의 말일 수 없다.

- <u>그는</u> 한참이나 빙그레 웃고……

여기 나오는 "그는"도 아이들의 말이 아니다.

- 안방에는 불을 켜지 <u>않았었습니다.</u>
- <u>그랬었는데</u> 이렇게 갑자기 짐을 꾸리는 것을 보고 놀랐습니다.

이렇게 었었다 꼴도 두 군데나 나온다.

- 어머니의 입술이 어쩌면 그리도 뜨거운지요.

이런 데 나오는 "어머니의 입술"은 '어머니 입술'이라야 입말이 되겠고,

- 나는 갑자기 어머니의 기도하는 보드라운 음성이 듣고 싶어져서 말했습니다.

여기 나오는 어머니의는 마땅히 '어머니가'로 써야 할 것이고, 음성이도 '목소리가'로 써야 옳을 것이다.

- 요새 와서 어머니의 하는 일이란……

이것도 어머니의가 아니고 '어머니가'로 되어야 한다.

- 나는 어머니의 이 말씀에 놀라서 떼를 좀 써보려 했으나 석양에 빤히 비치는 어머니 얼굴을 볼 때 용기가 없어지고 말았습니다.

이 대문에서 "어머니의 이 말씀에"는 '어머니 말씀에'로, 석양은 '저녁 햇빛'으로, 용기가도 '힘이'로 쓰는 것이 어린아이의 말에 가까울 것이다.
 나는 이 「사랑손님과 어머니」를 읽고, 우리 소설가들이 이와 같이 어린애가 입으로 말하는 형식의 작품을 가끔 써봤으면 좋겠다는 생각을 해보았다. 아니면 아주 어린이들이 읽을 수 있는 동화나 소설이라도 좋겠지. 이런 작품을 쓰게 되면 어려운 말, 불순한 남의 말들을 저절로 버리게 되고, 지금까지 모르고 써왔던 잘못된 말과 말법이 환하게 떠올라 보일 것이라 생각한다. 「사랑손님과 어머니」에 나오는 "그런고로"라든지 "그는"이라든지 "어머니의 기도하는"이라든지 "그랬었는데" "석양" 따위 말들이 유치원에 다니는 어린애 말일 수가 없다고 했는데, 유치원 어린

애 말일 수 없을뿐더러 나이가 많은 어른의 말일 수도 없다. 달리 말하자면, 우리 말은 어린이가 쓰는 말이 가장 우리 말다운 말이다. 더구나 소설에서 쓰는 말이 그렇다고 본다.

제3장 카프 작가들의 소설 문장

여기서는 1920~30년대 우리 소설문학을 주도한 카프(조선프롤레타리아예술가동맹의 에스페란토어 약칭) 작가들의 글을 대강 살피기로 한다. 다룬 작품은 다음에 드는 단편들이다.

1. 최서해 「고국」(1924)
  「탈출기」(1925)
  「박돌의 죽음」(1925)
  「기아와 살륙」(1925)
  「홍염」(紅焰, 1927)
2. 이기영 「민촌」(1925)
  「쥐 이야기」(1926)
  「민며느리」(1927)
  「원보」(1928)
  「서화」(鼠火, 1933)
3. 조명희 「낙동강」(1927)
  「아들의 마음」(1928)
4. 한설야 「과도기」(1929)
  「씨름」(1929)

5. 송 영 「교대 시간」(1930)
6. 김남천 「공장 신문」(1931)
 「물」(1933)
7. 이북명 「암모니아 탱크」(1932)
 「민보의 생활표」(1935)
 「답싸리」(1937)
8. 박승극 「재출발」(1931)
 「풍진」(1933)
9. 백신애 「꺼래이」(1933)
10. 강경애 「원고료 이백원」(1935)
 「지하촌」(地下村, 1936)
 「어둠」(1937)

1. 최서해(1901~32)

최서해(최학송)는 어릴 때 보통학교를 중퇴하고 국내와 만주를 방랑하면서 온갖 힘드는 노동생활을 한 사람이다. 그래서 이 작가가 쓴 기막힌 가난한 사람들의 이야기는 모두 자기가 직접 겪었던 사실을 바탕으로 해서 쓴 것이라고 한다.

이 작가의 대표작으로 가장 널리 알려진 「탈출기」에서 한 대문을 들어보자.

한번은 이틀이나 굶고 일자리를 찾다가 집으로 들어가니 부엌 앞에 아내가(아내는 이때에 아이를 배어서 배가 남산 만하였다) 무엇을 먹다가 깜짝 놀란다. 그리고 손에 쥐었던 것을 얼른 아궁이에 집어넣는다. 이때 불쾌한 감정이 내 가슴에 떠올랐다.
'무얼 먹을까? 어디서 무엇을 얻었을까? 무엇이길래 어머니와 나 몰

래 먹누? 아! 여편네란 그런 것이로구나! 아니 그러나 설마……그래도 무엇을 먹던데…….'

　나는 이렇게 아내를 의심도 하고 원망도 하고 밉게도 생각하였다. 아내는 아무런 말없이 어색하게 머리를 숙이고 앉아서 씩씩하다가 밖으로 나간다. 그 얼굴은 좀 붉었다.

　아내가 나간 뒤에 나는 아내가 먹다 던진 것을 찾으려고 아궁이를 뒤지었다. 싸늘하게 식은 재를 막대기로 뒤져내니 벌건 것이 눈에 띄었다. 나는 그것을 집었다. 그것은 귤껍질이었다. 거기는 베먹은 잇자국이 났다. 귤껍질을 쥔 나의 손은 떨리고 잇자국을 보는 내 눈에는 눈물이 고였다.

　김 군! 이때 나의 감정을 어떻게 표현하면 적당할까?

　─오죽 먹고 싶었으면 길바닥에 내던진 귤껍질을 주워 먹을까. 더욱 몸 비잖은 그가! 아아, 나는 사람이 아니다. 그러한 아내를 의심하였구나! 이놈이 어찌하여 그러한 아내에게 불평을 품었는가. 나 같은 잔악한 놈이 어디 있으랴. 내가 양심이 부끄러워서 무슨 면목으로 아내를 볼까?

　─이렇게 생각하면서 나는 느껴가며 눈물을 흘렸다. 귤껍질을 쥔 채로 이를 악물고 울었다.

　책만 읽고 글만 쓰는 사람의 머리에서 이런 글이 나올까? 결코 나올 수 없다. 이런 글은 재주만 가지고는 흉내조차 낼 수 없는 글이다. 글쓰기를 책에서 배우지 않고 살아가며 배운 사람만이 쓸 수 있다. 그만큼 모든 말들이 살아 있는 말로 읽힌다.

　나는 다른 자리에서, 현재 우리가 쓰고 있는 한다 꼴의 이 소설글체가 엄밀하게 말할 때 입말체가 아니고 '혼자말체'라고 했는데, 이 「탈출기」의 "한다"체는 희한하게도 입말로 되어 있다. 그것은 이 글을 쓴 '나'(박군)란 사람이 자기의 친구 "김 군"에게 주는 편지글 형식으로 이 글이 씌어져 있고, 그래서 김 군! 하고 불러놓고 그다음에 적어가는 "한다"체의 글이 아주 자연스럽게 나오는 입말처럼 이어져 있기 때문이다. 이 점에서 볼 때 이 작품은 우리 소설문학에서 극히 드물게 볼 수 있는 완벽한 '말과 글이 하나'(언문일치)로 된 글체라 할 수 있다.

그런데 아무리 일을 하면서 살았고, 교과서의 해독을 적게 입은 사람이라도, 다만 적게 입었다뿐이지 책과 일본글과 앞서간 문인들의 글에서 아주 따로 떨어져 있을 수는 없었던 것 같아, 몇 군데 오염된 말의 흔적이 보인다.

- 나에게 있어서는 행복일는지도 알 수 없는 까닭이다.
- 그네들은 그러한 세상의 분위기에 취하였었다. 나도 이때까지 취하였었다.

이런 글에 나오는 나에게 있어서는(→나에게는), 취하였었다(→취하였다) 따위 말은 의심할 여지가 없이 잘못된 글을 따라 쓴 말이다. 중국글자말도 기한을 면하든지(→배고픔과 추위를 면하든지), 노두에 방황하는(→길거리에 헤매는), 비애에 상하지 않으려고(→슬픔에 젖지 않으려고), 탈가한(→집을 나온)…… 이런 말들은 지식인의 말이지 일하는 사람의 말이라 할 수 없다.

「탈출기」와 같은 해에 발표한 「박돌의 죽음」에도 어설픈 중국글자말이 더러 보인다.

- 박돌의 호흡은 각일각 미미하다. (→박돌의 숨은 시간이 지날수록 시시각각으로 미약하다.)
- 입과 코에는 피 흘린 흔적이 임리하고…… (→입과 코에는 피를 흥건하게 흘린 자국이 있고)
- 서로 의아해서 묻는다. (→서로 이상하게 여겨서 묻는다.)

토 의를 잘못 쓴 경우도 있다.

- 박돌의 모자의 그림자는…… (→박돌 모자의 그림자는, 박돌과 그 어머니의 그림자는)〔사계절, 『카프대표소설집』에는 "박돌의 모자의"로 되어 있고 범우소설문고, 『탈출기』에는 "박돌이 모자의"로 되어 있다.〕

- 새의 지절거리는 소리가 요란하다.(→새들이 지절거리는 소리가 요란하다.)

이밖에도 다음과 같은 문장은 이 작가답지 않은 기교를 부려놓아, 말이 되지 않는 글재주로 떨어져버렸다.

- 무엇에 쫓긴 듯이 황겁한 소리는 대문 안 마당의 어둠을 뚫고 저 편, 푸른 하늘 아래 용마루선이 죽 그인 기와집에 부딪쳤다.

역시 같은 해에 발표한 또 한 편의 작품 「기아와 살육」에도 아래와 같이 의를 잘못 쓴 대문이 보인다.

- 식구들의 덜덜 떠는 꼴을 생각할 때…… (→식구들이)

게다가 홍소(→너털웃음), 임리하다(→흥건하다) 같은 중국글자말이 나오고, 병인(→병사)이란 일본식 중국글자말이 여러 군데 씌어 있다.
「탈출기」에서 2년 뒤에 발표한 「홍염」(紅焰)에는 "교대적으로" "경력적으로" 하는 일본식 중국글자말이 나온다.
그런데 이 작가가 맨 처음에 발표한 작품 「고국」(1924)부터 의와 었었다와 어려운 중국글자말이 나오는 것을 보면, 우리 나라에서 글을 쓰는 사람들이 처음부터 운명처럼 메고 다녀야 했던 멍에가 무엇인가를 새삼 깨닫게 한다.

- 간도에서 조선을 향할 <u>때의</u> 운심의 가슴은…… (→때)
- 전등 <u>아래의 그의</u> 낯빛은…… (→전등 아래 그)
- <u>온 세계의 고독의 비애는</u> 자기 홀로 가진 듯하였다. (→온 세계에서 외로운 슬픔은)
- <u>그는 서간도로 갔었다.</u> (→그는 서간도로 갔다.)
- <u>유위의 청춘이</u>…… (→쓸모 있는 젊은이가)
- <u>유량한 새의 노래로는</u>…… (→맑게 울리는 새의 노래로는)
- <u>천인갱참에 떨어져</u>…… (→천길 구덩이에 떨어져)

하지만 앞 사람들이 쓰고 간 이 멍에를 운명이라 생각해서는 안 된다. 엄격한 정신으로 그 멍에를 거절하는 사람만이 보석 같은 우리 말을 찾아가질 것이다.

2. 이기영(1896~1984)

이기영은 장편 농민소설「고향」으로 널리 알려진 작가다. 일본에 가서 영어를 배우고 와서 1924년부터 작품을 발표했는데, 1925년에 나온 작품「민촌」을 보면 었었다가 처음에는 안 나오다가 뒤에 가서 여기저기 나온다.

- "그건 또 웬 소린가—아니 참말로 들을 <u>만했었구나</u>! 그럴 줄 알았더면 나도 좀 가서 들을 것을"

마주이야기말에까지 이렇게 나오고 있다.

- ······하는 말에 그들은 모두 웃음통이 <u>터졌었다</u>.
- 그들이 수작하는 말을 낱낱이 <u>들었었다</u>.
- <u>지성으로</u> 모친을 권하고 또 오빠를 <u>권하였었다</u>.
- 그길로 점동이는 머리를 싸고 <u>드러누웠었다</u>.
- 점순이도 마주 보고 눈물을 <u>흘렸었다마는</u> 그 후로 점동이는 마치 얼빠진 사람같이 되었다.

이 작가는 아마도 영어를 배우는 과정에서 우리 말을 영어에 맞추어 쓰는 버릇이 들었을 것이라 생각한다. 영어를 따라 우리 글을 썼으니 일본글 따라 쓰지 않을 수 있었겠는가.

- <u>남의</u> 재미있게 노는 걸 훼방치면 좋으냐? 무얼! 그때 갔어봐. 속으로 눈 딱총을 놓았을 것을······

이것은 마주이야기에 나오는 말인데, "남의 재미있게"라고 말할 리가 만무하다. '남이 재미있게'이지.

- 점동아! 왜 그러니? <u>남의</u> 낼모레 시집갈 색시를—가만두어라! 성이나 내라구.

이것도 마주이야기다. 남의란 말이 아무래도 어색하다. 남의를 "시집갈" 다음에 넣어서 '낼모레 시집갈 남의 색시를' 이렇게 써야 말이 자연스럽게 될 것이다.

- 그도 <u>자기의 있는 돈을</u> 몇 냥간 점동이를 갖다 준 일이 있었다.

여기서는 "자기의 있는 돈"이 아니고 '자기가 가진 돈'이라고 써야 한다.

- 오직 자기의 못생긴 탓이라 하였다.

여기서는 자기의를 '자기가'로 고쳐야 한다. 중국글자말도 좀 답답한 것이 더러 나온다.

- 벼 포기가 일면으로 퍼렇고…… (→온통)

이 '온통'이란 뜻으로 쓰는 일면은 일본말이다.

- 그런데 조 첨지는 그게 누구인지 의아하는 모양으로…… (→이상한, 이상하게 생각한)

이 의아하다란 고약한 말은 아직도 대부분의 문민들이 못 버리고 있다.

- 학교말이란 동리는 자래로 상놈만 사는 민촌으로…… (→옛날부터)

양반은 양반놈이라 아니 하고 그냥 양반이라 말하면서 보통의 백성은 어째서 상민·상인·평민이란 말조차 안 쓰고 '놈' 자를 붙여서 '상놈'이라고 하는가? 상놈이란 말을 보통으로 썼다고 하더라도 소설의 문장에까지 써서야 되겠는가? 자래로, 이게 영판 양반들 말이나, 양반의 말로 씌어진 소설, 우리 소설의 문제점이 바로 이것이다. 프로 문학작품을 썼다는 사람조차 이러하니 그밖의 작가들이야 말할 나위가 없다.

- 그까짓 것은 아직 미거하고…… (→철이 덜 들고)

미거란 말이 무슨 말인가 싶어 사전을 찾아보니 이렇다. 양반들이 보통으로 쓰는 이런 말을 모르고 있는 나 같은 사람은 분명히 상놈인 모양이다. 그러나 소설은 상놈의 말로 써야만 진짜 소설이 되는 것이다.

- 산이 없는 점순이네는 나무갓을 얻기도 <u>용이하지</u> 않았다마는……
  (→쉽지)
- 그것은 <u>병인</u>이 낫기만 하면…… (→병자가)

이 작가도 병인이란 말을 쓰고 있다. 다음, 1926년 발표한 「쥐 이야기」란 짧은 작품에는 이런 마주이야기말이 눈에 띈다.

- 우선 이 집에 있을 수가 없는 것은 <u>저의 사람의 요식도</u> 없어서 배를 쫄쫄 주리는 주제에…… (→자기들 양식도)

1927년에 발표한 「민며느리」는 「금순의 소전(小傳)」이란 작은 제목이 적혀 있다. 「금순의 소전」이란 제목부터 일본말법을 따라 쓴 것이 되었다. 우리 말로 쓴다면 마땅히 「금순이 이야기」가 되어야 할 것이다.

이 작품에는 "그는 어서 <u>자기의</u> 지은 옷을 그가 입는 것을……"(→자기가)이라고 쓴 곳도 있지만, 었었다를 여기저기 함부로 쓴 것이 가장 잘 눈에 띈다.

- 그는 그때 사십이 <u>넘었었다</u>.
- 그래도 그는 이만 아득아득 갈고 <u>앉았었다</u>.
- 장공원은 그동안에 머슴 살아서 볏섬이나 좋이 모아 <u>놓았었다</u>.
- 저녁은 부친이 지어놓고 <u>기다렸었는데</u>……

그런데 1928년에 발표된 「원보」에는 이상하게도 었었다가 한 군데도 안 나타난다. 이상하다는 것은, 이 작가가 그다음에 발표한 작품에 여전히 었었다가 나오기 때문이다.

- 돈은 돈이요 경우는 경우인즉 저편에서 무리한 행동을 할 때에는 누구이든 어디까지든지 해보겠다는 것이 그의 '모토'였다. (→신조, 목표, 믿음)

1920년대의 문인들은, 소설에서도 같은 값이면 중국글자말을 쓰고, 다시 중국글자말보다 영어가 있으면 영어를 쓰고 싶어 했을 것이다. 요즘도 별로 달라지지는 않았지만. 한 군데만 더 들어보자.

- "흥! 망할 것들 같으니!……"
  석봉이는 다시 한번 이렇게 노하였다.
  "이리로 내려 앉지소!"
  병인 부부는 미안한 듯이 다시 자리를 비키며 말한다.
  "네. 여기도 괜치 않쉬다."
  하고 석봉이는 비로소 병인의 굴신을 못하는 다리를 가엾게 쳐다보았다.

이와 같이 이 작품에서 병인이란 일본식 말을 쓰고 있는 것을 지적하고 싶고, 또 하나는 쳐다보았다란 말을 잘못 쓰고 있는 점이다. 방 안에 같이 앉아 있는 사람인데 어떻게 그 다리를 쳐다본다는 말인가.
1933년에 발표한 「서화」(鼠火)는 원고지 290장쯤 되는 중편이다. 이 작품도 제목부터 잘못되어 있다. '쥐불'이지 서화가 무슨 말인가!
이 작품 첫머리 한 대문을 옮겨보자.

- 그래도 정초(음력설)라고 산과 행길에는 인적이 희소하였다. 얼음 위에 짚방석을 깔고 잉어 낚기로 생애를 삼던 차 첨지도 요새는

보이지 않았다.

얼어붙은 강 위에는 벌써 언제 온지 모르는 눈이 그대로 쌓여 있다. 갓모봉의 험준한 절벽 밑을 감돌고 다시 편한 들판으로 흘러내린 K강은 마치 백포(白布)를 편 것같이 눈이 부시다. 간헐적으로 벌판에서 불어오는 바람은 선풍을 일으키며 공중으로 올라간다. 광풍은 다시 강상백설(江上白雪)을 후려쳐서 강변 이편으로 들날린다. 그것은 마치 은비와 같이 일광에 번득이며 공중으로 날리었다. 하늘은 유리처럼 푸르다.

이 글에 나오는 인적이 희소하였다(→사람이 드물었다), 백포(→흰베), 간헐적으로(→이따금), 선풍(→회오리바람), 광풍(→미친 바람, 사나운 바람), 강상백설(→강 위의 흰 눈), 일광(→햇빛)과 같은 중국글자말들은 모두 보통사람들이 입으로 하는 말로 써도 될 말들이다. 이래 가지고야 옛날 소설에서 쓰는 말과 별로 다르지 않다고 하겠다.

이 작품은 첫머리가 이렇게 되어 있을 뿐 다음부터는 거슬리는 중국글자말이 별로 없다. 어쩌다가 "초련의 독배"니 "회심의 미소"니 하는 따위의 말이 보일 뿐이다.

었었다는 여섯 군데 나온다. 290장에 여섯 군데면 극히 드물게 나오는 셈이지만, 단 한 군데가 나와도 문제가 된다.

3. 조명희(1894~1942)

조명희는 소련에 망명한 사람인데, 일본에 가서 대학 공부를 하기도 했다. 1927년에 써서 같은 해에 발표한 「낙동강」은 원고지 약 70장 길이의 소설인데, 이 작품에서 가장 어설프게 읽히는 것이 었었다란 영어 번역투로, 20군데나 나온다.

몇 군데만 들어보자.

- 이 강과 이 들과 거기에 사는 인간―강은 길이길이 흘렀으며, 인간도 길이길이 <u>살아왔었다</u>.
- 만나는 사람마다 자기 아들 자랑하기가 <u>일이었었다</u>.
- 그때쯤은 누구나 예사지만 그도 또한 일 년 반 동안이나 철창생활을 하게 <u>되었었다</u>.
- 그들의 부자도 그 이사꾼들 틈에 끼어 멀리 고향을 등지고 떠나가게 <u>되었었다</u>.
- 서간도로 가보니, 거기도 또한 편안히 살 수가 없는 곳이었다. 그 나라의 관헌의 압박, 호인의 횡포, 마적의 등쌀은 여간이 아니었다. 그의 부자도 남과 한가지 이리저리 <u>떠돌았었다</u>. 떠돌다가, 그야말로 이역 타향에서 늙은 아버지조차 영원히 잃어버리게 <u>되었었다</u>.

  그 뒤에 그는 남북만주, 노령, 북경, 상해 등지로 돌아다니며, 시종이 일관하게 독립운동에 <u>노력하였었다</u>. 그러는 동안에 다섯 해의 세월이 간다.

1920~30년대에 활동한 소설가 중에서 었었다를 가장 많이 쓴 이 작가는, 었었다뿐 아니라 었었었다라는 한층 더 괴상한 말법도 썼다.

- 그의 할아버지는 고기잡이로 일생을 <u>보냈었었고</u> 그의 아버지는 농사꾼으로 일생을 <u>보냈었었다</u>.

이 작가가 1928년에 발표한 단편 「아들의 마음」에도 었었다가 여러 군데 나온다. 말에 대한 깨달음이 없으니 서양말이고 일본말이고 중국글자 말이고 그 속에 빠져 있을 수밖에 없다.

- 금순이! 일곱 해 <u>전의</u> 고향에서 떠나간 이금순이가 분명하구나.

「아들의 마음」

- 나의 한 고향 한 학교에서 공부하던 동창생이요. 「아들의 마음」

전의(→전에), 나의(→나와)—이렇게 잘못된 의 토를 쓰는 버릇이나, 병인(「낙동강」, 「아들의 마음」), 미소(「아들의 마음」) 같은 중국글자말 쓰는 버릇이 모두 일본글과 일본말을 따랐기 때문이다.

- 회사의 <u>하해</u> 같은 덕택으로…… 「아들의 마음」
- 저편 사람들의 <u>조소와 만매</u>를 무릅쓰고도…… 「낙동강」
- 나는 그것이 <u>무의식적이었음을 의식할 때</u>…… 「아들의 마음」

이런 대문에 나오는 하해 같은(→하늘 같은), 조소와 만매(→비웃음과 꾸짖음), 무의식적이었음을 의식할 때(→정신없이 한 짓임을 깨달았을 때)와 같은 말도 소설에서 쓰는 말이 어떤 사람들이 쓰는 말로 되어야 하는가를 알지 못했기 때문에 쓰게 된 것이라 본다.

4. 한설야(1900~?)

한설야는 서울과 중국 북경, 일본 동경 등에서 학교 공부를 했고, 1925년부터 작품을 발표했다. 「과도기」(過渡期)와 「씨름」은 모두 1929년에 발표한 작품이다.

「과도기」「새벽」이란 작은 제목이 붙어 있는데, 200자 원고지로 약 80장 길이다. 그런데 놀라운 것은, 이 소설문장에서 일본글이나 영어의 해독을 입은 흔적을 전혀 볼 수 없다는 사실이다. 단 한 곳도 었었다를 쓰지 않았고, 의를 잘못 쓴 경우도 없다. 중국글자말에도 문제가 될 말이 없다. 이만큼 깨끗한 우리 말로 씌어진 소설을 나는 처음 읽었다.

어째서 이런 작품을 쓸 수 있었는가?

- 소수레가 끊어지고 부수레(기차)가 왱왱거렸다.

　함경도 지방에서 기차를 "부수레"라고 말했다는 사실도 여기서 처음 알게 된다. 소수레는 소가 끌고 가는 수레지만, 부수레(기차)는 불의 힘으로 끌고 가는 수레니까 이름이 그렇게 될 수밖에 없다.
　그러나 이 작가가 이 작품을 쓸 때 우리 말이 남의 나라 말글에 물들어가고 있는 사실을 깊이 깨닫고 있었다고는 보이지 않는다. 그 까닭은 「과도기」가 나온 같은 해에 발표한 「씨름」(약 90장)에는 었었다가 여러 곳에 나올 뿐 아니라, 의를 잘못 쓴 경우도 여러 자리가 있고, 어찌씨(부사)로 보다를 쓴 데도 있다.

- 숨이 끊어질 듯이 좋아라 날뛰는 화춘이의 어느새 목이 꼭 쉬어진 그 열끓는 목소리를 들을 때에……

　이런 글은 읽는 사람을 퍽 괴롭힌다. 무엇보다도 먼저 화춘이의를 '화춘이는'이라 고쳐서 '화춘이는 어느새 목이 폭 쉬었다'고 한번 끊어놓으면 될 것이다.

- 이 고장 사람들은 씨름으로 해서 그를 잘 알게 되고 그를 잘 알게 됨으로 해서 그의 하는 일까지도 얻어들은 쪽이 많았다.

　이 대문에서는 대이름씨(대명사) 그가 연달아 나오는 것도 우리 말답지 못하지만, 그의가 더욱 거슬린다. 마땅히 '그가'로 써야 한다.

- 말리는 사람으로서의 정당한 태도를 잃지는 않았다.

　이 글에서 사람으로서의는 '사람으로서'면 된다. 공연히 의가 붙어서 글을 아리송하게 (아리송한 말을) 만들어놓았다.

- 그게 곧 우리의 살 일일세.

이것도 우리의가 아니라 '우리가'라야 한다.

- 이것은 대회석상<u>에서의</u> 명호의 부르짖음<u>이었다</u>.

이런 글의 짜임은 남의 나라 글을 바로 옮긴, 하나의 본보기다. 여러 개의 이름씨(명사)를 의로 이어놓고 풀이말(술어)은 또 움직씨(동사)를 이름꼴(명사형)로 만들어놓는 것이다. 이래서 중국글자말 이름씨를 마구잡이로 쓰고, 우리 말의 생명이라 할 움직씨를 모두 죽인다. 위의 글을 우리 말로 쓰면 다음과 같이 된다.

이것은 대회자리에서 명호가 부르짖은 말이었다.

- 화춘에게 몇 푼의 인사에다 <u>보다 더한 냉소</u>를 붙여주었다.

어찌씨(부사)로 쓰는 일본말 보다를 소설가들이 이렇게 해서 퍼뜨려놓았다. 보다 더한 냉소를은 '더욱 심한 비웃음을' 하든지 '더욱 차가운 비웃음을'이라고 쓰면 얼마든지 될 것이다.

5. 송영(1903~?)

송영은 1925년부터 작품을 발표하였는데, 1930년에 발표한 「교대시간」은 200자 원고지로 100장쯤 되는 길이의 소설이다. 이 작품에서는 더러 우리 말을 살려서 쓰는 자취가 보인다. 보기를 들면,

• 광 속은 갈래가 여러 갈래이며 갈래마다 들어가는 어구에 공고한 불 막는 방화문(放火門)이 있는 것이다.

이런 대문에서 다른 작가들 같으면 "갈래"라든가 "어구" 같은 말을 중국글자말로 썼을 것이란 생각이 들기 때문이다. 그래서 우리 글자로 써 둔 말인데 얼른 그 뜻을 알아보기 힘든 말은 거의 없다.
하지만 의와 었었다는 잘못되게 써놓았다.

• 광문을 지나서 한참이나 걸어 들어가면 기다란 복도가 있고 이 복도 양편은 양철대야가 쫙 놓인 우리들의 세수하는 곳이 있다. 광 속에서 나오는 패는 으례히 이곳에서 세수를 하는 것이다.
지금은 우리들의 가는 길에, 나오는 패들이 세수를 하느라고 꾸부리고 서서 찢어진 바지 입은 널다란 볼기쪽들을 쳐들고들 있다. 우리들 들어가는 패들은 나오는 패들의 세수하는 볼기짝을 얻어차는 것이 아침인사가 되어 있다.

이 보기글 가운데 나오는 우리들의, 패들의는 모두 의를 '이'로 고쳐서 '우리들이' '패들이'로, 곧 꾸밈말을 임자말이 되도록 해야 한다.

• 서편 언덕을 바라보니 흰옷을 입은 광산의원의 인부들의 들것 메고 다니는 것이 여간 많아진 것이 아니다.

이 글은 몇 번 읽어봐도 무슨 말인지 알 수 없다.

서편 언덕을 바라보니 광산의원에서 흰옷 입은 인부들이 들것을 메고 다니는 것이 여간 많아진 것이 아니다.

이렇게 쓰려고 했던 것이 아닐까? 이렇게 써야 알 수 있는 말이 된다. 앞의 글과 어디가 다른가? 앞의 글에는 토 의가 두 번이나 들어갔는데, 뒤의 글에서는 한 자도 없이 다 빼어버렸다. 매김자리토(관형격 조사) 의를 될 수 있는 대로 안 쓰는 것이 우리 말을 살리는 비결의 하나가 된다.

- "만일에 우리들이 미국이나 영국으로 가서 노동을 한다면 <u>그곳의</u> <u>미국의</u> 노동자나 <u>영국의</u> 노동자와 합하여야 한단 말이요."

이 글에서도 의를 모조리 빼버릴 수 있지만, 적어도 앞에서 연달아 나오는 의 가운데서 하나는 꼭 없애야 한다. '그곳 미국의'와 같이.

- "모두 직공이 팔백쯤 되는데 <u>그중의</u> 우리네 사람들이 한 백 명이 될 듯 말 듯하거든."

여기 나오는 그중의는 '그중에'든지 '그중에서'로 써야 우리 말이 된다.

- ××××× 같은 것들이 모여 있는 뭉텅이<u>에게로</u> 가는 것뿐이 아니라
"그렇지만 말야! 우리에게로 나와 있는……"

이 −에게로는 글에서만 쓸 뿐이지 실제 말로는 안 쓴다. '뭉텅이로' '뭉텅이 쪽으로' '뭉텅이한테' 이렇게 말하고, '우리에게' '우리한테' '우리 쪽으로' 말한다. 어째서 글을 말대로 쓰지 않는지 참 답답하다. 글을 글로서 쓰는 허방에 모두 빠져 있는 것이다.

- 그러나 역시 일본노동조합, 재일본조선노동조합 이 같은 민족별로 편성된 두 가지의 조합에로 우리들의 이만의 동무들은 가담을 하게 되었던 것이다.

여기서는 의가 연달아 세 번이나 나오고, 거기에다 또 에로란 괴상한 일본글 바로 옮긴 글말이 나와서 꼭 외국글 읽는 느낌이 든다. 어떻게 써야 할까? 조합에로는 '조합에'라 하면 되고, 그밖의 의는 모조리 없애도 되지만 맨 뒤의 이만의 하나만 그대로 두어도 된다.

이 밖에 이 작품에는 었었다가 8군데나 나온다.

- "퍽 궁금한 건 그날은 물론 회는 안 열렸을 테지…… 그런데 회를 했으면 했던 것도 너무 황했었어……."

심지어 마주하는 말에까지 이렇게 나온다. 무슨 노동자가 이런 잘못된 글말을 지껄였겠는가.

6. 김남천(1911~53년경)

김남천은 일본에 가서 대학 공부를 하다가 돌아와 평양 고무공장 파업에 참가하고 그 체험을 소설로 썼는데, 이것이 작가로서 맨 처음에 발표한 「공장신문」(1931)이다.

이 「공장신문」은 200자 원고지 70장쯤 되는 길이인데, 었었다가 한 군데만 나온다. 그리고 지난 때를 나타내는 었을 넣지 않아야 될 자리에 넣어놓은 데가 한 군데 있다.

- 이렇게도 해보고 저렇게도 해보고 자기 앞에 남겨놓은 임무를 다 하기 위하여 있는 데까지의 지혜와 경험을 털어서 모든 것을 해보

앉아도 일은 마음대로 되어가지 않았다.

여기 나오는 해보았어도는 '해보아도'라고 써야 할 말이다. 그리고 또 이 글에 나오는 말 "있는 데까지의"에서 토 의는 없애야 우리 말이 된다. 의를 잘못 쓴 곳은 여러 군데 보인다.

• 가을바람에 불리는 벼 이삭의 소리가 살랑살랑할 뿐이다.

이삭의 소리가 아니다. '이삭 소리'다. 또 여기 나오는 불리다는 일본말 법이다. '불다'(바람이)를 입음꼴로 쓰는 말이 우리에게는 없다. 이럴 때는 '가을바람에 흔들리는'이라고 쓴다.

• "공장신문은 공장직공의 전부의 것이다!"

이것은 '공장직공 전부의 것'이라고 써야 한다.

• 거기에는 벌서 길섭이, 동찬이, 선녀, 창호, 보무에미 등등의 사오인의 얼굴이 등불을 둘러싸고 있었던 것이다.

여기도 의가 거듭해 나온다. 등등도 일본식 말이다. '-들, 너댓 얼굴이······'로 쓰면 될 것이다.

• "최 전무한테서 돈을 받는 몹쓸 놈 김재창이의 꼴을 봐라! 하하하!"

이것이 입으로 나온 말인데 "김재창이 꼴을 봐라!"지, 누가 "김재창이의 꼴을 봐라!" 하겠는가. 그런데 "최전무한테서"란 말은 잘 썼다. 거의 모든 문인들이 이 입말을 쓸 줄 모르고 -에게서라고 쓰기 때문이다.

• 관수가 종이를 <u>자기에게로 향해</u> 돌렸다.

여기 나오는 "자기에게로 향해"는 '자기 쪽으로 보고'라고 쓰는 것이 옳다.

• 창선은 길 어구에 나선즉 <u>선두에게서</u> 왼편으로 굽어돌았다.

이 글에서 선두에게서는 아마도 '앞장에서'란 말일 것이다. 이 경우에 선두란 말도 문제이지만 에게서는 더욱 잘못되었다(사실은 지금까지 언급한 다른 거의 모든 작가의 작품에서 잘못 쓴 이 에게서가 나왔지만 들어서 말하지 않았다).

이밖에 이 작품에는 "고주"(雇主), "낭하"(廊下)란 일본사람들이 쓰는 말이 나오고, "재창이가 군중의 눈알을 자기 얼굴 위에 모았다"고 하는 치졸한 말재주를 보이는 글귀가 나온다.

1933년에 발표한 단편 「물」은 45장쯤 되는 작품인데, 「공장신문」에서 한 번밖에 안 나오던 었었다가 여기서는 일곱 번이나 나온다.

• 두 평 칠 합(二坪七合)이 얼마만 한 넓은 면적을 가지고 있는지 나는 똑똑히 알지 <u>못하였었다</u>. 말로는 한 평 두 평 하고 세어도 보고 산도 놓아 보았지만 두 평 칠 합 하면 곧 얼마만 한 면적의 지면을 가리키는지 똑똑히 느껴본 적은 <u>없었었다</u>.

이 작품 맨 첫머리부터 이렇게 나온다.

• 나는 넓은 바닷가에 서서 하늘과 바다가 한 줄로 맞붙은 것을 보고 이 푸른 물의 웅대함에 놀란 적이 <u>있었었다</u>. 나는 흰 비단을 늘어뜨린 듯한 폭포수가 나무숲에 안기어서 떨어지는 광경을 보고

이 장대한 데 간담을 서늘케 한 적이 <u>있었었다</u>.

어째서 이런 글에서 었었다를 쓰게 되었는지 도무지 알 수 없다. 의를 잘못 쓴 경우도 나온다.

- <u>나의</u> 눈은 명백히 <u>활자의</u> 하나하나를 세었다. 꼬박꼬박 활자를 줍 듯이 <u>나의</u> 정신은 그것에 집중하였다.

이 글에서는 의가 세 군데 나오는데, 활자의 하나하나는 '활자 하나하나'라고 써야 말이 살아날 것이고, 두 번이나 나오는 나의는 하도 요즘은 많이 써서 모두가 예사로 읽겠지만 이것도 본래 우리가 쓰는 말로는 '내 눈은' '내 정신은'이다.

- 그러나 나는 <u>열정적인</u> 것보다는 <u>보다</u> 냉정적이었다.

여기서는 보다를 일본글 번역한 말로 쓰고 있다. '더' '더욱'이라고 써야 우리 말이 된다. 또 열정적, 냉정적도 너무 많이 써서 예사로 읽을 것인데, 소설문장에까지 이런 말을 써야 할까? 소설을 백성들이 하는 말로 써야 한다고 생각하면 이런 무슨 적 하는 말들이 비판받아야 할 것은 당연하다. 위의 글을 이렇게 고쳐본다.

그러나 나는 열정을 기울이기보다 차라리 냉정했다.

- 이 작자는 한 달 전에 철도 청부사건에 <u>담합(談合)</u>을 하고 몰려 들어온 일본사람 청부사였다.
- 그리고 '삼맥만원'의 성질 인격 같은 것을 설명해주고 한시라도 속히 교섭해볼 것을 <u>종용하였다</u>.

- 물이 한 모금도 없다는 것 등등을 깨닫는다.

이런 보기글에 나오는 담합, 종용, 등등도 앞에서 들어 보인 무슨 적, 보다와 같은 말과 함께 요즘 모든 일간신문의 기사나 잡지 기사에서 쓰고 있는 말이 되어 버렸는데, 우리 말글이 이렇게 된 책임을 가장 많이 져야 할 사람들이 소설가임을 나는 또 한 번 지적하고 싶다.

7. 이북명(1910~?)

이북명은 노동자 출신 작가라고 한다. 1932년에 발표한 「암모니아 탱크」(원고지 17장 정도), 1935년에 발표한 「민보의 생활표」(112장), 1937년에 발표한 「답싸리」(123장) 세 편을 살펴보니, 과연 노동자 출신이라 그런지 었었다가 단 한 군데도 안 나온다. 그런데 일본말법의 오염에서는 아주 벗어나지 못했고, 중국글자말을 함부로 쓴 것도 다른 작가와 크게 다름없다.

- 직장 안은 그야말로 글자 그대로의 수라장이었다. 「암모니아 탱크」
- 어저께 솔방천에서 윤 초시를 만났는데 윤 초시의 하는 말이 아들이 잘 번다니…… 「민보의 생활표」
- 삼룡이의 자는 얼굴을 한참 들여다보던 민보는…… 「민보의 생활표」
- 건너편 제방 넘어 보이는 집과 나무들, 즉 농촌의 한 폭의 풍경이 안개에 싸여서…… 「답싸리」

여기 나오는 그대로의는 '그대로'로 쓰면 되고, 윤 초시의는 '윤 초시가'로 쓸 것이고, 삼룡이의도 '삼룡이가'로 써야 할 것이다. 농촌의 한 폭의 풍경이는 '한 폭의 농촌 풍경이'로 쓰면 읽기도 얼마나 좋은지 모른다. 그런데 의를 잘못 쓴 경우가 이 정도로 나온다면 아주 적은 셈이다. 중국글자말을 쓴 것을 몇 가지 들어본다.

- 부부는 무거운 침묵 속에서 저녁을 필하였다.
- 민보는 <u>이외</u>의 말에 씹던 밥을 흘리면서 놀란다.
- 소화 X년 여름―몇 해에 한 번씩 <u>주기적</u>으로 <u>내습하는</u> 장마가 한 달 동안 장차게 계속하더니 S장이 <u>창일하였다</u>. 「민보의 생활표」
- 한 뼘씩이나 <u>간</u>을 두고……
- 신기록 같은 환멸의 <u>감</u>을 준다.
- 좋은 <u>의미</u>로나 나쁜 <u>의미</u>로나……
- 묘를 <u>기한부</u>로 발굴하여……
- 여름마다 <u>습래하는</u> S강의 <u>범람</u>을 알고 오만 주민이 제방 걱정을 하고 가슴을 졸이며 <u>전전긍긍하는</u> 것을 모르는 바는 아니다.
- <u>최후의 일계</u>를 꾸몄다.
- 경덕은 웬일인지 갑자기 <u>애수와 불안의 습격</u>을 받았다. 「답싸리」

이런 중국글자말들은 모두 쉬운 우리 말로 쓸 수 있을 것이다. 이밖에도 "순간적" "대대적"(「민보의 생활표」) "기하급수적" "필연적" "객관적" "단말마적"(「답싸리」) 같은 말들이 나오고, "미돌"(美突) "산보"(「답싸리」) 같은 일본식 중국글자말도 보인다.

이밖에도 문제될 것이 있다.

- 호룡 영감은 이렇게 중얼거리면서 아까 마당에서 하던 대로 답싸리 밭 가운데에 수캐앉음을 앉아서 <u>뿌리마다</u>에 거름을 준다.
- 똥물을 바가지에 담아 들고는 답싸리 사이를 앉은걸음을 치면서 <u>뿌리마다</u>에 알마춤씩 부어준다. 「답싸리」

여기 나오는 뿌리마다에는 '뿌리마다'로 써야 우리 말이다. 일본글을 바로 옮기듯이 쓰자니까 이렇게 된다.

- 경덕의 <u>입장에 있어서</u> 이 요구까지 거절할 수는 없었다. 「답싸리」

일본말법 -에 있어서가 소설 문장에까지 들어와 있다. 노동자 출신 작가의 글이 이러하니 그밖의 다른 작가들의 글이야 말할 나위가 없겠다. 입장에 있어서를 '처지에서'라 고쳐 써놓고 읽어보면 어느 것이 우리 말인가 쉽게 판단할 것이다.

8. 박승극(1909~?)

박승극은 1929년에 소설 「농민」을 처음 발표했지만, 평론을 더 많이 쓴 사람이다. 1931년에 발표한 단편 「재출발」은 원고지 30장 정도의 작품인데, 여기서 주목되는 것이 었다를 쓰지 않은 점이다. 그런데 앞머리에 보다는이란 이상한 말을 써놓았다.

- 이제 그는 친구들이 예측하는 바와는 딴판으로 죽은 것도 아니요 유랑생활을 하는 것도 아니다. <u>보다는</u> 철저한 맑스주의자가 되고자 또는 진실한 프롤레타리아의 전위가 되고자……

여기 나온 이 보다는이란 낱말은 토도 아니고 결국 어찌씨(부사)로밖에 볼 수 없는데, 이것 역시 '보다 철저한'과 같은 일본말법이라고 아니할 수 없다.

- <u>이에 있어서</u> 현재의 구구한 전술은 우리에게 단연 방해되는 점이 많다.

이것은 일본말 -에 있어서다. '여기서'라고 쓰면 될 것을 이렇게 우리말이 아닌 말을 써놓았다.

- 이야기의 초점은 그자<u>에게로</u> 돌아간다.

그자에게로가 아니라 '그자에게'(그 사람에게)라 써야 한다.

- 이것이 제철노동자들<u>의</u> 생활<u>의</u> 한 조각이며 성철<u>의</u> 일부분<u>의</u> 일과이다.

여기 토 의가 네 개나 나온다. 이걸 어떻게 해야 할까? 이렇게 이름씨를 벌여놓고 그것들을 잇는 의를 쓰는 글 버릇은 일본글에서 배운 것이다. 우리 말을 쓰려면 의를 없애고, 임자말을 만들고는 그다음에 움직씨가 오도록 하면 된다.

* 이것이 제철노동자들이 생활하는 한 조각이며, 성철이가 보내는 일과의 한 부분이다.

이래서 의를 한 군데만 쓰면 되고, '성철이가 보내는 일부 일과다'고 하면 한 군데도 쓰지 않아도 된다.

- 내일은 첫째 공일이므로 각 공장<u>의</u> 대개 쉬는 날이다.

이건 누가 보아도 '각 공장이'라야 말이 된다고 할 것이다.

- 그동안 이곳에는 조선 <u>초유</u>의 제철노동조합이 조직되었으며……

이 글에 나오는 조선 초유의는 '조선에서 처음으로'라고 쓰면 된다. 이와 같이 중국글자말을 안 쓰고 쉬운 우리 말을 쓰면 의도 저절로 없어지는 경우가 많다. 그 까닭은 의가 우리 말에서는 거의 안 쓰는 말이기 때문이다.

- 선전적 의미의 공문을……
- 삐라를 뿌리고 노호를 할 뿐이다.

이런 중국글자말은 '선전하는 뜻의' '부르짖을'이라고 쓰면 얼마나 좋은가.

1935년에 발표한 「풍진」은 길이가 원고지 200자로 120장 정도 되는 단편이다. 여기에는 었었다가 세 군데 나온다. 아주 적게 나오는 셈인데, 이 작가가 이런 말을 일부러 쓰려고 하지 않았음을 미루어 생각하게 한다.

에 있어서는 두 곳에 나온다.

- 오직 이것만이 정당하고 이로 인하여서만 모든 것이 해결되리라고 믿었던 것이나 지금에 있어서는 여러 가지 의문이 생기는 것이었다. (→지금에는)
- 그러나 그는 모든 행동에 있어서 부유한 가정에 태어난 학생의 티를 벗지 못하고 있었다. (→행동에서)

에로란 괴상한 토를 쓴 것이 있다.

- 매일 통방을 해서 이 방에서 저 방에로 의견을 묻고 소식을 전하고…… (→저 방으로)

일본글을 많이 읽다보면 이렇게 쓰게 된다.
「재출발」 앞머리에 나오는 보다는과 비슷한 보다도가 나오기도 한다.

- 얼굴도 볼 수 없는 것이 안타깝기도 하지만 보다도 "아개아개" 소리를 지르는 것이 자기 아내가 아닐까?

이 보다도는 앞뒤 문맥을 생각할 때 "그보다도"에서 '그'를 줄인 말이라고 볼 수도 있으나, 이런 말은 사투리에도 있을 것 같지 않고 아무래도 일본말 따라 쓰게 된 말이라고 보는 것이 정확하리라.
또 죽어지면이란 말이 나온다.

- 모두가 죽어지면 그만이 아닐까?

우리 말에서 '죽다'를 입음꼴(피동형)로 쓰지는 않는다. 이것 역시 일본말법을 따른 것이라 본다.
아니치 못하다란 말을 여러 곳에 쓰고 있는데, 아무래도 어색한 글말이라 느껴진다.

- 담당간수는 실로 이상히 여기지 아니치 못했다. (→않을 수 없었다.)
- 만일 이런 것이 모두 지도자라면 죽도 밥도 안 될 것이며 낙망하지 아니치 못할 딱한 일인 것이었다. (→않을 수 없는)
- 이러한 '로시야'의 호소에 여러 사람들은 그럴듯하게 듣지 아니치 못했다. (→않을 수 없었다.)
- 감방에 돌아온 철식은 역시 우울해지지 아니치 못했다. (→않을 수 없었다.)

이것이 어디서 온 말일까? 아마도 한문을 새겨 읽는 데서 나온 말일 것이다.

그런데 이 소설문장에서 가장 크게 잘못된 것은 토 '의'를 쓰지 말아야 할 자리에 함부로 쓰고 있는 일이다.

- 창밖을 내다보다가 부지중 마음의 쓸쓸함을 느끼었다. (→저도 모르게 마음이 쓸쓸해졌다.)
- 오리부장은 입을 더 불쑥 내밀고 점잔을 빼고 서서 방내의 일동을 응시하며…… (→방 안 사람들을 눈여겨보며)
- 러시아 말을 보고 있던 상섭은 머리를 돌리어 철식의 해독치 못한 점을 일일이 설명해주었다. (→철식이 읽어내지 못한)
- 방 안 사람들의 무언의 독서는 그대로 계속되고 있다. (→말없는)

마지막 보기글은 전체를 '방 안 사람들은 말없이 책을 읽고만 있다'고 쓰면 의가 한 자리에도 안 들어간다.

- 사실 몇 날 전부터 이런 문제가 철석의 힘써 공부해야 되겠다는 마음의 한 귀퉁이를 뚫고 솟아 올라와서 어느 때는 산란하고 쓸쓸한 생각을 갖게 하는 것이었다. (→이런 문제는 철석이 힘써 공부해야 되겠다는 마음 한 귀퉁이를)
- 또한 그렇다고 이 방 안에서의 자기의 입장으로 보아 잠자코 있을 경우도 못되었다. (→이 방 안에서 자기 처지로 보아)
- 철석의 아무 대답이 없는 것을 본 간수는 (→철석이)
- 전차의 '커브' 도는 소리 (→전차가)
- 창밖엔 눈의 나라를 이루었다. (→눈 나라가 되었다.)
- 그는 누구보다도 감방생활의 불편을 느껴오던 차에 이번의 일을 당하고 보니 괴로운 마음이 한껏 더했다. (→감방생활이 불편하다고 느껴오던 터에 이번 일을 당하고 보니)

- 그러나 마음속으로는 <u>그들의</u> 하는 일이 모두가 소홀히 보지 못할 것이라고 놀래었다. (→그들이)
- 무엇보다도 '로시야'<u>의</u> 하는 행동이 괘씸했다. (→'로시야'가)
- 아무리 생각해도 <u>자기의</u> 나아갈 길은…… (→자기가)
- 철식은 저녁을 먹고 앉아서 책을 읽다가 <u>간수의</u> 잘 준비를 하라는 구령에 정신을 차려…… (→간수가)

이렇게 남달리 의를 마구 넣어서 어설픈 번역투 문장을 만들어놓은 까닭은 아마도 이 작가가 평론을 많이 썼기 때문이라 짐작한다. 평론문장은 소설문장보다 더한층 남의 말글에 오염되어 있기 때문이다.

이 작가가 소설문장에서 것이다를 많이 쓴 것도 평론을 쓰는 버릇 때문이 아닌가 짐작한다.

중국글자말에서 몇 군데만 더 들어본다.

- 가장 <u>많은 연령의 소유자라는</u> 책임감이 경솔한 행동을 늘 <u>제어해</u> 오는 것이었다. (→나이가 많다는 | →억제해)
- 이럭저럭 상섭에게 글을 물어가며 공부만 하는 것이 <u>의외에도</u> 괄목시할 만한 성적을 나타내게 된 것이다. (→뜻밖에도 놀랄 만한)
- 실로 <u>철식의 득의의</u> 보물이라고 할 수 있는 것이다. (→철식이 자랑하는)

득의(得意)란 말은 일본사람들이 많이 쓰는 중국글자말이다.

- 입이 빠르고 <u>호언을 잘하던</u>…… (→큰소리 잘 치던)
- '로시야'는 자기의 행동을 <u>합리화시키기</u> 위하여 여러 가지로 <u>변해</u>를 했다. (→합리화하기 | →발뺌을)

"변해"란 말도 일본사람들이 많이 쓰는 말이다.

- 잘못하다가는 <u>파멸적</u> 대립을 더욱 <u>첨예화시킬는지도</u> 몰라서 <u>적극적으로</u> 대하지는 않았다. (→파멸을 가져오는 | →날카롭게 할는지도 | →적극으로)
- 철식의 마음은 <u>전일</u>보다 확실히 달라졌다. (→어제보다)
- 담 하나를 <u>격</u>해 있는 남편은 어떻게 지나가는가? (→사이에 두고)

9. 백신애(1908~39)

백신애는 사법학교를 나와 보통학교 교사·사회운동·항일운동의 경력을 가졌고, 시베리아에 갔다오다가 일본경찰에 잡혀 혹독한 고문을 받기도 했다. 소설은 항일운동을 할 수 없는 몸이 되어 쓰기 시작했다. 맨 처음에 발표한 작품이 「나의 어머니」(1929년 『조선일보』 신춘문예 당선작)이고, 「꺼래이」는 1933년에 발표한 원고지 약 100장 정도 되는 단편이다. '꺼래이'란 말은 식민지 시대에 이 땅에서 살아갈 수 없어서 간도와 시베리아로 떠돌아다니던 가난한 우리 겨레〔高麗人〕를 가리킨 말이다. 그때 사회주의 나라 시베리아로 가면 농토를 그냥 나눠준다는 소문을 듣고 많은 조선 사람들이 시베리아로 넘어갔는데, 그곳에서는 모두 일본의 밀정으로 잡혀서 온갖 고초를 겪다가 쫓겨오게 되었다.

이 작품은 이러한, 나라 잃은 백성들이 황막한 남의 나라 땅을 헤매고 쫓겨다니는 기막힌 이야기를 쓴 것이다. 이 소설이 특이한 점은 "습니다" 체로 씌어 있다는 점이다. 그런데 이런 글체가 이 이야기 말에 아주 잘 맞고 자연스럽게 느껴진다. 그것은 아마도 이 작가가 스스로 겪은 그 고난의 역사를 조국에 호소하는 심정으로 쓴 말이 이런 글체로 나타났기 때문이라 생각된다.

그리고 보니 이 "습니다" 체는 '호소하는 글체'란 느낌이 든다. 호소하는 '말'이 되어 있기에 여기서는 지식인들이 자랑스럽게 쓰는 글말이 거의 없으며 참으로 깨끗한 문장이 되어 있다. 다만 좀더 입말에 가깝게, 입말을 그대로 썼더라면 좋았을 것인데 하고 생각되는 구절이 한두 군데 있기는 하다.

- 고국을 떠날 때는 겹저고리에 홑 속옷을 입고 <u>왔었으므로</u>……
  (→왔기에, 왔기 때문에)
- 누구인지 이렇게 <u>말하였으므로</u> 일행은 고개를 들어 살펴보니……
  (→말했기에)

의를 안 써도 될 자리가 몇 군데 나온다.

- <u>순이의</u> 늙으신 할아버지, <u>순이의</u> 어머니, 그리고 순이와 그 외 젊은 사나이 두 사람, 중국 쿨리(노동자) 한 사람, 도합 여섯 사람이 끌려가는 일행이었습니다.

이 글에 나오는 "순이의 늙으신 할아버지" "순이의 어머니"란 말들에 들어 있는 의 문제인데, 옛날부터 우리가 써온 말에는 이런 경우 의가 안 들어간다. '순이 어머니'이지 "순이의 어머니"가 아니고, '순이 할아버지'이지 "순이의 할아버지"가 아니다. 그러니까 글도 말대로 쓰는 것이 옳다. "순이의 늙으신 할아버지"는 어떻게 하나? 이럴 때는 '늙으신 순이 할아버지'라야 된다. 또 '순이네 늙으신 할아버지'라고 쓸 수도 있다. '순이네' '돌이네' '우리네'도 많이 썼던 말이다.

- 순이는 갑판 위에서 이불을 나눠 덮던 그때<u>의</u> 쿨리<u>의</u> 울며 순종하던 얼굴을 생각해보았습니다.

이것은 아주 좋지 않은 꼴이 돼 버린다. "그때의 쿨리의"는 '그때 쿨리가'로 쓰면 된다.

- 그때의 쿨리의 심정은 꺼래이로 태어난 이들에게는, 아니 더구나 보드라운 감정을 가진 처녀 순이는 남 몇 배 잘 살펴볼 수 있었습니다.

이 글을 잘 살펴보면 "그때의 쿨리의 심정은"에서 "심정은"보다 '심정을' 이라고 쓰는 것이 훨씬 시원스럽게 읽힌다. 그 앞에 나오는 의를 없애야 함은 말할 것도 없다. 그래서 '그때 쿨리가 가졌던 심정을' 하면 되는 것이다.

- 쫓겨가는 가엾은 무리들의 걸어간 자취 위에 다시 발을 옮겨 디딜 때 자국마다 피눈물이 고여 있었습니다.

이 "무리들의"는 풀이할 것도 없이 '무리들이'로 써야 한다.

10. 강경애(1907~43)

강경애는 불우한 가정에서 자라나 평양 숭의여학교에 다니다가 동맹휴학으로 퇴학을 당한 뒤로 문학 공부를 하였다. 만주에 가서 신문지국을 경영하기도 하였는데, 1942년 고향에 돌아와 다음 해 병으로 죽을 때까지 20여 편의 소설을 남겼고, 시와 평론도 썼다. 이 작가의 작품에는 가난하고 불행한 사람들의 생활이 정확한 눈으로 잡혀 있고, 문장도 아주 깨끗하게 씌어진 편이다.

1935년에 발표한 「원고료 이백원」은 200자 원고지로 47장쯤 되는 단편이고, 1936년에 발표한 「지하촌」은 200장을 넘는 중편이고, 1937년에 발표한 「어둠」은 80장쯤 되는 단편이다. 이 세 편을 읽고 가장 크게 느낀 것은 없었다가 단 한 군데도 안 나온다는 것이다. 그뿐 아니라 읽어도 알 수 없는 한자말도 없고, 의를 함부로 쓴 경우도 거의 없다. 이것은 이 작가가 얼마나 삶을 소중하게 여기고 삶의 말을 잘 살려서 썼는가를 말해 주는 것이라고 본다.

다만 여기 몇 군데만 지적해보기로 하자. 「원고료 이백원」인데, 이 글은 편지 형식으로 되어 있다.

- 무엇보다도 제가 결혼 <u>당시에 있어서도</u> 남들이 다 하는 결혼반지 하나 못 해주었고…… (→당시에도)
- <u>우리의</u> 힘 미치는 데까지는…… (→우리)
- <u>종래의 여자들의 염문만</u> 퍼진 것을 보아…… (→이제까지 여자들 연애 얘기만)
- <u>연애관 내지</u> 결혼관은…… (→연애관이나)
- 모든 불쾌한 생각을 <u>제어하고자</u> 함이었던 것을 나는 알 수 있었다. (→억누르고자)
- 그러나 그 공상에서 <u>한 보</u> 뛰어나와서 현실에 <u>착안하여라</u>. (→한 걸음 | →눈떠라.)
- 전조선의 <u>빈한한</u> 군중은…… (→가난한)
- 너는 오직 <u>너의 사회적 가치를 향상시켜야</u> 한다. (→네가 가진 사회 가치를 높여야)
- 이것은 결코 너를 <u>상품시 혹은 물건시하는</u> 데서 하는 말이 아니오. (→상품으로 보거나 물건으로 보는)

다음은 「지하촌」에 나온 글이다.

- ……하고 불쑥 생각하면서 <u>곁의</u> 풀대를 뽑았다. (→곁에 있는)

- 얼굴의 힘줄이 칼날같이 일어난다. (→얼굴에는)
- 영애의 울음소리가 아니요 아주 갓난 어린애의 울음인 것을 직각하자 큰년의 어머니가 아기를 낳았는가 했다. (→영애 | →어린애 | →바로 알자 큰년 어머니가)
- 어머니의 하던 말 그대로 되풀이하고 맥없이 주저앉았다.(→어머니가)
- 바라뵈는 버드나무의 잎은 팔팔 떨리고……(→버드나무 잎은)

다음은 중국글자말이다.

- 수림 속에 햇발이 길게 드리웠고…… (→숲)
- 잎잎이 자유스럽게 미풍에 흔들리지 않는가. (→실바람에)
- 온몸이 비비 꼬이어 한 보를 옮길 수가 없다. (→걸음을)
- 칠성이는 무의식간에 다가섰다. (→저도 모르게)

「어둠」에는 이 시대에 다른 모든 작가들이 생각 없이 쓰고 있던 일변(한편), 돌연(갑자기) 같은 말이 나오고, -에 있어서도 한 군데 나온다.

- 그의 말버릇이 그렇건만 지금에 있어서는 자신의 처지를 비웃는 웃음 같아……

오빠에게서, 환자에게서와 같이 '-한테서'란 입말을 쓰지 못하고 -에게서란 글말을 쓴 것도 다른 작가들과 다름이 없다. 그리고 또 한 가지 보다도란 이상한 어찌씨를 몇 군데나 쓰고 있는 것도 눈에 띈다.

- 우리는 없는 놈이니까 같은 없는 놈을 동정하여야 하고 보다도 이러한 생지옥을 벗어나기 위하여는 싸우지 않으면 안 된다 누이야.

- 이십여 일 전 의사가 약혼할 당시부터 굶기 시작한 것이 그 후로 한두 끼니는 예사로 굶게 되는 것이다. <u>보다도</u> 그때로부터 밥맛을 잃어버렸다.
- 저런 사나히에게 귀한 처녀를 빼앗기었나, <u>보다도</u> 오빠만을 고히 생각든 누이의 맑은 맘을 송두리채 빼앗기었나 하니 자신의 어리석음이 기막히게 분하여진다.

이런 글들에 나오는 **보다도**는 "그보다도"란 말에서 "그"를 줄인 사투리로 쓴 것일까? 아니면 일본말의 영향으로 쓴 것일까? 어느 쪽이든 바르게 쓴 우리 말은 아니다.

제4장 1930년대 작가들의 소설 문장

이 자리에서는 1930년대에 활동한 다음 열세 분의 작가들이 남긴 주요 작품의 문장을 살펴보려고 한다.

1. 박태원	「소설가 구보 씨의 일일」(小說家 仇甫氏의 一日, 1934)	
	「천변풍경」(川邊風景, 1936)	
2. 박화성	「한귀」(旱鬼, 1935)	
	「고향 없는 사람들」(1935)	
3. 김유정	「산골 나그네」(1933)	
	「금 따는 콩밭」(1935)	
	「산골」(1935)	
	「봄봄」(1935)	
	「이런 음악회」(1936)	
	「동백꽃」(1936)	
	「따라지」(1937)	
4. 채만식	「레디메이드 人生」(1934)	
	「태평천하」(太平天下, 1938)	
5. 이효석	「메밀꽃 필 무렵」(1936)	

	「산」(1936)
6. 이태준	「까마귀」(1936)
	「복덕방」(1937)
	「농군」(農軍, 1939)
7. 이 상	「날개」(1936)
8. 이선희	「계산서」(1937)
9. 홍명희	「임꺽정」(林巨正, 1937)
10. 김정한	「사하촌」(寺下村, 1936)
	「월광한」(月光恨, 1940)
11. 김동리	「무녀도」(巫女圖, 1936)
	「황토기」(黃土記, 1939)
12. 이무영	「제1과 제1장」(第一課 第一章, 1939)
13. 안회남	「향기」(香氣, 1936)
	「소년과 기생」(少年과 妓生, 1937)
	「탁류(濁流)를 헤치고」(1940)

1. 박태원(1909~?)

「소설가 구보 씨의 일일」(『조선중앙일보』, 1934)

이 작품은 200자 원고지로 250장쯤 되는 중편이다. 아침에 집에서 나오면 날마다 다방과 거리를 돌아다니는, 한 게으른 지식인(소설가)의 삶과 심리를 이것저것 잡히는 대로 그려놓은 작품인데, 중국글자와 중국글자말을 아무런 제한도 없이 마구 섞어 쓴 글이 되어서 우리 글자만 익힌 사람은 읽을 수 없게 되어 있다. 이것은 아마도 젊은 시절의 작가 자신의 모습을 그려보인 작품일 테지만, 어째서 소설이란 이름이 붙은 글을 이 모양으로 썼는지, 반세기도 훨씬 더 지난 세월을 요량하더라도 좀 이해가 안 된다. 우선 이 작품에 나오는 중국글자말의 보기를 좀 들어보자.

- 仇甫는, 2週日間, 熱病을 앓은 끝에, 갑자기 衰弱해진 視力을 呼訴하러 처음으로 眼科醫와 對하였을 때의, 그 조그만 테이블 우에 놓여 있던 「視野測定器」를 지금 記憶하고 있다.
- 이 낡은 서울의 呼吸과 또 感情이 있을 게다. 都會의 小說家는 모름지기 이 都會의 港口와 親하여야 한다. 그러나 勿論 그러한 職業意識은 어떻든 좋았다. 다만 仇甫는 孤獨을 二等待合室 群衆 속에 避할 수 있으면 그만이다.
- 市內에 散在한 無數한 鑛務所. 印紙代 百圓. 閱覽費 五圓. 手數料 十圓. 地圖代 十八錢…… 出頭登錄된 鑛區, 朝鮮全土의 七割. 時時刻刻으로 사람들은 猝富가 되고, 沒落하여 갔다.

그러니까 중국글자로 적을 수 있는 낱말은 모조리 중국글자로 적은 것이다. 이래서 중국글자말이 나오는 것을 보면 "瞬間을 捕捉하여" "甘美한 午睡를" "飮料曹達水로 取하였고" "林檎" "厚意에도 不拘하고" "家庭의 闖入者" "巨大한 體軀와 痴呆的顔貌를" "罪惡에 震怒한 神이" "華美하였고" "席에" "愕然히" "憚하였을 때" "哄笑" "蠱惑的" "及其也" "傍若無人" "一種得意感을" "意味朦朧한" "飮酒不堪症" "濫酒" "昏倒"……이렇게 온통 중국글자투성이다.

이렇게 중국글자말을 마구 쓰자니 일본식 중국글자말 "往往히" "辯解를" 따위도 분별 없이 쓰게 되고, 심지어 '보조개'란 우리 말도 안 쓰고 일본말을 직역한 '웃음우물'을 쓰게 되는 것이다. 중국글자말을 비판하는 눈이 없으니 일본글이고 서양글이고 번역체 문장을 제대로 보았을 리가 없다. 이 작품에서 사실은 중국글자말보다도 일본말 직역한 문장과 었었다를 함부로 쓴 것이 더 큰 문제가 된다.

- 중문까지 나간 아들은, 혹은, 자기의 한 말을 듣지 못하였는지 모른다.

- 仇甫는 어머니의 외로워할 때의 표정을 눈앞에 그려본다.
- 그의 일 있는 듯싶게 꾸미는 걸음걸이는 그곳에서 멈추어진다. 그는 어딜 갈까, 생각하여 본다. 모두가 그의 갈 곳이었다.
- 그렇게 우두머니 다리 곁에 있는 것의 무의미함을 새삼스러이 깨달은 까닭이다.
- 仇甫는 女子와의 會見當時의 자기의 그 大膽한 或은 뻔뻔스런 態度와 話術이……
- 그러한 女人은 或은, 한平生을 두고, 仇甫에게 幸福의 무엇임을 알 機會를 주지 않았을지도 모른다.
- 幸福이란 主觀的의 것이다.
- 나의 願하는 바를 月輪도 모르네.
- 까닭에 그가 恒常 그렇게도 求하여 마지않는 것은, 왼갓 意味로서의 刺戟이었는지도 모른다.
- 이슬비 나리던 어느 날 저녁 히비야(日比谷) 公園 앞에서의 女子를 仇甫는 애닯다, 생각한다.

여기 든 보기글에 나오는 토 의와, 의로 합성이 된 토 와의, 로서의, 에서의는 모두 일본글을 직역한 데서 생겨난 것이고, 그래서 이런 글들이 죄다 일본글 번역체가 되어버렸다.

- 事實, 같은 돈이라도 그 사나이에게 있어서는 헛되이, 그리고 또 아까웁게 消費되어 버릴께다.
- 벗과의 사귐에 있어서도 가장 寬大한 품이 있었다.
- 作家에게 있어서 觀察은 무엇에든지 必要하였고……
- 無知는 노는계집들에게 있어서, 或은, 없어서는 안 될 물건이나 아닐까.

이런 글들에 나오는 -에게 있어서도 일본글을 그대로 따라 쓴 것이다.

- 電車가 若草町近處를 지나갈 때, 仇甫는, 그러나, 그 興奮에서 깨어나, 뜻 모를 웃음을 입가에 띠어본다.
- 몇 점이나 되었나. 仇甫는, 그러나, 時計를 갖지 않았다.
- 다리를 잔뜩 웅크리고 얼굴빛조차 變하여가지고, 그는 크게 뜬 눈으로 개의 動靜을 살폈다. 개는 如前히 꼬리를 흔들며 그러나, 저를 貴해주구 안 해주는 사람을 용하게 가릴 줄이나 아는 듯이, 그곳에 오래 머무르지 않고, 또 옆 貞子로 갔다.
- 오늘은, 그러나, 仇甫는 그의 말에 귀를 기우리지 않으면 안 된다.
- 여자는, 그러나, 男子의 變心을 깨닫지 못하였을지도 모른다.
- 그들은 그러나, 勿論 그런 것을 그네 自身 깨닫지 못한다.
- 나와, 그러나, 그들은 한길 우에 우두머니 선다.

이런 글들에 나오는, 그러나를 우리는 언제나 글 첫머리에 쓴다. 이렇게 말하는 중간에 나오는 것은 분명히 우리 말이 아니다. 이것이 바로 일본말법이고, 일본글이 이렇게 되어 있다. 요즘 신문기사들이 그러나를 거의 모두 이렇게 일본글같이 쓰고 있는데, 그 책임이 소설가들에게 있음을 알 수 있다.

여기서 또 한 가지 말해둘 것은, 이 작가가 턱도 없이 쉼표를 마구 적어놓고 있는 사실이다. 이것 역시 일본글을 본뜬 것이다. 일본글은 낱말을 띄어서 쓰지 않기에 쉼표를 우리보다 많이 쓰지 않으면 안 된다. 우리 글에는 쉼표를 많이 쓸 필요가 없고, 쉼표가 많은 문장은 보기에 아주 거슬린다.

- 그러나, 勿論, 女子에게서는 아무런 말도 하여오지 않았다. (→는)
- 或是, 女子에게서라도 먼저 말이 있다면…… (→한테서)

- 강아지는 다시 그곳을 떠나, 이제는 사람들의 사랑을 求하기를 아주 斷念이나 한듯이 仇甫에게서 한간통쯤 떨어진 곳에 가 네발을 쭉 뻗고 모으고 쓰러져버렸다. (→에서)
- 그러나 그것은 벗에게서 온 片紙는 아닐지 모른다. (→한테서)
- 어버이에게서 남편에게로, 그리고 다시 자식에게로, 옮겨가는 여인의 사랑—그러나 그 사랑은 자식에게로 옮겨간 까닭에 그렇게도 힘 있고 또 거룩한 것이 아니었을까. (→에서, 에게)

이런 글들에 나오는 토 에게서, 에게로는 우리가 쓰는 입말이 아니다. 실제로 입으로 하는 말을 써야 할 이런 토가 왜 이 모양으로 됐는가? 이것은 최남선의 「해에게서 소년에게」 때부터 문인들이 우리 말을 쓰려고 하지 않고 남의 나라 글을 번역한 꼴로 문장을 써왔기 때문이다. 여기 나온 에게서와 에게로를 묶음표 안에 적어놓은 말로 바꾸어서 읽어보라. 비로소 우리 말로 살아난다고 느껴질 것이다.

그런데 이 소설 문장에서 가장 거슬리는 잘못된 말은 뭐니 뭐니 해도 었었다이다.

- 그렇더라도 대답은 역시 하여야만 하였었다고, 仇甫는 어머니의 외로워할 때의 표정을 눈앞에 그려본다.
- 아무 異狀이 없다고 宣言하였었다.
- 그래도 每日 神經質나게 귀안을 掃除하였었다.
- 그가 여자를 만나보고 돌아왔을 때, 그는 집에서 아들을 궁금히 기다리고 있던 어머니에게 "그 女子면" 程度의 뜻을, 表示하였었던 것에 틀림없었다.
- 어머니는 一種의 자랑조차 가지고 仇甫에게 들려주었었다.
- 말씀은 많이 들었습니다, 하고 그는 말하였었다.
- 勿論 처음에 그는 망살거렸었다.

• 女子는 그렇게 말하였었다.

이런 었었다가 16군데나 나온다.

이렇게 해서 글이 '말'에서 떠난 것이 되고 보니 "그의 고요한 마음속에 陰鬱을 갖는다"든지, "그 思想에는 黃昏의 哀愁와 또 孤獨이 混和되어 있었는지도 모른다" 따위의 몽롱한 분위기를 자아내는 아리송한 말재주까지 즐기는 글이 되고 만다. 이쯤 되면 분명히 타락한 문장이라고 볼 수밖에 없다.

그런데 이 작가가 「소설가 구보 씨의 일일」을 발표한 2년 뒤인 1936년에 잡지 『조광』(朝光)에다 연재한 장편소설 「천변풍경」(川邊風景)은, 같은 사람이 글을 이렇게 달리 썼나, 하고 놀라게 한다. 내가 읽은 것은 첫머리 제1절에서 제3절까지(원고지 165장쯤)인데, 우리 말을 아주 잘 살려서 쓴 글이 되어 있다. 여기서는 희한하게도 었었다가 단 한 군데도 안 나온다. 의를 잘못 쓴 경우도 거의 없다. "한 장의 일원지폐를" 하고 쓴 것 밖에 없다. 중국글자말도 "금주하였음에도 불구하고" "용이한 일이 아니라고" "연령의 현격을" 하는 정도로 몇 군데 나올 뿐, 문제 될 것이 거의 없다. 다만 에 있어서가 없어지지 않았고 그러나를 쓴 자리가 여전히 못마땅하고, 쉼표를 자주 친 것이 「소설가 구보 씨의 일일」과 다름없을 뿐이다. 이만하면 우리 소설문장으로서는 훌륭하다고 아니 할 수 없고, 박문서관에서 나온 책머리에 쓴 이광수의 칭찬이나 박종화, 임화 두 분의 서평도 그럴 만하다고 느껴진다.

그런데 여기서 생각하지 않을 수 없는 것은 「소설가 구보 씨의 일일」과 「천변풍경」의 문장이 어째서 이토록 다른가 하는 문제다. 겨우 2년 사이에 작가가 이렇게 껑충 뛰어오를 수 있을까?

나는 이 문제를 이렇게 본다. 이 두 작품 가운데 하나는 지식인의 심리를 그린 것이고, 다른 하나는 서민들의 삶을 그린 것이다. 이것은 지식인의 심리를 쓴 글과 일하면서 살아가는 서민들의 삶을 이야기한 글을 보여줄 따름이다. 그것뿐이다. 삶의 현장에 있지 않는 사람의 심리를 따라가면서 보여주려고 하자니 그 말이란 것이 삶에서 멀어진 추상의 말, 관념의 말이 되지 않을 수 없고, 따라서 남의 나라 글을 옮겨다 쓴 글말 문장이 되는 것은 당연하다. 그러나 일하는 사람들의 행동을 보여주려고 하는 글이라면 그 일하는 사람들이 쓰는 말을 그대로 쓰지 않고 어찌하겠는가?

글쓰기를 하는 데서 무엇을 쓰나 하는 그 '무엇'이, 어떻게 쓰나 하는 방법과 글의 바탕과 형식까지도 어느 정도 결정하는 것임을 여기서 알 수 있다.

2. 박화성(1904~88)

「한귀」(旱鬼, 1935), 「고향(故鄕) 없는 사람들」(1935) 이 두 편은 초기에 쓴 이 작가의 대표작인데, 가난한 농민들이 가뭄에 시달리고, 혹독한 식민지 정치에 견딜 수 없어 고향에서 쫓겨나는 모습을 그려놓은 단편들이다. 중국글자말에서 문제가 될 만한 것이 거의 없고, 더구나 었었다가 한 군데도 나오지 않아, 역시 농민들의 이야기를 쓴 소설은 다르구나 싶다. 그런데 매김자리토 의만은 다른 작가들과 마찬가지로 잘못 쓰고 있다.

- 네 아이<u>의</u> 자고 있는 모양을 멀거니 바라보다가……
- 논이나 밭들이 벌건 채로 있으며 남자들<u>의</u> 논을 매는 일과 여인들<u>의</u> 밭을 매는 일은 그들의 일과에서 빠지고 말았다.
- 부인들<u>의</u> 하는 미신적 행동이란 행동은 다 따라가며 하였다.
- 물만 먹고 자라가는 돼지<u>의</u> 끽끽거리고 보채는 꼴이란 아이들이 보채는 것보다도 더 보기 어려운 꼴이었다. (이상「한귀」)

- 오삼룡이네 외의 아홉 집 가족이……
- 판옥의 나중 말은 애원의 하소연이 되어 떠나려는 열 사람의 가슴을 긁어냈다.
- 우리는 다시 우리의 고향을 찾아올 것이요.
- 누가 먹이는지 모르게 그들은 요새의 유행 노래를 부르기 시작하였다.
- 이러한 짐짝들이 짐찻간으로 실리고 실리는 동안 군중들의 떠드는 말소리들은 울음판으로 변하였다.
- 외할머니인 듯한 노인이 딸이 업고 있는 외손자에게 눈깔사탕의 봉지를 쥐어 주며 소리를 내어 울고……
- 옛날의 귀양살이도 못 보내는 놈은 몰아다가 때려죽인다니 인제 우리를 잡아다가 죽일라는가보다.
- 자동차에서도 여인들의 느껴 우는 울음소리가 들려오는 것에는……
- 삼룡이의 기운차게 외치는 소리에 사람들은 울음을 뚝 그쳤다.
- 우리의 살아나갈 길을 뚫어보세. (이상 「고향 없는 사람들」)

여기 나온 토 의를 어떻게 하면 없앨 수 있는가 하는 것은 지금까지 적지 않은 보기를 들었기에 쉽게 짐작할 수 있으리라 믿는다.

3. 김유정(1908~37)

김유정의 소설에서 살펴본 작품은 다음과 같다.

「산골 나그네」(1933)
「금 따는 콩밭」(1935)
「산골」(1935)

「봄봄」(1935)

「이런 음악회」(1936)

「동백꽃」(1936)

「따라지」(1937)

김유정의 소설을 가리켜 보통 '토속적'이라고 말하는데, 토속이 아니라 바로 우리 것이다. 우리의 삶과 정서를, 그 삶과 정서가 푹 배인 구수한 말로 엮어놓은 이 이야기들은 가장 살아 있는 우리 겨레의 말로 씌어진 소설이라 할 수 있다. 이것을 달리 말하면, 김유정의 작품은 우리 소설문장에서 중국글자말과 일본말, 그밖에 외국 말글의 해독을 가장 적게 받은 글이라 하겠다.

이 작가가 이렇게 우리 말을 글에서 살려 쓸 수 있던 것은, 그 당시 대부분의 우리 작가들이 일본에 유학을 갔다 온 사람들인데 견주어 비록 전문학교를 잠시 다니기는 했지만 서울과 춘천을 오가면서 가난하게 살았고, 또 글이란 것을 모르고 살아가는 그 가난하고 약한 사람들의 이야기만을 썼기 때문이라고 생각한다. 이 작가의 글이 깨끗한 우리 말법으로 씌어져 있다는 가장 뚜렷한 증거는 었었다란 괴상한 말끝이 어느 작품에도 나오지 않는 것으로 알 수 있다. 그런데 이상하게도 단 한 군데 나온다.

- "망할 년! 은젠 병이 들었었나?" 「따라지」

이 마주말에 나오는 '들었었나'는 '들었나?'든지 '들었던가?'로 써야 할 것인데 어째서 이렇게 되었는가? 이것은 분명히 이 작가가 실수를 한 것 같다. 그렇지 않고서야 었었다가 딱 한 곳에만 나올 수가 없다. 아니면 잡지의 식자공이 잘못했을 수도 있겠지. 내 경험으로도 이런 일은 수없이 있었으니까.

또 하나, 에게 있어서인데, 이것도 딱 한 군데 나온다.

- 정말 아프도록 힘을 드릴 만치 <u>이쁜이에게 있어는</u> 지금의 저의 존재가 그만치 끔찍함을……「산골」

을유문고에는 "이쁜이에게 있어서는"이라 되어 있고, 『원본김유정전집』(한림대출판부)에는 여기 든 것처럼 되어 있는데, 어느 쪽이든 에게 있어서 꼴이라 본다. 우리 말법에 없는 이런 말이 엉뚱하게 한 군데 불쑥 나오는 것은 없었다와는 달리, 실수로 그렇게 되었다고는 볼 수 없고, 글을 읽고 쓰는 사람이 아무리 애쓰더라도 '의식과 말의 오염된 늪'에서 아주 완전히 벗어날 수 없음을 말해주는 것이다.

중국글자말도 일변이란 말이 두세 군데(「따라지」「산골 나그네」) 나오고, 입구란 말이 한 군데(「이런 음악회」), 그러함에도 불구하고가 한 번(「동백꽃」) 나오는 정도다.

의 토가 나오는 잦기(빈도)를 보면 200자 원고지 2장 정도에 1자가 나오든지, 3장 정도에 1자가 나온다. 요즘 신문에 연재되는 소설을 보면 원고지 7장 정도 되는 1회치 문장에 의 토가 보통 10자 안팎으로 나오는데, 이것만 가지고도 김유정의 소설이 얼마나 제대로 씌어진 문장으로 되어 있는가를 짐작할 것이다.

이 작가의 글에서 의 토가 어떻게 씌어 있는가를 보면 "도련님의 손목을" "이놈의 발이" "그놈의 소이로" "하늘의 붉은 놀"(이상 「산골」), "고놈의 계집애" "이놈의 닭" "남의 닭"(이상 「동백꽃」), "남의 땅을" "뜻밖의 일이라" "별의별 소리를"(이상 「봄봄」) 이런 꼴로 많이 나온다. 이런 경우는 우리가 실제로 입으로 하는 말로도 쓰고 있다.

그런데 "점순이의 대가리가 어디 갔는지"(「동백꽃」) 할 때는 '점순이 대가리가 어디 갔는지'로 써야 할 것이고, "아내는 아내대로의 셈이 빨랐다"(「금 따는 콩밭」)도 의가 필요 없이 '아내는 아내대로 셈이 빨랐다'

로 쓰는 것이 좋을 것이다. 이것은 김유정과 같이 순수한 우리 말 문장을 쓴 듯한 사람도 일본글의 해독에서 아주 벗어날 수는 없었다는 것을 말한다. 어찌하랴? 일본말로 학교 공부를 했고, 일본글로 책을 읽고 소설을 읽었으니! 그래도 이만한 작가가 나온 것을 천만다행으로 여겨야지.

김유정 소설에서 또 하나 특이한 문장으로 씌어진 것이 「산골」이다. 이 작품은 산·마을·돌·물·길, 이렇게 다섯 가지 작은 제목으로 나뉘어 있는데, 한 글월의 길이가 흔히 200자를 넘는다. 이렇게 긴 줄들의 끝 부분이 또 대개는 현재진행형으로 되어 끝없이 이어가고 있는 느낌인데, 이런 글을 읽으면 마치 고대소설을 읽는 듯한 정취에 사로잡힌다. 한 대문을 들어보자.

매일과 같이 산엘 올라다닌 지 단 나흘이 못 되어 마님은 눈치를 채셨는지 혹은 짐작만 하셨는지 저녁때 기진하여 내려오는 이쁜이를 불러 앉히시고, "너 요년 바른 대로 말해야지 죽인다" 하고 회초리로 때리시되 볼기짝이 톡톡 불거지도록 하시었고 그래도 안차게 아니라고 고집을 쓰니 이번에는 어머니가 달려들어 머리채를 휘감고 주먹으로 등허리를 서너 번 쾅쾅 때리더니, 그만도 좋으련만 뜰아랫방에 갖다 가두고는 사날씩이나 바깥 구경을 못 하게 하고 구메밥으로 구박을 막함에는 이쁜이는 짜장 서럽지 않을 수가 없었다. 징역살이 맨 마지막 밤이 깊었을 제 이쁜이는 너무 원통하여 혼자 앉아서 울다가 자리에 누운 어머니의 허리를 꼭 끼고 그 품속으로 기어들어 "어머니 나 데련님하고 살 테야" 하고 그예 저의 속중을 토설하니 어머니는 들었는지 먹었는지 그냥 잠잠히 누웠더니 한참 후 후유, 하고 한숨을 내뿜을 때에는 이미 눈에 눈물이 그렁그렁하였고, 그리고 또 한참 있더니 입을 열어 하는 이야기가 지금은 이렇게 늙었으나 자기도 색시 때에는 이쁜이만치나 어여뻤고 얼마나 맵시가 출중났던지 노나리와 은근히 배가 맞았으나 몇 달이 못 가서 노마님이 이걸 아시고 하루는 불러세고 때리시다가 마침내 샘에 못 이기어 인두로 하초를 지지려고 들어덤비신 일이 있다고 일러주고 다시 몇 번 몇 번 당부하여 말하되 석중네가 벌써부터 말을 건네는 중이니 도련님에게 맘을랑 두지 말고 몸 잘 갖고 있으라 하고 딱 떼는 것이 아닌가. 하기야 이쁜이가 무남독녀의 귀여운 외딸이 아니었더런들 사흘 후에도 바깥에 나올 수 없었으려니와 비로소 대문을 나와보니 그간 세상이 좀 넓어진 것 같고 마치 우리를 벗어난 짐승과 같이 몸이 가뜬함을 느꼈고 흉측스러운 산으로 뺑뺑 둘러싼 이 산골에서 벗어나 넓은 버덩으로 나간다면 기쁘기가 이보다 좀 더하리라 생각도 하여보고 어머니의 영대로 고추밭을 매러 개울길로 내려가려니까 왼편 수풍 속에서 도련님이 불쑥 튀어나오며 또 붙들고 산에 안 갈 테냐고 대구 보챈다. 읍에 가 학교를 다니다가 요즘 방학이 되어 집에 돌아온 뒤로는 공부는 할 생각 않고 날이면 날 저무도록 저만 이렇게 붙잡으러 다니는 도련님이 딱도 하거니와 한편 마님도 무섭고 또는 모처럼 용서를 받는 길로 그리고 보면 이번에는 호되이 불이 내릴 것을 알고 이쁜이는 오늘은 안 되니 낼모래쯤 가자고 좋게 달래가며 그래도 듣지 않고 굳이 가자고 성화를 하는 데는 할 수 없이 몸을 뿌리치고 뺑소니를 놀 수밖에 딴 도리가 없었다. 구질구질히 내리던 비로 말미암아 한동안 손을 못 댄 고추밭은 풀들이 제법 성큼히 엉기었고 어디서부터 시작해야 좋을지 갈피를 모르겠는데 이쁜이는 되는 대로 한편 구석에 치마를 도사리고 앉아서 이것도 명색은 김매는 거겠지, 호미로 흙등만 따짝거리며 정짜 정신은 어젯밤 좋은 상전과 못 사는 법이라던 어머니 말이 옳은지 그른지 일념으로 아로새기며 이리 씹고 저리도 씹어본다.

이토록 호흡이 긴 글은 대체 어떤 까닭으로 씌어진 것일까? 산이요 마을이요 고추밭이 나오지만 그 자연은 배경으로 되어 있고 이것은 어디까지나 사람의 이야기다. 자연 속에 끝없이 진행되는 사람의 이야기, 그 이야기는 요즘의 작가들이 흔히 머릿속에서 짜내는 안개를 잡는 듯한 허황한 이야기와는 아주 달라, 어디까지나 뚜렷한 사물을 보여주고 행동이 있고 몸으로 절실하게 느낄 수 있는 삶의 이야기가 되어 있다. 그래서 그 삶을 현재진행으로 끝없이 엮어나가고 있는지도 모른다.

아무튼 이 이야기 글에서 우리가 아주 확실하게 말할 수 있는 것은, 이렇게 긴 문장인데도 조금도 복잡하다는 느낌이나 어렵다는 느낌이 안 들고 아주 쉽게 읽을 수 있다는 것이다. 만약 요즘의 소설가들이 이런 모양으로 긴 글월을 썼다가는 아무도 읽어줄 사람이 없을 것이다. 이렇게 볼 때 김유정의 「산골」은 우리 이야기 문학의 전통을 글로서 가장 잘 보여준 보기 드문 작품이라 하지 않을 수 없다.

4. 채만식(1904~50)

일본에 가서 공부를 하였고, 신문기자를 지내기도 하였지만, 이 작가의 소설문장은 풍부한 우리 말을 자유롭게 써서 외국글의 오염에서 많이 벗어나 있다.

「레디메이드 인생(人生)」(『신동아』, 1934)

일자리를 얻지 못하여 괴로워하는 지식인의 삶을 그린 이 작품은 작가 자신의 이야기라고도 보인다. 지식인을 그려놓은 소설인데도 "신어붓잖은" "노닥거렸다" "고비삿삿" "해롱해롱 까분다" "자수물같이 밍망한 술을"과 같은 재미있는 우리 말을 많이 쓰고 있다. "직업"(職業)을 '구실'이라 했고, 요즘은 모두 "노동"이라고 하는데 "생일"이라고 쓴 것도 잃어버린 우리 말을 생각하게 한다.

더구나 마주이야기가 재미있다. 다음에 한 대문을 들어본다. 주인공 P를 M과 H가 찾아와 지껄이는 대문이다. 세 사람은 모두 실업자요 친구 사이다.

"먼점 경무국에 들어가서 아주 까놓고 이야기를 한단 말이야. 우리가 지금 대상으로 하는 것은 총독부가 아니라 조선의 소위 민간칙 유지들이니까 간섭을 말어달라고."

"그러면 관허(官許) 메-데-로구만."

"그래, 관허도 좋아…… 그래가지고는 기에다가는 무어라고 쓰느냐 하면 '우리에게 향학열을 고취한 놈이 누구냐?…… 어때?"

"조-치."

"인테리에게 직업을 내라……이렇게 노래를 지어 부르거든."

(1줄 삭제)

"응…… 유지와 명사의 가면을 박탈시키라고……한 몇십 명이 그렇게 데모를 한단 말이야."

"하하하하."

M은 이렇게 웃고 H는 신어붓잖게 핀잔을 준다.

"뜨그럽소 여보……아, 글세 멀끔멀끔한 양복쟁이들이 종로네거리로 기를 받고 그렇게 다녀봐! 애들이 와서 나 광고지 한 장 주-하잖나."

"하하하하."

"허허허허."

창밖에서 냉이장수가 싸구려 소리를 외치고 지나간다. M이 그에 응하여,

"이크! 봄을 떰핑하는구나."

"흥, 경제학자라 달르군…… 참, 우리 하숙에서는 채소를 좀 멕여주어야지!"

"밥값을 잘 내보지."

"그도 그렇지만."

"나는 석 달치 밀렸네."

"나도 그렇게 될걸."

"그렇니까 나처럼 이렇게 아파트 생활을 해요."

이것은 P의 말이다. 아파트라고 말해놓고도 서급허서 허허 웃었다.

"조선식 아파트! 그렇지만 우리가 아파트 생활을 했다면 아마 두어 달 전에 굶어 죽었을걸."

"나는 돈을 보면 초면인사를 해야 되겠네…… 본 지가 하도 오라서 낯을 잊었어."

"여보게."

하고 M이 으젓하게 H를 달군다.

"돈 구경한 지 오래됐다지?"

"응."

"존 수가 있네."

"멋?"

"자네 책 좀 삼사구락부에 보내세."

"싫으이."

"자네 돈 구경하고…… 구경하고서 그놈으로 한잔 먹고……"

"한잔 말이 났으니 말이지 요즘 같으면 술이나 실컷 먹고 주정이라도 했으면 속이 시원하겠네."

"그러니까 말이야…… 가세. 가서 다섯 권만 잽혀."

"일없다."

"홍."

"정말이야."

"싫여."

이래서 그날 밤 P와 M은 H를 졸라서 법률책을 잡히고는 돈 6원을 만들어 선술집에 간다. 선술집에서 다시 카페로, 카페에서 동관 갈보집으로 술에 취해 비틀거리며 갔다.

거기서 또 마시고 떠들고 놀다가 H는 술값을 치르고 P만 남겨두고 M과 같이 슬쩍 나가버린다. 혼자 남은 P가 술집 계집애와 주고받는 말이다.

"나이 몇 살이냐?"
"열여덟."
"부모는?"
"부모가 있으면 여기서 이 짓을 해?"
"왜, 이 짓이 나쁘냐?"
"흥……나도 사람이야."
"에-꾸! 나는 네가 신선인 줄 알았더니 인제 알고 보니까 사람이로구나!"
"드끄러!"
계집애는 눈을 쪽 흘기고는 갑작히 웃으면서 P의 목을 끌어안는다.
"자고 가, 응."
"우리 마누라한테 자볼기 맞고 쫓겨난다."
"그러면 내한테 와서 나하고 살지…… 여기 내 빚 팔십 원만 물어주면……"
"팔십 원이냐?"
"응."
"가겠다."
P는 또 일어나려는 것을 계집이 껴안고 놓지 아니한다.
"자고 가…… 내가 반했어."
"아서라."
"정말!"
"놓아."
"아니야, 안 놓아. 자고 가요 응……자고……나 돈 좀 주어."
"돈? 내가 돈이 있어 보이니?"
"돈 소리가 절렁절렁 나는데?"

미상불 P의 포켓 속에서는 아까부터 잔돈 소리가 가끔 잘랑거렸다.
"자고, 나 돈 조-꼼 주고 가, 응."
"얼마나?"
"암만도 좋아……오십 전도, 아니 이십 전도……."
계집애의 말이 떨어지기도 전에 P는 불에 데인 것같이 벌떡 일어섰다. 일어서면서 그는 포켓 속에 손을 넣어 있는 대로 돈을 움켜쥐어 방바닥에 홱 내던졌다. 일 원짜리 지전 두 장과 백동전이 방바닥에 요란스럽게 흐트러진다.
"앗다 돈!"
해 던지고는 P는 뛰어나왔다. 그의 눈에는 눈물이 고였다.

이렇게 마주이야기말에서는 말을 잘 살려서 썼고, 바탕글도 재미있는 말로 엮여 있어 잘못된 말이 거의 없다. 같은 지식인의 이야기를 같은 해(1934)에 써서 발표한 박태원의 소설 「소설가 구보 씨의 일일」과 이 작품을 견주어 보면 문장이 얼마나 다른가를 알 수 있다. 이것은 같은 지식인의 이야기를 쓰더라도 쓰려고 하는 이야기의 내용과 쓰는 몸가짐에 따라서 그 문장이 얼마든지 달라질 수도 있음을 깨닫게 한다. 물론 이 「레디메이드 인생」 전체를 보면 미소가 나오고 무슨 -적 하는 말도 나온다. 었었다가 다섯 군데나 나오고 -에 있어서도 한 군데 보인다.

- 그가 구직하러 오는 지식청년들에게 농촌으로 돌아가 농촌사업을 하라는 것과 (다음에 또 꺼내는 일거리를 만들라는 것은) 결코 현실에서 출발한 이론적 근거가 있는 것이 <u>아니었었다</u>. 그저 지식계급의 구직군이 넘치는 것을 보고 막연히 "농촌으로 돌아가라" "일을 만들어라"고 해왔을 따름이다. 따라서 거기에 대한 구체적 플랜이 있는 것도 <u>아니었었던</u> 것이다.
- 대원군은 한말의 <u>돈키호테였었다</u>. 그는 바가지를 쓰고 벼락을 막

으려 하였다.
- 그것은 그들에게 있어서 일종의 정당성을 가진 노동인 것이다.

　그러나 지식인의 이야기를 써서 이만큼 우리 말을 살린 소설도 드물다고 하지 않을 수 없다.

「天下太平」(천하태평), (『조광』, 1938)
　이것은 1938년, 잡지『조광』에 연재한 장편소설이다. 내가 읽고 살핀 것은 1. 尹掌儀 영감 歸宅之圖(創批社에서 나온 全集에는 '尹直員 영감 歸宅之圖'로 되어 있다) 2. 無賃乘車奇術 3. '西洋國' 名唱大會 4. '우리만 빼놓고 어서 망합사……'까지(원고지로 약 190장 정도)다. 돈밖에 모르는, 품성이 저열한 인간의 행태를 그려놓은 이 소설은, "합니다" 꼴의 이야기 말체로 씌어져 있어서 오염된 글말이 거의 없다고 할 만하다. 작은 제목들이 모두 중국글자말에 중국글자로 적혀 있지만, 본문에서는 중국글자말에서 문제될 것이 거의 없고, (다만 일변이란 말이 여러 번 나온다. 그래도 이렇게 깨끗한 우리 말 문장을 소설에서 보기는 매우 드물다) 일본말법을 따라 쓴 경우도 거의 없다. 앞에서 든「레디메이드 인생」보다 더 깨끗한 글이 되어 있는데, 그 까닭은 아마도 글체가 실제로 말하는 꼴로 되어 있기 때문이 아닌가 싶다. 그런데 었었다는 여전히 (네 군데) 나오고, 에 있어서도 한 곳만 나온다.

- 대복이가 집안 가용을 지출하는 데 있어서……
- 그는 그 붉은 입장권을 보지 못했었다면 설마 이 풍신 좋은 양반이 홍권을 가지고 백권석에 들어앉았으리라는 의심이야 내지도 아니했겠지요.
- 그런데 그게, 귀신이 곡을 할 일이라고 '윤두꺼비'는 두구두구 기맥혀 했었지마는, 그걸 어떻게 염탐했는지 벌건 대낮에 쑥 빠진

'양복쟁이'들이 들어덤벼가지고 그 돈 사천 원을 달칵 빼앗아갔답니다.

5. 이효석(1907~42)

이 작가의 작품은 「메밀꽃 필 무렵」(『조광』, 1936)과 「산」(『삼천리』, 1936)을 살펴보았다. (앞의 글은 원고지 50장쯤, 뒤의 글은 36장 정도의 단편이다.)

1930년대 초에 사회문제에 관심을 보여주는 소설을 쓰면서 작품 활동을 시작한 이 작가는 곧 방향을 바꾸어 자연과 그 자연 속에 살아가는 순박한 사람들의 삶을 그려 보였는데, 「메밀꽃 필 무렵」과 「산」(山)이 그 대표작이라 할 수 있다.

이 두 편의 소설에서는 었었다가 꼭 한 군데 나온다.

"그, 그렇겠지."
하고 중얼거리며 흐려지는 눈을 까물까물하다가 허 생원은 경망하게도 발을 빗디디었다. 앞으로 꼬꾸라지기가 바쁘게 몸채 풍덕 빠져버렸다. 허위적거릴수록 몸을 걷잡을 수 없어 동이가 소리를 치며 가까이 왔을 때에는 벌써 퍽이나 흘렀었다. 옷째 쫄짝 젖으니 물에 젖은 개보다도 참혹한 꼴이었다. 「메밀꽃 필 무렵」

이게 우리 말로는 마땅히 '흘러갔다'고 써야 할 것이다. 아무리 우리 말을 잘 쓰는 소설가라도 그 머리속에 어릴 때부터 익혀서 들어 있는 글말을 다 지울 수는 없었던 것 같다. 더구나 이 작가는 경성제대 법문학부 영문과를 나왔고, 한때는 총독부, 경무국의 관리가 되어 동족의 원고를 검열하는 일을 하다가 일본글로도 친일사상을 나타낸 글을 발표했으니 말이다. 그래서 「산」에서는 일본식 말법으로 되어 있는 의 토가 여기저기 나온다.

- 골짜기에서의 생각으로는 산기슭에만 오르면 만져질 듯하던 것이 산허리에 나서면 단번에 구만 리를 내빼는 가을 하늘…… (→골짜기에서 생각하기에는, 골짜기에서 생각했을 때는)
- 바심할 때의 짚북더기보다도 부드러운 나뭇잎―여러 자 깊이로 쌓이고 쌓인 깨금잎 가랑잎 떡갈잎의 부드러운 보료―속에 목을 파묻고 있으면 몸뚱어리가 마치 땅에서 솟아난 한 포기의 나무와도 같은 느낌이다. (→한 포기)
- 잠자코 섰는 나무들의 주고받는 은근한 말을, 나뭇가지의 고갯짓하는 뜻을, 나뭇잎의 소곤거리는 속심을, 총중의 한 포기로서 넉넉히 짐작할 수 있다. 해가 쪼일 때에 즐겨하고 바람 불 때 농탕치고 날 흐릴 때 얼굴을 찡그리는 나무들의 풍속과 비밀을 역력히 번역해낼 수 있다. 몸은 한 포기의 나무다. (→나무들이 | →나뭇가지가 | →나뭇잎이 | →한 포기)
- 땅에서 솟는 산정기의 힘찬 단순한 목소리다. (→산정기가 지르는 힘차고 단순한)
- 나무를 판 때의 마음이 이날같이 즐거운 적은 없었다. (→팔았을 때 마음이)
- 물건을 산 때의 마음도 이날같이 즐거운 적은 없었다. (→샀을 때 마음도)
- 김 영감의 그 후의 소식은 물어낼 필요도 없었으나 거리에서 만난 박 서방 입에서 우연히 한 귀절 얻어듣게 되었다. (→김 영감의 그 뒤 소식은)

산을 이야기하고 그 산에서 살아가는 사람을 이야기하는 글이 이렇게 된다는 것은 잘못되었다고 아니 할 수 없다.

6. 이태준(1904~?)

주옥같은 문장을 썼다고 모두가 알고 있고 『문장 강화』라는 책까지 낸 이태준은 과연 어떤 글을 썼던가? 여기서 살펴보는 것은 「까마귀」(『조광』, 1935), 「복덕방」(福德房)〔『조광』, 1937〕, 「농군」(農軍)〔『문장』, 1939〕 세 편이다. 우선 다음에 글 한 대문씩을 들어본다. 「까마귀」와 「복덕방」의 맨 마지막 부분인데, 작품에 나오는 중심인물이 두 편에서 다 죽는 것으로 끝난다. 「까마귀」에서는 학생들이 하는 하숙생활조차 뜻대로 안 되는 가난한 소설가가 임시로 빌려들어가 있는 친구네 별장 방에 늘 찾아오던 결핵을 앓는 아가씨가 죽는다는 결말로 되어 있다. 「복덕방」은 장사꾼들에게 속고 무용가로 활동을 하는 딸에게도 아주 버림을 받은 노인 안 초시가 약을 먹고 죽는다. 안 초시의 친구 서 참의가 파출소에 알리려고 하는데 딸은 자기 명예를 위해서 제발 살려주는 셈치고 알리지 말아달라 애원하여 장례식을 치르게 된다는 얘기다.

하로는 다시 추워져서 싸락눈이 바실바실 길에 떨어져 구으는 날 오후였다. 어느 잡지사에 들어가 곤작(困作) 한 편을 팔아가지고 약간의 식료를 사 들고 다 나온 길인데 개울 건너 너른 마당에 두어 대의 검은 자동차와 함께 금빛 영구차 한 대가 놓여 있었다.

그는 가슴이 섬찍하였다. 별장 쪽을 올려다 보니 전나무 꼭대기에서는 진작부터 서너 마리의 까마귀가 이 광경을 나려다보며 쭈쿠리고 앉아 있었다.

"그 여자가 죽었구나!"

영구차 안에는 이미 검은 헌겊에 싸인 관이 실려 있었다. 둘러 섰는 동넷사람 속에서 정자직이가 나타나더니 가까이 와서 일러주었다.

"우리 정자루 오든 색씨가 갔답니다······"

"······"

그는 고요히 영구차를 향하여 모자를 벗었다.

"저 뒤에 자동차에 지금 올르는 사람이 그 여자와 정혼했던 사람이랩니다."

그는 잠자코 그 대학 도서실에 다니며 식량문제를 연구한다는 청년을 건너다보았다. 그 청년은 자동차 안에 들어앉아 이내 하―얀 손수건을 내어 얼굴에 대었다. 그러자 자동차들은 영구차가 앞을 서서 고요히 굴러 달아났다. 눈은 자꾸 나리었다. 그 자동차들의 굴러간 자리도 얼마 안 있어 덮어버리고 말았다.

까마귀들은 이날 저녁에도 별다른 소리는 없이 그저 까악-까악-거리다가 이따금씩 까르르-하고 그 GA 아래 R 자가 한없이 붙은 발음을 내군 하였다.

- 「가마귀」

안 초시의 소위 영결식이 그의 딸의 연구소 마당에서 열리었다. 서참의와 박희완 영감은 술이 건화하게 취해갔다. 박희완 영감이 무얼 잽혀서 가져왔다는 부의(賻儀) 이원을 서 참의가

"장례비가 넉넉하니 자네 돈 그 계집애 줄 거 없네."

하고 우선 술집에 들러 건화하게 곱배기들을 한 것이다.

영결식장에는 제법 반반한 조객들이 모여 들었다. 예복을 채리고 온 사람도 두엇 있었다. 모다 고인을 알아 온 것이 아니요 무용가 안경화를 보아 온 사람들 같았다. 그중에는 고인의 슬픔을 알아 우는 사람인지, 덩다리기분으로 우는 사람인지 울음을 생키노라고 끅끅하는 사람도 있었다. 안경화도 제법 눈이 젖어가지고 신식상복이라나 공단 같은 새까만 양복으로 관 앞에 나와 향불을 놓고 절하였다.

그 뒤를 따라 한 이십 명 관 앞에 와 꿈벅거리었다. 그리고 무어라고 지꺼리고 나가는 사람도 있었다.

그들의 분향이 거의 끝날 듯하였을 때

"에헴" 하고 얼굴이 시뻘건 서 참의도 나섰다. 향을 한우쿰이나 집어 놓아 연기가 시커멓게 올려 솟더니 불이 일어났다. 후- 후- 불어 불을 끄고, 수염을 한 번 쓰다듬고 절을 했다. 그리고 다시
"헴……"
하더니 조사(弔辭)를 하였다.
"나 서 참일세 알겠나? 홍……자네 참 호사야……호살세 잘 죽었느니 자네 살았으문 이런 호살 해보겠나……인전 안경다리 고칠 걱정두 없구……아무턴지……"
하는데 박희완 영감이 들어서더니
"이 사람 취했네그려"
하며 서 참의를 밀어냈다.
박희완 영감도 가슴이 답답하였다. 분향을 하고 무슨 소리를 한마디 했으면 속이 후련히 트일 것 같아서 잠간 멈춧 하고 서 있어보았으나
"으흐??……"
하고 울음이 먼저 터져 고만 나오고 말았다.
서 참의와 박희완 영감도 묘지까지 나갈 작정이었으나 거기 모인 사람들이 하나도 마음에 들지 않아 도로 술집으로 나려오고 말았다.

• 「복덕방」

문장이 아주 정확하여 어디 한 자리도 빈틈이 없다. 역시 글을 갈고 다듬기를 남달리 애써 한 장인의 솜씨가 보인다. 이 작가의 이런 단편을 읽으면 어쩐지 체호프의 소설을 읽는 느낌이 든다.

이태준은 사람을 가리키는 삼인칭대명사를 남자의 경우 "그"라고 하고, 여자는 "여자" 또는 "그 여자"라고 썼는데, 그렇게 쓰는 것이 우리 말법에도 맞아 가장 자연스럽고 무난하겠다는 생각이 든다.

일본말법 의나 었다도 거의 안 보인다. 의는 앞에 보기를 든 글에 나오는

- 그 자동차의 굴러간 자리도 얼마 안 있어 덮어버리고 말았다. (→ 자동차가)

고 하는 대문과

- "건 주검을 아직 남의 걸로만 아는 건강한 사람들의 두개골을 사랑하는 것 같은 악취미겠지요!" (→사람들이)

하는 두 군데뿐이다. 「복덕방」과 「농군」에서는 놀랍게도 전혀 찾아볼 수 없다. '었었다'도 「가마귀」와 「농군」에는 전혀 안 나오는데, 「복덕방」에서 세 군데 나오고 있다.

- 나이는 자기보다 훨씬 연소하였으나 학식과 재기가 있는 데다 호령소리가 좋아 상관에게 늘 칭찬을 받던 청년무관이었었다.
- 이 일이 있은 후 안 초시는 거의 달포나 서 참의의 복덕방에 나오지 않았었다. 그런 걸 박희완 영감이 가서 데리고 왔었다.

다만 '한테서' 하는 말을 안 쓰고 이 작가 역시 에게서를 썼고, 일본식 중국글자말 병인(→환자, 병든 이, 앓는 이), 산보(→산책, 바람쐬기), 의연히(→여전히)도 썼다.

이 작가가 다른 수필이나 논문에서는 에 있어서를 썼는데 소설에서는 쓰지 않았다는 것도 생각할 만하다. 그리고 「가마귀」와 「복덕방」보다도 「농군」의 문장이 한층 더 깨끗하다. 이 작품에는 희한하게도 잘못된 중국글자말이고 일본말법이고 었었다가 없다. 단지 한 군데 티를 잡는다면 이렇게 쓴 대문이다.

- 시커멓던 유리창에 희끄므레하게 떠오르는 안개, 그 안개 속에서

다시 떠오르는 땅, 창권이네게는 신세계의 출현이다.

"신세계의 출현이다"고 쓸 것이 아니라 '새 세상이 나타난 것이다'고 써야 "창권이네"에 맞는 말이 되고, 우리 말답겠다는 생각이 든다. 또 첫머리에 나오는 대문—

- 어떤 것은 중심이 시렁 끝에 겨우 걸치어 급한 카브나 돌아간다면 밑엣사람 정수리를 내려치기 알맞다.

여기서 "카브"란 말도 이것이 더구나 농민의 이야기를 쓴 소설이니까 농민들이 쓰는 말로 '굽이'라고 했으면 좋았겠다는 생각이 든다. 그런 것이야 대수롭잖은 것이니 여기 이 작품에서 중요한 다른 한 대문을 보기로 한다. 맨 끝 부분인데, 고향땅에서 살지 못하고 중국만주로 찾아간 우리 동포들이 그곳 원주민들의 폭력과 맞서 싸우고, 돈만 얻어먹으려는 썩어빠진 관리들의 온갖 행패에 시달리면서 목숨을 걸고 천신만고 그야말로 피와 땀으로 벌판에다 물길을 내어 드디어 강물을 끌어들이는 데 성공하는 장면이다.

아흐랫만에 황채심만이 순경들에게 끌리어 돌아왔다. 현 정부에서는 거주권도 개간권도 다 승인한다는 것이다. 다만 논으로 풀지 말고 밭으로만 일쿠라는 것이다. 그것을 들을 수 없다고 주장하였더니 가는 쪽쪽 잡아가두었고 나중에는 황채심을 시켜 조선이민들에게 밭으로만 개간하도록 설복을 시키려 끌고 나온 것이다.
　이날 밤이다. 황채심은 순경들이 못 알아듣는 조선말로 도리어 이민들을 격려하였다.
　"여러분, 여러분네 알다싶이 저까짓 땅에 서속이나 심자구 우리가 한 상에 이십 원씩 낸 건 안요. 잡곡이나 걷워 가지군 그식이 장식요.

우리가 만리타관에 갖구 온 거라군 봇도랑에 죄다 집어넣소. 것두 우리만 살구 남을 해치는 일이면 우리가 천벌을 받어 마땅하오. 그렇지만 물만 들어와 보. 여기 토민들도 다 몽리가 되는 게 안요? 우린 별수 없소, 작정한 대루 나갈 수밖엔…… 낮에 일할 수 없음 밤에들 나와 팝시다. 낼이구 모레구 웬만만험 물부터 끌어넣고 봅시다……"

어세와 팔짓을 보아 순경들도 눈치를 챘다. 대뜸 황채심의 면상을 포승줄로 후려갈겼다. 코피가 쭈르르 쏟아진다. 와—이민들은 몰리고 흩어지고 어쩔 줄을 몰랐다. 황채심은 그 길로 다시 끌려갔다.

이민들은 최후로 결심을 했다. 되나 안 되나 이 밤으로 가서 물부터 끌어넣기로 했다. 십여명의 장정이 이퉁허로 밤길을 올려달렸다. 그리고 제각기 제 구역에서 남녀노소가 밤 이슬을 맞으며 악에 받쳐 도랑바닥을 쳐낸다.

새벽녘이다. 동리에서 한 오리쯤 웃구역에서다. 무어라는 것인지 지르는 소리가 났다. 중간에서 같이 질러 받는다. 창권이는 뚝으로 뛰어올라갔다. 또 무어라고 소리가 질러온다. 그에서 향해 창권이도 허턱 소리를 질러 보냈다. 그러자 큰길 쪽으로 불이 반짝하더니 탕 소리가 난다. 그리자 쉴 새 없이 탕탕탕 몰방을 친다. 창권은 두 발자욱이나 뛰었을까 무에 아랫도리를 후려갈겨 고꾸라졌다.

"익……."

얼른 다시 일어서려니까 남의 다리다. 띠구르르 굴러 도랑바닥으로 떨어졌다.

어머니와 안해가 달려왔다. 총소리는 웃쪽에서도 난다. 뭐라고 하는 것인지 또 악쓰는 소리가 온다. 또 총소리가 난다. 조용하다. 창권의 넙적다리에선 선뜩선뜩 피가 터졌다. 총알이 살만 뚫고 나갔다. 안해의 치마폭을 찢어 한참 동이는 때다. 무에 시커먼 것이 대가리를 휘저으며 도랑바닥을 설설 기어오는 것이다. 안해와 어머니는 으악 소리를 지르고 물러났다. 아! 그것은 배암이 아니었다. 물이었다. 웃녘에서 또

소리를 질렀다. 물 내려간다는 소리였다. 아, 물이 오는 것이었다.
창권이네 세 식구는 그제야 와락 눈물이 쏟아졌다.
물줄기는 대뜸 서까래처럼 굵어졌다.
모두 물줄기로 뛰어들었다. 두 손으로 움켜본다. 물은 생선처럼 찬 것이 펄펄 살았다. 물이다. 만주 와서 처음 들어 보는 물 흐르는 소리다. 입술이 조여든 창권은 다시 움켜 흙물인채 뻘걱뻘걱 들이켰다. 물은 기둥처럼 굵어졌다.
어디서 또 총소리가 몰방을 친다.
물은 철럭 철럭 소리를 쳐 둔덕진 데를 따리며 휩쓸며 나려 쏠린다. 종아리께가 대뜸 지나친다. 삽과 괭이를 둔덕으로 끌어올렸다.
동이 튼다.
두간통 대간선이 허-옇게 물빛이 부풀어 오른다. 물은 사뭇 홍수로 내려쏠린다. 괭잇자루가 떠내려온다. 삽자루가 껍신껍신 떠내려 온다.
"저런!"
사람이다! 히끗히끗, 붉은 거품 속에 잠겼다 떴다 하며 내려오는 것이 사람이다. 창권은 쩔룩거리며 뛰어들었다. 노인이다. 총에 옆구리를 맞은 듯 한편 바지가랭이가 피투성이다. 바로 창권이 할아버지 운명할 때 눈을 쓸어 감겨주던 경상도 사투리하던 노인이다. 창권은 가슴에서 뚝하고 무슨 탕개 끊어지는 소리가 났다. 차라리 제 가슴 복판에 총알이 와 콱 백혔으면 시원할 것 같다.
피와 물에 홍건한 노인의 시체를 두 팔로 쳐들고 둔덕으로 뛰어올랐다.
"아!"
창권은 다시 한번 놀랐다.
몇달채 꿈속에나 보던 광경이다. 일망무제, 논자리마다 어름장처럼 새벽하늘이 으리으리 번뜩인다. 창권은 더 다리에 힘을 줄 수 없이 노인의 시체를 안은 채 쾅 주저앉았다. 그러나 이내 재처일어났다. 어머니와 안해에게 부축이 되며 두 주먹을 허공에 내저었다. 뭐라고인지 자기도 모를 소리를 악을 써 질렀다. 웃쪽에서 악쓰는 소리들이 달려 내려온다.

　물은 대간선 언저리를 철버덩 철버덩 떨궈 휩쓸면서 두간통 보통이 뿌듯하게 내려쏠린다.

　논자리마다 넘실넘실 넘친다
　아침햇살과 함께 물은 끝없는 벌판을 번져나간다.

　황막한 벌판, 밤중에 울리는 총소리, 총에 맞은 사람, 마침내 도랑으로 물이 흘러내려왔을 때의 놀람과 감격, 배암 같았던 물줄기가 서까래처럼 굵어지고, 기둥같이 되었다가 드디어 홍수가 되어 내리쏠리고, 그 물에 삽과 괭이가 떠내려오고, 피투성이 노인이 떠내려오고…… 그리고 새벽이 훤히 밝았을 때 바라보는 논자리마다 넘실넘실 넘쳐가는 벌판…… 보통의 작가로서는 체험을 넘어서고 상상조차 하기 어려운 이런 삶의 이야기가 이토록 진실한 느낌으로 가슴에 와 닿는 것은 실제 현장의 조사기록과 관찰을 성심껏 한 것은 말할 것도 없고 능숙한 우리 말 쓰기에다가 남다른 글다듬기의 노력이 있었으리라 본다.
　우리 말을 능숙하게 썼다고 했는데, 여기 든 글에서는 단 한 마디도 남의 나라 말법으로 씌어진 말이 없다. 매김자리토 의가 얼마나 씌어졌는가 살피니 원고지 12장에 7자밖에 없다. 그것도 "황채심의 면상을" "십여 명의 장정이" "남의 다리다" "창권의 넙적다리에선" "안해의 치마폭을" "노인의 시체를"과 같이 실제 입으로 하는 말을 쓴 것이다. 보통 글 쓰는 이 같으면 '창권이의 할아버지가 운명할 때'라고 썼을 것인데 이 작가는 "창권이 할아버지 운명할 때'로 썼고 '창권이의 세 식구는'이라고 쓸 것을 '창권이네 세 식구는"이라고 썼다. 그만큼 살아 있는 말을 쓰려고 한 것이다. 다만 "일망무제"가 좀 안됐다. '눈이 모자라는 들판' 쯤으로 썼더라면 싶지만 반세기 옛날에는 농민들도 이런 말을 흔히 썼겠지.

소설 「農軍」. 참, 제목을 왜 이렇게 중국글자로 썼을까? 그때 소설 제목이 거의 모두 중국글자로 썼으니 우선 제목만이라도 남따라 써놓는 것이 편리하겠다는 계산이었는지도 모른다.

이 「農軍」을 읽으면서 느끼는 것은, 소설이 인간의 뜨거운 삶을 그려 보일 때는 결코 그 글이 병들 수 없고, 언제나 싱싱한 말로 씌어진다는 것이다. 그와는 달리 방 안에 앉아 남의 땀과 피의 값으로 편하게 먹고 자고 하면서 게으른 시간을 보내는 사람의 머리에서 나오는 글은 그것이 공상이든지 환상이든지 사색이든지 제대로 된 우리 말로는 결코 씌어질 수 없다고 본다. 그 까닭은 명백하다. 우리 겨레의 말은 겨레의 삶에서 생겨나고 삶 속에서 쓰이는 말이기 때문이다.

7. 이상(1910~37)

여기서 언급하게 되는 소설 「날개」(『조광』, 1935)는 원고지로 110장쯤 되는 길이다. 이 작품은 비록 지식인의 글로서 한 본보기같이 되어 있기는 하나 외국말법에 그다지 많이 물들었다고는 볼 수 없다. 문제가 되는 점을 들어보자.

- 그러나 人生 或은 그 模型에 있어서 띠데일 때문에 속는다거나 해서야 되겠소?
- 女人의 全部가 그 日常에 있어서 개개 「未亡人」이라는 내 論理가 뜻밖에도 女性에 對한 冒瀆이 되오?

이것은 소설의 본문이 아니고, 앞머리에 중국글자를 마구 섞어서 쓴 글인데, 에 있어서를 이렇게 써놓았다.

- 확실히 안해의 <u>體臭의 파편</u>이다.
- 그런 중에도 나는 그 <u>쾌감이라는 것의 유무를</u> 체험하고 싶었다.
- 아랫방에서 안해와 그 남자<u>의</u> 내 귀에도 들리지 않을 만치 옅은 목소리로 소근거리는 기척이 장지 틈으로 전하여왔던 것이다.
- 나는 안해<u>의</u> 하자는 대로 안해 방으로 끌려갔다.

이런 보기에 나오는 "體臭의 파편"이라든지 "쾌감이라는 것의 유무를" 같은 말은 쉬운 우리 말로 쓰면 의가 저절로 없어진다. '몸 냄새 한 조각'이라 하고, '쾌감이란 것이 있는가 없는가를'이라고 쓰면 되는 것이다.

그다음에 나온 글에 들어 있는 남자의, 안해의는 모두 '남자가' '안해가'로 쓰면 시원스런 말이 된다.

- <u>나는 그러나</u> 그들의 아무와도 놀지 않는다.
- <u>나는 그러나</u> 그런 이불 속의 사색생활에서도 적극적인 것을 궁리하는 법이 없다.
- <u>나는 그러나</u> 그것을 쳐들어보지 않았다.

이런 보기에서는 '그러나 나는'이라고 써야 할 것인데 앞뒤 낱말을 바꿔놓았다. 일본글 번역투다. 물론 이 소설에서 '그러나 나는'으로 쓴 데도 여러 곳 있다.

- 나는 사실 밤이 퍽이나 이슥한 줄만 알았던 것이다. 그것이 네 말 마따나 자정인 줄은 나는 정말이지 꿈에도 몰랐다. 나는 너무 피<u>곤하였었다</u>. 오래간만에 나는 너무 많이 걸은 것이 잘못이다.

여기 나오는 피곤하였었다는 마땅히 '피곤했다'나 '피곤했던 것이다'로 쓰든지 '지쳐 있었다'로 써야 할 말이다.

이 었었다가 다른 대문에서도 두어 군데 보이는데, 여러 책을 대조해보았더니 "었다"로 적혀 있는 책도 있고 해서 어느 것이 옳은지 판단할 수 없었다. 그러나 앞에 든 부분은 어느 책이고 똑같이 그렇게 적혀 있었다.

이상의 소설이 지식인의 글이란 점은 다음 몇 가지 보기로도 쉽게 알 수 있다.

- 방 안의 기온은 내 체온을 위하여 쾌적하였고 방 안의 침침한 정도가 또한 내 안력을 위하여 쾌적하였다.
- 나는 嘲笑도 苦笑도 哄笑도 아닌 웃음을 얼굴에 띄우고 안해의 아름다운 얼굴을 쳐다본다. 안해는 방그레 웃는다. 그러나 그 얼굴에 떠도는 일말의 애수를 나는 놓치지 않는다.
- 오늘은 없는 이 날개, 머릿속에서는 희망과 야심의 말소된 페―지가 덕슈내리 넘어가듯 번뜩였다.

지식인들만이 따로 볼 수 있는 소설이 있어야 된다고 나는 생각하지 않는다.

8. 이선희(1911~?)

「계산서」(計算書), 『朝光』, 1937

이 작품은 원고지로 65장쯤 되는 단편인데, 여자의 마음 세계를 그려놓은 이야기이지만 첫머리가 꼭 입으로 말하는 것같이 시작되어 있다.

어풀사, 또 밤이 오나보다. 바람이 모래알을 몰아다가 내 방문 창호지 우에 탁―뿜고 내뺀다.
나는 밤이 무서워 견딜 수 없다. 문틈으로 흉악한 눈이 엿보는 것만 같아서 보재기를 쳐놓았지만 마음이 놓이지 않는다.

내가 집을 떠난 지가 벌써 일곱째의 밤—앞으로 몇 조각의 밤을 더 누릴 목숨인지 모르거니와 밤의 펄럭이는 휘장 속에서 불길한 가마귀와 같이 떨고 있다.

내가 시방 와 있는 이 땅의 이름은 무엇이라고 하노? 아마 지도를 펴놓고 보면 어데이고 한 점 찍어 놓았으련만 지금 내게는 그런 것이 대수가 아니다.

1인칭으로 쓴 이 소설의 문장은 말을 들려주는 뚜렷한 상대가 없다. 자기 자신에게 들려주는 말, 또는 혼자 지껄이는 말이라고 할 것이다. 어쨌든 이런 1인칭의 글은 비록 상대가 분명하지 않더라도 말과 하나로 된 글을 자연스럽게 쓰게 될 수 있다는 점에서 유리하다.

과연 이 작품에는 었었다가 없다. 하지만 의 토는 여러 군데 잘못 쓰고 있다.

- 짚을 깔아 자리를 만든 마차 속에서 호인 차부의 혼자 중얼거리는 소리를 들을 때 나는 세상에 살아 있는가 싶지 않았다.
- 내가 마신 두어 종지의 멀건 좁쌀미음물이 사오일 동안의 영양 가치를 가지지 못했다는 것보다도 마음의 썩어 들어가는 암증이 내 육체를 넘어뜨리고 말았다.
- 우리의 식구로는 내 남편과 나와 그리고 인형까지 도합 세 식구였다.
- 흥분으로 말미암아 아무것도 몰랐으나 노파의 걱정하는 소리가 어설프게 들렸다.

에게 있어(서)도 두어 군데 있다.

- 대단히 싱거운 수작 같으나 이것을 몸소 찍어 말을 분 남자나 여

자에게 있어서는 실로 깜짝 놀라고야 말 진리가 될 것이다.
- 이러한 애정이야말로 우리들에게 있어 가장 쓸모 있고 보람 있는 끔찍한 재물일거요.

이밖에 중국글자말에서 문제될 것도 있다.

- 하늘을 뚜껑으로 삼고 서글픈 바람만이 몸부림치는 이 광대무변한 들을 도심의 향락을 주무르며 생각할 수 있기엔 우리의 뇌장이 너무도 적다.
- 내가 내 화장품을 무시한다는 것은 내 적은 인생을 통틀어 초개시한다는 것이나 다름없다─이쯤 해두더라도 과히 어그러지지 않는 한낱 부녀자의 철학이 됨직도 하다.

이런 글들은 중국글자말도 문제이지만 글 전체가 무슨 말을 했는지, 한갓 말의 장난이란 느낌을 지울 수 없다.

9. 홍명희(1888~?)

『임꺽정』(林巨正), 『조선일보』1928. 11.~1929. 5.

이 『임꺽정』은 우리 소설 가운데서도 아주 거창한 작품인데, '우리 말의 보고'라느니 '우리말 사전'이니 말하기도 한다. 읽으면 역시 재미가 있고, 잊었던 우리 말을 수없이 만나 깨치게 되지만 모르는 말도 많이 나온다.

- "미욱한 위인이란 소나 진 배 없소. 서종사 쇠게 뜨인 셈만 잡구 오주를 용서하우."
- "뜨는 소를 가만두면 여러 사람 구치라구요."

여기 나오는 "뜨다"란 말과 "구치다"란 말은 요즘 쓰는 것을 듣지도 보지도 못했다. 나 어렸을 때는 보통 하는 말이었는데 나 자신도 지금까지 잊었던 것이다. "미욱하다"는 말도 쓰는 사람이 드물다.

- "밤이 눔이 숭물스럽긴해두 밉상은 아니다."
- "미친놈같이 시룽시룽하는 것이 밉지는 안하와두 위인이 하두 숭물스러워서 말씀이올시다."
- "그눔이 오거든 너는 아무 소리 말구 가만히 있거라."
- 졸개가 나려온 뒤에 보리밥 한솥짓기나 착실히 지나서 로밤이가 혼자 털털거리고 나려와서……

"보리밥 한솥짓기나 착실히 지나서" 참으로 구수한 말이요 재미있는 말이다. 요즘 같으면 별 수 없이 '한 시간 30분쯤 지나서' 할밖에 달리 도리가 없을 것이다.

그런데, 이런 좋은 이야기를 쓴 글에서도 밖에서 들어온 말버릇 글 버릇이 심심치 않게 튀어나오고 있다. 살펴보았더니 앞부분 '청석골(1)(2)' (200자 원고지로 350장쯤)에서 었었다가 12군데 나오고, 쓰지 말아야 할 의가 20군데 나온다.

- 꺽정이가 화가 나서 쑥덕공론하는 사람의 본보기로 안해를 도회청에 끌어내다가 혼구녕 내고 싶은 생각까지 났었으나 꿀꺽 참고 "소갈지 없는 기집년이란 할 쑤 없다."
하고 혀를 쩟쩟 하며 사랑으로 나왔었다. 안해에게 난 화가 채 갈어 앉기도 전에 박유복이가 곽오주를 데리고 와서 곽오주와 서림이의 싸움질한 것을 이야기하야 꺽정이는 화가 벌컥 도루 나서 박유복이의 이야기도 다 들어주지 않고 곽오주를 호령질하야 쪼친 뒤에 일변 서림이를 불르러 보내고 일변 좌기령을 놓았었다. 그러

제4장 1930년대 작가들의 소설 문장

나 걱정이가 곽오주를 죽일 마음은 없던 까닭에 도회청에 나가기 전에 오가를 불러다가 문의하게 되었는데 오가의 이야기로 황천왕동이와 길막봉이의 관련 있는 것도 미리 알았고 두 사람이 곽오주와 같이 죄를 당하려고 나서거든 어떻게 곽오주와 분간하야 결처할 것까지 대강 미리 작정하였었다.

이 대문에서는 었었다가 네 번이나 나오고 있다. 의도 밑줄로 그어놓은 것은 '-가'로 써야 할 것이다. '한편'이라 쓰면 될 것을 일변이라 쓴 것도 일제강점기부터 소설가들이 버리지 못한 중국글자말 버릇으로 이 작가도 예외가 아니었구나 싶다.

10. 김정한(1908~96)

이 작가의 작품은 「사하촌」(寺下村, 『조선일보』, 1936)과 「월광한」(月光恨, 『문장』, 1940) 두 편을 살펴보았다. (두 작품의 제목이 모두 중국글자로 적혀 있는데 「사하촌」은 원고지 190장 정도의 길이이고 「월광한」은 90장 정도의 작품이다.)

이 두 작품에는 었었다가 한 군데도 안 나온다. 지다, 되다 따위 입음꼴도 잘못 쓴 데가 없고, 의 토도 일본글 닮아 쓴 데가 거의 없다. 그리고 구수한 우리 말이 많이 나오기도 한다.

- 학질에 시난고난 하면서도 미친 듯이 매달리는 고 서방네를 몰강스럽게 떠밀어 버리며 순사는 고 서방을 끌고 갔다. 「사하촌」

여기 "고 서방네"란 고 서방의 아내를 말한다.

- 그러다가 머리채를 더풀하게 틀어 얹은 시어머니가 부엌에서 불

쑥 나와서 무어라고 옹알옹알 아드등거리는 틀거지가 필연코 무슨 트집을 잡으려는 모양 같았으나, 은순이는 일변 저고리를 주서 입으면서 되려 더 팔팔하게 기다란 악다구니를 한바탕 빼물어 놓기가 바쁘게, 약석빠르게 사립 밖으로 훨 나와버렸다. 「월광한」

우리 말을 참으로 잘 살려놓은 글이다. 그런데 일변이란 아무래도 어색한 중국글자말이다. 옥에 티라 하겠다. 이밖에 「월광한」에는 "나는 그저 무턱대고 가까이 갔다가 괜히 생코나 떼일까봐서 홍뚱항뚱 망서리다가"라든지, "생개망개한 손님 때문에 아닌 밤중에 잠자리를 빼앗기고"라든지, "연해 무밑둥같이 앉아 배겼다" "겉가량보다는 꽤 걱실걱실한 여자 같다" "박 군의 소개가 아무리 집저도"와 같은 재미있는 말들이 나온다.
그런데 「사하촌」에는 그녀가 나온다.

- 얼마 뒤에 죽은 아이의 할머니가 파랗게 되어 달려왔다. 가동할머니다. <u>그녀는</u> 곁엣사람은 본체만체, 바보처럼 우두커니 서서, 늘어진 손자만을 눈이 빠지도록 노려보더니, 그만 "하하하" 웃어댔다.
"정말 죽었구나! 너가 정말 죽었구나! 죽인 중놈은 어딜 갔니?……"
<u>그녀는</u> 넋두리를 하는 무녀처럼 한바탕 떠들더니 또다시 "하하하" 한다.

내가 알기로 우리 소설에 처음으로 그녀가 나온 것이 이 「사하촌」과 김동리의 「무녀도」다. 두 작품이 모두 1936년에 나왔다. 그런데 「사하촌」에는 그녀가 3번 나오는데, 「무녀도」에는 27번 나온다. 이것으로 미루어 「사하촌」의 작가는 아마도 일본 소설을 읽다보니 말법이 저절로 따라가게 되어 그렇게 쓴 것 같고, 「무녀도」의 작가는 아주 그녀를 쓰기로 작정해서 쓴 것 같다. 이 작품에서 그녀라고 쓰지 말고 그냥 '할머니'라고 썼

더라면 얼마나 좋았겠나 싶다.

11. 김동리(1913~95)

이 작가의 대표작으로 모두가 알고 있는 「무녀도」(巫女圖)와 「황토기」(黃土記) 두 편을 보기로 한다. 이 두 편 역시 중국글자로 쓴 제목인데 「무녀도」는 원고지 140장 정도, 「황토기」는 145장 정도 되는 것이다.

먼저 「무녀도」인데, 이 작품은 우리의 무당풍속과 기독교가 맞서서 얽히고 싸우는 실상을 잘 잡아 그려 보이고 있다. 그런데 그녀란 말을 함부로 썼다. 없었다도 네 번 나온다. 그밖에도 오염된 말이 적지 않게 눈에 띈다.

- 이날 밤 모화의 얼굴에는 평소에 볼 수 없던 정숙하고 침착한 빛이 서려 있었다. 어제같이 아들을 잃고 또 새로 들어온 예수교들로부터 가지각색 비방과 구박을 받아오던 <u>그녀로서는 의아스러울만큼</u> 새침하게 갈앉아 있어, 전날 달밤으로 산에 기도를 다닐 적의 얼굴을 연상케 했다. <u>그녀</u>는 전날과 같이 여러 사람 앞에서 아양을 부리거나 수선을 떨지도 않았다. 그러나 <u>그녀</u>는 그 호화스러운 전물상들을 둘러보고도 만족한 빛 한번 띠지 않고 비웃듯이 입을 삐쭉거렸다.

여기 그녀가 세 번 나오는데, 바로 "모화"라고 이름을 쓰든지, '그'라고 해도 될 것이다. 또 뒤에 나오는 그녀는은 아주 없애버려도 된다.
"의아스러울 만큼"도 '이상할 만큼'이라 쓰는 것이 좋다.

- 소녀는 흰 옷을 <u>입었었고</u>, 옷빛보다 더 새하얀 <u>그녀</u>의 얼굴엔 깊이 모를 슬픔이 서리어 있었다.

"아기의 이름은?"

"……"

"나이는?"

"……"

주인이 소녀에게 말을 건네보았었으나, 소녀는 굵은 눈으로 한번 그를 바라보았을 뿐 입을 떼려고 하지 않았다.

여기서는 소녀를 가리켜 그녀라 했다. 소녀란 말도 생각해봐야 한다. 소설가들이 우리 말을 천대해서 안 썼기 때문에 '계집애'란 말은 천한 말이 되어 모두가 쓰기를 꺼리게 된 것이다. '사내아이'가 소년으로 된 것도 마찬가지 사정이다.

위 따온 글에는 도무지 말이 될 수가 없는 입었었고, 보았었으나가 나오고, 마주이야기에서 의도 문제가 된다. "아기의 이름은?"이 아니라 "아기 이름은?"이라 써야 할 것이다.

- 그는 지금까지 이 경주고을 일원을 중심으로 수백 번의 푸닥거리와 굿을 하고, 수백 수천 명의 병을 고쳐왔지만 아직 한 번도 자기의 하는 굿이나 푸닥거리에 '신령님'의 감응을 의심한다든가 걱정해 본 적은 없었다.

여기 나오는 자기의는 마땅히 '자기가'로 써야 할 말이다.

- 순간 그는 거의 무의식적으로 방에서 부엌으로 난 봉창 구멍에 눈을 갖다 대었다.
- 현 목사께서는 욱이의 편지에 의하여 대구노회에 간청을 했고, 일방, 경주교인들은……
- 그 가운데 한 여자가 돌연히 "아, 죽은 김 씨 혼신이 덮였군" 하자

다른 여자들도……
- 경주 읍에서 성 밖으로 십여 리 나가서 조그만 마을이 있다. 여민촌 혹은 잡성촌이라 불리어지는 마을이다.
- 특히 진귀한 서화와 골동품으로서는 나라 안에서 손꼽힐 만큼 높이 일컬어졌었다.

이 따온 글들에 나온 중국글자말이나 중국글자말투, 풀이씨의 입음꼴들을 다음과 같이 바로잡아본다.

- 무의식적으로 (→저도 몰래)
- 편지에 의하여 (→편지대로)
- 일방 (→한편)
- 돌연히 (→갑자기)
- 불리어지는 (→말하는, 〔고〕하는)
- 일컬어졌다. (→이름나 있었다.)

이 일컬어졌었다는 일컬어도 문제지만 었었다도 잘못되었다.

다음 「황토기」(민음사, 『한국의 근대소설』)는, 여자를 두고 두 장사가 피투성이가 되어 싸우는 이야기인데, 여자와 관계된 일이나 싸움하는 꼴이 도무지 우리 나라사람의 이야기라는 느낌이 안 든다. 적어도 내가 살아온 땅, 내가 살아온 체험에서는 이 이야기에 나오는 사람들이 도무지 우리 겨레라 느껴지지 않는다. 그리고 문장에서는 우선 사실성이 없다는 느낌이 처음부터 드는 대문이 있다.

- 그러나 이날에는 공교롭다고 할까 분이가 이렇게 그 아저씨의 말을 꺼내고 있을 때, 분이의 아저씨 득보는 한쪽 손에 묏돼지 한 마

리를 대룽대룽 흔들며 그 웃 산골에서 내려오고 있든 것이다.

아무리 힘이 센 사람이기로니 한 손으로 멧돼지를 들고 대룽대룽 흔들며 걸어오다니, 어디 이럴 수 있는가?
남의 글에 오염된 곳을 몇 군데만 지적해본다.

- 그러나 실상 억석에게 있어서는 분이 하나쯤은 처리하기가 그다지 어려운 것은 아니었고 그보다는 그에게 과연 거북하다고 할 것은 차라리 득보란 그 사내일 것이었다. 그리고 이것은 이설에게 있어서도 역시 그랬을 것이었다.

여기 -에게 있어서가 두 번이나 나오는데, 앞의 것은 '억쇠에게는'이라 써야 하겠고, 뒤의 것은 '이설에게도'라 써야 할 말이다. 이밖에도 이 글은 몹시 어설픈데, 더구나 글월의 마지막이 것이었다고 되어 있는 데가 우리 말 같지 않다.

- ……하고 그의 아버지를 윽박질렀었지만 그의 아버지는 잠자코 입을 떼지 않았으니, 딴은 그에게는 억쇠 하나밖에 더 자식이 없었던 것이다.
- 이설은 인물도 이런 두메에서는 유달리 아름다워었지만 마음도 또한 거죽과 같이 어여쁜 여자였다.

여기 두 군데는 었었다가 글월 중간에 나온다. 어느 자리에 나오든지 잘못이다. "아름다워었지만"은 '아름다웠었지만'으로 쓴다는 것이 이렇게 되었거나, 잘못 인쇄한 것이리라.

- 허지만 이것은 제 말대로 억쇠가 그렇게 심심토록 늦었든 것은 아

니요. <u>보다도</u> 제가 그 자리에 너무 과한 여자였으니 제 아모리 그
러한 선천적 체질을 타고 났다기로니 억쇠가 아즉 정력이 부댓길
리는 없었고, 다만 여러 가지 성격<u>지</u> 차이로 거기 대하는 태도가
달랐기 때문이었다.

우리 말의 토 보다가 일본말 따라 어찌씨(부사)로 잘못 쓰게 되는 과정에서 **보다도**란 꼴로도 썼다는 보기가 이렇게 나오고 있는 것이 아닐까? 그리고 "성격지 차이"란 말이 나온다. 말에 대한 깨달음이 없었던 것 같다.

- 그는 입에 가득히 피 거품을 문 채 활개를 벌려 춤을 덩실덩실 추면서 억쇠<u>에게로</u> 다가들어 왔다 뒤로 물러나갔다 한다.

살아 있는 말을 따라 썼더라면 당연히 '억쇠한테'라고 썼을 것이다. 이 작품은 '한테'를 쓴 곳이 없고 모두 에게로라 썼다. 하긴 이 작가뿐 아니고 거의 모든 작가들이 '한테'를 쓰지 않았지만.

12. 이무영(1908~60)

「第一課 第一章」, 『인문평론』, 1939. 10.

농촌작가라고 말하는 이무영의 대표작 「제1과 제1장」은 원고지로 140장쯤 되는 작품이다. 이 소설은 도시에 살던 지식인이 시골에 가서 농사를 짓게 되는 이야기인데, 이 소설을 쓴 작가 역시 농사를 지어보지 못한 사람이어서 그런지 농사일을 한 실제 이야기는 별로 안 나온다. 그리고 문장도 농촌의 자연과 삶을 딱 알맞게 잡아 보여주지 못했다고 느껴지는 대문이 적지 않다. 가령 다음과 같은 몇 가지 보기를 들 수 있다.

1) 약삭빠른 계절에 뒤떨어진 매아미 소리는 마치 남의 나라에 갇힌 공주의 탄식처럼 청승맞다.
2) 안반짝 같은 소 엉덩이에 철썩 물푸레 회초리가 운다.
3) 그는 달리다 말고 벼 이삭에 눈을 주었다.

1)은 농촌이야기를 쓰는 문장으로서는 맞지 않는 꾸밈말이 되었고, 2)는 늘 하는 투로 너무 쉽게 쓴 표현이고, 3)은 단순한 말재주에 지나지 않다. 이런 글은 모두 농민으로서 살아가는 삶을 진정 제 것으로 삼지 못하고 멀리서 바라보고 말로만 적당하게 꾸며 만드니까 이렇게 되는 것이다.

게다가 유식한 중국글자말이 나오고, 었었다도 제멋대로 여기저기 나오고, 에 있어서도 몇 군데 보인다. 먼저, 중국글자말부터 보기로 하자.

- 사변으로 해서 갑자기 물가가 고등해진 터라……
- 아버지는 또 아버지대로 너무나 문화한 아들을 경이원지했을 뿐이다.
- 인제는 그의 노동을 신성시하는 사람도 없었고 동정하는 사람도 없었다. 그는 명실 공히 한 농부였다.
- 패배자의 역변이다.

이밖에도 사양(斜陽), 조기(早起), 취침, 조소와 같은 말이 나와, 이것만 봐도 지식인의 마음을 이야기한 글임을 알 수 있다. 다음은 었었다의 보기다.

- 병이라면 그것은 생리적인 병보다도 정신적인 병이 더 위기에 가까왔었다.
- 의사들이 폐가 어떠니 늑막이 위험하니 할 때도 한편 겁은 내면서도 또 한편으로는 속 짐작이 있기는 했었다.

- 그의 공상에서는 방부터가 이렇게 허무하지는 <u>않았었다</u>.
- 그 후 동경서 나와서 들렀을 때는 논 닷 마지기가 줄었고 밭이 하루같이 남의 손에 넘어<u>갔었다</u>.
- 수택 자신도 그랬고 도적도 그랬을 게고 집안사람들도 그렇게 <u>생각했었다</u>.─이것이 영감이 흥분한 나머지 잘못 때린 것이라고─그렇게 생각했기 때문에 수택은 얼른 피했었다. 피하고는 안심했던 것이다.

이런 었었다가 16군데나 나온다.

다음은 에 있어서를 보기로 하자.

- 사실 이번 길은 수택의 <u>일생에 있어서</u> 커다란 분기점이었다.
- 이런 것이 <u>그들에게 있어서</u> 심지어 위안이기도 했다.
- 하루바삐 신곡이 나기를 기다리는 것이─지금의 수택 부처와 <u>어른들에게 있어서는</u> 유일한 낙이었다.

농민들이 쓰지 않는 말로 농민들의 이야기를 할 수는 없다. 할 수 있다고 하더라도 그것이 무슨 뜻이 있겠는가? 다음은 의 토와, 보다가 어찌씨로 쓰인 경우다.

- 아버지<u>의</u> 늘 말하던 소위 흙냄새와 된장내란 결국 이런 애정을 의미하는 것일까.
- 흙 속에서 나서 흙과 같이 자라고 흙과 더불어 살아온 그에게는 포근포근한 흙의 감정과 김가고 이가고 정가고 간에 씨만 뿌려주면 길러주는 그러한 흙의 애정 속에서만 살아온 그는 없어서 남의 것을 훔치는 도둑놈보다도 흙의 냄새를 맡을 줄 모르고 흙의 애정

을 유린한 철두철미 대처 사람인 아들에게 보다 더 증오를 느꼈기 때문이었으리라.

　아버지의는 마땅히 '아버지가'로 써야 말이 된다. 그리고 다음 글 마지막 부분에 나오는 보다는 '더욱'이라고 써야 우리 말이 되지만, 이 글월은 또 너무 길어서 읽기가 거북하다. 중간에 마침표를 쳐서 적어도 글월을 둘로 나눠야 할 것이다.
　지도 아주 생각 없이 쓰고 있어, 우리 글에서 움직씨의 입음꼴을 잘못 쓰는 버릇이 뿌리가 깊음을 새삼 느끼게 한다.

- 그러나 수택은 오늘 아버지와 마주앉아 이야기하는 동안에 막연하나마 이르는바 '흙냄새의 감정'이 이해되어지는 것같이 느껴지는 것이었다.

　참으로 보기 싫고 듣기 거북한 글이다. 이게 모두 일본글 바로 옮겨놓은 꼴이다. 이 작가의 경력을 보면 일본에 가서 공부를 했고, 일본 어느 작가한테서 문학수업을 했다고 되어 있으니 이쯤 되겠다는 생각이 든다.
　에게로와 에게서는 따위도 문제가 된다.

- 김 노인의 작대기는 재차 아들에게로 향하고 겨누어졌다.
- 대처 사람들에게서는 흙냄새가 안 난다는 그 말은 곧 이 이해를 초월한 애정이 없다는 말이 아닐까.

　이 보기글에서 아들에게로는 '아들에게', 사람들에게서는은 '사람들에서는'으로 각각 고쳐서 써야 살아 있는 말이 된다. 이 작가의 문장에서 또 하나 아주 거슬리는 말이 있는데, 것을 너무 많이 쓴 점이다.

- 마지막으로 사직원을 접수한 R 씨가 이렇게 말했을 때 그는 금후의 생활설계를 설명하는 데 조금도 불안을 느끼지 않았던 <u>것이었</u>다. 다행히 고향에 가면 십여 두락의 땅이 있고 생활수준이 얕아질 <u>것이요</u>, 고료 수입도 다소 있을 <u>것이고</u>……
마치 R 씨까지도 유인해서 끌고나갈 듯이 호기가 있었던 <u>것이었다</u>.
"좀더 신중히 하지?"
호의에서 나온 이런 말에 그는 적의나 있는 듯이,
"그럴 필요 없지요."
하고 그 자리에서 내찼던 <u>것이다</u>.
- 그것은 적어도 자기는 신문기자가 아니라는 <u>것이다</u>. 과거나 현재 아닐 뿐만 아니라 영원히 신문기자로서 성공하기 어렵다는 사실을 발견했던 <u>것이다</u>. 아니 신문기자로서의 성공이 곧 문학적으로 그를 파멸시키는 <u>것이라는 것</u>을 그제서야 발견했던 <u>것이었다</u>. 그것은 희극—아니 비극이었다.

글을 쓰는 사람의 글 버릇을 사람마다 가지는 개성이라고 하여 아무리 좋게 보고 받아들인다고 하더라도 이렇게 것이 자꾸 쏟아져 나오는 어설픈 글을 기분 좋게 읽을 사람은 없으리라. 이렇게 것을 함부로 쓰면 분명히 우리 말의 아름다움을 해친다. 옛날 글에는 없던 이 것이 일제강점기부터 쓰이게 되었는데, 좀더 정확하게 언제부터 어떤 글에서 이 말이 쓰이게 되었는지, 그래서 글을 쓰는 우리를 괴롭히는지 따지고 살펴볼 필요가 있다. 어쩌다 쓸 수는 있겠지만 이렇게 많이 나와서야 우리 말이 무슨 꼴이 되겠는가.

13. 안회남(1909~?)

이 작가의 작품은 다음 세 편을 검토했다.

「香氣」,『조선문학』, 1936. 6. (원고지로 65장쯤)

「少年과 妓生」,『조선문학』, 1937. 1. (40장쯤)

「濁流를 헤치고」,『인문평론』, 1940. 4~5. (314장쯤)

먼저「향기」와「소년과 기생」, 두 단편에 대해 언급해 본다. 이 두 편이 다 "습니다"체로 되어 있고, 3인칭으로 씌어졌다. "습니다"로 쓰게 되면 대개 1인칭으로 쓰게 되는데, 이렇게 3인칭으로 된 소설을 "습니다"체로 써야 할 어떤 필연성이 있었을까 하고 우선 의문을 갖게 되지만, 이 의문은 작품을 다 읽고 나서도 풀어지지 않았다. 결국 "습니다"는 문장의 끝만을 단순히 그렇게 썼을 뿐이지 실제로 하는 말과는 거리가 먼 글이 되고 만 것이다.

말과 거리가 먼 글을 만들어버린 가장 큰 잘못이 의 토를 잘못 쓴 것이다. 이 잘못은「향기」보다「소년과 기생」에서 더 많이 나타나 있다.

- 그는 어느듯 작년 <u>이맘때의 안해의 자태</u>와 비교하야 생각했습니다. 「향기」
- 어린 <u>시인</u>의 아직 유치한 데 비하야 어린 기생은 너머나 조숙한 까닭이었고 그리고도 왜 그러냐 하면 갑용이는 밑이 찢어지게 가난하였습니다. 「소년과 기생」
- 그 속에는 <u>갑용이의</u> 밤마다 베고 자는 벼개가 두 토막에 난호여져 있었습니다. 「소년과 기생」
- 돈으로 자기 몸을 차지하는 늙은 영감과 우락부락한 <u>건달들의</u> 넌더리나게 싫음에 비하야 갑용이는 매력이 있고 늘 그리웠습니다. 「소년과 기생」

물론 '습니다'가 아니라 '한다'체로 쓰는 글도 의 토를 이렇게 써서는 안 된다. 그런데 '습니다' '합니다'로 쓰게 되면 잘못된 번역투 버릇이 대개는 바로잡히는데 이 두 편에서는 그렇게 안 되어 있다. 심지어 었었다 까지 나온다.

- 언젠가 갑용이도 동무들 축에 끼워 춘화의 집으로 그들이 말하는 토벌을 갔었습니다. 「소년과 기생」

여기서 한 가지만 더 말해둘 것은 예에 의하여란 말에 대해서다.

- 맨끝에다는 이러한 구절로 시작되는 시 한 편이 예에 의하여 씨워 져 있었습니다. 「소년과 기생」

여기 나오는 이 예에 의하여란 말이 아주 좋지 못하다. 다섯 자로 적어 놓은 것을 우리가 예사로 읽지만 이것은 우리 말이 될 수 없다. 이것을 만약 전화로 누구에게 들려준다고 해보라. 결코 쉽게 알아듣게 할 수 없을 것이다. 그것도 그럴 것이, 이 말의 소리를 분석해보면 홀소리만 연달아 여덟 번 이어지는데 그사이 'ㅎ' 소리가 겨우 하나 끼어 있다. 그리고 이 'ㅎ'소리가 닿소리라 하지만 또 홀소리에 가깝게 들린다. 세상에 홀소리만 연달아 다섯이고 여덟이고 한데, 붙어 나오는 말이 어느 나라에 있는가? 이건 도무지 말이 될 수 없다. 어째서 이런 말이 될 수 없는 글을 쓰게 되는가? 일본글 때문이다. 일본글 읽고 일본글 배워 글을 쓰다보니 일본글을 그대로 우리 글로 예사로 옮긴 것이다. 예에 의하여는 말할 것도 없이 '例に依って'를 그대로 쓴 것이다. '늘 그랬듯이' '버릇처럼' '여느 때처럼' '또 그 모양으로' 이렇게 얼마든지 그때그때 알맞게 쓸 우리 말이 있지 않은가.

다음은 300장짜리 「濁流를 헤치고」인데, 이 작품은 앞에서 살핀 두 편이 나온 몇 해 뒤에 발표한 소설이다. 읽어나가니 적잖이 지루한 것을 좀 참았는데, 다 읽고 난 느낌은 예사롭지 않았다. 이혼을 해서 딸 하나를 키우는 술집 여자의 삶이 자세하게 그려지면서, 어머니로서 깨닫게 되는 마음의 세계가 가슴에 와닿는 느낌이었다.

그런데 말의 오염은 앞서 살핀 단편들과 다름이 없었고, 잘못된 일본 말법이 거의 전부 나타난데다가 었었다를 마구 써놓았다(50군데나).

- 만주 목단강에서 순<u>에게로</u> 편지가 왔다.

첫머리가 이렇게 시작된다. 여기 써놓은 순에게로는 '순에게'라 써야 말에 맞는 글이 된다. '순한테'나 '순이한테' 아니면 '순 앞으로' 이렇게 써도 되겠지. 이 작품에는 어디고 모두 에게로, 에게서로만 써놓았다.

- "하여간 당신이 시집 갈라고 <u>했었든건</u> 나<u>에게서</u> 사랑하는 마음이 없어졌기 때문이 아니요?"

마주이야기에서 나오는 말이 이럴 수가 없다. '-했던건 나를' 이렇게 써야 할 것이다. 잘못 쓴 지난 때 었으나 었었다의 보기를 좀 들어본다.

- 그러나 순이 두 팔을 번쩍 쳐들<u>었어도</u> 오히려 모자란다.
- 대문을 들어서면은 흡사 누구를 찾아온 것처럼 잠깐 쉬<u>었다</u>가두 어린아이와 함께 혹 광이 누워 있을 건넌방을 가만히 기우려보기도 <u>했었던</u> 것이다. 방 앞에 닥아가서는 으레히 광의 신발이 놓였나 살펴보는데 그것이 한동안은 버릇이 되다싶이 <u>했었다</u>. 어제 밤에 돌아와 마루 끝에 서서 자기의 그러한 감정을 오래간만에 되<u>풀이했었던</u> 것이다.
- 순은 발끈하면서 끝없이 광을 모멸하는 심정으로 <u>대답했었다</u>.
- 그것은 흡사히 붕어가 물을 만난 모양이라고 <u>말하였었지만</u> 복이 어린 계집아이에게도 그러하였다. 광이 맨 처음 왔다가 다니어간

날 복이 연을 업고 밖에서 들어오니까 안채 여편네들이
"얘 연이 아버지 있니?"
하고 물었었는데 복은 있다고 말할 수도 없고 없다고 말할 수도 없는 것 같아야. 그냥 어물쩡거리며 고개만 끄덕이리고 다른 말은 못 들은 척하고는 방으로 튀어들어왔다. 광이 오면 이러한 불안이 없어지는 것이다.

- 자기는 순의 의사를 접하지 못했었으므로 오해를 했지마는 박은 두 사람의 사정을 잘 알면서도 왜 거짓말을 했던 것인가—
"순이 어디로 이사한다는 말 안 해요?"
하고 광이 물었을 때에도 박은 천천히 머리를 좌우로 흔들면서
"모릅니다"
했었다.

이런 꼴사나운 었었다 가운데는 심지어 었었었다(했었었다)까지도 나오고 있다.

다음은 토 의를 잘못 쓰고 있는 경우다.

- 이렇게 광은 속으로 생각하며 순의 조금도 변해지지 않은 태도에 놀래고……
- 아까의 광의 여러 가지 태도와 눈치를 짐작하매 순은 이렇게 야속한 마음으로 쏠렸다.
- 그래서 그런 분노가 자주 커서 머리끝까지 닿으면 대견하지 않았던 김의 자기에게 대해주는 친절한 태도가 다시금 고맙고 마음이 끌리는 것이다.
- 순은 낮의 광과의 일이 아직도 머리에서 살아지지 않아……
- 참 사내들은 모를 일이다. 남자들의 친구에게 대한 우정은 여자들

의 것과 다르구나!
- 일찍이 광에게 자기의 앞으로의 길을 의논했을 때 광은 예에 의하여 아무 조심성도 없는 어조로……

위 여섯 가지 보기에 나온 의를 쓰지 않고 바른 우리 말로 고쳐 쓰면 이렇게 된다.

- 순의 (→순이, 순이가)
- 아까의 광의 (→아까 광이 보여준)
- 대견하지 않았던 김의 (→대견하지 않았던, 김이)
- 낮의 광과의 일이 (→낮에 광과 있었던 일이)
- 남자들의 친구에게 대한 (→남자들이 친구를 대하는)
- 자기의 앞으로의 길을 (→자기 앞길을)

다음은 에 있어서다.

- 뿐만 아니라 저 혼자 '이별'이라는 것을 머리 속에 그리며 실제로 각각 헤어지려고 한 방법에 있어서도 광은 비열하였다.
- 그것을 봐도 광은 아이들에게 있어서처럼 순보다 안해를 더 사랑하는 것이다.
- 따뜻한 날 깨끗한 의복을 입고 아무 일도 없이 거리로 싸다니는 것은 기생이나 여급의 여인에게 있어서는 말할 수 없는 행복이요 쾌락이요 또 자랑이기도 한 것이다.

이런 글들에 나오는 일본말 직역투 에 있어서, 에게 있어서를 없애고 우리 말로 쓰면 다음과 같이 된다.

- 방법에 있어서도 (→방법에서도)
- 아이들에게 있어서처럼 (→아이들을 대하는 경우와 같이)
- 여급의 여인에게 있어서는 (→여급인 여인으로서는)

보다를 어찌씨로 쓰고, 그러나를 글월 가운데서 필요도 없이 쓰고, 움직씨 입음꼴을 쓰고 있는 보기.

- 하여간 광과 순을 비교하면 좀더 연애를 양심적으로 생각했다는 점과 <u>보다</u> 진정을 다했다는 데서……
- <u>보다</u> 먼저 빨간 넥타이를 맨 애숭이들이 와서 연애에 성공했다고 떠들며 저이끼리 축배를 든다 야단이었었다.
- 광은 허리가 질리고 오래 하니 무릎이 마루쪽에 배기어 아프나 <u>그러나</u> 대신 가슴속에 후련하고 마음이 가뜬하였다.
- 가정이라는 울타리 속에서 안해라는 한 여인이 남편이라고 <u>불리우는</u> 어떤 특정한 한 남자에게 맹목적으로 부부의 생활을 하므로써 목숨을 이어간다면……
- 며칠 전에 긴상이라고도 <u>불리워지고</u> 김 주사라고도 <u>불리워지는</u> 손님과 명치좌로 해서 창경원까지 다녀온 것을……
- 순은 자기 자신이 여급이라는 존재에서 다시 그 아래로 뚝 떨어져 아주 보잘것없는 미천한 신세로 <u>보여졌다</u>.

이런 글에 나오는 보다, 그러나, 불리우다, 보여지다는 모두 일본말을 그대로 옮겨 쓴 꼴이 되어 있다.

다음은 중국글자말 문제가 또 있다.

- 순은 참 우습다는 듯이 입술을 비쭉 내밀더니 점차 의아한 얼굴을 하며……

- 그것을 지금까지 <u>사용하는 것을</u> 목도하매 아까 넥타이 적과 같이……
- 얼굴에 <u>미소</u>를 흘렸다.
- 순은 테불을 <u>격하여</u> 한 손님과 마주앉았다.
- 처음에는 그 말이 무엇인지 얼른 알아듣지 못하였으나 <u>수유에 그 의미를</u> 채이자 순은 속으로 막히었다.
- 가만히 생각하니 <u>작야</u> 술은 취하고 밤은 늦어 전차도 끊어져서 문밖 집으로는 나갈 수가 없으니까 이리로 온 것 같다. <u>주장에서 파하여</u> 나온 순이 과일과 과자를 내놓으매 그것을 함께 먹었던 기억이 몽롱하다.
- 그러나 안채 여인들은 아무 말 없이 <u>의연히</u> 바라만 보구 있더니……
- 안해를 여급으로 내어 보내고도 <u>유일도일하는</u> 남편과는 별다른 높은 이상과 귀한 포부가 있는 것 같았었다.
- 나는 지금 <u>조반</u>을 먹었다.
- ……하고 <u>양양자득</u>했었는데……
- ……하는 따위 말에 이르러서는 <u>일소</u>할 수밖에 없었다.
- 광 역시 그러한 것을 비판하여 <u>대언장언</u> 할 자격은 없는 것이다.
- 그러한 순을 어느 날 광이 <u>돌연</u> 찾아왔다.
- 넓은 홀 안의 구석지고 침침한 <u>처소를 취하여</u> 앉았다.
- 어느 날 순은 옥을 만나 심중을 <u>토파하였다</u>.

이런 글들에 나오는 (밑줄 친) 중국글자말들은 모두 우리가 일상에서 쓰고 있는 아주 쉬운 말—어린이들도 잘 아는 말로 바꿔 쓸 수 있다. 또 이런 말 가운데 미소, 작야, 주장, 의연히 따위는 일본글 따라서 쓰는 말들이다. 이밖에도 이 작품에는 친우, 산보와 같이 일본사람들만이 쓰던 말을 쓰고 있고, "약동매진" "득이만만" "이논적"과 같은 중국글자말이 나와 있다.

다음과 같이 ×× 아래에서라고 쓴 것은 중국글자말을 그대로 번역해놓은 것이 된다.

- "당신은 남자에게 써비스하고 그리고 그 보수로 생활하는 사람이 아닌 줄 아시오?"
한 것도 <u>그런 이론 아래에서</u> 말한 것이다.

그런 이론 아래에서를 우리 말로 쓰면 마땅히 '그런 이론에서' '그런 이치에서'가 될 것이다.

우리 글 바로 쓰기

우리 글 바로 쓰기 2

지은이 이오덕
펴낸이 김언호

펴낸곳 (주)도서출판 한길사
등록 1976년 12월 24일 제74호
주소 10881 경기도 파주시 광인사길 37
홈페이지 www.hangilsa.co.kr
전자우편 hangilsa@hangilsa.co.kr
전화 031-955-2000-3 팩스 031-955-2005

부사장 박관순 총괄이사 김서영 관리이사 곽명호
영업이사 이경호 경영이사 김관영 편집주간 백은숙
편집 박희진 노유연 이한민 박홍민 배소현 임진영
관리 이주환 문주상 이희문 원선아 이진아 마케팅 정아린 이영은
디자인 창포 031-955-2097
인쇄 예림 제본 예림바인딩

개정판 제 1쇄 1992년 3월 30일
개정판 제24쇄 2009년 1월 20일
제 2 판 제 1쇄 2009년 11월 30일
제 2 판 제15쇄 2024년 7월 10일

값 18,000원
ISBN 978-89-356-6148-0 04710
ISBN 978-89-356-6145-9 (전 5권)

• 잘못 만들어진 책은 구입하신 서점에서 바꿔드립니다.
• 이 도서의 국립중앙도서관 출판시도서목록(CIP)은 서지정보유통지원시스템 홈페이지(seoji.nl.go.kr)와
국가자료공동목록시스템(www.nl.go.kr/kolisnet)에서 이용하실 수 있습니다.
(CIP제어번호: CIP2009003679)